21世纪高职高专规划教材

劳动关系管理

周英锐 王 锁 主 编
张慧芳 张 津 副主编

清华大学出版社
北 京

内 容 简 介

本教材以构建和谐劳动关系为主线,整体内容从理论与实践相结合的角度入手。全书共八章,具体包括:劳动关系管理概述、劳动合同管理、集体合同管理、社会保险、工资与福利、员工管理、劳动争议管理、劳动关系与人力资源管理。本教材基本覆盖了企业劳动关系管理的主要内容,在内容和体例上与时俱进,力求"看得懂、用得会、做得好",体现易学、易教、易用。为了便于学习,从设定学习目标到知识点回顾、复习思考题,注重编写体例的规范性和灵活性;为了检验学习效果,以大量的案例分析和实践练习作巩固,锻炼思考分析的能力,强调实用与实务并重。内容部分辅之大量的引导案例、小知识、法条衔接、法律衔接、法律链接、知识衔接、延伸阅读、大视野、实务操作的环节以拓展知识面、开阔思路、扩大视野。

本书为构建和谐劳动关系宣传教育基础教材,可作为高职高专教学使用,适合高职不同专业的学生,同时为企业和劳动者、工会工作人员、人力资源管理者、法律工作者提供参考借鉴。

本书封面贴有清华大学出版社防伪标签,无标签者不得销售。
版权所有,侵权必究。举报:010-62782989,beiqinquan@tup.tsinghua.edu.cn。

图书在版编目(CIP)数据

劳动关系管理/周英锐,王锁主编. --北京:清华大学出版社,2014(2023.9重印)
 21世纪高职高专规划教材
 ISBN 978-7-302-35144-3

Ⅰ. ①劳… Ⅱ. ①周… ②王… Ⅲ. ①劳动关系-管理-高等职业教育-教材 Ⅳ. ①F246

中国版本图书馆CIP数据核字(2014)第012417号

责任编辑:彭远同
封面设计:孙梦洋
责任校对:袁 芳
责任印制:曹婉颖

出版发行:清华大学出版社
 网　　址:http://www.tup.com.cn, http://www.wqbook.com
 地　　址:北京清华大学学研大厦A座　　　　邮　编:100084
 社 总 机:010-83470000　　　　　　　　　　邮　购:010-62786544
 投稿与读者服务:010-62776969, c-service@tup.tsinghua.edu.cn
 质量反馈:010-62772015, zhiliang@tup.tsinghua.edu.cn
 课件下载:http://www.tup.com.cn, 010-62795764
印 装 者:三河市君旺印务有限公司
经　　销:全国新华书店
开　　本:185mm×260mm　　印　张:20.5　　字　数:493千字
版　　次:2014年1月第1版　　　　　　　　印　次:2023年9月第15次印刷
定　　价:56.00元

产品编号:052408-02

作者简介

周英锐，毕业于吉林大学德恒律师学院经济法专业，中国社科院研究生院民商法专业法学硕士。现任河北劳动关系职业学院副教授，河北法学会劳动法学会理事，河北省总工会法律援助律师。担任多家企业法律顾问，关注和研究企业用工管理与和谐劳动关系构建等课题。在《人民论坛》、《中国工运》、《中国劳福事业》、《中国工会财会》等国家级刊物上发表文章二十余篇。讲授的课程包括：《劳动关系》、《比较劳动关系》、《劳动合同法》、《劳动争议处理》、《社会保障理论与实务》、《企业用工管理》、《企业经济法律实务》、《企业用工成本控制与法律风险防范》、《工会法》等。

王锁，毕业于内蒙古工业大学机械制造专业，河北劳动关系职业学院党委副书记、院长。曾担任河北省总工会组织部副部长、集体合同部部长等职务，有十多年的企业工作经历，二十多年的工会工作经验，对劳动关系有深刻的认识和研究，在工会、集体合同领域积累了丰富的管理经验。

前言

劳动关系是最基本的社会经济关系，是构建现代社会的基石。党中央、国务院高度重视和关注劳动关系问题，从 2006 年 10 月党的十六届六中全会首次正式提出"发展和谐劳动关系"，一直到 2012 年 11 月党的十八大强调"构建和谐劳动关系"，这些都标志着构建和谐劳动关系已经成为党和政府的施政目标和治国方略。从这一意义上来讲，劳动关系既是一个理论课题，更是一个实践性很强的现实问题。

目前，国内编写和翻译国外劳动关系的著作很多，大都对劳动关系的理论、制度和政策状况等进行了综合性的阐释，但对于劳动关系在具体领域的应用和实务操作介绍得不够深入。本书没有拘泥于劳动关系的理论和流派体系的学科化研究，更多的是站在中性的立场阐述劳动关系管理涉及具体制度的基本概念、基本原则和基本方法。通过灵活设置引导案例、法条衔接、法律衔接、知识衔接、法律链接、延伸阅读、小知识、实务操作、大视野等环节辅助理解劳动关系的制度化管理和规范化操作的重要性。为了提高学习兴趣，适当插入一些图表、故事性案例以增强可读性；全书以模块化思路编写，每章包括学习目标、引导案例、主体内容、知识点回顾、复习思考题等环节；尤其在实践练习环节，大大拓展了知识的实践应用能力。这种体例和安排既符合学习特点和教学规律，又体现了高职教育理论与实践相结合的要求。

本书采用校企合作、联合编写的方式，由周英锐和王利军共同提出编写的整体构架和思路，周英锐负责写作大纲、章节模块等具体安排，并进行最后统稿和定稿工作。各章节的具体编写分工如下：第一章、第二章、第四章、第六章由周英锐编写；第三章由王锁、秦美从编写；第五章由周英锐、谷卫彬编写；第七章由周英锐、王利军编写；第八章由宋连锁、亢文杰、王雪莲编写。

在本书的编写过程中，河北经贸大学法学院副院长王利军教授、河北省总工会谷卫彬副处长和京州国际大酒店的董事长宋连锁先生和人力资源总监亢文杰先生给予了很多帮助。清华大学出版社的编辑也给予了耐心细致的指导，为本书的顺利付梓付出了大量心血。在此向他们表示真诚的谢意！

另外需要说明的是，本书编写中参阅和借鉴了大量国内外同行的书籍、论文及网上资料。我们尽量尊重原作者的知识产权，感谢他们在劳动关系领域的研究和资料积累，为我们完成本书的编写工作提供了详实的一手资料。

最后，由于知识和经验的欠缺，本书的错误和不足在所难免，恳请各位专家和读者提出批评和建议。

周英锐

2014 年 1 月

目录 Contents

第一章 ● 劳动关系管理概述 ········ 1
- 第一节 劳动关系管理理论 ········ 1
- 第二节 劳动关系含义与特征 ········ 6
- 第三节 劳动关系与劳务关系 ········ 10
- 第四节 劳动关系与事实劳动关系 ········ 21
- 第五节 和谐劳动关系的构建 ········ 29
- 第六节 调整劳动关系的法律 ········ 37
- 本章知识点回顾 ········ 42
- 复习思考题 ········ 42

第二章 ● 劳动合同管理 ········ 44
- 第一节 劳动关系建立 ········ 44
- 第二节 劳动合同概述 ········ 47
- 第三节 劳动合同的订立 ········ 51
- 第四节 劳动合同的履行与变更 ········ 58
- 第五节 劳动合同的解除与终止 ········ 64
- 第六节 特殊用工劳动合同 ········ 72
- 本章知识点回顾 ········ 79
- 复习思考题 ········ 79

第三章 ● 集体合同管理 ········ 81
- 第一节 集体协商制度 ········ 81
- 第二节 集体合同制度 ········ 85
- 第三节 集体合同争议的处理 ········ 96
- 本章知识点回顾 ········ 97
- 复习思考题 ········ 98

第四章　社会保险 …… 100

第一节　社会保险概述 …… 100
第二节　养老保险 …… 107
第三节　医疗保险 …… 128
第四节　生育保险 …… 137
第五节　失业保险 …… 142
第六节　工伤保险 …… 149
第七节　社会保险基金管理 …… 156
本章知识点回顾 …… 160
复习思考题 …… 160

第五章　工资与福利 …… 162

第一节　工资制度 …… 162
第二节　住房公积金 …… 174
第三节　津贴与福利 …… 182
本章知识点回顾 …… 189
复习思考题 …… 190

第六章　员工管理 …… 192

第一节　员工沟通管理 …… 192
第二节　员工时间管理 …… 205
第三节　员工健康管理 …… 209
第四节　员工安全管理 …… 213
第五节　员工参与管理 …… 227
第六节　绩效管理 …… 236
本章知识点回顾 …… 256
复习思考题 …… 256

第七章　劳动争议管理 …… 261

第一节　劳动争议概述 …… 262
第二节　自主协商和调解 …… 271
第三节　劳动争议仲裁 …… 281
第四节　劳动争议诉讼 …… 294
第五节　劳动争议的预防 …… 299
本章知识点回顾 …… 302
复习思考题 …… 302

第八章 ● **劳动关系与人力资源管理** ………………………………………… 305
  第一节 人力资源管理在协调劳动关系中的作用 ……………… 306
  第二节 人力资源管理在劳动关系调整中的方法 ……………… 308
  第三节 人力资源管理和劳动关系的关系 ……………………… 313
  本章知识点回顾 ………………………………………………………… 316
  复习思考题 ……………………………………………………………… 316

第一章 劳动关系管理概述

通过本章的学习,了解劳动关系管理基本理论;理解劳动关系的含义和特征;掌握劳动关系与劳务关系、事实劳动关系的关系;明确如何构建和谐劳动关系;熟悉调整劳动关系的法律体系架构。

引导案例

2012年7月,某大型公司决定在成都设立子公司。设立子公司前期,公司派一位副总前往成都并拨给其一定的筹备经费。该副总到成都后,因为人手严重不足,在成都招聘了李某和另外一人负责子公司筹备工作。2012年10月,子公司正式成立营业。子公司成立后,又招聘了不少工作人员,并一一签订劳动合同。但在与最初从事公司筹备工作的李某两人签订合同时,对劳动关系的起始时间,双方发生了争议。公司认为应从子公司成立之日算起,李某两人则认为应从7月开始计算。于是,李某两人就此事向劳动保障部门进行了反映。

思考:李某两人的劳动关系从什么时候开始计算呢?

分析:《劳动合同法》规定,劳动关系的主体一方是劳动者,另一方是用人单位。而该用人单位应是具有法人资质的公司,或具有营业执照的个体经济组织以及民办非企业单位,只有在这样的前提下才具有用工权。

该案例中,因为子公司筹备期间,子公司没有成立,不具有法人资质,因此就构不成劳动关系上的用人单位的主体,因而也不能与另一主体劳动者形成劳动关系。那么,对子公司筹备期间的劳动关系应如何规定呢?子公司筹备期间,筹备人如果是个体,那么应与劳动者形成一种民事上的劳务关系;如果子公司筹备人是公司,那么,筹备期间的劳动关系应认定为是与筹备公司之间形成劳动关系。如果该子公司的副总有总公司的书面授权招用劳动者进行子公司筹备工作,那么,筹备期间,劳动者是与筹备公司形成了劳动关系;如果没有授权,仅是副总的个人行为,那么形成的就是一种劳务关系。

第一节 劳动关系管理理论

劳动关系管理研究在中国处于起步阶段,但在西方已经有相对成熟的理论体系。劳动关系管理理论作为一项成熟的理论,真正开始和形成于20世纪40年代。当代各学派包括新保守派、管理主义学派、正统多元论学派、自由改革主义学派和激进派等纷纷提出了本学派的理论体系;20世纪80年代末,美国学者桑德沃提出的桑德沃理论模型更是从理论上较为详细地阐述了劳动关系管理的具体影响因素和紧张冲突的解决及其后果,这一模型的提出标志着当代劳动关系管理理论模型的渐趋成熟。

一、当代劳动关系管理理论各学派的观点

国外关于劳动关系管理理论的研究起步较早,历史源远流长。可以说,伴随着19世纪中叶西欧产业革命的开始已开始。从马克思到韦布夫妇(Sidney and Beatrice Webb),再到康芒斯(John R. Commons)和珀尔曼(Selig Perlman)等,他们分别从政治、经济、历史和社会等不同学科的角度对劳动关系这一重要的社会经济现象进行了富有成果的研究,形成了各具特色的观点,这对于后来的理论发展和完善有着不容忽视的指导和借鉴意义。20世纪40年代以后,各学派纷纷提出了本学派的理论体系。

1. 新保守派

新保守派也称新自由派或新古典学派,基本由保守主义经济学家组成。这一学派主要关注经济效率的最大化,研究分析市场力量的作用,认为市场力量不仅能使企业追求效率最大化,而且也能确保雇员得到公平合理的待遇。

新保守派认为,劳动关系是具有经济理性的劳资双方之间的自由、平等的交换关系,双方具有不同的目标和利益。从长期看,供求双方是趋于均衡的,供给和需求的力量保证了任何一方都不会处于劣势。由于劳动力市场机制可以保证劳资双方利益的实现,所以劳资双方的冲突就显得微不足道,研究双方的力量对比也就没有什么意义,所以,工会的作用就不大了。新保守派认为工会所起的作用是负面的,工会实际形成的垄断制度,干扰了管理方与雇员个人之间的直接联系,阻碍了本来可以自由流动的劳动力市场关系,破坏了市场力量的平衡,使管理方处于劣势地位。由于工会人为地抬高工资,进而抬高了产品的价格,干涉了管理方的权力,最终会伤害雇主在市场上的竞争地位,也会削弱其保障雇员工作的能力。在政府的劳动关系政策上,新保守派主张减少政府的收支规模,强调要减少税收,尤其是经营税收以及针对管理者和技术工人的税收。主张将市场"规律"引入工资和福利的决定过程,认为理想的劳动法应该使工人难以组织工会,或者即使有工会,其权力也很小。这样,劳动力和资源的配置才会更加灵活,也才能提高劳动生产率。

2. 管理主义学派

管理主义学派由组织行为学者和人力资源管理专家组成。更关注就业关系中员工的动机及员工对企业的高度认同、忠诚度问题,主要研究企业对员工的管理政策、策略和实践。

该学派认为,员工同企业的利益基本是一致的,劳资之间存在冲突的原因,在于雇员认为自己始终处于被管理的从属地位,管理与服从的关系是员工产生不满的根源。该学派对工会的态度是模糊的,一方面该学派认为,由于工会的存在威胁到资方的管理权力,并给劳动关系带来不确定性,甚至是破坏性的影响,所以应尽量避免建立工会;但另一方面,该学派也承认,在已经建立工会的企业,管理方应该将工会的存在当作既定的事实,同工会领导人建立合作关系。同样,该学派对集体谈判制度的态度也是灵活的。与新保守派相比,管理主义学派更多地看到"纯市场"经济的局限性,他们支持政府间接地介入。在劳动关系和人力资源管理方面,管理主义学派主张采用新的、更加弹性化的工作组织形式。更加强调员工和

管理方之间的相互信任和合作,尤其赞赏高绩效模式中的"高度认同"的内涵,包括工作设计改革、雇员参与改革以及积极的雇佣政策。

3. 正统多元论学派

正统多元论学派由采用制度主义方法的经济学家和劳动关系学者组成。其观点是第二次世界大战以来经济发达国家一直奉行的传统理念的延续。该学派主要关注经济体系中对效率的需求与雇佣关系中对公平的需求之间的平衡,主要研究劳动法律、工会、集体谈判制度。

该学派认为,雇员对公平和公正待遇的关心,同管理方对经济效率和组织效率的关心是相互冲突的。同时也认为,这种冲突仅限于收入和工作保障等这些具体问题,而且"这些具体利益上的冲突,是可以通过双方之间存在的共同的根本利益加以解决的"。相对于雇主,雇员个人往往要面对劳动力市场的"机会稀缺"。所以,在劳动力市场上雇员大多处于相对不利的地位。而工会和集体谈判制度有助于弥补这种不平衡。

正统多元论学派传统的核心假设是:通过劳动法和集体谈判确保公平与效率的和谐发展是建立最有效的劳动关系的途径。这是战后许多国家所奉行的劳动关系制度。该学派强调弱势群体的工会化,强调更为集中的、在产业层次上的集体谈判,反对因任何偏见替代罢工工人。提出用工人代表制度等形式来保证劳动标准的推行,如建立工人与管理方共同组成的委员会,在公司董事会中要有工人代表,建立"工人委员会",工人代表可以分享企业信息、参与协商以及联合决策等。对该学派持批评态度者认为,这一模式的缺点是,工会的覆盖面具有局限性,工会与管理方过于对立,以及在存在工会的情况下工人仍缺乏参与权。

4. 自由改革主义学派

自由改革主义学派更具有批判精神,积极主张变革。该学派十分关注如何减少或消灭工人受到的不平等和不公正待遇。该学派的观点在五个学派中内容最松散,它包括了对歧视、不公平、裁员和关闭工厂、拖欠工资福利、危险工作环境以及劳动法和集体谈判体系中的缺陷等问题的分析。认为劳动关系是一种不均衡的关系,管理方凭借其特殊权力处于主导地位。它认为现存的劳动法和就业法不能为工人提供足够的权利保护。因此为了确保工人获得公正平等的待遇,必须要加大政府对经济的干预。

自由改革主义学派的最大特点是提出了"结构不公平"理论。该理论将经济部门划分成"核心"和"周边"两个部门。"核心"部门是指规模较大、资本密集且在市场上居于主导地位的厂商;而"周边"部门则是规模较小、劳动密集且处于竞争性更强的市场上的厂商。

近年来,该学派将"核心"和"周边"部门的划分进一步扩展到了单个的雇主或产业的分析中。"结构不公平"说明工会的存在和集体谈判的开展是非常必要的。但自由改革主义学派同时又经常严厉地批判当前的劳动关系体系,甚至对工会也表示不满。认为在当前体系下,那些在周边部门工作的雇员,是最需要工会帮助的,但恰恰在周边部门,工会却又是最无效的。因为周边部门的工人,其罢工力量很小,管理方迫于市场竞争压力也不可能做出实质性让步。工会和管理方之间的尖锐对立,使工会无法为其成员争取更多的利益。近年来,在经济全球化趋势的影响下,当雇主对工资福利的支出和绩效水平的提高不满时,相继采取了关闭工厂等手段,或者向海外人工成本较低的地区转移,这一现象引起了该学派的特别关注。自由改革主义学派支持强有力的劳动法和各种形式的工人代表制度,关注更广泛的经济社会政策,认为政府应该限制和改变市场经济所产生的经常性的负面影响,反对市场化,尤其是自由贸易协议。主张强势工会,认为工会应该比以往更加关心广泛的社会问题和事务。

5. 激进派

激进派具有比其他学派更加深刻的思想内涵，主要由西方马克思主义者组成。激进派所关注的问题同自由改革主义学派有许多是相同的，但它更关注劳动关系中双方的冲突以及对冲突过程的控制。

该学派认为自由改革主义学派所指出的问题，是资本主义经济体系本身所固有的问题，因而其提出的政策主张的作用十分有限。激进派认为，在经济中代表工人的"劳动"的利益，与代表企业所有者和管理者的"资本"的利益，是完全对立的。冲突不仅表现为双方在工作场所的工资收入、工作保障等具体问题的分歧，还扩展到"劳动"和"资本"之间在宏观经济中的冲突。

激进派认为，其他学派提出的"和谐的劳动关系"只是一种假象。只要资本主义经济体系不发生变化，工会的作用就非常有限。尽管工会可能使工人的待遇得到某些改善，但这些改善是微不足道的。在技术变革和国际竞争不断加剧的今天，工会显得越来越力不从心。因为国际竞争总是更多地依赖人均劳动成本的优势，而非人均劳动生产率的优势。所以，要使工会真正发挥作用，必须提高工人对自身劳动权和报酬索取权的认识，了解劳动关系对立的本质，进而开展广泛的与资本"斗争"的运动，向资本的主导权挑战。

二、桑德沃劳动关系管理理论

1. 桑德沃理论模型的分析框架

1987年，美国学者桑德沃在其《劳动关系：过程与结果》一书中提出了劳动关系管理的理论模型。在劳动关系及其管理运作过程中，外部环境因素、工作场所和个人因素是导致工作紧张冲突的基本因素，而冲突的解决依赖于管理和个人撤出以及劳工运动；劳工运动在解决紧张冲突的过程中，集体谈判是基本手段。工会一般就工资、工时和工作条件等同雇主等企业管理者进行集体谈判；在集体谈判的基础上，签订集体合同和有关协议，集体合同和有关协议成为工作场所的行为准则，或对工作场所产生影响，使工作场所得到改善；工作场所的改善和发展变化又会对外部环境产生影响，外部环境也因此得到改善；外部环境的改善和发展变化又反过来影响劳动关系及管理的运作。

2. 对劳动关系管理影响因素的理论分析

桑德沃在构建劳动关系管理理论模型的同时，对影响劳动关系及其管理运作的各项因素进行了理论分析。这些影响因素主要有：

（1）环境因素。环境因素包括工作场所以外的对工作场所劳动关系及管理产生影响的各种社会经济因素。主要有：①经济因素，这些经济因素受经济运行总体状况的影响，主要包括通货膨胀、失业和经济周期的阶段等；②技术因素，技术因素是生产的硬件，主要有制造产品的工具和机器、工人的技术和工艺以及使生产和组织正常运转必要的管理技艺等；③政治和法律因素包括调整劳资关系的法律的性质、政党的权威以及政治信仰自由的相对普及性等；④思想意识因素，属于思想意识的因素主要是人们对于有关问题的一般社会心态和看法，包括人们对工会、企业的看法，人们对集体行为相对于个体行为合法性的认同，甚至人们对私人财产所有权和自由参加社团权的认识等。

（2）工作场所因素。工作场所因素主要包括：①工作场所的技术，属于这一范畴的有生产（产品或服务）的一般属性、生产过程的属性（批量生产或依靠工艺生产，办公室生产或工厂生产)以及生产设备的规模和工作强度的大小等;②预算和市场力量,属于这一范畴的有雇主赢利的可能性、产品市场的竞争状况、商品或服务的可替代性等;③工作场所的管理,包括工作场所管理或管理者的一般特征、行为和态度,也就是工作场所管理或管理者对工作场所行为准则和规章制度的一般心理,以及履行还是不履行等;④所有制和企业的思想,企业是个人所有还是公众所有?所有者们对诸如劳工运动和工人参加工会的态度是什么?等等。

(3) 个人因素。影响劳动关系及其管理的个人变量主要有:①经济、安全和保障需求,这些需求是由劳动者个人的身体健康和保障需要决定的;②社会化、交往和权力需求,这些需求不像生存需求那样是人类的本能,而是需要经过学习或实践才能产生的,因此,它们对于人类的发展更为重要;③公平和平等需求,这种需求也是人们生活经历或实践的产物,人类在诸如家庭、工作和个人交往等各种交换关系中,都要追求公平和平等感,并设法在努力和回报之间找到一种平等关系;④价值观和信仰,这是一个与人们的行为紧密相连的因素,它会真正使人们彼此之间的行为模式不同,并在很大程度上可以用来解释人类行为的复杂性。

3. 对紧张冲突的解决及其后果的理论解释

(1) 紧张冲突。来源于工作中的紧张感有很多,包括感到被列为从属的地位、竞争的地位,感到被剥削和经济上的不确定性。就拿从属性的紧张感而言,在大多数大规模的工业生产中,劳动力总是被分成各种层次,一些层次发出命令,一些层次执行命令。那些属于执行命令层次的劳动者总会感到自己对自由和自主的需求被这种工作场所的劳动分工结构所剥夺,他们由此在工作中承受着紧张的压力。当工人长期处于彼此竞争的环境时,竞争性的紧张感便产生了。单调乏味的紧张感则是在这样的情况下产生的:工人们需要一个多样性和富有挑战的工作环境,但他们的工作性质决定了他们只能日复一日地从事单调、例行公事式的工作。经济上不确定性的紧张感是由以下情况引起的:工人们不知道哪一天会被解雇,或者工人们不知道一年中的什么时间他们为之工作的公司的生意会好起来。

(2) 紧张冲突的解决。有三种解决工作紧张感和冲突的方法:第一种方法也是最普遍的方法,雇主一方在解决雇员工作紧张或冲突中所做出的反应即管理;第二种是工人的个人撤出,撤出有两种形式:身体撤出和心理撤出。从工作场所的身体撤出就意味着辞职,或转换和离开现有的雇佣关系。心理撤出是指撤出努力、许诺或心理上从工作场所撤出但并没有实际离开雇佣关系;第三种是工人们的集体行动,也就是开展劳工运动。这种方法的运用依赖于紧张冲突的内容、工作场所的性质、工人个人的需求和价值观以及影响劳动关系的外部环境等。

(3) 冲突解决的过程及集体协议的签订。集体谈判是工会用来解决紧张冲突的主要手段,集体谈判的基本产物是集体协议或集体合同的签订。基于谈判而签订的集体协议一般会就工作时间及其补偿作出规定,集体协议还要详细说明工人什么时间可以或不可以罢工,人们对集体协议的适应过程和对集体协议的管理过程也是集体协议的一部分。

(4) 工作场所的改善。基于集体谈判而签订的集体协议对工作场所的雇主和劳动者双方均会产生十分重要而具体的影响。关于工资的协议将很可能包含一个工人工资增长的计划和雇主提高工资支出的规定;关于工时的协议就可以规定某些特殊工人可以增加多少额外时间的工作,可以要求雇主在生产的高峰期雇佣额外的工人,以满足生产的需要;关于工作条件的协议不仅可以规定雇员工作的场所要较为安全和整洁,而且还可以要求雇主购买某些新设备或削减现有某些设备。

(5) 外部环境的改善。工作场所的改善和发展变化会对劳动关系及其管理的外部环境产生积极的影响。而从逻辑上来说,工作场所的改善和发展变化起因于集体谈判而签订的集体协议。因此,联系集体协议与外部环境的中间纽带和桥梁是工作场所的改善和发展变化。因此,从眼前来说,人们一般只关注集体谈判对工作场所的影响。实际上,工作场所也是一个大的社会经济系统的一部分。

4. 对桑德沃理论模型的批判

尽管桑德沃理论模型是迄今为止劳动关系研究领域内建立在多学科基础之上的、多因素的理论模型,但这一模型也有明显的局限性。这一模型尽管也考虑了影响劳动关系的诸多外部环境,但它仅将劳动关系的处理看作是冲突的解决,这显然是片面的。实际上,劳动关系的运作主要表现为两种形式:既有可能是冲突,也有可能是合作。劳动关系冲突过程中,工人一方主要采取的斗争手段包括罢工、怠工和抵制等,管理者一方主要采取的手段包括关闭工厂、黑书单和排工等;劳动关系合作有多种实现形式,主要有工人参与管理、双方协议制度和集体谈判制度三种。

与此同时,劳动关系的处理还涉及劳动合同、集体合同和工会等内容。此外,与劳动关系处理相关的内容还包括影响劳动关系的外部环境,主要有思想文化环境、社会经济环境、体制法律环境和劳动力市场环境等。

知识衔接

最初综合劳动关系理论的学者是邓洛普(J. T. Dunlop),他在《产业关系系统》(Industrial Relations Systems,1958)一书中构建了较完整的劳动关系的分析框架。在《产业关系系统》一书中,邓洛普构建了一个全面的分析框架,用来解释影响产业关系系统的多种因素的相互影响。邓洛普的这个分析框架最终可以应用到任何国家的任何产业中去。邓洛普认为,劳动关系是社会系统中的一个子系统,由行为主体、环境、意识形态、规则四个部分构成。

第二节 劳动关系含义与特征

引导案例

某清洁公司承包了某工业区清洁业务,于2010年8月3日,与孙某签订了《清洁服务承包合同》,该合同约定了承包地点、承包内容、清洁服务承包费和付款方式、承包方式、承包期限、合同争议及解决等内容。其中约定清洁承包服务费每月1200元;甲方(某清洁公司)负责乙方(孙某)承包范围的业务指导,负责监督检查,乙方接受甲方及有关部门的业务监督和指导,接受按清洁工作检验标准对其工作进行检查和整改等。某清洁公司自2010年8月3日起,每月发放孙某承包费1200元。后孙某申请劳动仲裁,要求确认其与某清洁公司之间存在劳动关系。

思考：孙某是否与清洁公司之间存在劳动关系？

分析：劳动关系是指劳动者与用人单位之间存在的，以劳动给付为目的的劳动权利和义务关系。《劳动和社会保障部关于确立劳动关系有关事项的通知》规定："用人单位招用劳动者未订立书面劳动合同，但同时具备下列情形的，劳动关系成立：（一）用人单位和劳动者符合法律、法规规定的主体资格；（二）用人单位依法制定的各项劳动规章制度适用于劳动者，劳动者受用人单位的劳动管理，从事用人单位安排的有报酬的劳动；（三）劳动者提供的劳动是用人单位业务的组成部分。"从中可以看出，从属性和有偿性是劳动关系的两大主要特点。

承包是指企业与承包者之间签订承包经营合同，将企业的经营管理权全部或者部分在一定期限内交给承包者，由承包者对企业进行经营管理，并承担经营风险及获取企业收益的行为。其主要特征是：双方为平等的权利主体，发包人向承包人支付承包费；承包人在承包范围内自主经营、自负盈亏。

本案中，孙某在工作期间，必须在某清洁公司指定的地点，按照某清洁公司的作业标准工作，工作内容属于某清洁公司的业务范围，并接受某清洁公司的检查监督，某清洁公司按月支付孙某报酬，明显具备了有偿性和从属性，而非平等的民事主体。故，孙某和某清洁公司之间实际上已形成劳动关系而非合作关系。

一、劳动关系的含义

目前普遍的定义为：劳动关系是指劳动者与用人单位在实现劳动过程中建立的社会经济关系。

劳动关系有广义与狭义之分。从广义上讲，无论何人只要与其用人单位之间因从事劳动而结成的社会关系，都属于劳动关系的范畴。从狭义上讲，现实经济生活中的劳动关系是指按照国家劳动法律、法规规范的劳动法律关系，即双方当事人是被一定的劳动法律规范所规定和确认的权利和义务联系在一起的，其权利和义务的实现，是由国家强制力来保障的。劳动法律关系的一方（劳动者）必须加入某一个用人单位，成为该单位的一员，并参加单位的生产劳动，遵守单位内部的劳动规则；而另一方（用人单位）则必须按照劳动者的劳动数量或质量支付报酬，提供工作条件，并不断改进劳动者的物质文化生活。

基于政治、经济制度和文化传统等的不同，不同国家对劳动关系的称呼也有所不同，如：劳资关系、雇佣关系、产业关系等。劳资关系、雇佣关系是相对于资本与劳动之间的关系而言的，反映出资者与劳动者或雇主与雇员间的关系。西方发达国家特别是美国，多用"产业关系"（"产业中劳动力和资本之间的关系"的缩略语）这一术语，即指产业关系中的雇佣关系，或称为产业关系系统中的劳资关系。这一概念用以强调人与组织、人与产业环境之间的相互作用，几乎包含了与雇佣相关的所有方面：个人、企业和社会。

法律链接

《中华人民共和国劳动合同法》（以下简称《劳动合同法》）第七条规定："用人单位自用工之日起即与劳动者建立劳动关系。用人单位应当建立职工名册备查。"

本法所称的劳动关系是指用人单位招用劳动者为其成员，劳动者在用人单位的管理下提供有报酬的劳动而产生的权利和义务关系。

劳动关系的基本内容包括劳动者与用人单位之间的工作时间和休息时间、劳动报酬、劳动安全卫生、规章制度、劳动保险、职业培训等。

资料来源：法律出版社法规中心.中华人民共和国劳动合同法注释本.第2版.北京：法律出版社,2011.

二、劳动关系的特征

根据法律规范和司法政策，劳动关系应该是劳动者与劳动力使用者之间因付出劳动和支付报酬而形成的法律关系。换言之是在实现社会劳动过程中，劳动者与所在单位之间的社会劳动关系。之所以强调它是社会劳动关系，是因为它不是劳动力与劳动报酬的简单交易，而是劳动者将其劳动力的支配权、使用权有偿让渡给生产资料所有者，并与生产资料相结合所形成的社会关系。

劳动关系是在运用劳动能力、实现劳动过程中，劳动者与用人单位（劳动力使用者）之间的社会劳动关系。并不是所有与劳动有关的社会关系均由劳动法调整，有些与劳动有关的社会关系由其他法律调整。由劳动法调整的劳动关系是和劳动有着直接关系的，劳动是这种关系的基础和实质。因此劳动法调整的是狭义上的劳动关系。

劳动关系的特征如下：

(1) 劳动关系是在社会劳动过程中发生的关系。

(2) 劳动关系的主体双方，一方是劳动者，一方是劳动力使用者(或用人单位)。

(3) 劳动关系主体在维护各自经济利益的过程中，双方的地位是平等的。

(4) 劳动关系主体双方存在管理和被管理关系，即劳动关系建立后，劳动者要依法服从经营者的管理，遵守规章、制度。这种双方之间的从属关系是劳动关系的特点。

三、劳动法律关系

（一）劳动法律关系的含义

所谓劳动法律关系是指劳动法律规范在调整劳动关系过程中所形成的雇员与雇主之间的权利和义务关系，即雇员与雇主在实现现实的劳动过程中所发生的权利和义务关系。显然，如果没有国家意志的干预，劳动关系就完全根据当事人双方的意志形成，是纯粹的双方行为。

但在现代市场经济制度中，法律制度特别是劳动法律制度已经不仅仅是劳动关系运行的客观条件或者说劳动关系运行的制度环境；实际上，国家意志已经明确而具体地介入到劳动关系之中了。在这种条件下，劳动关系的性质已经发生了变化。当劳动关系受到法律确认、调整和保护时，劳动关系也就不完全取决于雇主与雇员双方的意志。任何一方违反法律规范，都将承担法律责任。

劳动关系经劳动法律规范、调整和保护后，即转变为劳动法律关系，雇主和雇员双方有明确的权利和义务。这种受到国家法律规范、调整和保护的雇主与雇员之间以权利和义务为内容的劳动关系即为劳动法律关系，它与劳动关系的最主要的区别在于劳动法律关系体现了国家意志。

（二）劳动法律关系的特征

1. 劳动法律关系的内容是权利和义务

劳动法律关系是以法律上的权利和义务为纽带而形成的社会关系，运用劳动法的各种调整方式将劳动关系转化为劳动法律关系，是劳动法对劳动关系的第一次调整，雇员与雇主按照法律规范分别享有一定的权利、承担一定的义务，从而使雇主与雇员之间的行为与要求具有法律意义。劳动关系转化为劳动法律关系后，若其运行出现障碍，如违约行为，侵权行为出现，则劳动法将对劳动法律关系继续进行调整，这是劳动法的第二次调整，其目的在于消除劳动法律关系运行的障碍，使其顺利运行。

2. 劳动法律关系是双务关系

劳动法律关系是一种双务关系，雇主、雇员在劳动法律关系之中既是权利主体，又是义务主体，互为对价关系。在通常情况下，任何一方在自己未履行义务的前提下无权要求对方履行义务，不能只要求对方履行义务而自己只享有权利，否则，违背了劳动法律关系主体地位平等的要求。

3. 劳动法律关系具有国家强制性

劳动法律关系是以国家强制力作为保障手段的社会关系。国家强制力是否立即发挥作用，取决于劳动法律关系主体行为的性质。强行性规范而形成的劳动法律关系内容受国家法律强制力的直接保障，如不得使用童工；不得低于最低工资标准雇用员工，雇主提供的劳动安全卫生条件不得低于国家标准等任意性规范形成的劳动法律关系的内容，当其受到危害时，则需经权利主体请求后，国家强制力才会显现。

（三）劳动法律关系的构成要素

劳动法律关系构成要素分别为劳动法律关系的主体、内容与客体。

1. 劳动法律关系的主体

劳动法律关系的主体是指依据劳动法律的规定，享有权利，承担义务的劳动法律关系的参与者，包括企业、个体经济组织、机关、事业组织、社会团体等用人单位和与之建立劳动关系的劳动者，即雇主与雇员。依据我国劳动法的规定，工会是团体劳动法律关系的形式主体。

2. 劳动法律关系的内容

劳动法律关系的内容是指劳动法律关系主体依法享有的权利和承担的义务。因为劳动法律关系为双务关系，当事人互为权利和义务主体，故一方的义务为另一方的权利。根据劳动法的规定，劳动者享有平等就业和选择职业的权利、取得劳动报酬的权利、休息休假的权利、获得劳动安全卫生保护的权利、接受职业技能培训的权利、享受社会保险和福利的权利、提请劳动争议处理的权利，以及法律规定的其他权利。劳动者应当完成劳动任务，提高职业技能，执行劳动安全卫生规程，遵守劳动纪律和职业道德。用人单位应当依法建立和完善规章制度，保障劳动者享有劳动权利和履行劳动义务。

3. 劳动法律关系的客体

劳动法律关系的客体是指主体权利和义务所指向的事物，即劳动法律关系所要达到的目的和结果。如劳动、工资、保险福利、工作时间、休息休假、劳动安全卫生等。

(四)劳动法律事实

依法能够引起劳动法律关系产生、变更和消灭的客观现象就是劳动法律事实,并不是任何事实都可以成为劳动法律事实,只有依据劳动法的规定,带来一定劳动法律后果的事实才能成为劳动法律事实。产生劳动法律关系的事实为合法事实,双方意思表示必须一致;变更、消灭劳动法律关系的事实一般也需双方意思表示一致。但是在一些场合,单方的意思表示以及违法行为或事件也能使劳动法律关系变更或消灭。依据劳动法律事实是否以当事人的主观意志为转移,法律事实可以分为两类。

1. 劳动法律行为

劳动法律行为是指以当事人的意志为转移,能够引起劳动法律关系产生、变更和消灭,具有一定法律后果的活动。包括合法行为、违约行为、行政行为、仲裁行为和司法行为等。行为人作出意思表示是劳动法律行为成立的一般要件(即事实要素),应符合以下基本要求:①行为人的意思表示必须包含建立、变更和终止劳动法律关系的意图,即包含追求一定法律效果的意图;②意思表示必须完整地表达劳动法律关系建立、变更和终止的必须内容,残缺不全的,通常不能使法律行为成立;③行为人必须以一定的方式将自己的内心意图表示于外部,可以由他人客观地加以识别。

2. 劳动法律事件

劳动法律事件是指不以当事人的主观意志为转移,能够引起一定劳动法律后果的客观现象。例如企业破产、劳动者伤残、死亡、战争等。

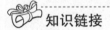

劳动关系的种类

按不同所有制关系,可以分为全民所有制劳动关系、集体所有制劳动关系、个体经营劳动关系、联营企业劳动关系、股份制企业劳动关系、外商投资企业劳动关系等。

按职业分类,可以分为企业的劳动关系、国家机关的劳动关系、事业单位的劳动关系等。

按资本的组织形式,可以分为国有控股公司劳动关系、私营企业劳动关系、外商投资企业劳动关系、有限责任公司等的劳动关系。

第三节 劳动关系与劳务关系

被告双村粮管所在1987年建所时因占用了原告周某所在的村小组的土地,同年3月9日,被告与村小组签订了一份《关于粮油搬运合同》。该合同约定由村小组的村民承担被告的一切粮油包装及搬运工作,以解决部分劳动力的安置问题,被告按上级规定的价格给予报酬;该合同还规定村小组一方应保证随叫随到,满足被告的搬运要求。在每次具体搬运中,被告需要人搬运就到村小组通知,村民自发组织搬运工作,人员每次各不相同,搬运费即时清结。2007年9月3日,原告周某和其他7名村民到被告的六号仓库进行粮食打包及搬运上车工作。原告在扛着粮包经过跳板上车时,不慎从跳板上跌落在地,致其腰部受伤。经诊断为第二腰椎爆裂性骨折并神经挫伤,被评定为伤残八级。

思考:原告与被告之间是什么关系?

分析:

(1)原告及其他 7 名村民之间如何分工、装载车辆如何停放、上车的跳板如何放置,均由其自己确定,原、被告之间不存在管理与被管理的关系,因此不符合雇佣关系的特征。

(2)本案原告及其他 7 名村民按照被告的要求,自己组织人力并完成打包和上车的工作,其提供的劳动主要是单纯的体力劳动,根本不需要什么技术和培训,只要是健壮的村民,谁都可以参加被告的搬运工作。因此原、被告之间主要是劳动力的支配与被支配关系,不符合承揽合同的特征。

(3)本案中,原告和其他村民的用工方式、用工程度全由其自己决定,被告并未对其行使组织指挥和监督管理职能,原告和其他村民并没有在被告的监管之下开展工作,双方的关系仅属于一种劳动力的支配与被支配关系,因此完全符合劳务关系的特征。

随着社会主义市场经济的蓬勃发展和劳动法制的不断完善,我国的劳动力市场愈加活跃,用人形式也更为灵活多样,例如:媒体经常报道的"租赁劳动力"的作法,"非正规部门的就业",离退休人员的返聘,专项工作的对外承包等等。致使近些年来在劳动人事工作领域,人们越来越多地遇到劳动关系与劳务关系方面的问题。

一、劳务关系的含义与特征

劳务关系是劳动者与用工者根据口头或书面约定,由劳动者向用工者提供一次性的或者是特定的劳动服务,用工者依约向劳动者支付劳务报酬的一种有偿服务的法律关系。广义上,它包括承揽、承包、运输、技术服务、委托、信托和居间等。

劳务关系是由两个或两个以上的平等主体,通过劳务合同建立的一种民事权利和义务关系。该合同可以是书面形式,也可以是口头形式或其他形式。其适用的法律主要是《中华人民共和国合同法》(以下简称《合同法》)。其主体是不确定的,可能是法人之间的关系,也可能是自然人之间的关系,还可能是法人与自然人之间的关系。其内容和表现形式是多样化的。

劳务关系、劳务合同是一种顾名思义的通俗称呼,在《合同法》中是没有这类名词的。属于承包劳务情形的劳务合同,似可归属法定的"承揽合同",属于劳务人员输出情形的劳务合同,似可归属法定的"租赁合同"。劳务合同与劳动合同不同,没有固定的格式,必备的条款。其内容可依照《合同法》第十二条规定,由当事人根据具体情况自主随机选择条款,具体约定。

劳务关系的基本特征如下:

(1)双方当事人的地位平等,在人身上不具有隶属关系。

(2)工作风险一般由提供劳务者自行承担。但由雇工方提供工作环境和工作条件的和法律另有规定的除外。

(3)基于民事法律规范成立,并受民事法律规范的调整和保护。

(4)主体具有不特定性,提供劳务方和用工方都可以是自然人、法人或其他组织。

二、劳动关系与劳务关系的联系与区别

当劳务关系的平等主体是两个,而且一方是用人单位,另一方是自然人时,它的情形与劳动关系很相近,从现象上看都是一方提供劳动力,另一方支付劳动报酬,因此两者很容易混淆。还有一种派遣劳务人员或借用人员的情形,致使两个单位之间的劳务关系与派出或借出单位与劳动者之间的劳动关系紧密地交叉在一起。这是它们相联系的一面。

在劳动关系调整工作中,时常遇到劳动关系与劳务关系并存的情况,弄清两者的区别,对于做好劳动人事工作,正确适用法律、妥善处理各类纠纷,显得特别重要。从整体上看,劳动关系与劳务关系的区别主要有如下几点。

1. 法律依据方面的区别

劳动关系由《中华人民共和国劳动法》(以下简称《劳动法》)、《劳动合同法》规范和调整,而且建立劳动关系必须签订书面劳动合同。

劳务关系由《中华人民共和国民法通则》(以下简称《民法通则》)和《合同法》进行规范和调整,建立和存在劳务关系的当事人之间是否签订书面劳务合同,由当事人双方协商确定。

2. 主体的区别

劳动关系中的一方应是符合法定条件的用人单位,另一方只能是自然人,而且必须是符合劳动年龄条件,且具有与履行劳动合同义务相适应的能力的自然人。

劳务关系的主体类型较多,如可以是两个用人单位,也可以是两个自然人。法律、法规对劳务关系主体的要求,不如对劳动关系主体要求的那么严格。

3. 当事人之间在隶属关系方面的区别

劳动关系中的用人单位与当事人之间存在着隶属关系是劳动关系的主要特征。隶属关系的含义是指劳动者成为用人单位中的一员,即当事人成为该用人单位的职工或员工(以下统称职工)。

劳务关系中,不存在一方当事人是另一方当事人的职工这种隶属关系。如某一居民使用一名按小时计酬的家政服务员,家政服务员不可能是该户居民家的职工,与该居民也不可能存在劳动关系。

4. 当事人之间在承担义务方面的区别

劳动关系中的用人单位必须按照法律、法规和地方规章等为职工承担社会保险义务。

劳务关系中的一方当事人不存在必须承担另一方当事人社会保险的义务。如居民不必为其雇用的家政服务员承担缴纳社会保险的义务。

5. 用人单位对当事人在管理方面的区别

用人单位具有对劳动者违章违纪进行处理的管理权。如对职工严重违反用人单位劳动纪律和规章制度、严重失职、营私舞弊等行为进行处理,有权依据其依法制定的规章制度解除当事人的劳动合同,或者对当事人给予警告、记过、记过失单、降职等处分。

劳务关系中的一方对另一方的处理虽然也有不再使用的权利,或者要求当事人承担一定的经济责任,但不含当事人一方取消当事人另一方本单位职工"身份"这一形式,即不包括对其解除劳动合同或给予其他纪律处分形式。

6. 在支付报酬方面的区别

劳动关系中的用人单位对劳动者具有行使工资、奖金等方面的分配权利。分配关系通

常包括表现为劳动报酬范畴的工资和奖金,以及由此派生的社会保险关系等。用人单位向劳动者支付的工资应遵循按劳分配、同工同酬的原则,必须遵守当地有关最低工资标准的规定。

劳务关系中的一方当事人向另一方支付的报酬完全由双方协商确定,当事人得到的是根据权利和义务平等、公平等原则事先约定的报酬。

三、劳务关系的现状与运用

目前,与劳动关系相近的一类劳务关系大致有以下几种情形。

一是用人单位将某项工程发包给某个人或某几个人,或者将某项临时性或一次性工作交给某个人或某几个人,双方订立劳务合同,形成劳务关系。这类从事劳务的人员,一般是自由职业者,身兼数职,自己通过中介机构存放档案,缴纳保险。

二是用人单位向劳务输出公司提出所需人员的条件,由劳务输出公司向用人单位派遣劳务人员,双方订立劳务派遣合同,形成较为复杂的劳务关系。具体说,用人单位与劳务输出公司是一种劳务关系,劳动者与劳务输出公司是一种劳动关系,而与其所服务的用人单位也是一种劳务关系。这种劳务关系的情形,有人称之为"租赁劳动力"。

三是用人单位中的待岗、下岗、内退、停薪留职人员,在外从事一些临时性有酬工作而与另外的用人单位建立的劳务关系。由于这些人员与原单位劳动关系依然存在,所以与新的用人单位只能签订劳务合同,建立劳务关系。

四是已经办手续的离退休人员,又被用人单位聘用后,双方签订聘用合同。这种聘用关系类似于劳务关系,但又不完全是劳务关系。有人又称之为特殊劳动关系。

一般来讲,常年性岗位上的劳动者,用人单位必须与之建立劳动关系,签订劳动合同。一次性或临时性的非常年性工作,或可发包的劳务事项,用人单位可使用劳务人员,并与之签订劳务合同。劳务合同的内容一般包括合同期限、劳务工作内容及要求、劳务报酬、合同的终止与解除、违约责任、争议解决的方式,以及需要约定的其他内容。虽然劳务合同的法定形式多样化,但是由于涉及劳动主体的劳务关系,还是以书面形式签订劳务合同为好。用人单位在认清劳动关系与劳务关系之后,应特别注意自觉守法,不能将应建立劳动关系的情形,统统改为建立劳务关系,以规避法律,使用廉价劳动力。不过,用人单位采用租赁劳动力的方式,以劳务关系代替劳动关系的情形例外。

四、劳动合同与劳务合同

劳动关系与劳务关系是最为普遍的两类用人关系,劳动者与用人单位既可以建立劳动关系,又可以建立劳务关系。两者都是以人的劳动为给付标的的合同。劳动关系与劳务关系都表现为一方提供劳动力,另一方支付劳动报酬。劳动合同与劳务合同一字之差,许多劳动者分辨不清二者有何区别,但其实劳动合同与劳务合同之间差异非常大。劳动合同与雇佣合同、劳务合同在实践中较易混淆。

(一)劳动合同与劳务合同的区别

(1)劳务合同的主体可以双方都是单位,也可以双方都是自然人,还可以一方是单位,另一方是自然人,而劳动合同的主体是确定的,只能是接受劳动的一方为单位,提供劳动的一方是自然人。劳务合同提供劳动一方主体的多样性与劳动合同提供劳动一方只能是自然人有重大区别。

（2）双方当事人关系不同,劳动合同的劳动者在劳动关系确立后成为用人单位的成员,须遵守用人单位的规章制度,双方之间具有领导与被领导、支配与被支配的隶属关系;劳务合同的一方无须成为另一方成员即可为需方提供劳动,双方之间的法律地位从始至终是平等的。

（3）承担劳动风险责任的主体不同。劳动合同的双方当事人由于在劳动关系确立后具有隶属关系,劳动者必须服从用人单位的组织、支配,因此在提供劳动过程中的风险责任须由用人单位承担;劳务合同提供劳动的一方有权自行支配劳动,因此劳动风险责任自行承担。

（4）因劳动合同支付的劳动报酬称为工资,具有按劳分配性质,工资除当事人自行约定数额外,其他如最低工资、工资支付方式都要遵守法律、法规的规定;而劳务合同支付的劳动报酬称为劳务费,主要由双方当事人自行协商价格支付方式等,国家法律不过分干涉。

（5）适用法律和争议解决方式不同。劳务合同属于民事合同的一种,受《民法通则》及《合同法》调整,因劳务合同发生的争议由人民法院审理。

案例分析:
某甲长期为一商店运送货物挣取劳务费。一日,某甲因有事临时让某乙代其为商店运送货物,每日支付劳动报酬80元。谁知,某乙在第二次运送货物途中遭遇不幸身亡。肇事车辆逃逸,查无下落。某乙家人要求某甲与商店老板共同赔偿因某乙死亡造成的损失,双方为此发生纠纷,某乙家人以某乙与某甲和商店之间具有劳动合同关系要求按工伤处理为由,向劳动仲裁委员会申请仲裁。

思考: 某乙死亡造成的损失应由谁来承担?其家人能否向劳动仲裁委主张权利?

分析: 某甲以个人名义要求某乙代其送货并支付劳动报酬,与某乙具有雇佣合同关系,根据相关规定,雇主应承担受雇人在执行受雇事务时造成的自身损害的后果,因此某甲应承担某乙死亡给其家人造成的损失;商店让某甲为其送货并支付报酬,某甲并未成为商店一员,不受商店管理和约束,因此商店和某甲之间是劳务合同关系,根据劳务合同风险由提供劳务方自负的原则,商店不承担某乙死亡的责任。由于此案中不存在劳动合同关系,因此,某乙家人向劳动仲裁委申请仲裁是不对的,应当向人民法院提起诉讼。

（二）劳动合同与雇佣合同的区别

（1）劳动合同的主体是用人单位和劳动者。劳动合同的用人单位是指在中华人民共和国境内设立的企业、事业单位、国家机关、社会团体和个体经济组织;雇佣合同的主体是雇主和受雇人,而且雇佣合同的雇主只能是自然人。接受劳动一方的不同是构成劳动合同与雇佣合同的主要区别所在。

（2）法律干预程度不同。劳动合同的用人单位支付劳动者工资不得违反法律、法规的强制性规定,雇佣合同的劳动报酬则主要由合同双方自行协商,法律不过分干预。其他诸如劳动保护、保险福利等方面,现行法律也只针对劳动合同作出规定。由上可见,法律对劳动合同的干预程度要高于雇佣合同。

（3）法律渊源不同。劳动合同属于劳动法调整，是独立的合同种类；雇佣合同属民事合同的一种，由民法和合同法调整。

（4）解决纠纷的程序不同。劳动合同纠纷采用仲裁前置程序，即劳动合同纠纷不经过劳动争议仲裁机构处理，人民法院不予受理；雇佣合同是民事合同，审理机关是人民法院，纠纷发生后当事人无须经过仲裁，有权直接向人民法院起诉。

知识链接

劳动合同范本

甲方：_____

法定代表人（主要负责人）或委托代理人：_____

住所地：_____

乙方：_____ 性别：_____

身份证号：_____

住址：_____ 邮政编码：_____

户籍所在地：

鉴于甲乙双方即将建立劳动关系，为维护双方的合法权益，甲乙双方郑重声明如下。

甲方声明如下。

1. 甲方为依法登记的、具备合法用工主体资格的用人单位，拥有独立的财产，能独立承担相应的民事责任。

2. 甲方已将乙方的工作内容、工作条件、工作地点、职业危害、安全生产状况、劳动报酬等以及乙方要求了解的其他情况向乙方作了告知，乙方确认已经被明确告知以上内容，并且已经详细知道被告知内容的明确含义。

3. 甲方已将现行的规章制度、劳动纪律以及岗位职责、工作流程等管理文件向乙方作了告知，乙方确认已经被明确告知以上内容，并且已经详细知道被告知内容的明确含义。

乙方声明如下。

1. 乙方在年龄、性别、身体状况、身份等方面均符合国家规定的劳动者必须具备的条件以及本岗位劳动者必须具备的条件。

2. 乙方确保其向甲方提供的与建立劳动关系有关的材料（包括但不限于身份证、学历证、简历）、信息的真实性，合法性。

3. 乙方保证其签订本合同时无不适合本工作岗位的疾病，并且也没有传染病病原携带者未治愈或者存在传染可能性的情况。

4. 乙方保证在签订本合同时与其他任何用人单位不存在劳动关系，也不存在竞业限制等其他影响乙方履行本合同义务的关系。

5. 乙方保证严格遵守国家法律、法规和甲方的劳动纪律及规章制度。

6. 乙方有违反声明1～4条之一的视为乙方以欺诈手段订立本合同，一经发现，甲方有权随时解除本合同。由此产生的责任由乙方自行承担；给甲方造成损失（包括但不限于甲方为此支付的招聘费、培训费、仲裁诉讼费、律师费），乙方依法承担赔偿责任。

甲乙双方根据《中华人民共和国劳动法》《中华人民共和国劳动合同法》及相关法律、法规、规章的规定，在平等自愿、协商一致的基础上，订立本劳动合同，以期共同遵守。

一、当事人基本情况

第一条 甲方情况

甲方名称：_____

法定代表人：_____

住所地：_____

第二条 乙方情况

乙方姓名：_____ 性别：_____

出生年月：_____ 最高学历：_____

最高学历毕业院校：_____

居民身份证号（或者其他有效证件）：_____

现住址：_____ 邮政编码：_____

户籍所在地：_____

联系电话：_____

二、劳动合同期限

第三条 本合同为以完成一定工作任务为期限的劳动合同。

本合同于____年__月__日生效，至合同约定的工作任务完成时失效。

双方确定本合同生效日为甲方依据本合同用工起始日，乙方应于合同生效当日到甲方上岗，否则甲方有权按照相关劳动纪律和规章制度予以处理。

三、工作任务

第四条 本合同约定的工作任务为_____。

第五条 确定工作任务完成的标准。

1. _____。
2. _____。
3. _____。

以上标准全部达到时/其中一项达到时（选择适用）视为工作任务完成。

四、工作内容和工作地点

第六条 乙方同意根据甲方安排，从事_____岗位工作。工作内容详见合同附件1《岗位说明书》，乙方应根据岗位职责和工作要求等内容开展工作，如不能达到相应的岗位工作要求，视为乙方不能胜任该工作岗位，甲方有权要求乙方接受培训或调整乙方工作岗位并相应变更本劳动合同。

第七条 甲方根据工作需要，有权临时安排乙方从事其他岗位工作（不超过3个月内或双方商定的期限），但甲方需在期限届满后或临时工作结束后及时将乙方调整回原来岗位工作。乙方承诺同意并服从甲方的临时工作安排。乙方从事甲方临时安排的工作期间的报酬按原岗位/临时岗位（选择适用）标准执行。

第八条 根据岗位工作特点，乙方的工作地点为：基本工作地点和其他完成工作必须的地点。

五、工作时间和休息休假

第九条 甲方安排乙方执行以下第_____种工时制。

1. 执行标准工时制度的。

2. 执行综合计算工时工作制。
3. 执行不定时工作制。

第十条　乙方应遵守甲方制定的各工时制相关的规章制度。

第十一条　甲方因工作需要安排乙方延长工作时间或节假日加班的,乙方应服从甲方统一安排,甲方按规定安排补休或支付加班加点的报酬。乙方主动加班须按照规章制度规定的程序报批,否则不视为加班。

第十二条　甲方在下列节假日安排职工休假：元旦、春节、国际劳动节、国庆节,法律、法规规定的其他节假日及婚假、丧假、产假等。

六、劳动报酬

第十三条　乙方在履行本合同约定义务后,有权获得相应的劳动报酬。甲方以货币形式支付不低于当地最低工资标准的工资,但乙方因私请假期间,甲方不支付工资。

第十四条　乙方适用以下第_____种工资计发方式。

a. 基本工资制：乙方的月基本工资为_____元。
b. 岗位工资制：乙方的月岗位工资为_____元。
c. 计件工资制：乙方的劳动定额为_____,计件单价为_____。
d. 基本工资加绩效工资制：乙方的月基本工资为_____元,甲方依据绩效工资考核结果确定乙方每月的绩效工资。
e. 其他工资形式：_____。

第十五条　甲方每月____日左右以货币形式支付乙方上月工资,最晚不超过当月月底。

第十六条　本合同履行期间,乙方的工资可根据生产经营状况、出勤情况、工作岗位的变更以及其他甲方薪酬管理制度中规定的情形作相应变动。

七、社会保险和福利待遇

第十七条　甲方按规定为乙方办理社会保险事宜。因乙方不愿甲方为其办理社会保险,甲方将应缴社会保险费加入乙方工资由其自行缴纳(选择适用)。

第十八条　乙方应将办理社会保险必需的资料及时交付甲方,因乙方原因致使社会保险不能及时缴纳的,由乙方承担相应后果。

第十九条　乙方按甲方规章制度中确定的标准享受福利待遇。

八、劳动保护、劳动条件和职业危害防护

第二十条　甲方建立健全工作制度,制定操作规程、工作流程、工作规范和劳动安全卫生制度及其标准,乙方应严格遵守。甲方对岗位可能产生的职业病危害,向乙方履行告知义务,并做好劳动过程中职业危害的预防工作。

第二十一条　甲方为乙方提供必要的劳动条件以及安全卫生的工作环境,并根据岗位实际情况及有关规定,向乙方提供必要的劳动防护用品,乙方应严格按要求使用劳动防护用品。

第二十二条　甲方根据自身特点有计划地对乙方进行职业道德、业务技术、劳动安全卫生及有关规章制度的教育和培训,提高乙方职业道德水准和职业技能。乙方应认真参加甲方组织的各项必要的教育培训。

九、保密协议

第二十三条　乙方应当保守甲方的商业秘密。商业秘密系指不为公众所知悉,能为甲方带来经济利益,具有实用性的技术信息和经营信息。因乙方泄密给甲方造成损失的,乙方愿承担一切赔偿责任(包括但不限于律师费、差旅费以及因商业秘密泄漏造成业务量减少、经营困难等状况形成的其他损失)。

第二十四条 本合同履行期内,乙方不得利用职务便利为自己或者他人谋取属于公司的商业机会,自营或者为他人经营与所任职公司同类的业务,否则甲方有权按照劳动合同法第三十九条第二、三款规定解除本合同并要求乙方赔偿损失。损失赔偿额相当于乙方因上述行为取得的收入或者甲方因上述行为造成的损失(包括预期利润损失)。

(选择适用)乙方不论何种原因离职,离职后两年内不得到与甲方同行业企业就职或自办与甲方同行业企业,在竞业限制期间甲方每月支付乙方补偿金_____元。乙方违反此条约定应退还甲方支付的补偿金并向甲方支付违约金_____元。

第二十五条 甲、乙双方就保密和竞业限制有其他协议的,应同时遵守该协议。

十、劳动合同的变更、解除和终止

第二十六条 甲、乙双方经协商一致,可以变更或解除劳动合同,并以书面形式确定。

第二十七条 甲、乙双方解除或终止本劳动合同,均应遵守《劳动法》、《劳动合同法》等相关法律、法规的规定。

第二十八条 有下列情形之一的,劳动合同自然终止。
1. 本合同约定的工作任务完成。
2. 本合同约定的工作任务因客观事实无法完成。
3. 乙方开始依法享受基本养老保险待遇的。
4. 乙方死亡、失踪,或者被人民法院宣告死亡或者宣告失踪的。
5. 甲方被依法宣告破产的。
6. 甲方被吊销营业执照、责令关闭、撤销或者用人单位决定提前解散的。
7. 法律、行政法规规定的其他情形。

第二十九条 本合同解除或终止时,乙方应履行下列义务。
1. 向甲方指定的人交接工作。
2. 完好归还其占有的甲方的办公用品、文件、设备等有形或无形资产。
3. 向甲方完整移交载有甲方信息的任何载体。
4. 协助甲方清理双方之间的债权、债务。
5. 完成甲方规定的离职程序,办理有关离职手续。
6. 其他事务。

第三十条 本合同解除或终止时,甲方应履行下列义务。
1. 为乙方办理解除或终止劳动关系手续。
2. 自劳动关系终止之日起15日内为乙方办理档案和社会保险转移手续,非因甲方原因未能及时办理的甲方不承担责任。
3. 如乙方要求,甲方如实出具乙方在职期间的工作履历或绩效证明。

第三十一条 涉及本合同的经济补偿金按照国家相关规定执行。

第三十二条 如甲方需向乙方支付经济补偿金,则在乙方按规章制度办理完毕工作交接并完成本合同第三十条约定的工作后支付。

十一、违约责任

第三十三条 甲方违反本合同约定的条件解除合同给乙方造成损害的承担赔偿责任。

第三十四条 乙方违反本合同约定的条件解除劳动合同或因乙方原因造成合同无效的,应向甲方承担赔偿责任(包括但不限于招聘费用、培训费用和其他相关费用)。

第三十五条 本合同签订后,乙方未按时到甲方参加工作构成违约,甲方有权解除合同并可以要求乙方承担_____元的违约金。甲方因自身原因未能安排乙方参加工作构成违约,乙方有权解除合同并可以要求甲方承担_____元的违约金。如之后双方实际建立了劳动关系,则本条约定的解约权和违约金请求权自然丧失。

十二、其他

第三十六条 乙方在本合同中所填的现住址、户籍所在地为乙方的送达地址,甲方的相关文件送达至上述任一地址即视为送达乙方。上述地址和联系方式如有变动,乙方应于变动后3日内书面通知甲方,否则视为没有变动。

第三十七条 甲方的规章制度及其他管理文件(包括但不限于员工手册、岗位职责、安全准则等)均属本合同的附件,与本合同内容具有相同效力。

第三十八条 甲乙双方在履行本合同过程中发生争议,应首先提交企业劳动争议调解委员会调解,在申请调解后15日内双方无法达成调解协议的,任一方可向企业所在地劳动争议仲裁委员会申请仲裁。

第三十九条 本合同解除或终止后,不影响合同约定的离职手续办理、保密或竞业限制等后合同义务条款以及争议解决条款的效力。

第四十条 本合同其他未尽事宜,甲、乙双方可协商确定。

第四十一条 本合同一式两份,双方各执一份,于甲方盖章、乙方签字后成立。

甲方(盖章):　　　　　　　　　　　　　　乙方(签字):

本合同签订日期:　　　年　　月　　日

知识链接

劳务合同范本

甲方:_____

法定代表人或委托代理人:_____

注册地址:_____

通信地址:_____

邮政编码:_____

乙方姓名:_____

性别:_____

居民身份证号码:_____

出生日期:_____

家庭住址:_____

邮政编码:_____

户口所在地:_____

通信地址:_____

邮政编码:_____

电话:_____

鉴于乙方为退休人员,不具备劳动法律关系的主体资格。根据《民法通则》、《合同法》和有关规定,甲乙双方经平等协商一致,自愿签订本劳务协议,共同遵守本协议所列条款。

第一条　本协议期限为_____年。
本协议于_____年____月____日生效,至_____年____月____日终止。

第二条　乙方承担的劳务内容、要求为:_____。

第三条　乙方提供劳务的方式为:_____。

第四条　乙方认为,根据乙方目前的健康状况,能依据本协议第二条、第三条约定的劳务内容、要求、方式为甲方提供劳务,乙方也愿意承担所约定劳务。

第五条　乙方负有保守甲方商业秘密的义务。乙方负有保护义务的商业秘密主要包括:_____
_____。

第六条　甲方支付乙方劳务报酬的标准、方式、时间:_____
_____。

第七条　乙方依法缴纳个人所得税,甲方依法代为扣缴。

第八条　发生下列情形之一,本协议终止。
一、本协议期满的。
二、双方就解除本协议协商一致的。
三、乙方由于健康原因不能履行本协议义务的。

第九条　甲、乙双方若单方面解除本协议,仅需提前一周通知另一方即可。

第十条　本协议终止、解除后,乙方应在一周内将有关工作向甲方移交完毕,并附书面说明,如给甲方造成损失、应予赔偿。

第十一条　甲乙双方约定,甲方为乙方购买一张新华人寿保险股份有限公司_____意外伤害保险卡,用于乙方在为甲方提供劳务过程中发生意外伤害的补偿。保险期间与本协议期限相同。

第十二条　乙方同意医疗费用自理,医疗期内甲方不支付劳务费。

第十三条　依据本协议第九条、第十条约定终止或解除本协议,双方互不支付违约金。

第十四条　因本协议引起的或与本协议有关的任何争议,均提请北京仲裁委员会按照该会仲裁规则进行仲裁。仲裁裁决是终局的,对双方均有约束力。

第十五条　本合同首部甲、乙双方的通信地址为双方联系的唯一固定通讯地址,若在履行本协议中双方有任何争议,甚至涉及仲裁时,该地址为双方法定地址。若其中一方通讯地址发生变化,应立即书面通知另一方,否则,造成双方联系障碍,由有过错的一方负责。

第十六条　本合同一式两份,甲乙双方各执一份。

甲方:(公章)_____
日期:_____年____月____日
乙方:(签章)_____
日期:_____年____月____日
乙方家属意见:_____
签字:_____
与乙方关系:_____
身份证号码:_____

第四节 劳动关系与事实劳动关系

引导案例

小李是某公司新聘的一名女职工,担任文员一职,月薪2500元。公司规定,凡新进人员须先考察几个月,考察合格后再签订劳动合同,办理正式入职手续,故一直未与小李签订书面劳动合同,也未缴纳社会保险。工作2个月后的一天,小李骑电动车在上班路上被一辆公交车撞伤,致使一侧肋骨骨折两根,公交车对交通事故负全责。小李受伤期间,公司扣发了其工资。小李找到公司老板要求认定工伤,并支付治疗期间工资。老板称"小李还在考察期,公司未签合同,未办入职,还不算公司正式员工,而且不是在上班时发生的事情,与公司无关"。

思考:公司老板的辩称理由成立吗?

分析:根据劳动保障部《关于确立劳动关系有关事项的通知》(劳社部发[2005]12号)规定:用人单位招用劳动者未订立书面劳动合同,但同时具备下列情形的,劳动关系成立。(一)用人单位和劳动者符合法律、法规规定的主体资格;(二)用人单位依法制定的各项劳动规章制度适用于劳动者,劳动者受用人单位的劳动管理,从事用人单位安排的有报酬的劳动;(三)劳动者提供的劳动是用人单位业务的组成部分。

本案中公司虽然没有与小李签订书面劳动合同,但小李确实为公司提供了劳动,公司也为其支付了2个月的工资报酬。同时,小李遵守公司的各项规章制度,服从公司的管理。因此,双方虽然没有签订书面的劳动合同,但他们之间形成了事实的劳动关系。既然该公司已经与小李形成了事实劳动关系,按照《劳动法》第七十二条规定,该公司就有义务为小李缴纳社保。公司没有给小李缴纳工伤保险,不影响小李的工伤认定,其相应的工伤待遇不是由工伤保险基金支付,而是全部由该公司承担。

一、事实劳动关系的含义及内容

尽管按照我国现行《劳动法》和《劳动合同法》的规定,建立劳动关系应当订立劳动合同,但在现实的劳动就业市场中,仍有相当一部分劳动关系并没有依照相关法律规定建立而形成事实劳动关系,也就是说,现实劳动关系中存在着大量的事实劳动关系。

所谓事实劳动关系,是指劳动者与用人单位之间并不存在书面的劳动合同,而存在事实上的用工劳动关系。尽管我国相关劳动法律、法规并未对事实劳动关系作出十分明确的规定,但根据《劳动合同法》第七条、第十条第二款及第十一条等的规定及《关于贯彻执行〈劳动法〉若干问题的意见》第十七条,事实劳动关系是受法律保护的。

事实劳动关系包括以下内容。

(1) 没有书面合同形式,通过以口头协议代替书面劳动合同而形成的劳动关系。

(2) 应签而未签订劳动合同。用人单位招用劳动者后不按规定订立劳动合同而形成的劳动关系。

(3) 用人单位与劳动者以前签订过劳动合同,但是劳动合同到期后用人单位同意劳者继续在本单位工作却没有与其及时续订劳动合同而形成的事实延续的劳动关系。

（4）以其他合同形式代替劳动合同，即在其他合同中规定了劳动者的权利、义务条款，比如在承包合同、租赁合同、兼并合同中规定了职工的使用、安置和待遇等问题，这就有了作为事实劳动关系存在的依据。

（5）劳动合同构成要件或者相关条款缺乏或者违法，事实上成为无效合同，但是双方依照这一合同规定已经建立的劳动关系。

归纳起来，实践中存在以下三种事实劳动关系：一是用人单位自始就未与劳动者签订书面劳动合同；二是用人单位与劳动者订立了书面劳动合同，但期限届满后，双方以口头形式或者行为表示继续劳动关系，而没有续签书面劳动合同；三是由于双方的书面劳动合同不符合法律规定的构成要件或者相关条款规定，致使其成为无效合同，而双方已依此确立了劳动关系。

二、事实劳动关系的构成要件及特征

法院对于目前涉及事实劳动关系的劳动争议，必须首先对该案件是否属于事实劳动关系进行判断，因而有必要了解构成该类案件的主要要件。事实劳动关系的基础是劳动事实，而劳动合同调整的劳动关系的基础是劳动法律事实。劳动法律事实具有合法性，劳动事实则不一定具有合法性，此点为事实劳动关系与劳动法律关系的关键区别所在。关于事实劳动关系的构成，目前学术界还没有进行更加深入的研究，也没有统一的认识。

（一）事实劳动关系的构成要件

事实劳动关系的确认需存在雇佣劳动的事实存在。"事实劳动关系"合法地位，确认了劳动关系不依赖书面合同的存在而存在，扩大了劳动保护范围，对不签订劳动合同的雇主有了更大约束，更多地维护了劳动者的合法权益。

由此可以归纳出符合事实劳动关系须具备以下要件。

1. 已经存在劳动行为

劳动关系的对象指向的是劳动行为，该行为的形成、存在以及终结是形成劳动关系的重要标准。只有劳动者按照用人单位的要求，通过支付相当的体力和智力，完成用人单位布置的工作内容，创造了劳动成果，并归用人单位所有，才意味着劳动者已经向用人单位让渡了自己的劳动力使用权，提供了有偿劳动，从法律上形成一种劳动关系。否则，既无口头约定又无实际付出劳动，不可能形成劳动关系。因此，已经存在劳动行为成为事实劳动关系的重要组成部分之一。

2. 已经形成了从属关系

一般来说，这一类型的案例中都是劳动者与用人单位的生产资料相结合，进行特定的生产工作，将人身自由在一定时空范围内归用人单位支配，服从劳动分工和工作安排，遵守劳动纪律和规章制度，接受用人单位的管理和监督，并从用人单位处获得劳动报酬和有关福利待遇。因而，在一定时期内，劳动者从属于用人单位，两者形成一种稳定的管理与被管理关系。这是事实劳动关系的重要特征和重要组成部分之一。如果没有形成这种特殊的从属关系，则不构成事实劳动关系，甚至也不构成劳动关系。

3. 默认的意思表示

也就是说在劳动者和用人单位之间存在着意思表示合意的要素，这种合意或是通过行为默认或是通过口头约定而成的，双方存在的从属关系的事实在客观上等同于双方当事人间已经存在订立契约的意思表示，只有双方都对该劳动行为以及从属关系以默认的方式接受或不排斥的情况下，才能认为已经建立了事实劳动关系。

4. 欠缺法定的形式要件

如前所述，在事实劳动关系中，用人单位提供劳动条件和规定的劳动标准，劳动者提供有偿劳动，两者之间存在概括的意思表示，或通过行为默认或通过口头约定而形成的。因此，从法律上看，事实劳动关系具备了主体、内容和意思表示三个要素，双方之间形成了劳动关系，只是未形成书面合同，欠缺法定的形式要件。这也是事实劳动关系区别于劳动法律关系之所在，是其构成要件之一。

（二）事实劳动关系的特征

由于事实劳动关系是我国劳动法执行过程中的一个特有现象，它具有四个方面的特征。

1. 复杂性

事实劳动关系产生的原因多种多样、涉及面广、人数众多。

2. 特殊性

事实劳动关系与非法劳动关系有着主体、内容、保护手段等方面的本质区别。

3. 合法性

事实劳动关系依照现行法律的规定属于有效的劳动关系，具有合法性。

4. 隐匿性

事实劳动关系的存在不容易引起人们的重视和关注，只有在事实劳动关系引发劳动争议时才引起人们的注意。

三、事实劳动关系的认定及规范

事实劳动关系的提出与劳动合同关系的特点有关，劳动者的劳动（劳务）一旦付出，就不能收回，即便劳动合同无效，也不可能像一般合同无效那样以双方返还、恢复到合同订立前的状态来处理，否则对于劳动者来说是不公平的。因此，只能适用事实劳动关系的理论来处理当前大量存在的事实劳动关系的问题。

（一）事实劳动关系的认定

事实劳动关系应当指劳动者与用人单位之间形成从属性劳动，但不符合劳动合同成立的法定要件的劳动力使用和被使用的关系。一般有以下几种情形。

1. 无书面劳动合同而形成的事实劳动关系

就劳动合同订立的形式而言，一般认为目前我国1995年1月1日起施行的《劳动法》只认可了书面形式的劳动合同。从实践中看，无书面劳动合同而形成的事实劳动关系一般又分为两种：一种是自始未订立书面劳动合同；另一种是原劳动合同期满，用人单位和劳动者未以书面形式续订劳动合同，但劳动者仍在原单位工作。无书面形式的劳动合同是引起事实劳动关系发生的最主要的原因。在《劳动合同法》施行前的审理劳动合同纠纷中，相当一部分仲裁机构或法院对于无书面劳动合同的劳动争议案,或者不受理,或者认定为无效,因此导致许多劳动者的权益得不到保护。

如何判断没有书面形式的劳动合同的效力?在这里不能简单地进行无书面形式则无效的推理。无书面形式的劳动合同可以形成事实劳动关系,而对于事实劳动关系,国家相关的法律、法规并没有否定其效力,如劳动部《关于贯彻执行中华人民共和国劳动法若干问题的意见》中规定:"中国境内的企业、个体经济组织与劳动者之间,只要形成劳动关系,即劳动者事实上已成为企业、个体经济组织的成员,并为其提供有偿劳动,适用劳动法。"1995年劳动部颁布的《违反劳动法有关劳动合同规定的赔偿办法》规定:"用人单位故意拖延不订立劳动合同,即招用后故意不按规定订立劳动合同以及劳动合同到期后故意不及时续订劳动合同的,对劳动者造成损害的应赔偿劳动者的损失。"此外,地方性法规如2001年《北京市劳动合同规定》和2002年《上海市劳动合同规定》也有类似规定。从上述规定的内容看,无书面形式的劳动合同形成的事实劳动关系也是一种受法律保护的劳动关系,不能简单将其视其为无效,而是应当适用劳动法支付经济补偿金。

如何判断是否已经形成了事实劳动关系?如果劳动者发现用人单位没有与自己签订劳动合同的,就要注意收集以下证据了,以备不时之需。

第一,工资支付凭证或记录(职工工资发放花名册)、缴纳各项社会保险费的记录。

第二,用人单位向劳动者发放的"工作证"、"服务证"等能够证明身份的证件。

第三,劳动者填写的用人单位招工招聘"登记表"、"报名表"等招用记录。

第四,考勤记录。

第五,其他劳动者的证言等。

2. 无效劳动合同而形成的事实劳动关系

关于无效劳动合同,我国《劳动法》第十八条规定了两种情形。

(一)违反法律、行政法规的劳动合同。

(二)采取欺诈、威胁等手段订立的劳动合同。

无效的劳动合同,从订立的时候起就没有法律约束力。

对于无效劳动合同的法律后果是什么,《劳动法》未作出明确规定。从《劳动法》规定看,无效劳动合同一般是由于主体不合格、合同的内容不符合法律规定、订立合同采取欺诈、威胁手段等原因所致。

按照《劳动法》的规定,无效的劳动合同,从订立的时候起,就没有法律约束力,即劳动合同是自始无效。这时,如果劳动者已提供了劳动,则自始无效的劳动合同已不能成为劳动者与用人单位双方相互提出请求权的基础。如果按合同法的理论,合同无效的,因该合同取得的财产,应当予以返还。显然,劳动合同无法适用合同法的原理,劳动力一旦付出,就无法恢复到合同订约前的状态。对因劳动合同无效而发生的劳动关系,同样应当视为一种事实劳动关系。在这种情况下,劳动者的利益应受法律保护,劳动者应当依照法律规定对其劳动提出报酬请求权。

对于这种事实劳动关系的处理,按现行立法和有关司法解释的规定,一是用人单位对劳动者付出的劳动,可参照本单位同期、同工种、同岗位的工资标准支付劳动报酬;二是如果订立无效劳动合同是因用人单位所致,给劳动者造成损失的,则劳动者可以获得赔偿。

关于无效劳动合同,我国《劳动合同法》第二十六条规定了三种情形。

(一)以欺诈、胁迫的手段或者乘人之危,使对方在违背真实意思的情况下订立或者变更劳动合同的。

(二)用人单位免除自己的法定责任、排除劳动者权利的。

(三)违反法律、行政法规强制性规定的。

《劳动合同法》对因劳动合同被确认无效,劳动者已付出劳动的情况在第二十八条中也作出了规定:劳动合同被确认无效,劳动者已付出劳动的,用人单位应当向劳动者支付劳动报酬。劳动报酬的数额,参照本单位相同或者相近岗位劳动者的劳动报酬确定。

3. 双重劳动关系而形成的事实劳动关系

双重劳动关系是指劳动者与两个或两个以上的用人单位建立的劳动关系。双重劳动关系在现实生活中大量存在。如下岗或停薪留职到另一单位工作、或同时从事几份兼职工作等。在双重劳动关系下,一般都有一个正式挂靠单位,哪怕并不提供劳动,但可以领取最低工资、享受社会保险待遇。而对于双重劳动关系来说,如果第二个劳动关系发生纠纷诉至法院,一般会被认定为劳务关系而不作为劳动关系来处理,也就是说,劳动者只能要求劳动报酬的给付而不能要求其他依照劳动法所能享有的权益。

通常来说,不承认双重劳动关系的理由主要基于以下几点。

一是根据传统劳动法理论,一般认为每个职工只能与一个单位建立劳动法律关系,而不能同时建立多个劳动法律关系。

二是依据《劳动法》第九十九条关于"用人单位招用尚未解除劳动合同的劳动者,对原用人单位造成经济损失的,该用人单位应当依法承担连带赔偿责任"的规定,推导出法律禁止劳动者与多个用人单位建立劳动关系。

三是认为如果承认双重劳动关系,必然导致社会保险关系的混乱,从而引起不利的后果。

双重劳动关系是一个劳动者具有双重身份和参与两个劳动关系,它既可表现为两个法定的劳动关系同时存在,也可表现为一个法定的劳动关系与一个事实劳动关系并存。这种劳动关系不仅不利于劳动管理,而且还潜伏着大量的劳动争议。

《劳动合同法》第三十九条第四款规定:劳动者同时与其他用人单位建立劳动关系,对完成本单位的工作任务造成严重影响,或者经用人单位提出,拒不改正的,用人单位可以解除劳动合同。

但是,即便由劳动者造成的双重劳动关系,用人单位若想与其解除劳动合同,也需满足法律前提,即"对完成本单位的工作任务造成严重影响"或者"经用人单位提出,拒不改正"。实际上,劳动者在按法律、法规的规定和劳动合同约定完成工作任务后,如果还有时间和精力,可以依法与其他用人单位建立劳动关系,但是不得对完成用人单位工作任务造成严重影响;如果用人单位要求劳动者不得与其他用人单位建立劳动关系,劳动者则应终止与其他单位的劳动关系,否则用人单位可以与其解除劳动合同。

(二)事实劳动关系的规范

对于事实劳动关系的规范应主要从加强劳动者的自我保护意识,使劳动者能够最大限度地维护自己权利来考虑。

（1）要让劳动者能够证明事实劳动关系的存在。比如发生争议之前劳动者就要注意搜集原先的劳动合同、工资单、考勤卡、工作证、出入证、开会通知、报销单据等，以证明劳动者确实与用人单位之间存在劳动关系。

（2）取得用人单位故意拖延不续订劳动合同的证据。比如劳动者要求单位尽快签订劳动合同的谈话记录、证人证言、单位要劳动者填的有关表格、单位借口拖延续订的证明等。

（3）取得用人单位单方面终止劳动关系的证据。比如单位的书面解除劳动关系通知、谈话记录、证人证言、公司发文等。

（4）鼓励劳动者对用人单位的上述行为向劳动监察部门提起举报、投诉，并要求劳动监察部门责令用人单位改正，或处以罚款。这个程序的好处在于劳动者不直接跟用人单位发生冲突，避免了用人单位的报复；行政执法时间较短，效率较快；如果劳动监察部门不去查处，劳动者则可以就其行政不作为提起行政诉讼。这样，劳动监察部门为避免败诉，就会全力以赴查处违法的用人单位的违法行为。

（5）国家应制定关于整顿劳动力市场的行政法规，对劳动力市场的规范化定期进行整顿，保证劳动者拥有一个良好的劳动环境。

知识衔接

认定事实劳动关系的证据

根据劳动保障部《关于确立劳动关系有关事项的通知》（劳社部发［2005］12号）规定，用人单位招用劳动者未签订书面劳动合同，但同时具备下列情形的，劳动关系成立：①用人单位和劳动者符合法律、法规规定的主体资格；②用人单位制定的各项劳动规章制度适用于劳动者，劳动者受用人单位的劳动管理，从事用人单位安排的有报酬的劳动；③劳动者提供的劳动是用人单位业务的组成部分。

用人单位未与劳动者签订劳动合同，认定双方存在劳动关系时可参照下列凭证。

（1）工资支付凭证或记录（职工工资发放花名册）、缴纳各项社会保险的记录。

（2）用人单位向劳动者发放的"工作证"、"服务证"等能够证明身份的证件。

（3）劳动者填写的用人单位招工招聘"登记表"、"报名表"等招用记录。

（4）考勤记录。

（5）其他劳动者的证言等。其中（1）、（3）、（4）项的有关凭证由用人单位负举证责任。

四、事实劳动关系与劳动法律关系

事实劳动关系与劳动法律关系的确定具有相同或者相近法律依据，两者都属于具有法律效力的劳动关系，是具有合法性的劳动关系，都是通过《劳动法》、《劳动合同法》进行调整。虽然事实劳动关系与劳动法律关系都可纳入《劳动法》、《劳动合同法》的调整范畴，但事实劳动关系与劳动法律关系的属性却并不相同。

1. 产生的前提不同

劳动法律关系是指劳动关系被劳动法律、法规调整而形成的一种法律关系，是劳动关系在法律上的体现，是当事人之间发生的符合劳动法律规范、具有权利和义务内容的关系。事实劳动关系则不同，它指的是劳动关系双方当事人在建立劳动关系或变更原劳动关系时，没有按照法律的要求签订书面的劳动合同,但双方在实际工作中存在劳动关系的事实状态,它因不符合法定要求而缺乏构成劳动法律关系的有效要件。

2．意志因素不同

劳动法律关系是通过权威的法律规范作用于社会生活,实现双方当事人预期和设定的权利和义务,是一种思想关系,属于上层建筑的范畴,它是依照国家制定的劳动法律规范而运作,体现了国家的意志。而事实劳动关系常常需要法律公开地对劳动关系进行调整,产生的权利和义务也不是双方当事人预期和设定的权利和义务,确认其存在是为了保护劳动者的合法劳动以及兼顾民法的诚信、公平原则。

3．法律效果不同

一般来说,劳动法律关系的参加者,都是一定权利和义务的主体,劳动法律关系的内容受到法律的保护,违反该法律规定将受到法律的制裁。但从目前的立法上看,事实劳动关系是否受法律保障却是个未知数,从具体司法实践来看,并不是完全肯定事实劳动关系。因此,对于事实劳动关系的保护也远远不及劳动法律关系。

五、事实劳动关系与雇佣关系

事实劳动关系与雇佣关系形同质异,它们基本上也是存在于双方当事人之间,一方为提供劳动的劳动者,另一方为接受劳动成果的用人者或用人单位。法律上明确区别劳动关系与雇佣关系,以德国劳动法为代表,劳动合同与雇佣合同的相同之处如劳动合同与雇佣合同均以当事人之间相对立之意思之合致而成立;两者均以劳动的给付为目的;两者均为双务、有偿及继续性合同,两者的合同形式通常都是口头约定,没有采用书面合同。正是由于两者具有如此的相同之处,才导致审判实践中对两者的区分极为困难。

但实际上,两者还是具有明显的差别的,也正是由于两者存在差别,法律上才分别规定了劳动合同与雇佣合同。

(1) 对劳动力的支配权不同。因雇佣关系而成立的合同是一方给付劳动,另一方给付报酬的合同。其纯为独立的两个经济者之间的经济价值的交换,雇主与雇员之间不存在从属关系,当事人之间是彼此独立的。而因事实劳动关系而成立的合同,则是指双方当事人约定一方在对他方存有从属关系的前提下,向他方提供职业上的劳动力,而对方给付报酬的合同,其特点在于劳动力的支配权归掌握生产资料的用人单位行使,当事人双方存在着特殊的从属关系——身份上的从属性。

(2) 主体不同。与雇佣关系的主体不同,事实劳动关系的主体具有特定性,一方是用人单位,一方是劳动者,而雇佣关系的主体则主要为自然人。因此,事实劳动关系调整的是职业劳动关系,而雇佣关系调整的是非职业的劳动关系。

(3) 当事人的权利和义务不同。因事实劳动关系而成立劳动合同,其履行一般体现着国家对劳动合同的干预,为了保护劳动者,《劳动法》强加给用人单位义务诸多,如必须为劳动者缴纳养老保险、工伤保险、失业保险等。这是用人单位必须履行的法定义务,不得由当事人协商变更。而雇佣关系的雇主则无义务为雇员缴纳各项社会保险。

(4) 调整的法律依据不同。事实劳动关系如果需要法律调整,那么它首先也应当由劳动法调整,遵循保护劳动者的原则;而雇佣关系一旦发生什么纠纷则受民法的调整,遵循平等自愿、等价有偿的原则。

六、事实劳动关系与自然债务

所谓自然债务是指过了诉讼时限不能通过法律途径解决的,不能强制双方当事人履行义务的债务,但如果债务人自愿履行的,债权人有权受领,且不构成不当得利。从表面看来,事实劳动关系在特定情况下可以不受法律保护,如事实劳动关系举证不足,但如果用人单位自愿履行的,劳动者就有权受领而不构成不当得利,在这种情况下和自然债务相似。但实际上二者仍有很大的不同。

(1) 涉及范畴不同。事实劳动关系属兼具人身权和财产权的因素,而自然债务仅涉及发生财产纠纷时产生的权利和义务。

(2) 发生原因不同。事实劳动关系仅仅因为劳动关系建立时法定模式的要件欠缺,自然债务发生的原因却可能多种多样。

(3) 性质不同。自然债务是道德义务的深化或是法律义务的下降,自然债务不会产生请求权,丧失了法律的保护。而事实劳动关系仅仅是与劳动过程相联系的社会关系,表现为劳动者向用人单位提供劳动,从民法的基本原理或一般社会理念来说都具有相应的请求权。

知识衔接

事实劳动关系重点注意事项见表 1-1。

表 1-1　事实劳动关系重点注意事项

办理项目	重点注意事项
了解《劳动合同法》对劳动合同和劳动关系的相关规定	1. 根据《劳动合同法》第七条的规定,用人单位自用工之日起即与劳动者建立劳动关系。 2.《劳动合同法》第十条第二款规定,已建立劳动关系,未同时订立书面劳动合同的,应当自用工之日起一个月内订立书面劳动合同。 3. 根据《劳动合同法》第十一条的规定,用人单位未在用工的同时订立书面劳动合同,与劳动者约定的劳动报酬不明确的,新招用的劳动者的劳动报酬按照集体合同规定的标准执行;没有集体合同或者集体合同未规定的,实行同工同酬。 4. 以上条款充分说明,即使法律条文中没有明确规定事实劳动关系,但对于没有订立书面劳动合同的情况视为劳动关系已建立,并加以保护。 5. 该法第八十二条规定,用人单位自用工之日起超过一个月不满一年未与劳动者订立书面劳动合同的,应当向劳动者每月支付二倍的工资。用人单位违反本法规定不与劳动者订立无固定期限劳动合同的,自应从订立无固定期限劳动合同之日起向劳动者每月支付二倍的工资。即用工之日起可以有一个月的缓冲期,即使此期间未订立,也不违法。而结合第十四条第三款的规定,如果用人单位自用工之日起超过一年仍未与劳动者订立书面劳动合同的,则不仅要支付二倍工资,还视为已订立无固定期限劳动合同。
了解其他相关法律、法规的对此的规定	最高人民法院《关于审理劳动争议案件适用法律若干问题的解释》第十六条规定,劳动合同期满后,劳动者仍在原用人单位工作,原用人单位未表示异议的,视为双方同意以原条件继续履行劳动合同。这说明劳动合同到期后形成的事实劳动关系,用人单位与劳动者应按照原劳动合同履行义务。

续表

办理项目	重点注意事项
了解事实劳动关系的认定	根据原劳动部《关于确立劳动关系有关事项的通知》： 一、用人单位招用劳动者未订立书面劳动合同，但同时具备下列情形的，劳动关系成立。 （一）用人单位和劳动者符合法律、法规规定的主体资格； （二）用人单位依法制定的各项劳动规章制度适用于劳动者，劳动者受用人单位的劳动管理，从事用人单位安排的有报酬的劳动； （三）劳动者提供的劳动是用人单位业务的组成部分。 二、用人单位未与劳动者签订劳动合同，认定双方存在劳动关系时可参照下列凭证： （一）工资支付凭证或记录（职工工资发放花名册）、缴纳各项社会保险费的记录； （二）用人单位向劳动者发放的"工作证"、"服务证"等能够证明身份的证件； （三）劳动者填写的用人单位招工招聘"登记表"、"报名表"等招用记录； （四）考勤记录； （五）其他劳动者的证言等。 其中，（一）、（三）、（四）项的有关凭证由用人单位负举证责任。
事实劳动关系形成后的相应措施	1. 如果用人单位与劳动者均同意维持事实上的劳动关系的，应当视情况采取相应措施，或者续签；或者弥补前劳动合同的缺陷。 2. 对于一方不同意继续劳动关系的，如属劳动者一方，劳动关系解除，用人单位无须支付补偿金；而如用人单位一方不愿维持，提出解除劳动关系的，则应当按照规定支付劳动者经济补偿金。 3.《关于贯彻执行〈劳动法〉若干问题的意见》第十七条规定，用人单位与劳动者之间形成了事实劳动关系，而用人单位故意拖延不订立劳动合同，劳动行政部门应予以纠正。用人单位因此给劳动者造成损害的，应按劳动部《违反〈劳动法〉有关劳动合同规定的赔偿办法》（劳部发［1995］223号）的规定进行赔偿。 4. 用人单位与劳动者发生劳动争议，只要存在事实劳动关系，且符合《劳动法》和《企业劳动争议处理条例》的受案范围，劳动争议仲裁委员会均应受理。

第五节 和谐劳动关系的构建

引导案例

根据网友的关注度以及事件的影响，《法制晚报》与中国人民大学劳动关系研究所共同评选出"2010年最具影响力的十大劳动关系事件"。富士康员工连续跳楼事件位列第二名。

事件回放：从2010年1月到5月间，10名深圳富士康员工接连身亡的"十连跳"事件，将标榜"回馈社会，关爱员工"的富士康公司推向舆论的风口浪尖。截至2010年11月5日，经深圳市公安局证实，富士康跳楼死亡的案件已达13件。之后，富士康选择了加薪、转型和内迁之路。

思考：富士康事件说明了什么？
分析：富士康事件表明劳动主体的改变应当伴随管理的改变，否则恶性事件的发生不可避免。该事件还昭示了合法与和谐之间的差距,情理法的关系处理将拷问企业的良心。

劳动关系是最基本的社会经济关系,构建和谐劳动关系是保障和改善民生、维护社会安定和谐的基础。当前和今后一个时期,我国仍处于劳动关系矛盾的多发期和各种利益关系的调整期,构建和谐劳动关系的任务十分艰巨。党的十八大报告明确提出,要健全劳动标准体系和劳动关系协调机制,加强劳动保障监察和争议调解仲裁,对构建和谐劳动关系提出了新的要求。

一、构建和谐劳动关系的重要意义

构建和谐社会是胡锦涛总书记在2004年提出的重要执政理念,一时间,建设和谐社会的呼声响彻大江南北,和谐社会成了最热门的话题,专家学者、政府官员、社会各阶层纷纷从不同的角度来理解阐释和谐社会。构建社会主义和谐社会是我国社会发展的重要目标,而构建和谐稳定的劳动关系是构建社会主义和谐社会的重要基础和基本内容。构建和谐社会要求我们深入研究和正确把握当前的劳动关系,妥善处理劳动关系矛盾,消除不和谐因素,积极构建和谐稳定的中国特色社会主义新型劳动关系。

和谐劳动关系是指劳动关系双方形成一种和谐融洽的良好状态。党和政府始终高度重视维护和促进劳动关系的稳定和谐。党的十六届六中全会提出"发展和谐劳动关系",党的十七大报告要求"规范和协调劳动关系",2008年的《政府工作报告》又对建设和谐劳动关系作出部署,2011年《十二五年规划纲要》提出:"健全协调劳动关系三方机制,发挥政府、工会和企业作用,努力形成企业和职工利益共享机制,建立规范有序、公正合理、互利共赢、和谐稳定的劳动关系。"

当前为什么要突出强调建设和谐劳动关系呢?

1. 和谐劳动关系是社会和谐的基础

劳动关系作为生产关系的重要组成部分,是在劳动过程中劳动者与劳动力使用者之间形成的一种社会关系。人是社会关系的总和,社会和谐首先是社会关系的和谐。而劳动关系作为一种最基本的社会关系,其状况成为社会是否和谐的晴雨表。和谐社会必定是劳动关系和谐稳定的社会,劳动关系不和谐也必然影响到全社会的和谐。从这个意义上说,和谐劳动关系是和谐社会的重要基础,而社会和谐又是劳动关系和谐的体现与保证。

2. 发展和谐劳动关系是完善社会主义市场经济体制的内在要求

作为市场经济体制基础的现代企业制度,包括明晰的产权关系与和谐的劳动关系两大层次。劳动关系不和谐的企业是没有生命力的,在此基础上不可能建立完善的市场经济体制。发展社会主义市场经济,健全企业法人治理结构,要求发展和谐的劳动关系,广泛调动企业和职工两个积极性,确保生产者和经营者、劳动者与建设者和谐相处、平等合作、互利共赢,使企业保持健康持续发展的良好势头。

3. 发展和谐劳动关系是协调劳动关系矛盾的迫切需要

当前我国劳动关系总体是协调稳定的,职工利益得到了较好的实现。但由于我国正处在经济体制转轨和社会转型时期,经济关系、劳动关系日益市场化、多样化和复杂化,一些职工的劳动就业、收入分配、社会保障等权益受到侵犯的现象屡有发生。只有妥善处理劳动关系出现的新情况新问题,通过协商协调方式解决劳动争议,发展和谐劳动关系,才能巩固职工队伍与社会政治的稳定。

二、和谐劳动关系的内涵和特征

研究和谐劳动关系的文章很多,但是对"和谐劳动关系"的正面说明和定义并不多,往往是通过劳动关系不和谐的表现映衬的,且现有研究对"和谐劳动关系"的解释各有侧重。学界虽然没有形成统一的定义,但是关于"和谐劳动关系"的内涵和特征已经形成一定的共识,概括起来主要有以下要素构成。

1. 和谐劳动关系应当是建立在法制基础上的

现代社会依靠法律规范人的行为,法律是调整劳动关系的基本手段。劳动关系在形成、运行、处理、协调等方面应当实现法制化,应当把法律原则、法律方式作为调整劳动关系的主要模式。我国已经颁布了《劳动法》、《劳动合同法》、《工会法》、《安全生产法》、《就业促进法》、《劳动争议调解仲裁法》等一系列劳动法律、法规,这是建立和谐劳动关系的基本依据和保障。劳动关系双方通过签订劳动合同确立其权利与义务的法律关系,以各项法律规范和约束劳动关系双方当事人的行为。

2. 和谐劳动关系应当是民主化的

民主化的劳动关系主要包括:劳动关系三方协商机制的形成,即各级人民政府劳动行政部门应当会同同级工会和企业方面代表建立劳动关系三方协商机制,共同参与劳动法律、法规、政策的制定与实施,共同研究解决劳动关系方面的重大问题;平等协商和集体合同制度的形成,对涉及职工劳动权益(诸如劳动安全、劳动保障、工资待遇等)的问题,由工会代表职工与用人单位进行平等协商,签订集体合同,用以规范劳动关系双方的行为;职工民主管理制度的形成,我国民主管理的基本形式是职工代表大会,应当加强职代会制度建设,使职代会成为调整劳动关系的重要机制。

3. 和谐劳动关系应当体现公平正义

公平正义是构建和谐劳动关系的基础。在劳动关系双方订立劳动合同时,不仅要遵循法律、法规,还要做到公平正义,要公平合理地确定双方的权利和义务。只有在劳动合同的签订、劳动过程的运行、劳动成果的分配等环节上实现公平正义,才能调动劳动关系双方的积极性,激发劳动者的创造性。

4. 和谐劳动关系应当有化解矛盾冲突的有效机制

和谐劳动关系并非没有矛盾和冲突,而是使矛盾和冲突有一个正常的化解渠道和手段。劳动关系双方由于地位、立场和价值取向等差异,产生一些矛盾是正常的,关键是要有一套容纳和化解矛盾的机制,使劳动关系的矛盾能够及时有效地通过此机制得到化解,从而维持劳动关系双方利益的动态平衡。

5. 和谐劳动关系应当处于良性运行中

如果劳动关系的形成和运行过程中是依法进行的,充分体现公平正义,劳动关系双方真正达到平等对话、公开谈判、民主协商,实现合作双赢、互惠互利、互信互谅,并通过化解矛盾的有效机制的正常工作,达到劳动关系的良性运行,这样的劳动关系状况才是和谐劳动关系。

三、和谐劳动关系的评价指标体系

党的十八大首次提出的要"健全劳动标准体系和劳动关系协调机制"。近年来,各地围绕和谐劳动关系评价指标体系建设进行了积极探索,但随着劳动关系的发展变化,构建和谐劳动关系面临新的机遇和挑战,急需建立一套系统科学合理的衡量标准、评价体系和实施方法。

(一) 全国总工会在"创建劳动关系和谐企业活动"中提出的八条标准

劳动关系是最基本的社会关系,劳动关系的和谐是社会和谐的基础;而且,企业是社会的"细胞"之一,构建和谐企业是企业参与构建社会主义和谐社会的应有之义。在企业中,营造和谐的劳动关系显得更为直接与重要,构建和谐企业应当以营造和谐劳动关系为重点。当前,劳动关系还存在许多突出矛盾:职工特别是非公企业职工合法权益遭受侵害的现象还相当严重,拖欠工资,超时加班,工伤事故不断,职业病危害严重,劳动争议案件数量居高不下,国企改制过程中的劳动关系也十分复杂,劳动关系协调机制还不完善,劳动合同制度还不健全,相当多数的企业没有建立规范的集体协商机制,集体合同制度流于形式,劳动关系三方协商机制也还不完善,等等。这就需要政府部门、企业与工会共同来创建劳动关系和谐企业。诚然,工会应当为构建和谐的劳动关系发挥更大的作用,因为工会是劳动关系矛盾的产物,积极参与协调劳动关系是时代赋予工会的神圣使命。

2006年3月28日,中华全国总工会发布了《关于开展创建劳动关系和谐企业活动的意见》(以下简称《意见》),提出了以下八个方面的主要标准,用来衡量企业是否达到劳动关系和谐的要求:①严格依法执行劳动合同制度、劳动用工行为规范;②建立平等协商和集体合同制度;③依法保障职工劳动经济权益;④全心全意依靠职工群众办企业,坚持和完善职工代表大会和其他形式的企业民主管理制度;⑤尊重和维护职工精神文化权益;⑥建立健全工会劳动保障法律监督组织和企业劳动争议调解组织;⑦维护女职工和未成年人的合法权益和特殊权益;⑧建立健全工会组织,支持工会,依照《工会法》和《中国工会章程》开展工作,依法缴纳工会经费。

"创建"活动,追求的是企业与职工的"互利共赢";而且,构建和谐劳动关系,企业负有法定的责任。在当前劳动力供大于求的严峻形势下,企业认真贯彻和实施《劳动法》、《工会法》及其他相关法律,承担法律责任,切实保障职工的合法权益,是构建和谐劳动关系的决定性条件。各级政府有关部门则应当与工会组织一起,共同开展"创建"活动,细化和量化八条标准;并通过三方协商机制,履行督察职责,切实有效地解决劳动关系中的突出问题。只有政府部门、企业与工会组织的通力协作,"创建"活动才可能取得预期成效。

构建和谐劳动关系是学习贯彻党的十八大精神、坚定不移地走中国特色社会主义工会发展道路的重要举措,各级工会加强和谐劳动关系指标体系建设,推动实现全方位、多层次、可持续的创建局面,努力形成科学、动态、长效的引导机制,推动建立规范有序、公正合理、互利共赢、和谐稳定的新型劳动关系。

(二) 企业和谐劳动关系评价指标体系存在的问题及原因

1. 评价主体的选择不科学

评价主体就是企业劳动关系评价的行为主体,是评价活动的组织者、实施者,也可以是评价组织机构和评价实施机构,其中评价实施机构又可以是评价工作组或专家咨询组,关键是确立与评价主体相应的职责。如在企业劳动关系评价中,有些是由政府相关部门组织,有些是企业自身组织。在企业内部,到底谁是评价主体,一般与企业的组织结构设置和职能分配有关。由于当前国内劳动关系基本格局是"强资本、弱劳工",决定了管理方掌握着劳动关系的主导权,员工很难成为评价主体,这也是我国当前劳动关系的独有特征。

2. 评价程序及方法不够规范

在评价程序的选择和履行上,我国和谐劳动关系评价一般缺乏较严格的制度设计,企业参与度高,劳动关系的改善更多表现在形式上。另外,评价企业劳动关系包含一些客观性指标,如纠纷率、报酬水平、合同期限等,但同时也包含更多主观性指标,如工作环境满意度、劳动争议处理效率等。而且一部分指标,即便本身是客观性的,但却不适宜界定一个具体的衡量标准,还需用主观评价进行打分。也就是说,在劳动关系评价中,自始至终都需要大量定性评价,而过多地采用非严格的定性评价,一方面降低了评价结果的客观性、可靠性;另一方面也增加了评价工作的难度。

3. 评价指标体系缺乏可操作性

当前研究和运行的不同评价方案往往采用不同指标,评价指标的界定和赋值也各不相同。有的侧重定量评价,有的强调主观感受,有的侧重对劳动纠纷的考量。不同指标体系得出的评价结果增加了横向比较的难度,也使得结果的可信度大打折扣。总之,当前和谐劳动关系评价实践迫切需要有一套可操作性强、可供推广使用的成熟的标准指标体系。

4. 评价结果大同小异

当前很多地区在总结各地试点经验的基础上,从本地实际出发,全面开展创建劳动关系和谐企业活动,取得了比较明显的成效。但由于上述问题的存在,以及其他一些原因,和谐劳动关系评价流于形式,评价结果大同小异,与企业实际情况不相符合、与企业员工意愿相违背的情况大量存在。这不仅背离了政府组织和倡导和谐劳动关系评价的初衷,也是对政府、企业人财物力资源的极大浪费。

当前我国和谐劳动关系评价指标体系缺乏可操作性,主要原因有以下几点。

1. 评价指标没有经过有效筛选

现有劳动关系评价指标体系主要是依据劳动合同法等相关法律、法规的规定,参照现有研究成果确定的。在指标初设过程中往往为了保证指标的全面性、完整性,尽可能将各种指标都收入指标集,对指标的代表性、针对性缺乏充分考虑,因此不可避免地会出现指标重复或相关性过强的情况。同时,指标集由于过于庞杂,也会加大评价工作的难度,使得评价结果的精确性下降。而有的评价工作为了提高效率,采取了精简指标的做法。但由于不掌握相应的指标筛选方法,出现关键指标疏漏的情况,也会造成筛选出的指标代表性差,进而影响评价的效果。

2. 评价指标缺乏具体规定

国内劳动关系经历了由计划经济向市场经济转变的巨大变革,原有计划经济体制下的劳动关系评价方式和标准明显过时,建立新时期的评价指标体系,是2008年1月1日《劳动合同法》正式施行后的迫切要求。近年有一些学者致力于这方面的研究,但除了评价指标的筛选方面至今难以统一以外,评价指标的具体规定也是面临的难题之一。在一般评价中,有些指标可以量化,如劳动合同签订率100%,及时足额发放工资100%,社会保险参保率100%等。有些指标却只能笼统描述,大大降低了评价的可操作性。

3. 理论研究滞后

对劳动关系最早的研究,可以追溯到18世纪的英国人亚当·斯密和19世纪的德国人卡尔·马克思。然而,当代劳动关系管理理论真正形成于20世纪40年代,其主要代表人物是美国经济学家邓洛普和罗斯。国内对劳动关系的研究也给予了高度关注,但更多是从法律、经济、文化等视角展开理论研究,缺乏对管理方法、评价策略的研究,尤其缺乏对和谐劳动关系评价指标体系的定量研究。即使少有该方面的研究成果,但由于观点意见不够统一而难以对实践起到积极的指导作用。理论研究严重滞后于实际需求也是当前评价指标体系不够成熟的主要原因之一。

4. 从研发到应用障碍重重

企业和谐劳动关系评价指标体系从研发到应用涉及多个方面的利益,包括政府、企业、工会、劳动者等。每个主体都有不同的利益取向,并且经常会出现利益不一致的情形。这就要求在研发时要兼顾各方的利益并找到他们的利益切合点,在应用中也要不断的根据实际情况适时做出调整,不断完善评价指标体系。

四、构建和谐劳动关系的措施

构建和谐劳动关系是一项复杂的社会工程,需要从创建内容、创建标准、激励措施、评价方法等方面进行综合研究。

构建社会主义和谐劳动关系的可能性首先要有政治法律制度的保障。如《劳动合同法》第一条就明确规定:"制定本法是为了完善劳动合同制度,明确劳动合同双方当事人的权利和义务,保护劳动者的合法权益,构建和发展和谐稳定的劳动关系。"可见,我国正努力地从制度层面上寻求保护劳动者权益及其与企业利益保护之间的平衡,从而促进劳资合作,构建和谐的劳资关系。其次,利益分配制度的合理性、能为双方所接受是双方合作的必要条件。财富分配的公平性是双方合作的前提。尽管目前我们还没有完全实现这种公平性和合理性,但是随着社会主义社会生产力逐步提高、生产不断发展,使可供分配的财富日益丰富,为确立合理的财富分配制度提供了物质基础,从而为建立合作共赢的和谐劳动关系提供可能。再次,劳动关系对立统一的理论基础,也为构建和谐劳动关系提供了可操作的前提和依据。一致与冲突是社会存在的两种基本动力,劳动关系双方的利益诉求有一致性的一面,也有对抗性的一面。一致性体现为劳资双方利益的实现都取决于劳动力与生产资料的有效结合,离开了此点劳资双方的利益都将不复存在。对抗性则表明了劳资冲突的可能性,一致性表明了劳资合作的必要性。在劳动关系各方利益格局的重构和再塑的博弈过程中,合作状态的达成是通过一种利益协调机制,使得双方的利益达到一个双方都能接受的均衡点。最后,马克思的劳动价值理论也为劳动关系双方的合作共赢提供理论基础。生产资料与劳动力的结合是实现物质资料生产的前提,劳动力资本必须与物力资本相结合才能创造价值,获得收益。劳动过程的三要素:劳动、劳动对象、劳动资料。缺少任何一个要素,都无法从事这一过程。基于上述可能,构建和谐劳动关系可以着力于以下几方面。

1. 加强政府职能部门对劳动关系的调控作用

构建和谐劳动关系的主体是政府,这是由政府在经济社会发展中的地位和职能决定的。构建和谐劳动关系从微观层面上看是企业的问题,从宏观层面上看是整个社会的问题。但是解决这一问题的立足点不在于个别企业,社会问题必须由政府来解决,在于整个社会要有一个有利于形成和谐劳动关系的制度环境和政策体系。况且,构建和谐劳动关系必须要有超越市场的力量,个人和企业是不具有这种力量的,只有政府才能做到这一点。而且,"由于劳动者所掌握的政治、经济和组织资源极度匮乏,特别是在企业层面还没有能够形成一种自主的力量和影响,因此,在劳动法律体系特别是劳动执法体系尚不完善的情况下,劳动者仍然很难用自身的行动实现法律规定的权益。在现阶段,主要应该通过政府主导的劳动关系调整方式来维持劳动关系的基本稳定。"政府的政策可以对市场行为发挥调节作用,也能够对市场机制的作用结果进行纠正。政府要树立公平合理的价值目标,以公平合理为政府制定劳动政策的出发点,通过综合运用法律、制度、政策和经济调控等手段来调控劳动关系,以缓和劳资矛盾,促进社会公平。当然,劳资双方力量的对比在任何一个国家都是强资本、弱劳动。这就要求政府的劳工政策向劳工倾斜,要求确立劳工的团结权、集体交涉权和产业行动权,即"劳动三权"。这也是市场经济国家一个普遍性的做法。发展和谐劳动关系,应最大限度地发挥政府作用,为劳动者参与经济活动提供相关的制度保障。但是,受"国家悖论"的限制,政府发挥作用要适度,要兼顾多方面因素。

2. 进一步完善劳动法律及配套措施

我国陆续颁布实施了一部分劳动法律、法规,为实践中处理劳动争议、调整劳动关系及促进劳动关系的和谐提供了法律依据,但是已经颁布的法律在实践中存在不足和缺陷,有的缺乏配套措施,需要修改和完善。随着社会、经济的发展,新问题新情况的出现,有必要制订新的法律、法规,以适应社会发展的需要。我们不仅要科学地立法、严格地执法,还要有公正的司法。目前,特别要完善集体争议处理的法律救济途径。2008年实施的《劳动争议调解仲裁法》虽然完善了劳动争议处理制度,但该法律却未涉及集体争议的处理。而现实生活中,群体性劳动关系冲突往往是由于集体劳动争议处理制度渠道不畅所致。很多工业化国家在处理劳资争议时,都设立国家劳资关系调解与仲裁委员会,负责解决大规模的劳资冲突,这对我国集体争议处理的建立和完善具有很好的借鉴意义。因此,应该改革和完善现行集体争议处理机制,强化集体争议处理的法制建设,在集体争议的处理原则、处理期限、处理机构和处理方式等方面做出明确规定,及时公正地处理劳动争议,是解决劳资冲突、实现劳资合作的重要手段。

3. 建立维护职工权益的工会组织、完善职工代表大会制度和三方协商机制

工会作为劳动关系的产物,是职工自愿结合的工人阶级的群众组织,作为职工合法权益的表达和维护者,工会要严格履行《中国工会章程》和《工会法》所赋予的权利和义务。工会必须依照法律、法规切实维护职工的合法权益,这是工会在发展和谐劳动关系中的立脚点,也是一切工作的出发点。必须加强工会的自主性建设。国际劳工组织将工会的独立性视为劳资平等协商的先决条件,我国的工会建制还存在政府和企业介入较多的问题,相对缺乏独立性。为此,应该积极加强工会自身建设。企业的工会领导成员通过民主选举产生,杜绝行政任命或资方委派工会主席的做法。企业的工会要带领职工参与企业的民主管理,职工代表大会应该决定企业重大决策事项,让职工真正成为主人翁。

建立起真正的集体谈判制度,将集体谈判作为调整劳动关系、平衡劳动关系双方利益的基本法律制度,通过集体谈判有效促使劳动关系双方互相让步、达成妥协、签订协议,降低诸如停工、怠工、罢工等冲突产生的消极影响,促进劳动关系双方合作、维护产业和平和社会稳定。集体谈判可以通过平衡劳动关系双方利益关系来预防和化解矛盾,可以将因利益分配不合理所引发的劳动关系矛盾和冲突控制在理性、有序协商解决的范围之中,减少政府的社会治理成本。政府在集体谈判中尽量减少直接介入,将集体谈判交由劳资双方自主地进行,政府作为"仲裁员"发挥作用。

4. 构建立体化的劳动关系矛盾化解机制

加强政府职能部门和社会其他力量对劳动关系矛盾的化解作用,形成立体化的协同作用的矛盾化解机制。我国有责任有权力去处理、化解劳动关系矛盾和冲突的部门和环节是很多的,都应该很好地发挥作用。加强政府职能部门(如劳动监察和仲裁等部门)对企业劳动关系运行的检查、监督,以及矛盾的评判裁决作用;充分发挥政府信访部门以及人大、省市工会等机构和团体的信访处接待信访投诉、与有关部门沟通以及督察、督办的作用;充分发挥公安机关在劳动关系矛盾冲突发生、演变时的维护社会稳定、保护各方生命财产安全、打击违法行为等方面的作用;合理利用法院对劳动争议、诉讼案件的裁决等。此外,新闻媒体虽然不直接参与矛盾的调解、裁判等,但是它的批评、监督作用,在一定程度上可以引导矛盾的化解和问题的解决。应该建立起各方面既单独有效运转又互相协调的化解劳动关系矛盾的有效机制,即一个能够容纳矛盾冲突又能够协调和均衡利益关系、化解矛盾的多方位多层次的机制,以及时应对劳动关系的矛盾,使劳动关系矛盾的化解处于有序的立体机制运转中。防止用强制手段解决劳动关系的矛盾。

5. 进一步发展和完善社会保障制度,保护劳动者合法权益

劳动力产权确立是构建和谐劳动关系的前提与核心内容。劳动者的权益得到尊重和保护是劳动关系和谐的重要前提,劳动关系根本上是利益关系,提高劳动者的社会地位和与资方平等对话的权利,就必须保障劳动者的利益。让劳动者实现有尊严的体面的劳动,公平地分享劳动成果,主要从两方面入手:健全工资正常增长机制和支付保障机制,以及建立完善社会保障制度。工资正常增长机制是指企业职工工资随经济效益提高并与其他有关因素变化而相互协调合理、持续增长的制度化的运行方式,是通过制度安排和设计,使职工工资保持一种长期的、常规的、动态的、持续的增长趋势。其中,要推进工资集体协商制度的建立。集体协商制度"是发展社会主义市场经济必须建立和逐步完善的重要配套机制,是发展社会主义市场经济的内在规律性要求";"推行工资集体协商是化解劳资矛盾的必然选择"。完善社会保障制度,包括养老、医疗等劳动者关心的、与他们切身利益相关的重要社会保险制度有效地实行并且具备基本的保障水平,才能使劳动者解除后顾之忧。劳动者在企业和社会得到应有的待遇和认可,他们会以极大的热情投入到工作中,其积极性和创造性就会发挥出来,从而提高劳动生产率,这样不仅为企业带来更多的财富,而且使企业具有更强的竞争力。这种良性循环也必然促进劳动关系的和谐。

6. 加强企业的社会责任,激励企业自主改善劳动关系

企业的社会责任蕴涵着守法、互信互利、公平正义等原则。企业的社会属性决定企业受国家法律政策以及社会道德的约束,是社会赋予企业发展机遇,为企业提供必要的生存与发展环境,企业的经营管理只有立足于社会需求,其产品和服务只有外化为社会产品时,才能实现其经营目标,实现赢利。因此,企业只有履行社会责任,在企业内部进行民主管理,为员工提供安全的生产条件、合理的工资、承担相应的社会保障责任等,才能使企业具有持久竞争力,为构建和谐劳动关系创造条件。在企业外部,依法、诚信经营,处理好企业与企业、企

业与政府之间等关系,不危害社会成员、生态环境、公民社会的安全等,促进社会繁荣稳定及可持续发展。倡导企业社会责任理念,激励企业自主改善劳动关系,是建立劳动关系和谐机制的一个契机。

构建和谐劳动关系是实现社会公平的出发点和目标。和谐劳动关系并不是没有矛盾和冲突,而是使矛盾和冲突有一个正常的化解渠道。在发展社会主义市场经济的过程中,基于利益关系而产生的劳动关系矛盾是普遍存在的,有时还可能比较激烈,但这些矛盾可以通过劳动关系双方的平等协商机制加以解决,我们要通过设立规则,为解决劳动关系矛盾提供一个制度化的利益平衡机制,让这些因利益而引起的矛盾和冲突能够容纳在制度框架下,以制度化的方式加以解决。需要指出的是社会主义和谐劳动关系的构建也是一个长期的过程。

 法律衔接

《深圳经济特区和谐劳动关系促进条例》
深圳市第四届人民代表大会常务委员会公告
第八十三号

《深圳经济特区和谐劳动关系促进条例》经深圳市第四届人民代表大会常务委员会第二十二次会议于2008年9月23日通过,现予公布,自2008年11月1日起施行。

第六节 调整劳动关系的法律

法律既是特定的社会环境的产物,又在特定的社会环境中施行。劳动法律关系,是指劳动者与用人单位依据劳动法律规范,在实现社会劳动过程中形成的权利和义务关系,包括劳动用工、劳动报酬、劳动保护、社会保险、劳动纪律、劳动争议处理、劳动监察等方面各方的权利和义务等,它是劳动关系在法律上的表现,是劳动关系为劳动法律规范调整的结果。

劳动关系法律体系的健全与发展既要求其自身在法律层面上的完善,也需要劳动关系法律与其生存的社会环境之间的配合与协调。

一、20世纪90年代以前中国劳动法律的发展

中国历来重视对劳动关系的法律保护,在晚清以及民国时期,就有专门的法律、法规调整、规范劳动关系,但在保护的力度和范围上都存在着极大的片面性和时代局限性。新中国建立伊始,就开始着手制定具有社会主义性质的劳动法律,并相继颁布施行。1950年颁布了保障工会地位的《工会法》,解决失业问题的《关于失业技术员工登记介绍办法》,1951年颁行专门规范劳动保护的《劳动保险条例》等。这些法律、法规连同其他一些部门规章、地方法规及条例,构成了新中国最初也是最基本的劳动法律体系。由于种种历史原因,中国法制的发展整整停顿了十余年,直到20世纪70年代末,才又步入全面复兴,迎来了持续至今的高速发展阶段。在明确改革开放的基本国策前提下,中国劳动法律也在这期间得到了进一步地发展和完善:1982年《中华人民共和国宪法》中明确了劳动权、休息权、获得物质帮助权、接受教育权等基本劳动权利;在劳动关系协调方面,国务院颁布了《关于积极试行劳动合

同制的通知》、《国营企业实行劳动合同制暂行规定》、《企业职工奖惩条例》、《国营企业辞退违纪职工暂行规定》、《全民所有制企业临时工管理暂行规定》、《私营企业劳动管理暂行规定》,1987年又制定了《国营企业劳动争议处理暂行规定》,正式恢复中断三十年的劳动争议处理制度;在劳动基准方面,先后颁行了《关于国营企业工资改革问题的通知》、《关于国家机关和事业单位工作人员工资制度改革问题的通知》、《矿山安全条例》等法规,针对女职工的特殊情况,专门推动施行了《女职工劳动保护规定》;在劳动保障方面,则逐步建立起包括《国营企业招用工人暂行规定》、《国营企业职工待业保险暂行规定》等在内的法律、法规体系。可以说,经过较短时间的努力,中国立法机关和政府完成了改革开放初期劳动力市场发展和劳动关系调整的法律机制构建,初步形成了较为全面的劳动法律体系,对推动经济发展和社会进步起到了积极的作用。

二、当今中国劳动法律发展的背景

自改革开放以来,中国经济进入了快速发展时期,社会关系也随之发生了巨大变化,20世纪90年代之前逐步颁行的法律、法规很快就难以应对和满足经济发展带来的新的劳动问题和需求。我们也不难发现,实际上,20世纪90年代以前劳动保护和劳动关系的调整大多是行政法规和部门规章的形式,内容和范围都具有很大的局限性,在集体合同、职工民主管理、劳动就业、职业培训、社会保险以及劳动福利等方面规定较为抽象、概括,甚至没有相关的规定。同时,更是鲜有专门的法律对劳动关系进行规范和调整,缺乏一部统一的《劳动法》,很多劳动基准和劳动协调的内容都需要参照行政法律、法规和民法的规定执行,劳动关系本身仍然带有明显的计划经济色彩,劳动关系的调整也主要依靠政府的干预,而劳动力市场并未真正建立,更没有劳动力在全国范围的自由流动。进入20世纪90年代,中国明确建立社会主义市场经济,原有在计划经济时期制定的劳动法律急需得到修改,日益变化的劳资关系也呼吁有专门的劳动法律出台解决现实中越来越多的劳动问题,协调劳动关系。在这样的背景下,1994年7月5日,全国人大常委会八届八次会议通过了《劳动法》,对劳动合同和集体合同、工作时间和休息休假、工资、劳动安全卫生、劳动争议等内容都作了明确要求,标志着中国劳动法律进入了一个新的阶段,中国劳动法律也开始从行政法中脱离出来,真正成为一个独立的社会法部门。而后又先后制订和修改了《关于职工工作时间的规定》、《社会保险费征缴暂行条例》、《失业保险条例》、《禁止使用童工规定》、《工伤保险条例》等配套行政法规,完成了社会主义市场经济下中国劳动法律的初步构建。但正如同前面所提到的,20世纪90年代至今的近20年是中国经济社会高速发展的时期,许多新的社会问题不断出现,中国劳动法律在步入21世纪后面临着许多新的社会变化,直接促进了中国劳动法律在21世纪初期迎来了新的高速发展时期。

三、中国劳动法律的现状

面对新时期中国经济和社会发展的新问题和新需求,中国劳动法律在此基础上进行了积极的调整和完善:2001年,修改了《工会法》与《职业病防治法》;2002年6月,通过了《安全生产法》;2003年,劳动和社会保障部颁布《集体合同规定》,国务院颁行《女职工劳动保护规定》;2004年10月,《劳动保障监察条例》出台。中国工会也加强对劳动者的保护和对劳动关系的规范,中华全国总工会制定了《工会参加平等协商和签订集体合同试行办法》、《工会参与劳动争议处理试行办法》、《工会劳动法律监督试行办法》等规定。并另有《矿山安全法》、《海上交通安全法》、《煤炭法》等近30部法律、法规,而社会保险工作也在进一步的完善和加强。特别是2007年,被中国法学界称之为"中国劳动法年",先后有《劳动合同法》、《促进就业法》、《劳动争议调解仲裁法》等多部重要的劳动法律获得全国人大审议通过,国务院也在公民的普遍参与讨论下通过了《国务院带薪休假制度和全国假期调整方案》,2011年《社会保险法》的出台实施,对社会保险制度起到法律政策支持的作用。目前《工资条例》的修改工作也被列入重要日程。至此,中国已经建立起以《劳动法》为基本,以《劳动合同法》、《促进就业法》、《劳动争议调解仲裁法》等法律为重要内容,加之其他法律、法规、部门规章和地方法规、条例组成的综合的劳动法律体系,已逐步建立起了劳动合同制度、工资支付标准制度、劳动争议处理制度、养老保险制度、失业保险制度、医疗保险制度、工伤保险制度等劳动者保护制度,具有巨大的理论和实践意义,体现了时代的特色和中国法制的进步。

四、全球化背景下中国劳动法律的发展趋势

2001年,中国正式加入世界贸易组织,向融入全球化发展潮流又迈进了重要的一步。在经济全球化的大背景下,中国劳动关系发生了深刻的变化,在科学发展观和构建和谐社会的指导下,中国劳动法律在近年来也取得了令世界瞩目的成就,从一部《劳动法》开创社会主义市场经济劳动关系新局面的重大发端,到今天以《劳动合同法》为代表的一系列劳动法律详细规范日新月异的劳动关系新的里程碑,中国劳动力市场正在不断健全完善的法律规范下走向成熟和繁荣。

随着经济全球化对中国不断增强的影响,中国劳动力市场和劳动关系也因此发生了一系列深刻的变化,直接影响了中国劳动法律的发展走向,呈现出一些较为明显的发展趋势。

1. 深入推进建设以市场调节为基础的劳动力市场

劳动关系是基本的社会关系,是一个社会重要的组成部分。劳动法律是调整劳动者和用人单位之间权利和义务关系的法律,包含了自劳动关系建立到终结以及因此而产生的其他相关社会关系的基本内容。

但是,考察中国劳动法律的发展历程,我们可以发现,中国劳动法律有别于其他国家劳动法律由民法中发展而来,而是从行政法中分离出来的独立的法律体系,因此带有较强的行政法色彩,尤其是中国目前仍然处于社会主义市场经济确立的过程之中,在劳动关系领域还或多或少的存在着计划经济的残留。政府对劳动关系的干预和对形成统一、开放、有序的劳动力市场仍然扮演着重要的角色,居于主导地位。加之改革开放三十年来中国劳动关系的快速呈现的复杂性及市场多元化——劳动力与生产资料分属于不同的所有者,劳动关系主体多元化(劳动者——城镇固定劳动者、进城流动劳动力,用人单位——企业、个体经济组织、民办非企业单位、国家机关、事业单位、社会团体等)和劳动力与生产资料结合方式的多样性(劳动合同用工、劳务派遣用工、临时用工、非合同事实用工等)以及中国政府一直以来强有力的宏观调控,都促使政府的作用在可见的一段时间里仍将发挥主要作用。但是,建立并实施以市场为基础的劳动力市场是中国劳动力市场发展的必然趋势,也只有这样,才可以在保证经济健康、持续、稳定的发展的同时,实现劳动力资源的合理利用和价值的充分实现。

另外,近年来中国政府积极推进政府职能转变,建设"服务型"政府,加大对社会组织及

市场调节机制的扶持和建立,在劳动者与用人单位之间努力架设协商平台,为发挥市场的调节作用打下坚实的基础。在这样的大背景下,中国劳动法律将在立法宗旨和立法规划上侧重于对维护劳动力市场合法有序运行,保障劳动关系双方合法权益,矫正劳资双方不平等性,确立基本劳动标准等方面发挥积极作用并进行不断修改完善。但是,随着改革模式和政治民主的进步,市场经济的完善,将逐步推进市场代替现有政府主导的模式,形成现代化的高效和谐的劳动力市场。

2. 加强三方协作,构建和谐劳动关系

劳动关系其自身具有特殊性,主要表现在当事人一方固定为劳动力所有者和支出者,另一方固定为生产资料占有者和劳动力使用者;以劳动力所有权与使用权相分离为核心;人身属性和财产属性结合;平等性质与不平等性质兼有;对抗性质与非对抗性质兼有。正是由于劳动关系的这些特殊性,决定了劳动法具有公法与私法兼容、劳动者保护法与劳动管理法统一的特点。

可以说,劳动法既包含关系协调法,又包含了劳动标准法,是实体法和程序法的配备。需要贯彻权利和义务结合、保护劳动者权益、劳动力资源合理配置等基本原则。在劳动关系中,我们不能不注意到用人单位总是倾向于压低其用工成本,以获取其较大的经济收益;同时,劳动者则倾向于自身可以有限的劳动付出获得最大的回报,包括丰厚的报酬、全面的劳动保护以及充足的劳动福利等。

用人单位和劳动者在原始的劳动关系结构中存在着天然的矛盾。但是,我们也可以发现,用人单位和劳动者其实在另外一方面也是"利益攸关方",因为劳动力需要与生产资料结合才能产生价值,而劳动力是具有人格和经济双重属性的,这就会出现当劳动者享有良好合理的劳动保护以及优越的发展机会时,往往可以产生大的劳动成果,单位劳动力的再生产能力和贡献率也就越高,劳动者本身又会表现出更大的积极性和对用人单位的忠诚度,这样直接推动了用人单位效益的提高和经济价值的实现,是一个双赢的过程。

因此,在当今实行科学发展观和构建和谐社会的指导下,推进建立由劳动者、用人单位和政府三方参与,自由讨论、共同协商的合作机制,设计具体的运作规则与原则,将是中国劳动法律的重要内容。也就是说在保证经济增长的同时,劳动法律将作为一个必要的底线和手段的保证,使得用人单位和劳动者在相互关系中寻找最大公约数,而尽可能地避免或者说极大的降低双方之间因为基本利益所产生的矛盾和对立,而政府则居中扮演一个中立的协调者的角色。关键在于以法律规定的形式明确把握一个劳动关系基本矛盾的中间点,使得其积极效应达到最大化而消极效应在可控的范围内,产生一个双方均可以接受的程度和妥协,从而实现"双方自主协商、政府依法调整"的劳动关系协调机制,建立和谐劳动关系。

3. 劳动法制的国际化

正如我们所了解的,当今世界,经济全球化深入发展,世界经济广泛交融,既把各国人民的前途命运日益紧密地联系在一起,为各国发展带来了难得的机遇,同时也造成了世界经济不均衡、发展机会不平等、各国经济发展差距日益扩大的态势,给各国发展带来了严峻的挑战。要应对这种挑战,就必须推动经济全球化朝着均衡、普惠、共赢的方向发展,努力使国际经济、贸易、金融体制为各国特别是发展中国家的发展创造更多的有利条件,使 21 世纪真正成为人人享有发展的世纪,从而为各国实现可持续发展、各国广大劳动者实现体面劳动奠定重要的基础。这既是时代发展的要求,经济全球化健康发展的体现,也是各国广大劳动者的共同愿望。这就使得中国劳动法律在未来不可避免地呈现出国际化的趋势。

首先,要求中国在劳动立法方面要对国外立法进行借鉴和吸收。中国一直强调"实事求是"和立足中国国情这样一个基本点,即一方面将国外优秀的、先进的立法制度或者原则加以学习、借鉴,另外一方面还得进行比较性、批判性的予以转化和适用,这是中国发展的宝贵经验,应当也必然将在中国的劳动立法领域继续推行。

其次,中国将在更多和更广泛的范围内参与国际劳工标准的制定和实践,加强与其他国家地区及国际劳工组织的合作,保障基本人权。由于各国经济社会发展水平的不同,各国的劳工标准实施状况并不一致,中国也同样存在这样的问题,作为基本人权之一的劳动权也受制于此。应该说经济发展水平与人权的实现程度有关,而与人权标准无关。各国通过合作来调整各自的政策,促进关于国际劳工标准的共识的形成,努力使本国的劳动关系能更好地适应国际劳工标准的要求。中国作为国际劳工组织的创始成员国,在这方面做了积极的努力,不断推进劳动法律的建设,促进人权保护,已经承认和批准了23个国际劳工公约,这也是一个不变的根本。但同时也不能要求各国在福利方面实行统一标准,应当允许各国根据自己的经济发展水平,确立本国的福利标准,确立社会进步不应以牺牲经济发展为代价的原则。

因此,我们认为在中国未来的劳动法律发展过程中,将从两个方面入手,即一方面加强与其他国家或地区的交流合作,积极响应、积极参与国际劳工标准的制定和推广,使制定出来的标准带有更大的普遍性和可操作性,同时加强国内劳动标准的提升和社会保险等方面的完善,不断提高劳动者的保护水平和劳动力资源的合理利用;另一方面在加以承认、批准或接受的时候结合国情和现实状况、发展需要等多方面因素综合判定,对不利于本国发展的可以予以保留,对暂时难以实现的采取分阶段实现和认可的方式进行,从而切实推进劳动法律的发展和人权的进一步保障。

最后,加强劳动涉外立法。针对越来越多的跨国劳动力流动问题,需要在国内法和国际条约中,依据对等、互惠原则等基础上确立起一整套法律体系,并加强国际间的合作和共赢,明确一些基本的原则,如管辖原则,充分考虑劳动标准的采纳、劳动关系的建立与保护、劳动保障和争议的处理等方面的问题,设属地管辖、属人管辖以及利益相关管辖结合的方式处理的法律制定和施行。

4. 不断充实劳动法律体系的内容

任何法律都不是完美的,尤其是对于处于高速发展中的中国,目前中国的劳动法律建设已经取得了一定的成果,但是,不断修改、充实、完善现有法律,将是中国劳动法律建设的一个基本的发展趋向。具体而言,从劳动法律的调整机制而言,现在已经有了一部《劳动合同法》调整微观层面单个的劳动关系,对于中观层面的集体劳动关系的调整还缺乏更为具体和具操作性的规定,而这方面正是中国劳动法律的一个需要注意的地方。同时,在宏观层面的劳动基准上,也显而易见会成为未来劳动立法的重中之重。从职能机构上来看,劳动法律包括了基准、协调、保障等多个方面的法律,现在也仅仅制定颁布了一部分,仍有一些没有专门的法律加以归制,随着中国劳动关系的变化和劳动法制的健全,这些方面必将一一得到完善和补充。

总之,在现有的基本完善的劳动法律体系基础上,构建从宏观到中观再到微观的多层次的法律体系,不断充实劳动法律体系的内容,将是中国劳动法律的必然趋势。

本章知识点回顾

本章主要介绍了劳动关系管理的理论、劳动关系的含义与特征、劳动关系与劳务关系及事实劳动关系的联系和区别、和谐劳动关系的构建、调整劳动关系的法律等知识。

复习思考题

一、重点概念

劳动关系　劳务关系　事实劳动关系　和谐劳动关系

二、简答题

1. 劳动关系的特征。
2. 劳动关系与劳务关系。
3. 事实劳动关系与劳动法律关系。
4. 和谐劳动关系的内涵特征。

三、论述题

如何构建和谐劳动关系？

四、案例分析题

2011年9月13日下午,在某货运公司开车的小李在给车加机油时,驾驶楼突然倒塌,小李被压在车下。经医院抢救,他虽保住性命,但伤及腰椎,导致瘫痪。小李向公司索赔遭拒。为此,小李在同年12月10日,向劳保局提出工伤认定申请。此后劳保局出具《工伤认定书》,认定小李所受的伤害为工伤。该货运公司不服,将劳保局告上法庭,要求撤销"工伤"认定。

在庭审中,货运公司提供了一份交警支队出具的行政处罚决定书,证明小李曾因使用伪造的机动车驾驶证而被行政处罚。货运公司表示,小李在被公司雇佣时,提供的也是伪造证件。小李采取欺骗的手段,持伪造驾驶证上岗,双方的劳动合同关系应属无效。而劳动保障局在作出工伤认定时,未审查劳动合同关系的合法性,所以货运公司请求撤销劳保局作出的认定工伤的具体行政行为。

思考:持假证上岗,劳动关系成立吗?

五、实践练习

以小组的形式找企业开具劳动关系证明。

参考:劳动关系证明的格式。

劳动关系证明

姓名　　　,性别:　　　,出生年月:　　　年　月　日

于　　年　月　日到本单位工作,与本单位签订的最后一期劳动合同期限自　　年　月　日至　　年　月　日止,工作部门、岗位和职务为:　　　　,本单位工作年限共计　　年　　月。

一、该劳动者与我单位的劳动关系,因以下第　项(只选一项)于　　年　月　日终止、

解除：

A. 试用期内符合法定解除条件：①由单位解除；②由劳动者解除。

B. 劳动者严重违反劳动纪律或单位规章制度。

C. 劳动者严重失职，营私舞弊，对单位造成重大损害。

D. 劳动者被依法追究刑事责任。

E. 双方协商一致，由单位解除。

F. 双方协商一致，由劳动者解除。

G. 劳动者辞职。

H. 合同期限届满，依法可以终止的。

I. 根据《劳动合同法》第　条第　款第　项。

二、单位依法（填写"应当"或"无须"）支付解除劳动合同经济补偿金，金额为　元；社会保险费已缴至：　年　月　日。

单位盖章：　　　　　　　　　劳动者签名：

法定代表人（或委托代理人）：

　　年　月　日

经办人：　　　　　　　　　联系电话：

留置送达的时间和地点：

证明人：

送达方式：

直接送达（　）留置送达（　）邮寄送达（　）公告送达（　）

第二章　劳动合同管理

学习目标

通过本章的学习,了解劳动合同的概念与特征;掌握劳动关系建立的标准;熟悉劳动合同的形式与内容;理解和应用劳动合同的订立、履行、变更、解除与终止的法律规定。

引导案例

某电力企业在制订或修改涉及劳动者切身利益的规章制度或者重大事项时,仅通过党委会及总经理办公会议研究决定,没有经职工代表大会或者全体职工讨论,没有履行平等协商和公示程序。

思考:这些规章制度具有法律效力吗?

分析:《劳动合同法》规定,企业制定规章制度的行为是一个民主表决和集体协商的双方行为。该企业在制定、修改或者决定有关劳动报酬、工作时间、休息休假、劳动安全卫生、保险福利、职工培训、劳动纪律以及劳动定额管理等直接涉及劳动者切身利益的规章制度或者重大事项时,应当经职工代表大会或者全体职工讨论,提出方案和意见,与工会或者职工代表平等协商确定。

该企业应当将直接涉及劳动者切身利益的规章制度和重大事项决定公示,或者告知劳动者。即涉及劳动者切身利益的规章制度不由企业一家说了算。由于该企业在制定规章制度时,忽视了按法律规定程序操作。发生劳动合同纠纷时,规章制度的法律效力将不被法律认可,这将使企业处于非常尴尬的境地。

企业规章制度要具有法律效力,必须符合以下生效条件:不违反公序良俗,不与劳动合同和集体劳动合同冲突,用人单位主体适格,内容合法、合理,经过平等协商程序,向劳动者公示或告知。否则,将不具有法律效力。

第一节　劳动关系建立

劳动法律是调整劳动关系以及与劳动关系有关的其他社会关系的法律规范体系。因此,劳动关系的建立在劳动法律体系中处于关键位置,其决定着劳动者是否能够享受劳动法律规定的各项权利。

一、劳动关系建立的概念

劳动关系建立又称为劳动关系的产生或者发生,是指劳动者与用人单位依法确立劳动关系,从而产生相互权利和义务。

建立劳动关系是有劳动能力的公民实现就业的必要前提,只有劳动者与用人单位建立劳动关系,用人单位才为劳动者提供劳动岗位,为其提供劳动的条件。劳动者劳动之后,用人单位向其支付约定的劳动报酬、福利待遇等。

二、劳动关系建立的标准

劳动合同建立之日,也是劳动合同开始履行之日,劳动者工龄计算之日,因此这一天对于劳动关系当事人双方都是重要的一天。这一天怎样确定?按照劳动合同法的有关规定,用人单位自用工之日起即与劳动者建立劳动关系。这说明,劳动关系建立之日是从用人单位实际用工之日确定的。如果劳动合同订立之日,劳动者当天随即上班,那么劳动关系建立之日就是劳动关系订立之日;如果是劳动合同订立之日以后经过一定时间劳动者再上岗劳动,那么劳动关系建立之日就是劳动者实际上班之日。劳动关系建立之日,是用人单位实际用工之日,也是劳动者上岗劳动之日。

用人单位与劳动者在用工前订立劳动合同的,劳动关系自用工之日起建立。

三、劳动关系建立的要求

建立劳动关系,应当订立书面劳动合同。这是劳动法与劳动合同法对于建立劳动关系的相同要求,这项要求是强制性要求。有关法律为什么强调当事人建立劳动关系应当订立书面劳动合同呢?这是因为劳动合同约定的当事人的权利和义务用合同形式固定下来,尤其是劳动合同期限往往具有较长的特点,权利和义务白纸黑字写在合同上,不容易被遗忘,有利于双方各自履行义务行使权利。发生劳动争议有利于在调解或者仲裁中当事人出示己方权利及对方义务的证据,有利于劳动争议的及时解决。有利于劳动行政部门对劳动合同执行情况及社会保险参加情况进行监督,防止用人单位逃避应当承担的相应责任。

建立劳动关系应当订立书面劳动合同,已建立劳动关系,未同时订立书面劳动合同的,应当自用工之日起一个月内订立书面劳动合同。建立劳动关系当事人是否订立书面劳动合同,用人单位起着决定性作用,为了切实推动当事人订立书面劳动合同,劳动合同法规定,用人单位自用工之日起超过一个月不满一年未与劳动者订立书面劳动合同的,应当向劳动者每月支付两倍的工资。具体对应关系如表 2-1 所示。

表 2-1 未签订合同用人单位与劳动者关系表

未签订合同时间	用 人 单 位	劳 动 者
用工 1 个月内	补签书面劳动合同	不与用人单位签合同,只能获得劳动报酬,无经济补偿

续表

未签订合同时间	用人单位	劳动者
用工满1月未满1年	1. 补签书面劳动合同 2. 向劳动者支付每月两倍的工资（自用工之日起一个月的次日至补订书面劳动合同的前一日）	不与用人单位签合同，可获得经济补偿
用工满1年	1. 立即与劳动者补签书面劳动合同 2. 向劳动者每月支付两倍的工资补偿（自用工之日起满一个月的次日至满一年的前一日） 3. 视为已与劳动者订立无固定期限劳动合同（自用工之日起满一年的当日）	

四、劳动关系与劳动合同的关系

用人单位自用工之日起与劳动者建立劳动关系。建立劳动关系，应当订立书面劳动合同。劳动合同与劳动关系既相互联系又有所区别。

二者的联系在于劳动合同是调整劳动关系的主要依据，并且通常情形下劳动合同与劳动关系同时存在，而劳动关系则是劳动合同的具体履行，是劳动合同中权利和义务的实现。

二者的区别在于，二者成立的时间不同。劳动合同具有要式性、双务性和有偿性等特点，而劳动关系的建立则在于其实践性。因此，劳动合同经双方当事人意思表示一致即成立，而实际用工即表示劳动关系建立。劳动合同法对于劳动合同和劳动关系的建立规定了三种形式：一是劳动合同成立时，实际用工开始，建立劳动关系，劳动合同履行；二是先订立劳动合同，后开始实际用工，劳动关系自用工之日起建立；三是先实际用工，后订立劳动合同，则劳动关系自实际用工之日起开始建立，应自用工之日起一个月内订立书面劳动合同。

根据《劳动合同法》第七条、第十条第三款规定，用人单位自用工之日起即与劳动者建立劳动关系；用人单位与劳动者在用工前订立劳动合同的，劳动关系自用工之日起建立。

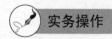

建立劳动关系，应当订立书面劳动合同。——例外：非全日制用工双方当事人可以订立口头协议。

《劳动合同法》第六十九条规定，非全日制用工双方当事人可以订立口头协议。

实务操作

用工之日怎样举证

法律实务中，对用工之日的时间起始点的举证证明尤为重要，因为该时间节点能举证证明与否直接关系到当事人的权利与义务、责任。

作为劳动者一方应该及时收集、固定保存好以下证据材料：用人单位开具的用工证明、相关知情人的证人证言、考勤记录、工资发放单据等资料。

作为用人单位应收集、固定保存好以下证据材料：首次报到日期证明材料、首次上班考勤签字卡单、职工名册等相关证明材料。尤其是签订书面劳动合同在前而用工在后的用人单位收集、固定、保存管理好能证明该员工用工之日的时间节点之证明材料尤为重要。

案例分析：

2007年11月15日，某上海跨国公司开始到全国各地高校进行校园招聘。3天后，南京某高校的大四学生孙某与该上海跨国公司签订了三方就业协议，约定该学生毕业后到该上海跨国公司或其在苏州的子公司工作。2008年6月20日，孙某毕业离校，该上海跨国公司告知其到上海总公司报到，进行专业技术学习，1个月后派往苏州子公司正式上班。2008年6月25日，孙某抵达上海向该公司报到，在结束1个月的专业技术学习后，于同年7月25日到苏州子公司上班。2008年8月15日，苏州子公司与孙某签订了为期3年的书面劳动合同，合同约定的期限为2008年8月15日至2011年8月14日。

思考： 孙某与企业的劳动关系何时建立？孙某是与哪一家企业（总公司、子公司）建立的劳动关系？

分析：《劳动合同法》规定，劳动关系自用工之日起建立。用工之日，一般是指劳动者开始向用人单位提供劳动的时间。入职报到通常被认为是开始提供劳动的起点，也因而被认为是建立劳动关系的时间，即用工之日。三方协议只能说是约束双方此后建立劳动关系的约定责任，况且尚未毕业的在校大学生并不具备劳动法上的主体资格，所以三方协议签订并不意味着用工开始。

至于2008年8月劳动合同订立，只是说劳动关系得到了书面上的确认，并不意味着劳动关系从劳动合同订立之日起才存在。我们通常认为，关联企业之间的劳动关系识别应该区别于一般企业，孙某到上海总公司报到的时候就已经知道自己以后的工作地点在苏州子公司，在上海只是说进行前置性的专业技术学习，专业技术学习本身就是履行劳动的行为，所以，本案2008年6月孙某在上海报到入职的时间才是用工之日，也即是他与苏州子公司劳动关系建立的时间，三方协议订立不等于劳动关系建立。

第二节 劳动合同概述

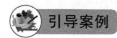
引导案例

2010年11月，某出租车公司与班先生订立了为期一年的劳动合同，约定2011年1月上班。至2011年1月，班先生以在原公司任务未完成为由，迟迟未到新公司上班。眼看春节用车旺季到来，出租车公司只好另聘一名司机，并通知与班先生解除劳动合同。班先生认为，双方有劳动合同在先，已建立劳动关系，故要求公司支付经济补偿金、工资，补缴社会保险费。公司以未实际用工为由，拒绝了班先生的请求。

思考： 公司的做法对吗？

分析：《劳动合同法》第十条第三款规定："用人单位与劳动者在用工前订立劳动合同的，劳动关系自用工之日起建立。"书面劳动合同是确认劳动关系的重要依据，并非唯一依据。根据该法的规定，判断劳动关系的建立就应当以"用工"之日为标准，履行缴纳社会保险费、支付劳动报酬等责任。在尚未用工时，用人单位和劳动者之间只是一般的民事合同关系,解除劳动合同不需要支付经济补偿金。

但是,用人单位有可能依据《合同法》之规定,承担缔约过失责任,故也可以在劳动合同中约定用工之前违约的违约金。目前,一些地方性法规对违约责任予以明确。如《深圳经济特区和谐劳动关系促进条例》第十七条规定:"用人单位在与劳动者在用工前订立劳动合同,尚未用工,有《劳动合同法》第四十条第(三)项,第四十一条第一款第(一)、(二)、(三)、(四)项规定情形之一的,用人单位可以提前通知劳动者解除劳动合同,不需支付经济补偿金,但应当支付劳动者为订立和准备履行劳动合同而支出的必要费用。用人单位与劳动者在用工前订立劳动合同,尚未用工,用人单位违法解除劳动合同,劳动者要求继续履行劳动合同的,用人单位应当继续履行;劳动者不要求继续履行劳动合同或者劳动合同无法履行的,用人单位应当支付劳动者相当于一个月工资标准的赔偿金和为订立、准备履行劳动合同而支出的必要费用。"

本案中,由于班先生尚未到该公司报到入职,双方也就尚未真正建立劳动关系。但双方可就为订立、准备履行劳动合同而支出的必要费用等事项协商,由公司适当合理地支付班先生必要费用。

一、劳动合同的概念

劳动合同又称"劳动契约"或"劳动协议",是劳动者与用人单位(包括企业事业组织、国家机关、社会团体和私人雇主)之间,为确立劳动关系,明确相互之间的权利和义务关系而达成的书面协议。

对用人单位而言,劳动合同是完成一定的生产劳动过程的必要条件;对劳动者而言,是劳动者参与劳动过程、完成劳动任务并获取劳动报酬等权益的保障。劳动合同一经劳动者与用人单位协商一致而订立,即是一种法律文件,具有法律效力,劳动者和用人单位都必须依照劳动合同的规定行使权利、履行义务,否则必须承担相应的法律责任。

二、劳动合同的主要特征

1. 劳动合同的主要内容是劳动关系当事人双方之间的劳动权利与义务

当事人之间的权利、义务是基于劳动而生产的,这种劳动不是一般社会意义上的劳动,而是受劳动法调整、规范的劳动,是一种有组织的劳动,是在就业基础之上实现的劳动。劳动者的主要劳动权利是获得劳动报酬、福利、社会保险等,与其相应的义务是服从用人单位的管理,按照劳动合同的约定提供劳动。用人单位的主要劳动权利是依照合同约定对劳动者进行管理,支配劳动力,其义务主要是为劳动者提供劳动岗位与劳动条件实现劳动,支付约定的劳动报酬、福利及为劳动者参加劳动保险承担相应的费用。

2. 劳动合同使当事人之间的关系比其他合同当事人之间的关系更为紧密

其他合同当事人之间相对独立性比较强,例如一般民事合同中的供货合同、服务合同等,这种合同当事人之间不存在依附性,不存在管理与被管理的关系;而劳动合同一经成立,劳动者成为用人单位的一员,接受其管理,受其支配。

3. 劳动合同主要内容受劳动法律的规范与约束

劳动合同约定的劳动报酬、工作时间、劳动安全与卫生等内容均接受劳动法律规定的劳动标准的约束,有关规定不得与劳动标准相抵触。

三、劳动合同的主要作用

劳动合同的主要作用是将当事人双方经过协商就相互之间的权利和义务采用书面的形式记载下来,以便于各自按照约定行使权利,履行义务。国家之所以要求劳动合同采用书面形式,还有利于政府有关方面对劳动合同的签订、实施情况进行有效监督,使劳动关系在法治化轨道上运行。

从表面看,劳动合同是用人单位与劳动者建立劳动关系的法律凭证,它把用人单位和劳动者用合同这一法律形式联系在一起,形成劳动关系,并通过劳动合同的内容规范和约束双方当事人的劳动行为,维护各自的合法权益,似乎劳动合同的作用就是确立劳动关系,规范劳动行为。但实际上,劳动合同作为一种劳动法律制度,它的作用还有更深层次的含义,主要有:

1. 劳动合同是企业劳动管理的有效手段

生产管理的日趋现代化,标志着以生产力为决定因素的社会发展和进步进入了一个新的阶段。劳动合同不仅搞活了企业的用工制度,而且是企业实现劳动力管理由行政方式转为法制方式,从而步入现代化管理的有效手段。

一方面,现代化的劳动管理,要求企业经营者的业务技术水平必须与技术发展相适应,劳动力的技术素质必须与生产技术结构相适应,劳动力的智力构成必须与社会化大生产及经济联合相适应,这就要求企业对劳动力要合理使用。用劳动合同的形式确立劳动关系,使企业的劳动用工有了自主权,企业就可以根据自身的生产状况和技术水平吸收劳动力和安排劳动力的组合。劳动者也可以根据自己的文化素质、技术条件和业务能力选择劳动岗位,从而实现企业内部劳动力、技术结构的合理配置。

另一方面,现代企业制度的一个重要标志是产权明晰,责、权、利统一。由于劳动合同规定了劳动者在劳动过程中的责、权、利,把劳动者的劳动、工作、学习、参加民主管理和获得政治荣誉,以及工资报酬、保险福利待遇等,都明确约定下来。这样,劳动者的劳动和自身的利益紧密联系在一起,使劳动者的政治地位和经济利益在劳动合同法律形式的保障下得到了加强,从而能够增强劳动者的责任感,加强组织纪律性,自觉服从管理,遵守规章制度,形成企业内部良好的生产工作秩序。劳动合同确定了劳动者的具体工作任务和在生产上达到的数量、质量指标,使企业劳动过程实现了目标管理。这样,就能够极大地调动劳动者的积极性,最大限度地提高劳动生产率。

2. 劳动合同是市场调节劳动力的重要方法

在市场经济条件下,企业劳动力的供求、使用,必然要通过市场机制的调节作用来支配,而市场对劳动力的调节,只能采用劳动合同的方式进行。这是由劳动合同的特征决定的。

一方面,劳动合同有期限的规定,用人单位和劳动者双方可以根据生产经营的需要和自己的实际情况来确定所订立劳动合同的期限,使劳动关系建立在可以灵活选择的基础上,劳动合同期限届满,劳动关系即告终止,如果当事人双方都需要,可以续订合同。对于难以确定时间的阶段性劳动,还可以选择订立以完成一定的工作为期限的劳动合同。

另一方面,劳动合同是用人单位和劳动者在平等自愿、协商一致的基础上达成协议而订立的,合同履行过程中,双方当事人也可以在平等协商的基础上变更、解除劳动合同。当事人双方还可以依据法律、法规或合同的约定,单方解除劳动合同。从而使劳动关系始终处在一个动态和优化的机制下,充分发挥其调节劳动力供求的作用。

3. 劳动合同是实现劳动力合理流动的重要方式

在市场经济条件下,要求劳动力的使用既要相对稳定,又能合理流动。马克思曾经指出,现代工业通过机器、化学过程和其他方法,使工人的职能和劳动过程的社会结合不断地随着生产的技术基础发生变革。这样,它也同样的不断地使社会内部的分工发生革命,不断地把大量资本和大批工人从一个生产部门投到另一个生产部门。因此,大工业的本性决定了劳动的变换、职能的变动和工人的全面流动性。

马克思的这一论述,揭示了社会化大生产条件下劳动力流动的必然性。劳动用工形式只有能够充分体现对劳动力使用实现稳定性与灵活性相结合的社会调节,才能适应市场经济的要求。劳动合同具有多方面的功能,劳动合同的期限有固定的和不固定的,可以是长期的,也可以是短期的。长期合同可以保持劳动力在用人单位相对稳定,短期合同和长期合同的适时变更、解除,又能满足和促进劳动力的合理流动。

4. 劳动合同是国家宏观调控劳动力的有力工具

在计划经济体制下,国家对劳动力的配置是通过计划由行政命令实现的,是一种微观的调控方式。实行市场经济体制以后,国家不再以计划方式向企业下达用工指标,而是由市场配置劳动力资源,这就是由企业根据生产和工作实际,自主决定用工,用多少人、什么时候招收,都由企业做主。而这种由企业自主决定用工后,国家自然就会通过市场机制来调控劳动力,市场调控劳动力必然要通过劳动合同来实现。劳动合同的特征决定了它能适应市场供求、价格、竞争三个要素对劳动力调控的作用,所以说,劳动合同是市场经济条件下取代计划方式成为国家对劳动力实施宏观调控的有力工具。

5. 劳动合同是公民实现劳动权的重要保障

劳动权是公民生存的权利。劳动权是公民的基本权利之一,是实现其他各项权利的基础。我国宪法、劳动法从各个方面对公民劳动权利给予了保障。但是,在企业内部,劳动合同则是保障劳动者实现劳动权的重要法律形式,它可以把国家法律、法规赋予的客观劳动权变为劳动者的主观劳动权。劳动者与用人单位订立劳动合同后,就意味着劳动权的实现。这不仅使劳动者在劳动合同期内获得了有保障的工作。更主要的是在劳动合同中,劳动者可以经过平等协商来确立自己的各项劳动权利,比如,可以与用人单位协商确定劳动报酬等。同时,劳动合同还在一定条件下保障劳动者不被用人单位随意辞退,而劳动者在一定条件下拥有可以重新选择用人单位的权利。

6. 劳动合同是防止发生劳动争议的重要措施

劳动争议是劳动关系不协调的必然表现,是用人单位和劳动者在劳动权利和义务问题上利益冲突的反映。在企业内部,资产所有者、经营者、劳动者,在共同利益的基础上,又有各自的利益,并且会在劳动过程中表现出来。

在过去固定工制度下,企业劳动管理采用行政方式,用人单位与劳动者之间权利和义务关系不清楚,用人单位侵犯劳动者权益的现象很难分辨,常常被行政管理关系所掩盖,不利于解决双方发生的争议。

用劳动合同确立劳动关系,用人单位和劳动者应当享有的权利和应当履行的义务,都在劳动合同中作出了明确约定,劳动合同一旦订立就具有法律约束力,双方当事人必须履行劳动合同,这就能够有力的约束用人单位和劳动者的行为,防止和减少劳动争议的发生。即使发生了劳动争议,劳动合同也可以成为处理争议的依据,违反合同的一方要承担违约责任。这也有利于及时、公正的解决争议。

> **延伸阅读**
>
> **劳动合同法:和谐劳资关系才是立法目的**
>
> 中国人民大学劳动关系研究所所长常凯教授2008年答记者问。
>
> 记者:现在,很多企业有顾虑——《劳动合同法》会不会导致人力成本大幅上升?
>
> 常凯:不会。《劳动合同法》和以往的法律比起来,其所增加的具体的、显性的劳动力成本是很有限的,只有在固定期限合同终止时的补偿是过去没有的。
>
> 但是,这个法律大大提高了企业的违法成本。比如不签订劳动合同,超过一个月要支付两倍工资。违法解除劳动合同,除了要支付补偿金以外,还要支付两倍赔偿金,这些规定过去都是没有的。
>
> 记者:劳动力成本的提高对于企业究竟有什么影响?
>
> 常凯:这需要具体研究。我们现在企业的劳动力成本是不是合理?如果我们现在企业的劳动力成本偏低,那么适度的提高,就是必要的。我认为,现在的劳动力成本过低了,提高是一个趋向。但是《劳动合同法》也并没有一下子把成本提到很高。
>
> 现在究竟哪些企业无法承受呢?就是那些对原来《劳动法》的相关规定都没有很好执行,最低工资或者其他的待遇都达不到《劳动法》要求的企业。对于相对规范的企业,成本问题根本不是问题。
>
> 目前,劳资冲突和矛盾已经成为影响中国经济和社会发展的一个因素。特别是劳资互不信任的问题,需要我们加以关注。
>
> 劳资双方有矛盾是正常的,问题是我们能否在体制内,运用法律程序的方式,而不是用自发的、激化矛盾的方法去解决。一些劳资冲突现象,本来都是可以通过体制内的方式,比如说工资增长机制等来解决的。

第三节 劳动合同的订立

引导案例

小张到某公司工作,人力资源部按照公司规定,与小张口头约定了为期三年的劳动合同,试用期三个月。小张工作较为一般,但因公司急需人手,还是为小张办理了转正手续。由于业务较多,小张的工作效率又不高,因此,经常加班工作,公司也按规定给小张发放了加班费。但时间不长,小张的表现实在与岗位要求相差甚远,不能胜任工作。公司决定与小张协商解除劳动合同。小张基本同意,但要求支付经济补偿金,公司按劳动合同约定以平均工资向小张支付经济补偿金,但小张不同意,要求以几个月以来的最高工资支付,双方协调无法达成一致,提起仲裁。

思考:怎样确定员工的工资依据?

分析:本案中,用人单位实际上与劳动者小张就劳动关系的权利和义务做出了约定,尽管公司对小张的工作能力比较不满意,实际上还是履行了约定的义务。因为劳动合同签订过程中的细节问题没有以书面形式确定下来,公司便不得不承担不利的法律后果。因用人单位无法提供小张签收劳动合同的证明,同时规章制度又没有相关规定,公司不得不承担对其不利的法律后果——此案以小张提供的银行进账单作为确定工资的依据。

因此可见,用人单位应加强相关劳动法律、法规的学习,深入理解,准确把握,同时,在履行法律义务的过程中,应注意细节,以标准的工作流程形成书面材料,避免功亏一篑的结果。

一、订立劳动合同应当遵循的原则

劳动合同法第三条规定:"订立劳动合同,应当遵循合法、公平、平等自愿、协商一致、诚实信用的原则。"

1. 合法原则在订立劳动合同中的体现

订立劳动合同是劳动关系当事人就相互间的劳动权利和义务进行协商的过程,也是以劳动法律规定的劳动标准为基础,具体确定权利和义务的过程,但是有关约定不能与劳动标准相抵触,不能与用人单位集体合同的有关规定相抵触。同时劳动合同的形式及订立劳动合同的程序,也应当符合有关法律的规定。

2. 公平原则在订立劳动合同中的体现

公平是衡量劳动合同的合理性的重要标准,也是劳动合同订立后能够得到执行的必要前提。公平在劳动合同中应当表现在,当事人劳动权利和义务相适应上,不能权利和义务出现明显的失衡状态,一方的权利过大,而另一方承担的义务过重。

3. 平等自愿原则在订立劳动合同中的体现

我国《宪法》第三十三条第二款规定:"中华人民共和国公民在法律面前一律平等。"法律面前人人平等是一条重要的法治原则,这也是人类社会所向往的社会发展的一种理想状态。我国在宪法中将这项原则规定下来意义重大。

订立劳动合同是当事人实施法律的行为,毫无疑问应当坚持这一重要原则。在订立劳动合同时,用人单位与劳动者法律地位是平等的,任何一方都可以自主地表达意愿,提出自己的主张。平等是自愿的基础与前提,没有当事人的地位平等,就不会有在订立劳动合同中的自愿。自愿是当事人地位平等的客观表现。订立劳动合同中的平等自愿,主要体现在当事人有权自主表达要求与愿望,但是不可以将自己的意愿强加于对方。

4. 协商一致原则在订立劳动合同中的体现

订立劳动合同当事人之间诉求存在差异是正常的,也是必然的,但是通过平等协商最终在相互权利和义务上消弭分歧达成一致,合同才能成立。所以劳动合同的订立过程,实质上是双方当事人充分协商的过程。

5. 诚实信用原则在订立劳动合同中的体现

诚实信用原则是市场经济活动的一项基本道德准则,是现代法治社会的一项基本法律规则,同时也是我们贯彻党中央依法治国的基本原则,诚实信用原则是一种具有道德内涵的法律规范。

一般认为,诚实信用原则的基本含义是,当事人在市场活动中应讲信用,恪守诺言,诚实不欺,在追求自己利益的同时不损害他人和社会利益,要求民事主体在民事活动中维持双方的利益以及当事人利益与社会利益的平衡。在订立劳动合同中,当事人遵守诚实信用原则十分必要,任何一方在介绍自己情况时都应当实事求是,不夸大优点,不隐瞒不足。

《劳动合同法》第八条规定:"用人单位招用劳动者时,应当如实告知劳动者工作内容、工作条件、工作地点、职业危害、安全生产状况、劳动报酬,以及劳动者要求了解的其他情况;用人单位有权了解劳动者与劳动合同直接相关的基本情况,劳动者应当如实说明。"这是劳动合同法在当事人订立劳动合同时应当遵守诚信原则的具体要求。其实诚信原则应当贯穿于劳动合同订立、履行、变更、解除、终止的全过程。

二、劳动合同的主要内容

(一)劳动合同的法定条款

我国《劳动合同法》第十七条规定:"劳动合同应当具备以下条款:(一)用人单位的名称、住所和法定代表人或者主要负责人;(二)劳动者的姓名、住址和居民身份证或者其他有效身份证件号码;(三)劳动合同期限;(四)工作内容和工作地点;(五)工作时间和休息休假;(六)劳动报酬;(七)社会保险;(八)劳动保护、劳动条件和职业危害防护;(九)法律、法规规定应当纳入劳动合同的其他事项。"以上九项内容是劳动合同法规定的劳动合同应当具有的条款,亦称法定条款。

1. 劳动合同期限

劳动合同期限是指合同的有效时间,它一般始于合同的生效之日,终于合同的终止之时。任何劳动过程,都是在一定的时间和空间中进行的。在现代化社会中,劳动时间被认为是衡量劳动效率和成果的一把尺子。劳动合同期限由用人单位和劳动者协商确定,是劳动合同的一项重要内容,有着十分重要的作用。

劳动合同分为固定期限劳动合同、无固定期限劳动合同和以完成一定工作任务为期限的劳动合同。固定期限劳动合同,是指用人单位与劳动者约定合同终止时间的劳动合同。用人单位与劳动者协商一致,可以订立固定期限劳动合同。无固定期限劳动合同,是指用人单位与劳动者约定无确定终止时间的劳动合同。

用人单位与劳动者协商一致,可以订立无固定期限劳动合同。有下列情形之一,劳动者提出或者同意续订、订立劳动合同的,除劳动者提出订立固定期限劳动合同外,应当订立无固定期限劳动合同:(一)劳动者在该用人单位连续工作满十年的;(二)用人单位初次实行劳动合同制度或者国有企业改制重新订立劳动合同时,劳动者在该用人单位连续工作满十年且距法定退休年龄不足十年的;(三)连续订立二次固定期限劳动合同,且劳动者没有《劳动合同法》第三十九条和第四十条第(一)项、第(二)项规定的情形,续订劳动合同的。劳动关系稳定的含义,既包括当事人双方权利得以实现义务得以履行,纠纷比较少,也包括劳动合同期限相对比较长。劳动合同一年一签甚至一年数签,这就是劳动关系不稳定的表现。国际上大部分国家提倡、鼓励当事人签订无固定期限劳动合同,我国也适当放宽了签订无固定期限劳动合同的条件,旨在引导当事人多签长期劳动合同与无固定期限劳动合同。

2. 工作时间和休息休假

我国现在的工时制度规定,劳动者每天劳动时间不超过 8 小时,每周劳动时间不超过 40 小时,延长劳动时间一般每天不超过 1 小时,最长不超过 3 小时,每月累计延长劳动时间不超过 36 小时。按照劳动法的规定,延长劳动时间需要向劳动者支付不低于原工资标准 150％的报酬,休息日加班又不能安排补休的向劳动者支付不低于原工资标准 200％的报酬,法定假日劳动向劳动者支付不低于原工资标准 300％的报酬。这些规定主要是经济手段,用于保护劳动者休息休假的权利。劳动合同约定劳动时间与休息休假,不得侵犯劳动者休息休假的权利。

3. 劳动报酬

劳动报酬高低由当事人协商确定,但是不得低于当地最低工资标准,不得低于用人单位集体合同规定的标准。在劳动报酬方面我国存在的主要问题是长期以来一线劳动者收入比较低,如果长此以往这种状况不改变,不仅影响劳动者素质的提高,而且还会影响社会稳定与经济发展。共建共享在劳动收入分配上应当充分体现,集中体现。

4. 社会保险

社会保险的一个突出特点就是具有强制性,用人单位必须无条件为职工参加社会保险承担起相应的法定义务。职工个人在养老保险、失业保险、医疗保险中承担部分缴费义务,这几项社会保险中用人单位承担主要的缴费义务,在工伤保险与生育保险中用人单位承担全部缴费义务。现在我国的社会保险距离将劳动者全覆盖还相去甚远,在劳动合同中规定社会保险事项,有助于推动社会保险事业扩大覆盖面,实现应保尽保,使全体职工都能够实现其享有社会保险的权利。

5. 劳动保护

获得劳动安全卫生保护的权利,是劳动法赋予劳动者的一项重要权利,因为这项权利的实现程度直接决定着劳动者在劳动过程中的安危程度,是其根本性的利益所在,所以这项权利在行使中不能打折扣,不能掺水。

我国《安全生产法》第四十四条规定:"生产经营单位与从业人员订立的劳动合同,应当载明有关保障从业人员劳动安全、防止职业危害的事项,以及依法为从业人员办理工伤社会保险的事项。生产经营单位不得以任何形式与从业人员订立协议,免除或者减轻其对从业人员因生产安全事故伤亡依法应承担的责任。"

我国《职业病防治法》第三十四条规定:"用人单位与劳动者订立劳动合同(含聘用合同,下同)时,应当将工作过程中可能产生的职业病危害及其后果、职业病防护措施和待遇等如实告知劳动者,并在劳动合同中写明,不得隐瞒或者欺骗。劳动者在已订立劳动合同期间因工作岗位或者工作内容变更,从事与所订立劳动合同中未告知的存在职业病危害的作业时,用人单位应当依照前款规定,向劳动者履行如实告知的义务,并协商变更原劳动合同相关条款。"按照这些法律的有关要求,当事人订立劳动关系时,应当将本企业、本岗位的劳动安全卫生状况及预防职业危害的有关内容写入劳动合同之中。

(二)劳动合同的约定条款

劳动合同应当具备法定条款内容,除此之外还可以根据需要增加约定条款。劳动合同法规定,用人单位与劳动者可以约定试用期、培训、保守秘密、补充保险和福利待遇等其他事项。这些均属于自行约定内容。自行约定的内容也必须符合法律的有关规定。

1. 劳动合同法有关试用期的规定

试用期是指包括在劳动合同期限内,劳动关系还处于非正式状态,用人单位对劳动者是否合格进行考核,劳动者对用人单位是否符合自己要求进行了解的期限。《劳动合同法》第十九条规定:"劳动合同期限三个月以上不满一年的,试用期不得超过一个月;劳动合同期限一年以上不满三年的,试用期不得超过两个月;三年以上固定期限和无固定期限的劳动合同,试用期不得超过六个月。同一用人单位与同一劳动者只能约定一次试用期。以完成一定工作任务为期限的劳动合同或者劳动合同期限不满三个月的,不得约定试用期。试用期包含在劳动合同期限内。劳动合同仅约定试用期的,试用期不成立,该期限为劳动合同期限。"

2.《劳动合同法》关于违约金的规定

我国《劳动合同法》原则上是否认违约金的,即通常情况下当事人不得约定违约金,只有两种情况下可以约定违约金:用人单位为劳动者提供专项培训费用,对其进行专业技术培训的,可以与该劳动者订立协议,约定服务期。劳动者违反服务期约定的,应当按照约定向用人单位支付违约金。违约金的数额不得超过用人单位提供的培训费用。用人单位要求劳动者支付的违约金不得超过服务期尚未履行部分所应分摊的培训费用。

用人单位与劳动者可以在劳动合同中约定保守用人单位的商业秘密和与知识产权相关的保密事项。对负有保密义务的劳动者,用人单位可以在劳动合同或者保密协议中与劳动者约定竞业限制条款,并约定在解除或者终止劳动合同后,在竞业限制期限内按月给予劳动者经济补偿。劳动者违反竞业限制约定的,应当按照约定向用人单位支付违约金。

竞业限制的人员限于用人单位的高级管理人员、高级技术人员和其他负有保密义务的人员。竞业限制的范围、地域、期限由用人单位与劳动者约定,竞业限制的约定不得违反法律、法规的规定。在解除或者终止劳动合同后,受到竞业限制规定的人员到与本单位生产或者经营同类产品、从事同类业务的有竞争关系的其他用人单位,或者自己开业生产或者经营同类产品、从事同类业务的竞业限制期限,不得超过两年。除上述两种情况外,用人单位不得与劳动者约定由劳动者承担违约金。

3. 企业年金

企业年金是指在政府强制实施的公共养老金或国家养老金制度之外,企业及其职工在国家政策的指导下,在依法参加基本养老保险的基础上,根据自身经济实力自愿建立的旨在为本企业职工提供一定程度退休收入保障的补充性养老金制度,是多层次养老保险体系的组成部分,由国家宏观指导、企业内部决策执行。企业补充保险包括企业年金及其他商业保险,如人身意外险等。企业是否为劳动者办理补充保险,由当事人协商确定。

三、用人单位在劳动合同订立过程中应注意的问题

1. 用人单位应承担订立劳动合同的义务

我国《劳动合同法》第十条明确规定了用人单位与劳动者建立劳动关系应当订立劳动合同的法定义务。按照法律规定,用人单位与劳动者建立劳动关系,应当主动与劳动者签订劳动合同。劳动合同是明确用人单位与劳动者双方权利与义务的法定形式,用人单位不与员工签订书面的劳动合同便不得不承担相应的法律责任。

在仲裁的过程中,用人单位必须就是否与劳动者签订劳动合同承担举证责任。用人单位那种企图以口头约定而不与劳动者签订书面劳动合同,以达到随时辞退劳动者的想法,是一种侥幸的心理,法网恢恢其法律责任是不可能规避的。

按照《劳动合同法》的规定,用人单位自用工之日起即与劳动者建立了劳动关系。这条规定说明:即使用人单位不与劳动者签订劳动合同,也不能否认与劳动者业已存在着劳动关系的事实,依然要承担劳动相关法律、法规规定的义务。劳动合同法的立法宗旨,明确保护劳动者合法权益;其立法的倾斜性技术的应用,对于约定不明确的内容,在司法实践中会采用有利于劳动者的评判标准。从这个意义上讲,用人单位与劳动者以书面形式签订劳动合同,明确双方的劳动权利和义务,对保护自身利益是有益无害的。

2. 用人单位订立劳动合同应采用书面形式

用人单位与劳动者订立劳动合同,必须符合法律关于劳动合同的法定形式要件的要求。劳动合同的书面化是劳动法、劳动合同法对于当事人双方,尤其是用人单位一方的义务性规定。书面形式是劳动合同的法定形式。口头约定的条款,由于其违反劳动合同法的义务性要求,发生纠纷查无实据,这种约定对劳动者不发生法律效力。根据劳动法和劳动合同法等法律、法规的规定,用人单位由于没有与劳动者签订书面劳动合同而给劳动者造成损失的,还必须承担赔偿责任。用人单位向劳动者提供劳动合同文本是法定的义务。

《劳动合同法》还规定了未签订书面劳动合同或者劳动合同就劳动报酬等问题约定不清楚的,倾斜于劳动者的保护措施。我国《劳动合同法》第十一条就规定:"用人单位未在用工的同时订立书面劳动合同,与劳动者约定的劳动报酬不明确的,新招用的劳动者的劳动报酬按照集体合同规定的标准执行;没有集体合同或者集体合同未规定的,实行同工同酬。"

3. 用人单位依法有向劳动者告知和建立员工名册备查的义务

我国《劳动合同法》第八条规定:用人单位招用劳动者时,应当如实告知劳动者工作内容、工作条件、工作地点、职业危害、安全生产状况、劳动报酬,以及劳动者要求了解的其他情况;第七条规定:用人单位自用工之日起即与劳动者建立劳动关系;"用人单位应当建立职工名册备查"。如实告知劳动者即将从事的劳动的相关情况,尤其是对劳动者不利方面的情况,这是在招工的时候,用人单位必须履行的法定义务。建立用工名册,这同样是用人单位招工,建立劳动关系的法定义务。之所以法律规定"建立名册",其目的之一还是督促用人单位依法规范用工。那些大量招用了外地工或农民工的用人单位,更应当注意履行告知和建立名册的义务,实践中往往这类用工更容易引起劳动争议。

我国《劳动合同法》规定用人单位当建立职工名册备查,这一规定实际上是对既往向劳动行政管理部门提交招工申请、备案、批准等烦琐手续的简化。劳动合同法规定用人单位建立劳动关系即建立职工名册,一方面是督促用人单位规范用工,同时也是为了用人单位在劳动争议中承担举证责任预设的一个重要依据。在某种意义上说,这也是对用人单位的一种保护。当然这也是劳动行政管理部门对用人单位规范管理的一种手段和有效的形式。

4. 用人单位在订立劳动合同过程中不得扣押或收取财物

以往为了防范不辞而别或者其他的不良行为,用人单位往往采用扣押劳动者的身份证件或其他有效证件的办法约束职工。劳动合同法针对这种做法,明确规定:用人单位不得扣押劳动者的居民身份证和其他证件,不得要求劳动者提供担保或者以其他名义向劳动者收取财物。

这一规定并没有界定其他证件的具体内容,也没有对担保的方式具体化,因此,对于属于劳动者个人的证件,即使是由用人单位出资培训取得的证件,均不得扣押。无论是保证(人保)、物保(实物保证),还是财保(金钱保证),一概不得采用,用人单位对此必须高度重视。

5. 注意签订劳动合同的时间

劳动合同的订立与劳动关系的建立是不同的概念。根据劳动合同法的规定,劳动关系成立于用工之日,而书面劳动合同可以在用工之日起一个月内订立。劳动合同法规定:用人单位自用工之日起超过一个月不满一年未与劳动者订立书面劳动合同的,应当向劳动者每月支付二倍的工资;超过一年还未与劳动者订立书面劳动合同的,视为无固定期限劳动合同。

用人单位在录用过程中,至迟应在一个月内与劳动者签订劳动合同,否则将导致相应的经济损失。笔者认为,为避免发生争议,用人单位应当自用工之日或用工之前与劳动者签订劳动合同,由此既可以对劳动者提供一种预期从而自我约束其行为,又可以使用人单位避免承担不利的法律责任。

四、劳动者在劳动合同订立过程中应注意的问题

同样,劳动者在签订劳动合同过程中,享有相关权利的同时也负有一定的义务,如:如实告知用人单位所需了解的情况,诚实信用,不欺不诈等。

1. 劳动者应积极与用人单位签订劳动合同

我国《劳动合同法》规定:用人单位未与劳动者订立书面劳动合同或劳动报酬约定不明确的,新招用劳动者的劳动报酬按照用人单位集体合同规定的标准执行;没有集体合同或者集体合同未规定的,实行同工同酬。从实践中看,这样的规定有可能对劳动者不利:第一,集体合同往往以当地政府规定的最低工资标准为标准;第二,与市场经济相适应的契约化的劳动关系的本质特征决定了"同工同酬"实际上是子虚乌有。

劳动者为保护自身利益,应积极与用人单位签订劳动合同,明确约定关系到自身利益的事项如工资标准、保险福利、劳动条件等。对于用人单位故意不签订劳动合同的,应采用相应的法律救济途径,维护自身权益,那种不以为然的姑息用人单位恣意妄为的做法,最终还是劳动者个人深受其害。

2. 在签订劳动合同之前,应加强对用人单位的了解

劳动关系与其他民事关系相比,其突出的特点是具有某种形式上的人身属性。劳动关系建立后,劳动者应当依照劳动合同的约定遵守用人单位的规章制度,用人单位管理者的统一安排下从事具体的劳动。用人单位的管理制度、企业文化等对劳动者来说就至关重要了。

劳动者在签订劳动合同之前,深入了解用人单位的现实情况,尤其要了解用人单位的规章制度。这些规章制度一般会反映出用人单位的人力资源管理的理念和用人单位对劳动者的要求。劳动者应结合自身情况,分析自己达到用人单位要求的可能性。了解这些有助于提高自身就业的成功率,降低就业过程中的机会成本。劳动者一旦决定与用人单位建立劳动关系,就应当尽可能地掌握和了解其文化特点,积极融入其中;如果不能融入其中,则应当

学会运用法律保护自身的合法权益,而避免受到用人单位不公正的规章制度的限制或被剥夺自己应享有的权利。

第四节 劳动合同的履行与变更

引导案例

案例一:甲与乙公司签订的劳动合同载明甲的工作地点在上海。后乙公司下达了迁京通知,要求上海员工需向北京转移。甲在接到通知后明确表示不能赴京工作,公司的迁京决定改变了合同的约定。在双方当事人对此事无法达成一致意见后,乙公司与甲解除了劳动合同,但未足额支付甲经济补偿金。在经过劳动仲裁后,一、二审法院均认为乙公司的迁移应当属于情势变更,根据法律规定乙公司在与甲无法就工作地点的变更协商一致的情况下,可以与甲解除劳动合同,但需要支付其经济补偿金。

案例二:丙与丁公司签订的劳动合同载明丙的工作地点在上海市区。现丁公司因亚运会出口任务的需要,决定安排丙去青浦工作,并为其提供必要的工作条件,丙表示不同意,丁公司最终以丙不服从工作安排为由作出对其违纪解除的决定。丙不服诉至法院。在经过劳动仲裁后,一、二审法院均认为丁公司对丙工作地点的变更为特定情形下的临时性调整,属于公司的正常经营管理行为,因此丙作为员工,对于用人单位的合理工作安排首先应该服从,因丙最终未服从,故丁公司据此对丙作出解除劳动合同的决定并无不当。

思考:同样是用人单位对劳动者的工作地点进行变更,为什么两案适用的法律依据却不尽相同?

分析:通过比较上述两起案件的判决结果,在案例一中,法律并不要求劳动者必须服从用人单位的工作安排,而是首先让当事人就工作地点的变更进行协商,只有在协商不成后用人单位才可以解除劳动合同并向劳动者支付经济补偿金。在案例二中,法律要求劳动者必须服从用人单位的工作安排,若其不服从,用人单位可以基于劳动者违纪之由与其解除劳动合同。

《劳动合同法》第十七条规定工作地点系劳动合同必备条款之一,在劳动者与用人单位签订劳动合同时,双方应当对具体的工作地点作出约定。工作地点是劳动者从事工作、进行生产的地方。所谓工作地点的变更是指劳动者提供劳动的区域发生变化。具体来说就是劳动者实际工作的地点与劳动合同签订时约定的地点不一致。根据用人单位变更劳动者工作地点是否影响劳动者权利和义务的实质性变更,可将工作地点的变更分为工作地点重大变更及工作地点临时变更两大类。

所谓工作地点重大变更是指,工作地点的变更使得劳动合同当事人的法律关系变动甚大,已经无法从原合同中找到合意基础。例如案例一中,甲与乙司在劳动合同中约定的工作地点是上海,现乙公司因企业迁移之目的要求甲去北京工作,因甲的工作地点已与劳动合同约定的地点不一致,属由某一行政区域内向行政区域外调动,且企业的迁移往往具有稳定性和长期性特点,若甲至北京工作将使得劳动者的权利和义务发生实质性变更,因此上述这种情况即构成了工作地点的重大变更。

一、劳动合同的履行

(一) 劳动合同履行的概念

劳动合同履行是指劳动合同订立以后,劳动者和用人单位双方当事人按照合同条款的要求,共同实现劳动过程和相互履行权利和义务的行为和过程。

劳动合同是依法订立的,双方当事人必须履行合同,这是法律赋予双方当事人应尽的义务,也是合同具有法律效力的集中体现。

从理论上讲劳动合同的履行是指双方当事人按照劳动合同的约定各自履行承担的劳动义务,用人单位为劳动者提供合同约定或者国家规定的劳动条件,为劳动者履行劳动义务提供条件,劳动者则接受用人单位依法进行的管理,完成劳动任务。但是从实务方面看,履行劳动义务的障碍主要存在于用人单位一方,如能不能保障劳动者的劳动安全卫生,能否及时足额发放劳动报酬,能否参加社会保险,能否保障劳动者休息休假的权利等,这方面用人单位完全按照劳动法律及劳动合同约定履行义务的不多。所以劳动合同能否得以全面履行,关键在于用人单位。从完善法治建设的角度讲,应当加大用人单位的违法成本,加强国家及社会对用人单位用工情况的监督力度。

(二) 劳动合同的履行原则

劳动合同的履行应当遵循的原则有:亲自履行原则、实际履行原则、全面履行原则、协作履行原则等。

1. 亲自履行原则

亲自履行原则是由劳动本身的特点决定的,也是保证劳动关系严肃性和稳定性的需要。劳动合同是特定人之间的合同,即用人单位与劳动者之间签订的劳动合同,它必须由劳动合同明确规定的当事人来履行,劳动合同的双方当事人也有责任履行劳动合同规定的义务,不允许当事人以外的其他人代替履行。

2. 实际履行原则

实际履行原则即除了法律和劳动合同另有规定或者客观上已不能履行的以外,当事人要按照劳动合同的规定完成义务,不能用完成别的义务来代替劳动合同约定的义务。

3. 全面履行原则

全面履行原则是实际履行原则的补充和发展,即劳动合同生效后,当事人双方除按照劳动合同规定的义务履行外,还要按照劳动合同规定的时间、地点、方式,按质、按量地履行全部义务。

4. 协作履行原则

协作履行原则即劳动合同的双方当事人在履行劳动合同的过程中,有互相协作、共同完成劳动合同规定的义务,任何一方当事人在履行劳动合同遇到困难时,他方都应该在法律允许的范围,尽力给予帮助,以便双方尽可能地全面履行劳动合同。

(三) 劳动合同履行的要求

1. 用人单位与劳动者应当按照劳动合同的约定,全面履行各自的义务

(1) 用人单位应当按照劳动合同约定和国家规定,向劳动者及时足额支付劳动报酬。

用人单位拖欠或者未足额支付劳动报酬的,劳动者可以依法向当地人民法院申请支付令,人民法院应当依法发出支付令。

(2) 用人单位应当严格执行劳动定额标准,不得强迫或者变相强迫劳动者加班。

(3) 劳动者拒绝用人单位管理人员违章指挥、强令冒险作业的,不视为违反劳动合同。劳动者对危害生命安全和身体健康的劳动条件,有权对用人单位提出批评、检举和控告。

(4) 用人单位变更名称、法定代表人、主要负责人或者投资人等事项,不影响劳动合同的履行。

(5) 用人单位发生合并或者分立等情况,原劳动合同继续有效,劳动合同由承继其权利和义务的用人单位继续履行。

2. 用人单位应当依法建立和完善劳动规章制度,保障劳动者享有劳动权利、履行劳动义务

(1) 建立劳动规章制度的程序(核心是民主协商与劳资共议)。

① 经职代会或全体职工讨论,提出方案和意见;

② 与工会或职工代表平等协商确定;

③ 用人单位应当将直接涉及劳动者切身利益的规章制度和重大事项决定在单位内公示,或者告知劳动者。

提示: 如果用人单位的规章制度未经公示或者对劳动者告知,该规章制度对劳动者不生效。企业公示或告知劳动者规章制度可以采用张贴通告、员工手册送达、会议精神传达等方式。

(2) 劳动规章制度的监督和法律责任。

(3) 如果规章制度损害劳动者权益的,劳动者可以据此解除劳动合同,用人单位应当向劳动者支付经济补偿;如果该规章制度的实施给劳动者造成了损害的,用人单位应承担赔偿责任。

延伸阅读

工会在劳动合同签订和履行中的作用

2005年《中华全国总工会关于进一步推进劳动合同制度实施的通知》中指出,各级工会要从构建社会主义和谐社会的高度,充分认识新形势下推进劳动合同制度的重要性和必要性,进一步增强做好这项工作的紧迫感和责任感,把推进劳动合同制度作为一项长期任务,切实抓紧抓好,抓出成效。根据《中华人民共和国工会法》(以下简称《工会法》)的规定,工会在维护劳动者劳动合同签订和履行中的合法权益方面主要有以下作用。

1. 对劳动者进行劳动合同法规教育。工会组织应通过各种宣传手段,如采用培训班、宣传栏、广播站、工会通信等各种形式,向劳动者广泛宣传国家的法律、法规和政策规定,宣传推行劳动合同制度的意义,教育和引导职工关注劳动合同。可开展知识竞赛、咨询服务等活动,使职工了解劳动合同法律、法规知识,增强劳动者自我维权的意识和能力,同时培养劳动者自觉履行劳动合同的习惯。

2. 帮助、指导劳动者与用人单位签订和履行劳动合同。我国《劳动合同法》第六条规定:"工会应当帮助、指导劳动者与用人单位依法订立和履行劳动合同,并与用人单位建立集体协商机制,维护劳动者的合法权益。"可见,帮助、指导劳动者与用人单位订立和履行劳动合同既是法律赋予工会的职责,也是工会推动劳动合同制度实施的重要手段和主要工作。在实践中,各级工会组织一是要完善协商机制,坚持在劳动关系双方平等自愿、协商一致的基础上签订劳动合同,改变劳动合同文本由企业一方决定的局面;二是要为职工提供具体帮助指导,包括必要的法律援助和技术支持。如对不规范的劳动合同要帮助和指导职工与用人单位重新签订。当企业情况发生了变化,原合同不能履行或企业集体合同修订或变更后,工会要提醒、帮助和指导职工变更和重新签订劳动合同,做好劳动合同的衔接;三是依据法律、法规,对劳动合同中的必备条款做好审查,防止出现无效合同。

3. 把好劳动合同履行中的监督检查关。

(1) 用人单位处分劳动者,工会认为不适当的,有权提出意见。我国《劳动合同法》第四十三条规定:用人单位单方解除劳动合同,应当事先将理由通知工会。用人单位违反法律、行政法规规定或者劳动合同约定的,工会有权要求用人单位纠正。用人单位应当研究工会的意见,并将处理结果书面通知工会。

我国《工会法》第二十一条也规定,企业单方面解除职工劳动合同时,应当事先将理由通知工会,工会认为企业违反法律、法规和有关合同约定,要求重新研究处理时,用人单位应当研究工会的意见,并将结果答复工会。另外,根据《企业经济性裁减人员规定》,工会在企业经济性裁员解除劳动合同时,有权听取用人单位提前三十日说明情况并了解所提供的有关资料,对用人单位提出的裁减人员方案提出意见。

(2) 用人单位有违反劳动法律、法规规定,克扣职工工资,不提供劳动安全卫生条件,随意延长劳动时间,侵犯女职工和未成年人特殊权益等严重侵犯劳动者合法权益行为的,工会应当代表劳动者与用人单位交涉,要求予以改正;用人单位拒不改正的,工会可以要求当地人民政府依法处理。

(3) 工会发现用人单位违章指挥、强令劳动者冒险作业,或者生产中发现明显重大事故隐患和职业危害,有权提出解决的建议,用人单位应当及时研究答复;发现危及职工生命安全的情况时,工会有权向用人单位建议组织职工撤离现场,用人单位必须及时做出处理决定。

(4) 用人单位发生停工、怠工事件,工会应当代表劳动者与用人单位协商,反映劳动者的意见和要求,并提出解决意见。

4. 协助企业建立和完善劳动管理制度。我国《劳动合同法》第四条规定:"在规章制度和重大事项决定实施过程中,工会或者职工认为不适当的,有权向用人单位提出,通过协商予以修改完善。"根据法律规定,工会有责任针对企业管理现状,就劳动合同的签订、续订、履行、解除、终止等全方位的管理过程,协助用人单位建立健全既符合国家法律、法规规定,又适用企业当前与未来发展的企业劳动管理规章制度。

5. 参与解决劳动合同争议。企业工会主持本企业内部劳动争议调解工作,对本企业发生的劳动合同争议实施调解。劳动者认为用人单位侵犯其劳动权益而申请劳动争议仲裁或者向人民法院提起诉讼的,工会应当给予支持和帮助。

随着现代企业制度的建立,企业劳动关系出现了新的主体和矛盾。国有独资企业、

> 国有控股企业、外商投资企业和私营企业相互共存的多元化经济蓬勃发展,企业劳动关系出现了国有独资企业法人代表、国有控股企业股东、外企投资方代理人、私营企业主等"新角色",他们与企业之间构成新型的劳动关系,他们之间发生的矛盾,是劳动关系的新矛盾。
>
> 　　这种新矛盾主要表现在:企业法人依法经营管理或建立现代企业制度和职工就业、工资、福利待遇等要求的矛盾;企业管理者滥用经营管理自主权与职工正当的劳动就业、经济利益和政治权利的矛盾;企业管理者责、权、利的有序运行与操作失误的矛盾。协调新型劳动关系和化解劳动关系的新矛盾的历史重任,已责无旁贷地落在了各级工会组织的肩上。
>
> 　　用人单位应利用好工会这个与劳动者沟通的桥梁,让软的手段(协调协商)与硬的规则(法律、法规)相结合,促进劳动关系的协调稳定,促进企业的不断发展。

案例分析：

　　A 公司是内蒙古一家全国知名的乳业公司,B 公司是北京市郊的一家乳品公司,因国内乳品行业竞争激烈,像 B 公司这样不知名的小公司很难生存,A 公司看好 B 公司的奶源基地,决定收购 B 公司,2008 年 1 月 10 日 A 公司与 B 公司达成协议。A 公司收购完成后,原 B 公司的 20 多名工人找到 A 公司说,我们都签了五年的劳动合同,合同均未到期,要求安排工作,补发工资。A 公司认为,既然你们是 B 公司的工人,你们就应找 B 公司解决,在收购协议里 B 公司也没说还有 20 多个工人,我没义务接收你们,原 B 公司的 20 多名工人说,B 公司的负责人已经拿转让款走人了,我们只能找你。

　　思考： A 公司收购 B 公司,与 B 公司签订的劳动合同是否继续履行？A 公司有没有义务安置这 20 多名工人呢？

　　分析： 在本案中,B 公司对于 20 多个工人并未进行安置,也未明确告知 A 公司在册人员的情况,A 公司对此问题也未尽职调查,在 A 公司与 B 公司没有明确约定的情况下,只能按法律的规定处理。按照我国《劳动合同法》第三十四条规定,用人单位发生合并或者分立等情况,原劳动合同继续有效,由对劳动合同有承继权利和义务的用人单位继续履行。由此可见,20 多个工人的劳动合同应由收购方 A 公司继续履行。

　　从事并购业务时收购方一定要高度注意人员的费用,收购完成基准日员工如何安置,经济补偿金由谁来付,直接涉及股权的定价,出让方可以保持沉默希望一并打包,收购方如不做约定,所有人员由收购方接收。

二、劳动合同的变更

（一）劳动合同变更的概念

　　劳动合同的变更是指在劳动合同开始履行但尚未完全履行完毕之前,因订立劳动合同的主客观条件发生了变化,当事人依照法律规定的条件和程序,对原合同中的某些条款修改、补充的法律行为。

　　我国《劳动合同法》第三十五条规定:"用人单位与劳动者协商一致,可以变更劳动合同约定的内容。变更劳动合同,应当采用书面形式。"此规定说明,当事人可以变更劳动合同,但是与订立劳动合同一样,当事人一定要协商一致。实践中劳动者单独要求变更劳动岗位,提高劳动报酬的不多,但是用人单位假借管理之名不经过协商,擅自变更劳动者劳动岗位,降低劳动报酬的则屡见不鲜。应当说明,就劳动合同部分条款进行变更,协商一致是其变更内容生效的必要条件,未经协商一致,用人单位擅自变更劳动合同侵犯劳动者合法权益,用人单位需要承担相应的法律责任。

(二)劳动合同变更的原因

劳动合同变更的情况基本分为因用人单位的原因变更和因劳动者的原因变更。

1. 因用人单位的原因变更

①用人单位情况发生重大变化,导致不能履行原劳动合同。②外商投资企业与担任本企业工会委员会委员的劳动者协商变更劳动合同中的有关内容。③变更劳动合同履行期限。④企业整体出售。⑤企业改制。⑥用人单位改变生产经营方式。

2. 因劳动者的原因变更

①劳动者在履行劳动合同期间因患重病致使不能如约定完成劳动合同规定的劳动而要求变更工作岗位。②劳动者因自身原因在用人单位内部退养、下岗或内部待业。③劳动者外借、外出上学、进修或服兵役。④企业对劳动者录用聘入后又安排其到管理部门工作的。⑤劳动者因家庭发生重大变故确实无法坚持原岗位及工种劳动的。

(三)劳动合同变更的程序

(1)及时向对方提出变更劳动合同的要求,即提出变更劳动合同的主体可以是企业,也可以是职工,无论哪一方要求变更劳动合同,都应当及时向对方提出变更劳动合同的要求,说明变更劳动合同的理由、内容、条件等。

(2)按期向对方作出答复,即当事人一方得知对方变更劳动合同的要求后,应在对方规定的期限内作出答复,不得对对方提出的变更劳动合同的要求置之不理。

(3)双方达成书面协议,即当事人双方就变更劳动合同的内容经过协商,取得一致意见,应当达成变更劳动合同的书面协议,书面协议应指明对哪些条款作出变更,并应订明变更后劳动合同的生效日期,书面协议经双方当事人签字盖章生效,并报企业主管部门或者上级劳动行政部门备案。

(四)劳动合同变更的效力

劳动合同变更是对劳动合同内容的局部的更改,如工作岗位、劳动报酬、工作地点等,一般说来都不是对劳动合同主体的变更。用人单位名称、法定代表人、主要负责人或者投资人等事项的变更,不属于劳动合同的变更,不影响劳动合同的履行。用人单位发生合并或者分立,只属于劳动合同主体的变更,劳动合同内容不变,也不属于劳动合同的变更。

劳动合同主体的变更则产生新的劳动关系,导致合同权利和义务的转移,原劳动合同继续有效,劳动合同由承继其权利和义务的用人单位继续履行。

劳动合同的变更与劳动合同的订立一样,应遵循平等自愿、协商一致的原则,不得单方变更劳动合同的内容。变更后的内容对于已经履行的部分往往不发生效力,仅对将来发生效力。同时,劳动合同未变更的部分,劳动合同双方还应当履行。

劳动合同变更与劳动合同解除不同,劳动合同变更并不涉及经济补偿金等方面的问题。但是,由于劳动合同的变更对对方造成损失的,提出变更的一方应当承担损害赔偿责任。

案例分析：

潘江是某人力资源公司的业务主管,在该单位工作了九年,经验丰富,2005年年底与公司签了五年期限的劳动合同,约定岗位为业务主管。2007年年底公司原法定代表人去美国定居,公司法定代表人变更为陈强,陈强素与潘江不和,新领导陈强上任后不同意潘江继续担任业务主管的职务,因业务部是公司所有客户的服务中心,掌握公司的经济命脉,所以决定新设立一个拓展部,提出让潘江做拓展部主管,负责开拓新客户。潘江不同意,称我的合同还没到期呢,我要求按原劳动合同履行,继续担任业务主管职务。而新领导称,你的劳动合同是原法定代表人签订的,法定代表人变更后就没有法律效力了。双方产生争议,原劳动合同是否仍然有效？

思考： 用人单位的法定代表人变更,原劳动合同是否仍然有效？

分析： 根据《民法通则》的规定,法人是依法成立独立享有民事权利和承担民事义务的组织,法定代表人是代表法人行使职权的负责人,法定代表人的职务行为属于法人的行为,其一切法律后果由法人承担。

原劳动部1996年颁布的《关于实行劳动合同制度若干问题的通知》中明确指出,企业法定代表人的变更,不影响劳动合同的履行,用人单位和劳动者不需因此重新签订劳动合同。我国《劳动合同法》第三十三条规定：用人单位变更名称、法定代表人、主要负责人或者投资人等事项,不影响劳动合同的履行。因此只要用人单位的法人资格不变,无论法定代表人如何变更,用人单位必须履行原订立合同的全部义务。

本案中潘江与人力资源公司原法定代表人签订的劳动合同仍然有效,应当继续履行,否则就属于违约行为,应承担相应的违约责任。

第五节 劳动合同的解除与终止

引导案例

2009年3月,老张像往常一样到公司上班。下午,公司人事部经理突然来到老张所在部门,宣布公司因效益不好决定裁员,并告知老张被列入裁员名单,限他两小时内离开公司,同时承诺公司将按高于法定标准的"N+2"方式支付经济补偿金。

所谓"N",即给予每工作一年补偿一个月工资的经济补偿金。老张在这家公司工作了将近五年,前12个月平均工资约为5000元,照此计算可得经济补偿金35000元。但这突然的变故还是让老张无法接受。

思考： 支付经济补偿金就能解除劳动合同吗？

分析： 我国《劳动合同法》第三十六条规定："用人单位与劳动者协商一致,可以解除劳动合同。"如果公司与有关员工逐一单独沟通,在平等自愿的基础上解除劳动合同,法律是不禁止的。当然,用人单位应按规定向劳动者支付经济补偿。

如果用人单位单方解除劳动合同,必须首先具备法定条件。我国《劳动合同法》规定裁员的法定条件包括实体性条件和程序性条件,只有同时具备法律规定的实体性条件之一和全部的程序性条件,才是合法裁员。如果公司无法定理由或未与员工协商一致,就算给了经济补偿后实施解除,也会构成违法解除劳动合同。对于违法解除劳动合同,我国《劳动合同法》明确规定:劳动者要求继续履行劳动合同的,用人单位应当继续履行;劳动者不要求继续履行劳动合同或者劳动合同已经不能继续履行的,用人单位应当按照经济补偿金标准的两倍向劳动者支付赔偿金,赔偿金的计算年限自用工之日起计算。我国《劳动合同法实施条例》规定,用人单位违反《劳动合同法》的规定解除或者终止劳动合同,依照《劳动合同法》第八十七条的规定支付了赔偿金的,不再支付经济补偿。这意味着,老张可选择恢复劳动关系,或得到 5000 元×5×2＝50000 元的赔偿金。

一、劳动合同的解除

(一)劳动合同解除的概念

劳动合同的解除是指当事人双方提前终止劳动合同的法律效力,解除双方的权利和义务关系。

(二)劳动合同解除的类型

根据解除行为是否经双方协商一致分为:协议解除和单方面解除两种,其中单方面解除又分为用人单位的单方面解除和劳动者单方面解除两种。用人单位与劳动者协商一致,可以解除劳动合同。劳动合同法对当事人协商一致解除劳动合同,没有其他限制规定。但是单方解除劳动合同,劳动合同法规定的劳动者与用人单位的条件是有区别的。

1. **单方解除劳动合同的条件**
(1)劳动者单方解除劳动合同的条件
劳动者单方解除劳动合同,劳动合同法规定的比较宽松。

① 提前三十日通知用人单位即可解除劳动合同。劳动者只要提前三十日以书面形式通知用人单位,就可以解除劳动合同。劳动者在试用期内提前三日通知用人单位,就可以解除劳动合同。通常情况下,提前一定时间通知用人单位,劳动者就可以与用人单位解除合同,这对于劳动者是有利的,便于其选择更加合适的用人单位与劳动岗位。但是劳动者解除劳动合同提前一定时间通知用人单位是必要的,以便于用人单位再招聘或者通过内部调节安排适当人选,而不致影响工作的连续性。劳动者提前三十日通知用人单位是解除劳动合同的程序性规定,也是解除劳动合同行为有效的要件。

② 劳动者无需通知用人单位可以即时解除劳动合同的条件。《劳动合同法》为了在特殊情况下更好地保护劳动者的合法权益,在第三十八条规定:用人单位有下列情形之一的,劳动者可以解除劳动合同:(一)未按照劳动合同约定提供劳动保护或者劳动条件的;(二)未及时足额支付劳动报酬的;(三)未依法为劳动者缴纳社会保险费的;(四)用人单位的规章制度违反法律、法规的规定,损害劳动者权益的;(五)因本法第二十六条第一款规定的情形致使劳动合同无效的;(六)法律、行政法规规定劳动者可以解除劳动合同的其他情形。用人单位以暴力、威胁或者非法限制人身自由的手段强迫劳动者劳动的,或者用人单位违章指挥、强令冒险作业危及劳动者人身安全的,劳动者可以立即解除劳动合同,不需事先

告知用人单位。上述规定中的第(五)项是指用人单位以欺诈、胁迫的手段或者乘人之危,使劳动者在违背真实意思的情况下订立或者变更劳动合同的。在上述情况下,用人单位的行为已经违法,如果劳动者选择解除劳动合同,就无需提前通知用人单位了。

(2) 用人单位单方解除劳动合同的条件

用人单位解除劳动合同,因为涉及劳动者的就业权,所以应当十分慎重,尤其不可以挟嫌报复,也不可以为了规避解除劳动合同给劳动者经济补偿而故意找茬,人为制造劳动者因为过错而被解除劳动合同的借口。在以下情况下用人单位可以解除劳动合同。

① 提前三十日通知劳动者用人单位即可解除劳动合同。劳动合同法在赋予劳动者单方解除劳动合同权利的同时,也附条件地赋予了用人单位单方解除劳动合同的权利。按照有关规定,有下列情形之一的,用人单位提前三十日以书面形式通知劳动者本人或者额外支付劳动者一个月工资后,可以解除劳动合同:(一)劳动者患病或者非因工负伤,在规定的医疗期满后不能从事原工作,也不能从事由用人单位另行安排的工作的;(二)劳动者不能胜任工作,经过培训或者调整工作岗位,仍不能胜任工作的;(三)劳动合同订立时所依据的客观情况发生重大变化,致使劳动合同无法履行,经用人单位与劳动者协商,未能就变更劳动合同内容达成协议的。

在上述情况下,是提前三十日通知劳动者,还是额外支付劳动者一个月工资后随即解除劳动合同,选择权在用人单位。

② 用人单位可以随时解除劳动合同的条件。劳动者有下列情形之一的,用人单位可以解除劳动合同:(一)在试用期间被证明不符合录用条件的;(二)严重违反用人单位的规章制度的;(三)严重失职,营私舞弊,给用人单位造成重大损害的;(四)劳动者同时与其他用人单位建立劳动关系,对完成本单位的工作任务造成严重影响,或者经用人单位提出,拒不改正的;(五)因劳动者以欺诈、胁迫的手段或者乘人之危,使对方在违背真实意思的情况下订立或者变更劳动合同,致使劳动合同无效的;(六)被依法追究刑事责任的。

《劳动合同法》对于用人单位随时解除劳动合同的条件,限制比较严,除了试用期被证明不符合录用条件的之外,其他均是劳动者有重大过错,一般的过错不适用于上述规定。

(3) 用人单位经济性裁员解除劳动合同

在市场经济下,企业经营风险几乎是无处不在,为了使企业在遭遇风险时能够从困境中走出,《劳动合同法》规定了企业在经营困难时享有经济性裁员的权利。其条件是:(一)依照企业破产法规定进行重整的;(二)生产经营发生严重困难的;(三)企业转产、重大技术革新或者经营方式调整,经变更劳动合同后,仍需裁减人员的;(四)其他因劳动合同订立时所依据的客观经济情况发生重大变化,致使劳动合同无法履行的。

企业进行经济性裁员,需要裁减人员二十人以上或者裁减不足二十人但占企业职工总数百分之十以上的,必须履行如下程序:(一)用人单位提前三十日向工会或者全体职工说明情况;(二)听取工会或者职工的意见后,裁减人员方案经向劳动行政部门报告,可以裁减人员。

(4) 用人单位不得单方解除劳动合同的条件

为了保障特殊情况下劳动者的劳动权利,劳动合同法严格限制了用人单位单方解除劳动合同的权利,在如下情况下,用人单位不得解除劳动合同。

劳动者有下列情形之一的,除在试用期劳动者被证明不符合录用条件或者劳动者具有重大过错之外,用人单位不得解除劳动合同:(一)从事接触职业病危害作业的劳动者未进行离岗前职业健康检查,或者疑似职业病病人在诊断或者医学观察期间的;(二)在本单位患职业病或者因工负伤并被确认丧失或者部分丧失劳动能力的;(三)患病或者非因工负伤,在规定的医疗期内的;(四)女职工在孕期、产期、哺乳期的;(五)在本单位连续工作满十五年,且距法定退休年龄不足五年的;(六)法律、行政法规规定的其他情形。

用人单位在上述情况下单方解除劳动合同,无论哪种情况均应当事先将理由通知工会。用人单位违反法律、行政法规规定或者劳动合同约定的,工会有权要求用人单位纠正。用人单位应当研究工会的意见,并将处理结果书面通知工会。

2. 协议解除

用人单位与劳动者协商一致,可以解除劳动合同。

(三)劳动合同解除的注意事项

(1)合同解除要确定职能管理部门。

(2)解除特定人员的劳动合同要谨慎。

(3)合同解除不得与其他开除、除名、辞退同时运用。

(4)解除劳动关系不得重复做决定。

(5)劳动关系处理切忌出尔反尔。

(6)职工提出解除的,要求其签字认可。

(7)解除主体应与劳动合同主体相一致。

(8)解除合同应有书面证据。

(9)解除原因要明确。

(10)解除合同的时间应准确。

案例分析:

员工小窦抽烟被单位领导撞见,随即按"家规"被炒了"鱿鱼"。小窦不服,上诉至劳动争议仲裁委员会,要求维护自己的合法权益。最终,小窦的诉求得到了该市劳动仲裁部门的支持。原因是单位的这种行为是不合理的,任何公司因故开除员工必须举证。

在庭审中公司辩称:《员工手则》中对本企业员工在工作区域内不准抽烟作出规定,违反规定将受到处罚。小窦是本单位员工,应当知道在工作区域吸烟违反了企业规章制度,所以按规定对其作出解除劳动合同的处罚并无不当。同时另规定,工作不满一个月的,将扣除200元伙食费。小窦表示在工作区域吸烟是事实确有过错,属严重违反劳动纪律,但是否达到解除合同的程度,企业并未有此规定,因此要求企业支付提前通知期一个月的工资及归还押金200元。

思考:本案中员工小窦确有过错,那么该如何进行处理呢?

分析:本案中,该公司未能提供处理这件事的书面依据。仲裁委在庭审中要求该公司提供《员工手则》,以确认单位处理该事件的依据。但公司一直拖到证据提交期限过后也未提供,只是提供了关于餐费补贴的规定。仲裁委认为:小窦承认在工作区域吸烟是过错行为,但该行为是否如企业所说的达到了解除劳动合同的严重程度,且公司也未提供解除劳动合同的处理依据,因此公司应承担举证不能的责任。

裁决结果公司支付小窦提前通知期一个月的工资,另按规定,解除合同时员工"工作满六个月不满一年的,以一年为计算单位"支付其一个月的经济补偿金。

延伸阅读

开除、除名、违纪辞退三种惩处方式的联系与区别

开除、除名、违纪辞退之间的联系就在于它们都是用人单位对违纪职工的行政惩戒方式。

三者之间区别主要是:

(1) 作为惩戒方式,它们的类别、审批时效不同。

开除是属于行政处分,而且是最严厉的一种处分。其处理时效为:从证实职工犯错误之日起五个月之内审批完毕。

除名和违纪辞退属行政处理,不属行政处分之列。因此对它们没有具体的审批时效规定,但原则要求应对犯错误职工及时进行处理,不得无故拖延处理时间。

(2) 作为惩戒方式,它们的适用对象及其条件不同。

开除处分适用于严重违法乱纪的职工,主要包括以下几种情况:①被判刑并入监服刑的;②二次劳教被注销城市户口的;③留用察看期间表现仍不好的;④严重犯有《企业职工奖惩条例》第十一条所列七项错误行为之一的。

除名仅适用于无正当理由经常旷工,经教育不改,连续旷工时间超过十五天,或者一年以内(按自然年度计算)累计旷工时间超过三十天的职工。

违纪辞退则适用于犯有《国营企业辞退违纪职工暂行规定》第二条所列七项错误行为之一,且经教育或行政处分无效的职工。一般是指那些大错不犯、小错不断的职工,他们所犯错误程度既够不上开除,也够不上除名。

(3) 作为惩戒方式,它们的实施程序不同。

开除处分,按《企业职工奖惩条例》规定,应由厂长(经理)提出,由职工代表大会讨论决定。

除名,法规没有实施程序的具体规定,但在实践中,许多企业是参照辞退违纪职工的程序,在征求工会意见后,由厂长(经理)作出决定。

违纪辞退,按照《国营企业辞退违纪职工暂行规定》,应由车间、科室提出职工违纪的证据和处理意见,在听取工会意见后,由厂长(经理)决定予以辞退。

另外,2001年10月6日国务院发布了319号令,废止了一批行政法规,其中包括《国营企业辞退违纪职工暂行规定》。因此,国营企业处理违纪职工不能再依据该暂行规定。

● 二、劳动合同的终止

(一) 劳动合同终止的概念

劳动合同终止是指劳动合同法律效力的终止,也就是双方当事人之间劳动关系的终结,

彼此之间原有的权利和义务关系不复存在。

（二）劳动合同终止的条件

出现如下情况之一，劳动合同终止。

（1）合同期限已满。定期的劳动合同在合同约定的期限届满后，除非双方是依法续订或依法延期，否则合同即行终止。

（2）合同目的已经实现。以完成一定的工作为期的劳动合同在其约定工作完成以后，或其他类型的劳动合同在其约定的条款全部履行完毕以后，合同因目的的实现而自然终止。

（3）合同约定的终止条件出现。企业劳动合同或集体合同对企业劳动合同约定的终止条件出现以后，企业劳动合同就此终止。

（4）当事人死亡。劳动者一方死亡，合同即行终止；雇主一方死亡，合同可以终止，也可以因继承人的继承或转让第三方而使合同继续存在，这要依实际情况而定。

（5）劳动者退休。劳动者因达到退休年龄或丧失劳动能力而办离退休手续后，合同即行终止。

（6）单位不复存在。企业因依法宣告破产、解散、关闭后，原有企业不复存在，其合同也告终止。

（三）解除、终止劳动合同的经济补偿

劳动合同法规定解除劳动合同除劳动者有过错，及用人单位维持或者提高劳动合同约定条件续订劳动合同，劳动者不同意续订的情形外，用人单位应当向劳动者支付经济补偿。

按照《劳动合同法》的规定，有下列情形之一的，用人单位应当向劳动者支付经济补偿：（一）由于用人单位的过错劳动者提出解除劳动合同的（劳动者依照《劳动合同法》第三十八条规定解除劳动合同的）；（二）用人单位向劳动者提出解除劳动合同并与劳动者协商一致解除劳动合同的；（三）劳动者由于患病、非因工负伤，医疗期满不能从事原工作或者经调整工作仍不能胜任工作；不能胜任工作经培训或者调整工作仍不能胜任工作的，用人单位解除劳动合同的；（四）用人单位依照《破产法》进行整顿时解除劳动合同的；（五）除用人单位维持或者提高劳动合同约定条件续订劳动合同，劳动者不同意续订的情形外，劳动合同期满终止固定期限劳动合同的；（六）用人单位破产或者依法被吊销营业执照、责令关闭及解散终止劳动合同的；（七）法律、行政法规规定的其他情形。

经济补偿按劳动者在本单位工作的年限，每满一年支付一个月工资的标准向劳动者支付。六个月以上不满一年的，按一年计算；不满六个月的，向劳动者支付半个月工资的经济补偿。劳动者月工资高于用人单位所在直辖市、设区的市级人民政府公布的本地区上年度职工月平均工资三倍的，向其支付经济补偿的标准按职工月平均工资三倍的数额支付，向其支付经济补偿的年限最高不超过十二年。

（四）解除与终止劳动合同的区别

劳动合同解除和终止作为劳动关系消灭的两种情形，从法律效果上来看，其结果都是导致用人单位与劳动者之间的法律关系归于消灭，具有一定相同性。

但劳动合同解除与终止毕竟是两种使劳动关系归于消灭的不同方式，二者在成就条件、

程序、法律后果等诸多方面存在很大差异,并直接导致劳动者在遇到这两种情形时的权利和义务关系的差别,采取维权手段的差别。

1. 劳动合同解除与终止是否由当事人作出意思表示不同

劳动合同解除是指在劳动合同订立后,劳动合同期限届满之前,因出现法定的情形或用人单位与劳动者约定的情形,一方单方通知或双方协商提前终止劳动关系的法律行为。作为一种法律行为,劳动合同解除一定会涉及用人单位或劳动者的意思表示,要么是单方的意思表示的结果,要么是双方的意思表示一致的结果。并可以因此将劳动合同解除分为法定解除和意定解除,法定解除又分为用人单位的单方解除和劳动者的单方解除。因此,劳动者与用人单位解除劳动合同时,必须做出相应的意思表示即通知对方,意思表示到达对方时,解除生效。

劳动合同终止则是指劳动合同订立后,因出现某种法定的事实,导致用人单位与劳动者之间形成的劳动关系自动归于消灭,或导致双方劳动关系的继续履行成为不可能而不得不消灭的情形。劳动合同终止主要是基于某种法定事实的出现,其一般不涉及用人单位与劳动者的意思表示,只要法定事实出现,一般情况下,都会导致双方劳动关系的消灭。

2. 劳动合同解除与劳动合同终止的情形不同

劳动合同解除情形。根据我国《劳动合同法》的规定,劳动合同解除分为:意定解除(《劳动合同法》第三十六条)、劳动者提前通知单方解除即劳动者主动辞职(第三十七条)、劳动者随时单方解除即被迫解除(第三十八条)、用人单位单方通知解除(第三十九条)、用人单位提前通知单方解除(第四十条、第四十一条),前述各种解除的成就条件是不同的。

劳动合同终止情形。我国《劳动法》第二十三条只规定:"劳动合同期满或者当事人约定的劳动合同终止条件出现,劳动合同即行终止。"但并没有对劳动合同终止的具体情形作出明确规定。而《劳动合同法》对劳动合同终止的具体情形作出了列举式的规定。该法第四十四条规定:有下列情形之一的,劳动合同终止:(一)劳动合同期满的;(二)劳动者开始依法享受基本养老保险待遇的;(三)劳动者死亡,或者被人民法院宣告死亡或者宣告失踪的;(四)用人单位被依法宣告破产的;(五)用人单位被吊销营业执照、责令关闭、撤销或者用人单位决定提前解散的;(六)法律、行政法规规定的其他情形。

因此,当出现《劳动合同法》规定的上述事实之一时,劳动合同即行终止。

3. 劳动合同解除与劳动合同终止是否需要履行法定程序不同

劳动合同解除根据不同情形,需要履行不同的法律程序,如果未履行必要的法定程序,可能会导致劳动合同解除违法,从而不能出现当事人预想达到的解除效果,甚至事与愿违地要承担相应的损害赔偿责任。在劳动合同解除的诸多情形中,除了意定解除以及劳动者在人身受到威胁,被强迫劳动情形下解除劳动合同,不需要履行相应的法定程序外,其他均需履行相应的程序:劳动者单方辞职的需要提前三十日通知用人单位;用人单位因劳动者严重违反规章制度解除劳动合同时,需要通知劳动者,并出具解除劳动合同的书面文件;劳动者被迫解除劳动合同的,需要履行通知义务,尽管该通知义务既可以是口头的,也可以是书面的,但劳动者在其人身受到威胁的情形下,无需通知;用人单位因劳动者不能胜任工作等情形解除劳动合同的,应提前三十日书面通知劳动者或支付一个月的代通知金作为补偿。

而对于劳动合同终止是否履行相应的法定程序,以及未履行法定程序的法律后果,我国《劳动法》和《劳动合同法》均没有作出明确规定,从而导致实践中对于劳动合同终止时用人单位是否需要履行提前通知义务,以及需要提前多长时间通知,各地掌握的尺度不尽一致,相对比较混乱。为了解决该问题,许多地方性法规或规章,对劳动合同终止的程序做出了规定。比如:《北京市劳动合同规定》第四十条规定:"劳动合同期限届满前,用人单位应当提前三十日将终止或者续订劳动合同意向以书面形式通知劳动者,经协商办理终止或者续订劳动合同手续。"并在该规定第四十七条规定了未履行该终止劳动合同程序的法律后果:"用人单位违反本规定第四十条规定,终止劳动合同未提前三十日通知劳动者的,以劳动者上月日平均工资为标准,每延迟一日支付劳动者一日工资的赔偿金。"北京市的此项规定,可以作为各地处理劳动合同终止案件时的参考,以便更好地维护劳动者的再就业权利和其他合法权益。

4. 劳动合同解除与劳动合同终止经济补偿金的计算起点不同

《劳动合同法》实施之前,我国《劳动法》及相关司法解释除了对用人单位未依法为劳动者缴纳社会保险,劳动者有权解除劳动合同,并要求支付经济补偿金的情形未做明确规定外,对于劳动合同的其他解除情形,对用人单位需要向劳动者支付经济补偿金的情况,都做出了明确规定。因此,根据《劳动合同法》规定的经济补偿金以 2008 年 1 月 1 日为分界点分段计算的原则,除了劳动者以用人单位未依法为劳动者缴纳社会保险为由,要求解除劳动合同,并支付经济补偿金时,经济补偿金的计算年限应自 2008 年 1 月 1 日起计算经济补偿金的年限外,其他解除劳动合同的情形,经济补偿金的计算年限均应自双方建立劳动关系起计算,即应按工作年限计算,只是 2008 年 1 月 1 日前后,经济补偿金计算的数额略有不同。

对于劳动合同终止经济补偿金的问题,《劳动合同法》之前的法律、法规规定,劳动合同自动终止的,用人单位无须向劳动者支付经济补偿金。而《劳动合同法》对于此问题做出了新的规定,《劳动合同法》第四十六条第五款规定:劳动合同期满后,若用人单位不同意按照维持或高于原劳动合同约定条件,与劳动者续订劳动合同的,用人单位应当向劳动者支付经济补偿金。但根据《劳动合同法》规定的经济补偿金以 2008 年 1 月 1 日为分界点分段计算的原则,对于 2008 年 1 月 1 日后,因劳动合同终止需要支付经济补偿金的,经济补偿金的计算年限,应自 2008 年 1 月 1 日开始计算,2008 年 1 月 1 日之前的工作年限,不属于经济补偿金计算范畴。

案例分析:

小张是某有限责任公司的技术骨干,入职时与单位签订了两年期限的劳动合同。一年后,小张为更好地谋求发展准备跳槽,并提前三十日以书面形式向用人单位提出解除劳动合同。由于小张是公司的技术骨干,因此公司以加薪、提高其他福利待遇等方式极力挽留,但小张不为所动,三十日后自行离职。公司遂以劳动合同期未满和小张未完成工作交接为由,拒绝为小张开具解除劳动合同的证明和办理档案和社会保险关系转移手续。为此,小张与用人单位交涉近一个月未果,于是向西城区劳动监察部门投诉。

思考:公司不为小张出具解除劳动合同的证明和办理档案转移手续的做法对吗?

分析:首先,法律赋予了劳动者解除劳动合同的单方预告权利。根据《劳动合同法》第三十七条规定:"劳动者提前三十日以书面形式通知用人单位,可以解除劳动合同……"小张通过书面形式且提前三十日通知单位解除劳动合同是合法的,三十日后双方劳动关系自动终止,不受劳动合同期限的限制,也无需征得单位的同意。单位虽然并无过错,但不能因劳动合同未到期而阻止劳动者解除劳动合同。

其次,虽然劳动者和用人单位之间的权力义务关系随着劳动合同的解除、终止而消失,但是基于诚实守信的原则,双方还必须履行各自的附属义务,即《劳动合同法》第五十条的规定:"用人单位应当在解除或者终止劳动合同同时出具解除或者终止劳动合同的证明,并在十五日内为劳动者办理档案和社会保险关系转移手续。劳动者应当按照双方约定,办理工作交接……"用人单位为劳动者转出档案、办理社会保险关系转移手续,向劳动者开具解除或终止劳动合同的证明,是用人单位在劳动合同终止或解除后应当履行而且是具有强制性的法定义务。即使劳动者没有完成工作交接,用人单位也不能因此拒不办理档案移交等手续。

最后,单位不出具解除劳动合同证明和办理档案转移等手续,限制了劳动者的人身自由和择业自由权。

因此,本案中用人单位不为劳动者出具解除和终止劳动合同的证明、不为劳动者办理档案和社会保险关系转移手续是违反劳动法律规定的。

第六节 特殊用工劳动合同

引导案例

刘先生系 A 公司(公司所在地为上海)后勤管理人员,于 2008 年 2 月 5 日达到法定退休年龄。公司考虑到刘先生工作敬业、认真负责,对公司运作流程和后勤管理工作已非常熟悉,再招新人还得培养,即结合刘先生自己的意愿,最终与其签订了《退休返聘协议》,其中约定:聘用期限自 2008 年 2 月 6 日至 2011 年 2 月 5 日;工作岗位为后勤管理;月薪为 3500 元;任何一方提前一个月通知,可终止《退休返聘协议》。2010 年 3 月,A 公司进行人员整合,刘先生也被列入其内。公司经过人员分析,于 2010 年 3 月 23 日向刘先生提出终止劳动合同,并表示,会留给其一个月的时间交接工作或重新找工作,《退休返聘协议》将于 2010 年 4 月 22 日确定终止。刘先生得此消息非常失落,但与此同时却得知:同为后勤行政人员小王和小李,在一样遭受被公司"炒鱿鱼"命运的同时,却均拿到了一笔数目可观的经济补偿金。因此,刘先生认为自己的权益受到了侵害,向公司提出异议。

思考:刘先生能够得到经济补偿金吗?

分析:相关规定显示,劳动者达到法定退休年龄的,劳动合同终止。据此,退休返聘人员已然不属于标准劳动关系的劳动者范畴,即不属于适格的劳动者,《劳动法》、《劳动合同法》等法律、法规即对其不再适用,应遵照《民法通则》、《合同法》等规则。从某种程度上说,退休人员和用人单位建立起来的劳务关系应视为平等主体之间就劳动力买卖而建立起来的关系。因此,双方的权利和义务更多应通过协议的方式,事先约定确认。

本案中,刘先生于 2008 年 2 月 5 日达到法定退休年龄,根据《劳动合同法实施条例》的规定,劳动者达到法定退休年龄的,劳动合同终止。从此刻起,刘先生丧失了适格劳动者的身份,此后,即使刘先生仍然在 A 公司继续工作,亦无法像之前一样与 A 公司建立标准劳动关系。A 公司首先应当保证刘先生享受到《劳动法》等法律、法规在工作时间、劳动保护以及最低工资规定等方面赋予劳动者的基本权利,在此基础之上,可具体与刘先生约定其他方面的权利和义务。

由于经济补偿金并不属于用人单位必须保证劳动者享受的三项基本劳动标准,故而,A公司是否与刘先生就经济补偿金问题作过事先约定便成为了解决本案的关键。反观本案,发现《退休返聘协议》中明确约定"任何一方提前一个月通知,可终止《退休返聘协议》",而对须支付经济补偿金的问题只字未提,可见,A公司提前一个月通知终止与刘先生《退休返聘协议》的做法并未违反双方约定,系合法行为。至于刘先生提出其他劳动者有经济补偿金,而自己没有的理由,从情理上可作认同,但无法获得法律的强制保护。

一、劳务派遣制度

(一)劳务派遣的概念及特征

1. 劳务派遣的概念

劳务派遣是一种新的用工形式,又称劳动派遣、劳动力租赁,是指由劳务派遣机构与派遣劳工订立劳动合同,由要派企业(实际用工单位)向派遣劳工给付劳务报酬,劳动合同关系存在于劳务派遣机构与派遣劳工之间,但劳动力给付的事实则发生于派遣劳工与要派企业(实际用工单位)之间。

2. 劳务派遣的特征

(1)劳动者与劳务派遣单位建立劳动关系,订立劳动合同

被派遣劳动者与派遣单位是劳动关系的当事人,劳动权利和义务主要存在于二者之间。《劳动合同法》第五十八条规定:"劳务派遣单位是本法所称用人单位,应当履行用人单位对劳动者的义务。劳务派遣单位与被派遣劳动者订立的劳动合同,除应当载明本法第十七条规定的事项外,还应当载明被派遣劳动者的用工单位以及派遣期限、工作岗位等情况。劳务派遣单位应当与被派遣劳动者订立两年以上的固定期限劳动合同,按月支付劳动报酬;被派遣劳动者在无工作期间,劳务派遣单位应当按照所在地人民政府规定的最低工资标准,向其按月支付报酬。"

(2)被派遣劳动者接受实际用工单位的管理

被派遣劳动者在接受劳务派遣的用工单位劳动,应当遵守其规章制度,接受其管理,实际用工单位应当为被派遣劳动者提供劳动条件,保护其劳动安全卫生,并支付与本单位同工同酬的劳动报酬。

(3)实际用工单位向劳务派遣单位支付劳务派遣费

实际用工单位与劳务派遣单位之间签订劳务派遣合同,劳务派遣单位按照合同要求向用工单位派遣符合约定的劳力,用工单位则向劳务派遣单位支付劳务派遣费。

(二)劳动合同法对劳务派遣用工形式的限制规定

劳务派遣用工不是常态用工形式,因为这种用工形式使劳动关系与实际用工相分离,既不利于保护劳动者利益,也不利于用工单位的管理,所以,劳务派遣用工只能作为一种用工的补充形式存在。在发达市场经济国家,劳务派遣用工大致占市场用工的3%,较好地体现了劳务派遣用工形式的补充性。

修改后的《劳动合同法》第六十六条规定:"劳务派遣只能在临时性、辅助性或者替代性的工作岗位上实施。""前款规定的临时性是指用工单位的工作岗位存续时间不超过六个月;

辅助性是指用工单位的工作岗位为主营业务岗位提供服务;替代性是指用工单位的职工因脱产学习、休假等原因在该工作岗位上无法工作的一定期间内,可以由被派遣劳动者替代工作。"我国一些用人单位大量使用劳务派遣工,并且长时间使用劳务派遣工,以此达到节约员工成本的目的,这是与劳动合同法的有关规定相违背的,应当纠正。

(三) 劳务派遣工的权利

劳务派遣工除了享有其他职工一样的权利之外,还享有一些特殊的权利。

1. 同工同酬的权利

同工同酬是劳务派遣工极其重要的一项权利,实践中这项权利几乎成了纸面上的空文。《劳动合同法》2012年年底进行了修改,其主要目的之一就是保障劳务派遣工同工同酬的权利。《劳动合同法修正案》将第六十三条修改为:"被派遣劳动者享有与用工单位的劳动者同工同酬的权利。用工单位应当按照同工同酬原则,对被派遣劳动者与本单位同类岗位的劳动者实行相同的劳动报酬分配办法。用工单位无同类岗位劳动者的,参照用工单位所在地相同或者相近岗位劳动者的劳动报酬确定。"劳务派遣单位与被派遣劳动者订立的劳动合同和与用工单位订立的劳务派遣协议,载明或者约定的向被派遣劳动者支付的劳动报酬应当符合前款规定。尽管实现劳务派遣工与用工单位其他职工同工同酬还可能任重道远,但是其方向是不容置疑的,历尽艰难曲折劳务派遣工同工同酬的权利一定会实现。

2. 职业稳定与生活保障权利

劳务派遣工在实际用工单位的劳动具有临时性、辅助性与替代性的特点,但是与劳务派遣单位之间的劳动关系则具有一定的稳定性。按照劳动合同法的有关规定,劳务派遣单位应当与被派遣劳动者订立两年以上的固定期限劳动合同,按月支付劳动报酬。

劳务派遣用工的性质决定,这种劳动具有相对的不稳定性,派遣工在一个用工单位劳动结束之后未见得能够及时接续上下一次的派遣,如果劳动中断一段时间生活将无法保障。《劳动合同法》规定,被派遣劳动者在无工作期间,劳务派遣单位应当按照所在地人民政府规定的最低工资标准,向其按月支付报酬。这是保障劳务派遣工基本生活的重要措施。

3. 用工单位承担对劳务派遣工的相应义务

从形式上看,劳务派遣工与劳务派遣单位存在劳动关系,劳务派遣单位应当承担对劳务派遣工的相应义务,但是这种特殊的用工形式,例如对劳务派遣工的劳动安全卫生保护、按时支付工资等,劳务派遣公司往往是鞭长莫及,而只能由实际用工单位承担这些责任。《劳动合同法》规定,用工单位应当履行下列义务:(一)执行国家劳动标准,提供相应的劳动条件和劳动保护;(二)告知被派遣劳动者的工作要求和劳动报酬;(三)支付加班费、绩效奖金,提供与工作岗位相关的福利待遇;(四)对在岗被派遣劳动者进行工作岗位所必需的培训;(五)连续用工的,实行正常的工资调整机制。

劳务派遣工为实际用工单位提供劳动创造价值,实际用工单位承担相应的义务理所应当。

法条衔接

《劳动合同法修正案》

第十一届全国人民代表大会常务委员会第三十次会议决定对《中华人民共和国劳动合同法》作如下修改。

一、将第五十七条修改为:"经营劳务派遣业务应当具备下列条件:
(一)注册资本不得少于人民币二百万元;
(二)有与开展业务相适应的固定的经营场所和设施;
(三)有符合法律、行政法规规定的劳务派遣管理制度;
(四)法律、行政法规规定的其他条件。

经营劳务派遣业务,应当向劳动行政部门依法申请行政许可;经许可的,依法办理相应的公司登记。未经许可,任何单位和个人不得经营劳务派遣业务。"

二、将第六十三条修改为:"被派遣劳动者享有与用工单位的劳动者同工同酬的权利。用工单位应当按照同工同酬原则,对被派遣劳动者与本单位同类岗位的劳动者实行相同的劳动报酬分配办法。用工单位无同类岗位劳动者的,参照用工单位所在地相同或者相近岗位劳动者的劳动报酬确定。"

"劳务派遣单位与被派遣劳动者订立的劳动合同和与用工单位订立的劳务派遣协议,载明或者约定的向被派遣劳动者支付的劳动报酬应当符合前款规定。"

三、将第六十六条修改为:"劳动合同用工是我国的企业基本用工形式。劳务派遣用工是补充形式,只能在临时性、辅助性或者替代性的工作岗位上实施。"

"前款规定的临时性工作岗位是指存续时间不超过六个月的岗位;辅助性工作岗位是指为主营业务岗位提供服务的非主营业务岗位;替代性工作岗位是指用工单位的劳动者因脱产学习、休假等原因无法工作的一定期间内,可以由其他劳动者替代工作的岗位。"

"用工单位应当严格控制劳务派遣用工数量,不得超过其用工总量的一定比例,具体比例由国务院劳动行政部门规定。"

四、将第九十二条修改为:"违反本法规定,未经许可,擅自经营劳务派遣业务的,由劳动行政部门责令停止违法行为,没收违法所得,并处违法所得一倍以上五倍以下的罚款;没有违法所得的,可以处五万元以下的罚款。"

"劳务派遣单位、用工单位违反本法有关劳务派遣规定的,由劳动行政部门责令限期改正;逾期不改正的,以每人五千元以上一万元以下的标准处以罚款,对劳务派遣单位,吊销其劳务派遣业务经营许可证。用工单位给被派遣劳动者造成损害的,劳务派遣单位与用工单位承担连带赔偿责任。"

本决定自2013年7月1日起施行。

本决定公布前已依法订立的劳动合同和劳务派遣协议继续履行至期限届满,但是劳动合同和劳务派遣协议的内容不符合本决定关于按照同工同酬原则实行相同的劳动报酬分配办法的规定的,应当依照本决定进行调整;本决定施行前经营劳务派遣业务的单位,应当在本决定施行之日起一年内依法取得行政许可并办理公司变更登记,方可经营新的劳务派遣业务。具体办法由国务院劳动行政部门会同国务院有关部门规定。

《中华人民共和国劳动合同法》根据本决定作相应修改,重新公布。

二、非全日制用工制度

非全日制用工作为全日制用工的一种补充,近年来发展很快。随着社会经济的不断发展,产业结构调整,劳动者中一方面出现了大量下岗失业人员、农村进城务工人员,以及知识技能低靠体力赚取劳动报酬的零工、小时工、短工;另一方面也出现了具有业务专长的技术人员、以专业知识解决特定问题的钟点工、周末工程师等。

这些灵活的就业形式是市场经济条件下,对标准劳动用工形式的有益补充。对用人单位来讲既降低了人工成本,又解决了生产的急需;对劳动者而言,既可以增加收入,又可以根据自身特点做出多项灵活选择,调动了劳动者的积极性。为进一步规范非全日制用工制度,《劳动合同法》第六十八条对非全日制用工概念进行了严格界定。

(一)非全日制用工制度的概念和特征

1. 非全日制用工制度的概念

非全日制用工制度是指以小时计酬为主,劳动者在同一用人单位一般平均每日工作时间不超过四小时,每周工作时间累计不超过二十四小时的用工形式。

根据上述规定,认定非全日制用工应同时符合如下三个要件。

首先,非全日制用工以小时计酬为主,但并不排除其他计酬方式。

其次,劳动者一般平均每日工作时间不超过四小时,每周工作时间累计不超过二十四小时。

最后,劳动者在同一用人单位工作,是认定非全日制用工的基础或依据。

2. 非全日制用工制度的特征

(1) 劳动合同形式多样

非全日制工用工可以订立书面协议,也可以订立口头协议。方便了用人单位管理的程序,也降低了管理的成本。

(2) 允许多重劳动关系

从事非全日制用工的劳动者可以与一个或者一个以上用人单位签订劳动合同。多重劳动关系是非全日制用工的特点之一,也是国家极力推动非全日制用工制度的目的之一。《劳动合同法》规定非全日制用工的劳动者可以与一个或一个以上用人单位订立劳动合同的同时,又规定订立的劳动合同不得影响先订立的劳动合同的履行,限制非全日制用工劳动者滥用订约权。

(3) 合同解除限制少

非全日制用工任何一方当事人均可随时通知对方终止用工。即合同解除的无因性、随时性和对等性。非全日制用工劳动合同当事人解除劳动合同不需要任何理由,非全日制用工合同解除条件对当事人双方是平等的,用人单位和劳动者享有同样的权利,均可以无条件地随时通知解除合同。终止非全日制用工不支付经济补偿。当然如果当事人双方约定了违约责任,则应按照约定承担赔偿责任。

(4) 工资结算周期短

非全日制用工的劳动任务完成与否、是否达到要求一般情况下是可以直接看到结果并进行考量的,劳动者的劳动成果即时交付不需要等到一个阶段集中进行,也不需要等到一定时间后才看见结果。相对于劳动者提供劳动成果的即时性,工资结算周期也不应当太长。

我国《劳动合同法》规定,非全日制用工劳动报酬结算周期最长不得超过十五日。非全日制用工的工资支付可以按小时、日、周为单位结算,但不得以月为结算周期。原劳动和社会保障部《关于非全日制用工若干问题的意见》规定,用人单位支付非全日制劳动者的小时工资不得低于当地政府颁布的小时最低工资标准。需要注意的是如果所在地区政府明确确定了非全日制用工的小时最低工资标准,则用人单位就必须严格按照这一标准执行。如果所在地区只颁布了月最低工资标准,则用人单位在确定非全日制用工的工资标准时,还应考虑单位应缴纳的基本养老保险费和基本医疗保险费等因素。

（二）非全日制用工与全日制用工的比较

非全日制用工与全日制用工存在很大的不同，如在订立劳动合同的强制性程度、劳动者的工作时间、计酬方式、用人单位承担的义务等方面差别都比较大，对二者进行比较，有利于我们全面把握非全日制用工制度，从而认识其不足，进而对其进行规制。

二者的区别比较具体见表 2-2。

表 2-2　全日制用工与非全日制用工区别表

区 别 比 较	全日制用工	非全日制用工
工作时间不同	一般每日工作时间不超过 8 小时且每周工作时间累计不超过 40 小时	平均每日工作时间不超过 4 小时，且每周工作时间累计不超过 24 小时
合同形式要求不同	必须订立书面劳动合同，否则劳动者可以主张双倍工资	比较灵活，可以订立书面劳动合同，也可以订立口头劳动合同
计酬方式及工资支付周期不同	按月支付工资，不得低于当地最低工资标准	按时计酬为主，不得低于当地最低时工资标准，法律规定工资支付周期不得超过 15 日
是否约定试用期不同	可以约定试用期	明文规定不得约定试用期
缴纳社会保险不同	用人单位必须依法为劳动者办理养老、医疗等五险，是强制义务	单位只需为劳动者缴纳工伤保险即可，其他险种由劳动者自行缴纳
劳动合同的解除不同	必须依法解除，并且一般应由用人单位向劳动者支付经济补偿金	任何一方可随时提出终止劳动合同，且用人单位无需向劳动者支付经济补偿金
合同主体要求不同	劳动者一般只能与一个用人单位建立劳动关系	劳动者可以与一个以上用人单位建立劳动关系
是否能适用劳务派遣	可以适用劳务派遣形式	不得适用劳务派遣形式

三、其他形式

在企业 HR 用工管理过程中，除了签订劳动合同的员工、劳务派遣、非全日制以外，还存在实习见习、退休返聘、兼职用工等特殊用工模式。

（一）劳务用工

对于退休人员，由于他/她们积累了丰富的社会经验和工作技能，成为企业特殊用工的另一块阵地。考虑到退休返聘人员已经享受基本养老保险待遇，企业应与其签订劳务用工协议，明确聘用期内的工作内容、劳务报酬、福利待遇等内容。

由于退休返聘人员不具备签订劳动合同的主体资格，因此有关工资、社会保险、年假、经济补偿金等问题就不再适用，而要考虑约定劳务费、福利待遇、提前解除协议的通知期、争议解决方式等问题。

（二）兼职用工

员工有原工作单位，但原工作单位同意员工在外兼职的（例如停薪留职等），企业与这类员工之间建立的关系,称为兼职用工。通常情况下,企业与员工的原工作单位签订借调协议,约定借调期限、借调工作安排、费用支付、社会保险办理、终止借调等内容。实务中,建议关注在借调协议中是否约定了"借调期间工伤责任的承担"问题,因为根据《工伤保险条例》的规定,"职工被借调期间受到工伤事故伤害的,由原用人单位承担工伤保险责任,但原用人单位与借调单位可以约定补偿办法。"

而对于雇员来说,除了与企业另行签订劳务协议,约定劳务工作内容、劳务费、协议期限等事宜之外,更关心的是在原工作单位的工龄是否连续计算、在企业工作期间是否享有带薪年假等,这些问题可以单独约定或在有关协议中加以明确。

(三) 实习与见习用工

实习和见习是针对学生而言的,但两者又有所不同。学生毕业前,在企业提供实习服务,丰富社会阅历的同时获得一定的劳务费,称为实习;而已经毕业但是还没有找到就业岗位的高校毕业生,在企业进行就业见习活动,称为见习。

在签订用工协议时,要关注以下几个问题。

(1) 协议形式:实习用工,应签署《实习协议》,实习期通常到学生取得毕业证和报到证之日终止,之后签署劳动合同;见习用工,则签署《见习协议》,期限一般不超过 12 个月。

(2) 费用报酬:实习期间,由企业支付实习津贴(劳务费)。实习期满,给予实习证明;见习期间,则由见习单位和地方政府提供基本生活补助,见习期间或期满后被见习单位正式录用的,另行签订劳动合同,缴纳社会保险。见习时间可作为工龄计算。

(3) 保险:实习期间,如条件允许,建议购买人身意外保险;见习期间,见习单位无需签订劳动合同和缴纳社会保险,但需为毕业生办理人身意外伤害保险。

(4) 档案管理:实习期间,档案由学校统一管理;见习期间,政府就业服务机构、人才中介将为见习生免费提供人事档案托管服务。

(四) 外包用工

外包用工通常包括岗位外包和业务流程外包,是指企业将一些重复性、零散的非主营业务外包给专业人力资源公司,从而降低企业用工管理成本,提高服务质量。实务中,外包员工与专业人力资源公司签订劳动合同,由人力资源公司选派合适的人选到企业提供现场支持服务。企业支付给人力资源公司一定的管理费用,后续工作(例如选人、用人、管理等)交由人力资源公司跟进。

据不完全统计,上海世博会期间,园区外约有 4500 名员工采取外包形式用工,用于世博轨道交通及巴士的安检工作。在世博场馆的运营和服务方面,由馆方委托人力资源公司采取 BPO(Business Process Outsourcing)的方式聘用工作人员,有 400 余名外包人员服务于 11 个世博馆。对于员工外包的用工模式,在国外已经成为一种较普遍的用工形式,在优化企业人力资源配置、简化企业用工管理流程、降低用工成本等方面起到积极作用。

与劳务派遣用工形式不同的是,对于人力资源公司而言,外包用工模式下承担的是全部雇主责任,而劳务派遣模式下承担的是有限的雇主责任。

根据用工形式的不同,是选择签订劳动合同、聘用合同、劳务协议,还是非全日制合同,需要企业分析清楚,正确选择适用的版本,避免出现签错版本的情况。

案例分析：

2008年8月，陈某与湘潭某学校（以下简称"学校"）通过协商达成口头协议，双方约定陈某从当月起担任湘潭某学校自考部的英语任课教师，按照陈某实际任课课时结算工资，结算标准为：每月64课时以内，按照25元/课时计算；超过64课时的部分，按照15元/课时计算。陈某平时只需按照学校安排的课时表准时到校为学生上课，其他时间不需坐班。经查，被告聘请的任课教师多为同时与两个以上单位存在劳动关系的兼职教师，均按任课课时领取工资。学校为陈某在学校内提供了宿舍，并从原告应领工资中每月扣除30元房租和实际水电费用。

2010年6月17日，学校与陈某谈话，告知陈某下学期学校不再招收自考生，陈某所任教课时将发生变化，陈某要求增加课时，但未获得学校批准。

2010年6月下旬，学校开始放暑假，并通知相关员工于2010年8月15日回校上班。2010年8月21日，陈某因未接到要求其回校上班的通知，主动来校与自考部院长李某协商。双方未能就继续履行劳动合同一事达成协议，陈某提出赔偿要求，遭到学校拒绝。

思考：陈某与学校之间形成的是劳动关系还是劳务关系，是全日制用工还是非全日制用工的劳动关系？

分析：陈某受学校的聘请，担任该校自考部的英语任课教师，双方虽未签订书面的劳动合同，但符合劳动用工的主体资格，陈某受学校的劳动管理，所提供的劳动是学校业务组成部分，学校向陈某发放了工作牌等，结合上述实际情况，可以认定陈某与湘潭某学校之间形成了事实上的劳动关系，而不是劳务关系。

根据《劳动合同法》第六十八条的规定，陈某在湘潭某学校领取报酬的形式系以工作小时计酬，根据其每月64课时计算，平均每周课时为16课时，按每课时1小时左右计算，陈某每周工作时间累计不超过24小时，故双方之间的用工形式符合《劳动合同法》关于非全日制用工的规定。

陈某提出湘潭某学校每月为其缴纳了社会保险和工会会费，扣除了房租、水电费，发放了工作牌，应当认定为全日制用工。但是，上述情形并不违反《劳动合同法》第六十八条的规定，不能否定非全日制用工性质本身。在非全日制用工下，用人单位并无义务为劳动者缴纳除了工伤保险以外的其他社会保险费，但是用人单位额外为劳动者缴纳医疗、养老等社会保险险种的，并不影响双方之间构成非全日制劳动关系。

本章知识点回顾

本章主要介绍了劳动关系的建立、劳动合同的订立、履行、变更、解除和终止的过程，以及特殊用工形式的种类等知识。

复习思考题

一、重点概念

劳动合同的订立　履行　变更　解除　终止　劳务派遣　非全日制用工

二、简答题

1. 劳动关系建立的标准。
2. 劳动合同的特征。
3. 劳动合同订立的内容。
4. 劳动合同履行的原则。
5. 劳动合同变更的原因及效力。
6. 劳动合同解除与终止的区别。
7. 劳务派遣工的权利。
8. 全日制用工和非全日制用工的区别。

三、论述题

企业在非全日制用工的管理方面应注意的问题。

四、案例分析题

1991年1月，张某入职某制药公司，任职期间先后被制药公司安排到下属的多家制药厂工作。2005年5月，制药公司安排张某与某劳务派遣公司签订劳动合同，然后再由该劳务派遣公司将其派遣回制药公司工作，但是张某的工作地点、工作岗位和工作内容等未发生变化。2011年5月31日，劳务派遣公司以劳动合同期满为由终止劳动合同，制药公司也不让张某再继续上班。此前，张某已向劳务派遣公司提出要求签订无固定期限劳动合同。

思考：用人单位可以不签无固定期限劳动合同吗？

五、实践练习

为公司人力部门拟定一份解除劳动合同通知书。

解除劳动合同通知书

（员工工号：＿＿＿＿＿＿）：

你与AA公司于＿＿＿＿年＿＿月＿＿日签订/续订的劳动合同，因下列第＿＿＿＿项原因，根据《AA公司劳动合同制实施办法》第＿＿＿＿条第＿＿＿＿款的规定，决定从＿＿＿＿年＿＿月＿＿日起解除劳动合同。

1. 员工患病或者非因工负伤，医疗期满后，不能从事原工作也不能从事由用人单位另行安排的工作。
2. 员工患病或者非因工负伤超过规定医疗期仍不能上班工作。
3. 员工不能胜任工作，经过培训或调整工作岗位仍不能胜任工作。
4. 劳动合同订立时所依据的客观情况发生重大变化，致使原劳动合同无法履行，经当事人协商不能就变更劳动合同达成协议。
5. 员工连续待聘满六个月。
6. 经济补偿为＿＿＿＿元，医疗补助费为＿＿＿＿元。

请你于劳动合同解除之日前一周内到所在单位劳动人事部门办理劳动合同解除手续，逾期不办理手续者责任自负。

特此通知

AA公司
年 月 日

第三章 集体合同管理

学习目标

通过本章的学习，了解集体协商的含义及特征；明确集体合同的特征和内容；掌握集体合同签订程序和法律效力；熟知集体合同争议处理程序。

引导案例

王某与某企业签订了为期三年的劳动合同，合同履行期间，企业工会与企业经协商签订了集体合同，2009年8月，在该企业刚刚结束试用期的王某发现，自己劳动合同中劳动报酬的标准低于集体合同规定的标准，也低于当地人民政府规定的最低工资标准。

思考：该企业确定的王某劳动报酬标准符合法律规定吗？

分析：王某劳动报酬标准违反了法律规定。《劳动法》第三十五条规定："依法签订的集体合同对企业和企业全体职工具有约束力；职工个人与企业订立的劳动合同中劳动条件和劳动报酬等标准不得低于集体合同规定。"《劳动法》第四十八条规定："国家实行最低工资保障制度。最低工资的具体标准由省、自治区、直辖市人民政府规定，报国务院备案。用人单位支付劳动者的工资不得低于当地最低工资标准。"《劳动合同法》第五十五条更是明确规定："集体合同中劳动报酬和劳动条件等标准不得低于当地人民政府规定的最低标准；用人单位与劳动者订立的劳动合同中劳动报酬和劳动条件等标准不得低于集体合同规定的标准。"根据以上规定，当劳动合同的内容与集体合同的内容不一致时，劳动合同中有关劳动条件和劳动报酬等标准不得低于集体合同的规定，如低于集体合同规定的，适用集体合同标准，即按集体合同标准处理。王某劳动报酬标准也不能低于当地人民政府规定的最低工资标准。

第一节 集体协商制度

一、集体协商的含义和特征

（一）集体协商的含义

集体协商是集体合同制度的一个重要的组成部分。所谓集体协商也被称作集体谈判，就是用人单位工会或职工代表与用人单位代表按照法律规定的程序和原则就劳动报酬、工作时间、保险福利、休息休假、劳动安全卫生、职业培训等劳动标准而进行商谈的活动。1994年12月劳动部颁布的《集体合同规定》第七条规定:"集体协商是指企业工会或职工代表与相应的企业代表,为签订集体合同进行商谈的行为。"

集体协商是签订集体合同的前提条件。在我国,集体协商适用于企业和实行企业化管理的事业单位与其工会或职工而进行的集体协商。目前正在大力推行区域性集体合同,区域性集体合同是指由区域性的工会组织代表这个区域的员工与该区域性的用人单位进行集体协商而签订的集体合同。

集体协商机制是工会维护职工合法权益的主要手段和制度,也是市场经济国家工会的通行作法。集体协商制度是西方市场经济国家处理劳动争议的一种主要方式,是通行的国际惯例。在中国,虽然1992年4月3日施行的《工会法》第十八条(工会可以代表职工与企业、事业单位行政方面签订集体合同。集体合同草案应当提交职工代表大会或者全体职工讨论通过)及1995年1月1日施行的《劳动法》第三十三条(企业职工一方与企业可以就劳动报酬、工作时间、休息休假、劳动安全卫生、保险福利等事项,签订集体合同。集体合同草案应当提交职工代表大会或者全体职工讨论通过。集体合同由工会代表职工与企业签订;没有建立工会的企业,由职工推举的代表与企业签订)对于集体协商、集体合同作出相应的规定,但是,出于如下几种原因:一是当时的就业环境、经济环境下,企业始终处于强势地位,劳动力供大于求,劳动者缺乏自我维权意识,因害怕失去工作不敢向企业提出要求;二是工会体制、经费来源长期依附于企业,缺乏独立性,难以代表劳动者利益要求与企业与企业平等协商;三是法律规定过于原则,缺乏操作性,劳动者、工会不知如何着手要求企业协商,劳动部门也不能作出有益的指导,因此,集体协商制度长期被指责为"一纸空文"。

直至21世纪初期,原劳动部陆续通过实施《工资集体协商试行办法》(2000)、《集体合同规定》(2004),集体协商制度在中国的发展才进入快车道。当然,这些规定及集体协商制度,也是伴随着中国的经济发展、劳动者维权意识加强而急需推广的。正是有这些规定的出台,才引起了全社会对集体协商制度的重视。2011年,全国总工会出台《中华全国总工会2011—2013年深入推进工资集体协商工作规划》(以下简称《规划》)。根据《规划》提出的目标,全国工会将从2011年起,用3年时间,全面推进企业建立工资集体协商制度,努力实现2011年年底全国已建工会组织的企业工资集体协商建制率达到60%,2012年年底实现已建工会组织的企业工资集体协商建制率达到70%,2013年年底已建工会组织的企业工资集体协商建制率达到80%,其中世界500强在华企业全部建立工资集体协商制度的目标。

(二) 集体协商的特征

(1) 集体协商代表的身份和人数对等。集体协商代表是用人单位工会或全体职工代表和用人单位,双方人数对等,并且各派一名首席代表。我国有关法律对集体协商代表的产生、职责作了明确规定。集体协商代表每方为3~10名,双方人数对等,并各确定一名首席代表。双方另行指定一名记录员。用人单位代表由用人单位行政指派。职工代表,已建立工会的用人单位由工会组织派出代表;未建立工会的用人单位由职工民主推举代表,并须得到半数以上职工的同意。

(2) 集体协商双方代表的法律地位平等。

(3) 集体协商是公开、平等协商。《劳动法》第八条规定："劳动者依照法律规定,通过职工大会、职工代表大会或者其他形式,参与民主管理或者就保护劳动者合法权益与用人单位进行平等协商。"

(4) 集体协商是和平协商。任何一方不得有过激行为,双方应遵循合作原则。

(5) 集体协商是在法律、法规规定的范围内协商。在集体协商过程中,任何一方都不得以闭厂、罢工等手段要挟对方,不得损害国家、社会、集体的利益和其他公民合法的自由和权利。

二、集体协商的意义

(一) 集体协商是维护劳动者合法权益的不可缺少的重要手段

集体协商不是通过对抗而是通过双方对话并在取得一致意见的基础上来解决问题。集体协商制度的建立,可以使劳动者个人意志通过劳动者团体表现出来,由团体代表劳动者个人交涉劳动过程中的事宜,这有助于克服个别劳动关系的内在不平衡,增强劳动者一方的力量,有效地促使双方互相让步、达成妥协、签订协议,降低诸如怠工、辞职等冲突产生的副作用。

(二) 集体协商是实现劳动关系协调的必要手段

建立集体协商制度,能强化和规范企业的管理,把企业的劳动关系调整纳入法制化的轨道,调处劳动关系,充分维护劳资双方的合法权益,从源头上扼制劳资纠纷,从而促进企业经济的繁荣、发展,构建社会的和谐稳定。

(三) 集体协商可以弥补劳动立法和劳动合同之不足

由于立法的局限性,国家的劳动法律、法规只能规定合法的劳动条件和劳动标准,而不能根据每个用人单位的实际情况规定合理的劳动条件和劳动标准,因此需要集体合同确定合理的劳动条件和劳动标准;劳动者和用人单位在签订劳动合同时,由于双方经济地位和力量的不平等,难以实现真正的平等,而集体合同正介于国家劳动立法与劳动合同二者之间的规范,使劳动者借助于团体的力量,通过与企业协商,达成有利于劳动者的协议,既能规定合理的劳动条件,又通过签订集体合同改变个别劳动合同中的不平等内容,因此集体合同的效力高于劳动合同的效力。集体合同的内容不得低于国家规定的劳动条件和劳动标准,不得违背国家法律、法规的有关规定,同时劳动合同规定的劳动条件和劳动标准不得低于集体合同的规定。

因此,在市场经济条件下,集体协商的地位和作用是不可取代的,是劳动者通过其团体组织有效地维护自己合法劳动权益的一种手段,也是协调企业和职工利益关系、稳定劳动关系的重要手段。

三、集体协商的形式和内容

(一) 集体协商的形式

为了维护集体合同内容的客观妥当性,各国大致采用两种集体协商形式,即团体协商与劳动基准法定。

(1) 团体协商。团体协商亦称劳动条件的集体形成,指劳动条件由工会与雇主采取自治方式,通过协商签订集体协议,政府不加干预。这一机制的运作,有赖于工会成为强有力的协商主体,否则将难以形成对等的谈判地位。因为工会面对谈判对手,是以法人形态出现的公司、财团、跨国公司等资本集团,如果工会没有谈判力量,就不可能形成同等实力的团体对团体的协商机制。

(2) 劳动基准法定。另一项维护集体合同内容客观妥当性的机制,则是"劳动基准法定",是指国家以立法形式对工资、工时、休息等劳动条件和劳动基准做出明确规定。

劳资双方通过团体协约形成劳动条件,也不是完全自由放任的,仍要受国家法律的限制和约束。因为如果资方力量过强则可能引起劳动条件偏低,反之,如果劳方势力过盛则会引起劳动条件偏高,可能影响经济发展,甚至影响国家的竞争力。因此,世界各国为维持劳动契约当事人的自由和合法权益,往往通过法定劳动基准规定劳动条件的上限或下限,如最低工资、最高工时,在法律规定的幅度内由当事人进行自由协商。

(二) 集体协商的内容

集体协商双方可以就下列多项或某项内容进行集体协商,签订集体合同或专项集体合同。

(1) 劳动报酬。主要包括:用人单位工资水平、工资分配制度、工资标准和工资分配形式;工资支付办法;加班、加点工资及津贴、补贴标准和奖金分配办法;工资调整办法;试用期及病假、事假等期间的工资待遇;特殊情况下职工工资(生活费)支付办法;其他劳动报酬分配办法。

(2) 工作时间。主要包括:工时制度;加班加点办法;特殊工种的工作时间;劳动定额标准。

(3) 休息休假。主要包括:日休息时间、周休息日安排、年休假办法;不能实行标准工时职工的休息休假;其他假期。

(4) 劳动安全与卫生。主要包括:劳动安全卫生责任制;劳动条件和安全技术措施;安全操作规程;劳保用品发放标准;定期健康检查和职业健康体检。

(5) 补充保险和福利。主要包括:补充保险的种类、范围;基本福利制度和福利设施;医疗期延长及其待遇;职工亲属福利制度。

(6) 女职工和未成年工特殊保护。主要包括:女职工和未成年工禁忌从事的劳动;女职工的经期、孕期、产期和哺乳期的劳动保护;女职工、未成年工定期健康检查;未成年工的使用和登记制度。

(7) 职业技能培训。主要包括:职业技能培训项目规划及年度计划;职业技能培训费用的提取和使用;保障和改善职业技能培训的措施。

(8) 劳动合同管理。主要包括:劳动合同签订时间;确定劳动合同期限的条件;劳动合同变更、解除、续订的一般原则及无固定期限劳动合同的终止条件;试用期的条件和期限。

(9) 奖惩。主要包括:劳动纪律;考核奖惩制度;奖惩程序。

(10) 裁员。主要包括:裁员的方案;裁员的程序;裁员的实施办法和补偿标准。

(11) 双方认为应当协商的其他内容。例如,集体合同期限;变更、解除集体合同的程序;履行集体合同发生争议时的协商处理办法;违反集体合同的责任。

第二节 集体合同制度

一、集体合同的产生与发展

19世纪中叶,工人要求改善劳动条件的罢工斗争日益强烈,资本家为避免罢工损失,不得不与工人组织谈判,同意签订集体合同。从此,签订集体合同的范围逐渐扩大。但它并不具有法律效力,法院也不受理集体合同案件。到20世纪初,经过工人阶级的斗争,资本主义国家的政府才被迫承认集体合同的法律效力,并颁布了关于签订集体合同的法律。德国在1918年发布了《劳动协约、劳动者及使用人委员会暨劳动争议调停令》,并于1921年颁布了《劳动协约法(草案)》。法国于1919年颁布了《劳动协约法》后,又将其编入《劳动法典》。1935年美国公布了《国家劳工关系法》(《瓦格纳法》),承认了集体合同的法律效力。20世纪60年代以来,集体合同内容普遍扩大,除过去规定的工作时间、工资标准和劳动保护等项内容外,还规定了录用、调动和辞退职工的程序、技术培训、休假期限、辞退补助金、养老金和抚恤金的支付条件以及工人组织的权利和工人参加企业管理办法等项内容。但有些国家还没有关于休假待遇、病假待遇、怀孕和分娩待遇的立法,甚至没有关于劳动时间和职工休假的立法,工人的劳动条件也缺少保障。

苏联于1918年7月2日颁布的第一个集体合同法令是《确定工资定额(工资率)和劳动条件的集体合同批准程序》。1922年《俄罗斯联邦劳动法典》第四章,1970年《苏联和各加盟共和国劳动立法纲要》第二章,都对集体合同作了专门规定。在苏联,签订或修订集体合同按法律规定程序进行。合同期限一般为一年。企业行政、工会依靠职工群众定期检查合同执行情况。企业行政违反集体合同的,负经济责任、行政责任或刑事责任;职工个人违反集体合同的,亦要追究其责任。在东欧国家,如保加利亚(1951)、匈牙利(1967)、罗马尼亚(1972)、南斯拉夫(1976)等国所颁布的劳动法典中,都有关于集体合同制度的条款。

中国的集体合同早在新民主主义革命时期,中国共产党通过中国劳动组合书记部于1922年拟定的《劳动法案大纲》,就提出了"劳动者有缔结团体契约权"的斗争纲领。国民党政府于1930年公布《团体协约法》,承认雇主或雇主团体与工人团体有缔结团体协约的权利,但为了反对工人斗争,又规定"团体协约当事团体对其团员有使其不为一切斗争,并使其不违反团体协约规定的义务"。中华人民共和国成立后,党和国家十分重视运用法律手段推行集体合同制度。在《中国人民政治协商会议共同纲领》、《中华全国总工会关于私营工商企业劳资双方订立集体合同的暂行办法》和《中华人民共和国工会法》等文件中规定,在私营企业(或同行业)中,工会有权代表工人、职员与资本家签订劳资集体合同,以发挥职工劳动热忱或资方经营生产的积极性。在一些国营、公营和合作社经营的企业中,也曾一度实行集体合同制。但它和私营企业的集体合同性质根本不同,集体合同由工会代表工人、职员与企业行政缔结。其主要内容是:合同期间总的生产任务;在生产上行政与工会双方应保证的事项;生产定额、工资制度和奖励处分办法;工作时间和假期,改善工人和职员的物质文化生活设施的具体计划等。集体合同制度曾在新中国成立之初的劳动关系调整中占据重要地位。

改革开放初期实施的集体合同制度主要还是以体现生产和福利两大内容的共保合同为

主要形式。这一时期也有少数合资企业开始签订与共保合同完全不同的集体合同。这些企业中劳动者与管理方之间雇主与雇员的身份是基本清晰的,集体合同的主要内容是约定劳动者的劳动条件标准,尽管也存在员工方代表的身份资格问题的讨论,但可以认为所签订的集体合同具有符合市场经济一般要求的较规范的集体合同。1988年公布的《全民所有制工业企业职工代表大会条例》第九条规定:"职工代表大会上,可以由厂长代表行政、工会主席代表职工签订集体合同或共同协议,为企业发展的共同目标,互相承担义务,保证贯彻执行。"这是我国改革开放以来,在新的历史发展时期第一个有关集体合同的法律规定,这对我国在企业恢复和发展集体合同制度产生了一定的积极影响。1988年6月国务院发布的《私营企业暂行条例》以及1992年4月制定和2001年修订的《工会法》,都明确规定工会有权代表职工同企业签订集体合同。1994年7月颁布的《劳动法》,十分注重集体合同,以国家基本法的形式对建立集体合同制度作了明确的规定,为集体合同制度在我国不断发展完善提供了法律依据和保障。

二、集体合同的概念和基本特征

(一)集体合同的概念

国际上对集体合同的一般解释是集体合同又称团体协约、集体协议等,是工会代表劳动者与雇主及雇主团体之间以规范劳动关系为目的而订立的一种协议。1951年国际劳工大会通过的91号建议书,即《集体合同建议书》指出:"集体合同是指由一个或几个雇主或其组织为一方与一个或几个工人的代表组织(不存在这种组织的,应由通过按照国家法律或法规由工人正常选举产生或认可的工人代表)为另一方达成的涉及工作条件和就业条件的任何书面协议。"

我国《劳动法》对集体合同作出了规定。集体合同是对职工与企业双方在劳动过程中的权利和义务等劳动关系的各方面作出规定,并作为行为追责。《集体合同规定》第三条规定:"集体合同,是指用人单位与本单位职工根据法律、法规、规章的规定,就劳动报酬、工作时间、休息休假、劳动安全卫生、职业培训、保险福利等事项,通过集体协商签订的书面协议;所称专项集体合同,是指用人单位与本单位职工根据法律、法规、规章的规定,就集体协商的某项内容签订的专项书面协议。"

(二)集体合同的基本特征

集体合同作为合同的一种,具有一般合同的共同特征,即必须是合法的法律行为,当事人的法律地位平等,充分表达自己的真实意思,在自愿的基础上确定双方的权利和义务等。除此以外,集体合同还具有其自身特征。

1. 集体合同主体的特定性

签订集体合同具有特定的主体,许多国家规定其中至少有一方是由多数劳动者组成的团体即工会。当事人的特定性是集体合同区别于其他合同的重要特征之一。

根据我国《劳动法》的规定,企业和职工是签订集体合同的主体,企业由企业法定代表人或其委派的人员为代表,职工由本企业工会为代表。

2. 集体合同双方的平等性

平等协商是签订集体合同的法定程序，集体合同是协商一致的结果。双方的当事人在平等协商中，地位是完全平等的，协议必须是在双方平等合作意见一致的基础上形成的，因而签订集体合同必须坚持平等合作和协商一致的原则。

3. 集体合同内容的广泛性

集体合同的内容涉及劳动关系的各个方面，有些是对劳动法律、法规的量化和具体化，有些是在符合劳动法律、法规的前提下作出的补充规定。因而其内容复杂，范围广泛。

4. 集体合同形式的规范性

签订集体合同必须经过一定的法定程序。集体合同作为要式合同必须依法以书面形式订立。世界上大部分国家规定集体合同以书面的形式签订，但也有个别国家允许以口头协议方式订立集体合同。为了体现集体合同的规范性，便于政府职能部门登记、审查备案、管理以及处理集体合同争议，我国《集体合同规定》中明确规定集体合同应以书面形式订立，订立后还须经过签字、登记、备案等手续。

5. 集体合同履行义务的特殊性

集体合同不同于一般的劳动合同。集体合同规定企业承担的义务都具有法律性质，企业不履行义务，就要负法律责任和经济责任。而企业工会所承担的有关劳动竞赛、合理化建议、职工技术培训、职工思想教育等各项义务具有道义、政治和社会的性质。因此，工会如不履行集体合同规定的义务，要负道义的责任、政治的责任，一般不负法律责任和经济责任。

三、集体合同的作用

集体合同作为一种劳动法律制度，是商品经济发展的产物，是劳动者经过近百年斗争而获得的一项重要的集体人权，是劳动者改善自身生活和劳动条件的保障。在我国，集体合同是劳动者民主参与的权利，是调整劳动关系，保护劳动者的合法权益，促进社会稳定的有效手段。

（一）推行集体合同制度，是协调社会主义市场经济条件下劳动关系的有效机制

在建立社会主义市场经济体制过程中，我国的劳动关系发生了很大的变化，各种利益矛盾增多，这类矛盾只靠以往的行政手段是难以调节的。集体合同制度正是适应市场经济发展的新要求，为调整劳动关系而建立的劳动法律制度。它的有效推行和完善，对建立和谐的劳动关系，促进企业改革和发展，将会发挥越来越重要的作用。推行集体合同，可以使大量的矛盾及时发现和妥善处理，避免矛盾激化。尤其是当企业劳动关系出现矛盾冲突时，可以将职工与企业之间自发的、无序的冲突，变为有序的依法协商和协商行为，以保持企业稳定，促进社会的稳定。

（二）推行集体合同制度，是维护职工合法权益的重要手段

一些企业，特别是外商投资企业和私营企业，侵犯职工合法权益的问题比较严重，劳动关系紧张，劳动争议频繁。集体合同协商的平等性和内容的广泛性使广大职工的愿望得到充分的表达，切身利益得到最大限度的保障。运用平等协商、签订集体合同的权利和方法，有利于从总体上保障职工主人翁地位，维护职工合法权益。

（三）推行集体合同制度，是建立企业利益共同体，增强企业活力和凝聚力的新途径

市场竞争是企业发展的外部动力，经营者与劳动者的积极性是增强企业活力的内部源泉。推行集体合同，有利于把职工的切身利益与企业经营状况紧密结合起来，调动职工积极性，提高企业经济效益；有利于为职工办实事好事，化解矛盾，减少冲突，稳定职工队伍，增强企业的凝聚力；有利于体现职工在企业中的主人翁地位，增强企业经营者的民主意识，促进民主管理；有利于体现工会代表职工的身份，突出工会的维护职能。

（四）推行集体合同制度，是现代管理的发展趋势

劳动关系的和谐稳定，是现代企业的一个重要标志。在西方发达国家，由工人与雇主之间通过集体谈判达成集体协议，运用契约来约束双方的行为，保持劳动关系稳定，已成为广泛采用的方法。我国是社会主义国家，职工与企业的劳动关系同资本主义国家的劳动关系有着本质的区别，职工的政治地位和合法权益更应受到国家的保护。推行集体合同制度，正是适应了建立社会主义企业劳动关系的需要。同时有利于增强企业经营者和全体职工的法制观念，依法治厂，加强管理，从而提高企业的经营管理水平，推进现代企业制度的建立。

（五）推行集体合同制度，有利于工会组织职工参与管理，发挥工会作用

推动集体合同签订和履行的过程，也就是工会直接参与企业管理活动的过程，工会以签订集体合同为契机，认真贯彻实施劳动法，可以推动工会的各项工作，更好地保护职工的合法权益，在改革、发展、稳定中发挥社会调节作用和民主渠道作用，进一步充实工会民主参与的内容，从而把工会工作与履行集体合同的具体义务更好地结合起来，有利于提高工会在职工中的威信，更好地发挥工会的作用。

（六）推行集体合同制度，有利于弥补劳动法规的不足，健全劳动法制

目前，我国虽然已经制定了一些劳动法规，但还是不够健全，还有无法可依、无章可循的现象。集体合同中有些内容是劳动法规的具体化，有些是在符合劳动法规的前提下作出的补充规定。这些内容为企业调整劳动关系提供了具体依据，同时也弥补了劳动法规的不足，加强了劳动法制的建设。

四、集体合同的内容

（一）集体合同内容的基本要求

集体合同的内容是指在集体合同中需要明确规定的双方当事人的权利和义务条款及必须明确的其他问题。主要包括三部分：第一，劳动标准条件规范部分，这是集体合同的核心内容，对个人劳动合同起制约作用；第二，过渡性规定，主要包括因集体合同履行发生纠纷的解决措施等；第三，集体合同本身的一般性规定，包括集体合同的有效期限、变更、解除的条件等。

我国《劳动法》第三十三条、《集体合同规定》第六条规定，集体合同具体内容包括以下方

面：①劳动报酬；②工作时间；③休息休假；④劳动安全与卫生；⑤补充保险和福利；⑥女职工和未成年工特殊保护；⑦职业技能培训；⑧劳动合同管理；⑨奖惩；⑩裁员；⑪集体合同期限；⑫变更、解除集体合同的程序；⑬履行集体合同发生争议时的协商处理办法；⑭违反集体合同的责任；⑮双方认为应当协商的其他内容。在我国公有制企业中，因集体合同双方当事人之间没有根本的利益冲突，企业经营者与职工及其代表者工会同样关心企业生产的发展，关心在发展生产的基础上改善职工的劳动条件和物质文化生活条件，因此，在一些公有制企业签订的集体合同中，还可以包括双方确认的经济发展指标和社会发展要求等共同目标，以便让职工了解企业年度主要任务，以主人翁态度完成或超额完成生产任务，它反映了具有中国特色的集体合同制度的优越性。以上所列，是指综合性集体合同所包括的主要内容，专门性集体合同如工资专项协议、女职工特殊保护协议、劳动安全卫生保护协议则不在此列。各个企业在确定集体合同内容时，可根据本企业实际情况予以详略。

（二）集体合同规定的当事人之间的义务关系

集体合同的全部义务可以分为四类：一是企业经营者与职工及其代表者工会共同承担的一般义务，如挖掘企业活力源泉，开展合理化建议活动，技术革新和技术协作活动，组织动员职工以主人翁态度对待劳动，提高经济效益和工作效率，完成企业生产经营计划等。二是企业经营者承担的义务，如根据劳动生产率的增长提高工资水平，制定有关组织和技术措施，改善职工的劳动条件和生活条件等。三是工会承担的义务，如对职工进行思想文化教育，组织评选、表彰劳动模范和先进生产者，检查合理化建议在生产中的运用情况等。四是职工承担的义务，如服从企业的生产经营指挥权威，遵守劳动纪律，完成本职工作任务等。企业承担的义务，其性质反映的是工会作为职工代表者所起的作用，这种代表者的使命，主要是调动职工的积极性，组织职工对企业管理机构的各个环节实行自上而下的监督，关心职工的物质文化生活等。因此，企业工会承担的义务具有政治和道义性，而履行这些义务的保证，是职工的觉悟程度和纪律约束以及社会舆论的力量。

（三）确定集体合同内容应注意的问题

（1）集体合同的内容应全面、具体。一份综合性的集体合同应包括劳动关系各方面，而且要提出具体目标，这样才便于履行和检查。

（2）集体合同的内容要中心明确，重点突出。集体合同主要规定劳动关系各方面的大事，要求内容全面但不能事无巨细、过于繁杂。

（3）集体合同内容的确定要从全局出发，处理好国家、企业和职工三者的利益关系，对劳动标准要从实际出发，不能片面强调一方的利益，不能提出和确定过高的要求。

签订集体合同的主要目的在于从整体上维护职工的合法权益，协调劳动关系。因此，集体合同的内容，主要侧重于规定企业的义务和履行义务所采取的具体组织、技术措施。集体合同内容中所规定的企业劳动标准，不得低于劳动法律、法规和当地政府规定的最低标准。

五、集体合同的种类

按照不同的划分标准，集体合同可以分为许多种类。集体合同种类的多少，与集体合同在这个国家的适用范围、内容、形式等有直接关系。目前，世界各国的集体合同，大体可以从以下几个标准作不同分类。

（一）按集体合同的主体范围分类

(1) 企业集体合同。即由企业工会代表劳动者与企业之间签订的集体合同。

(2) 产业集体合同。即各产业工会代表劳动者与相应产业的雇主团体或产业主管部门之间签订的集体合同。

(3) 行业集体合同。即由行业工会联合会代表劳动者与相应的雇主团体之间签订的集体合同。

（二）按集体合同的内容分类

(1) 单项集体合同（或叫单项劳动协议）。集体合同仅约定工资或劳动条件中的某一个标准，如工资集体合同、工时集体合同等。

(2) 一揽子集体合同。集体合同约定工资和劳动条件等全部标准，其内容涉及劳动关系的各个方面。

(3) 专门集体合同。集体合同约定某一特殊劳动群体的劳动标准，如女职工劳动保护集体合同等。

（三）按集体合同的形式分类

(1) 要式集体合同。即依照法律规定为书面形式的集体合同。

(2) 不要式集体合同。即不按法律规定的形式签订的集体合同。不要式集体合同多见于所谓"契约自由"盛行的自由资本主义初期。

（四）按集体合同的适用地域范围分类

(1) 总括性集体合同，又叫总集体合同。即由各产业工会中央机关与相应的产业部门之间签订的集体合同。

(2) 局部性集体合同，又叫地方性集体合同。即由地方产业工会与相应的地方国民经济管理部门签订的集体合同。

（五）按集体合同内容的疏细分类

(1) 纲领性集体合同。即内容只是个大纲，必须由实施细则予以补充的集体合同。

(2) 特别性集体合同。纲领性集体合同签订以后，在一定地域或产业范围内，签订一些内容具体、详细、时间性强、适用于小范围的集体合同，这种集体合同对于纲领性集体合同成为特别性集体合同。

我国《劳动合同法》第五十一条第一款规定："企业职工一方与用人单位通过平等协商，可以就劳动报酬、工作时间、休息休假、劳动安全卫生、保险福利等事项订立集体合同。集体合同草案应当提交职工代表大会或者全体职工讨论通过。"第五十二条规定："企业职工一方与用人单位可以订立劳动安全卫生、女职工权益保护、工资调整机制等专项集体合同。"第五十三条规定："在县级以下区域内，建筑业、采矿业、餐饮服务业等行业可以由工会与企业方面代表订立行业性集体合同，或者订立区域性集体合同。"因此，在我国集体合同按主体范围分类有：企业集体合同、行业性集体合同和区域性集体合同；按集体合同的内容分类有：一揽子单项、集体合同和专门集体合同；在我国订立的都是书面形式的集体合同即要式集体合同。

六、集体合同的签订

（一）签订集体合同的当事人

一般而言，签订集体合同的当事人应当是劳动者和用人单位的双方代表。在这里，劳动者的代表可以是企业工会、行业工会、区域性工会，甚至是全国的工会组织。在没有工会组织的情况下，可以是由有关劳动者根据国家法律或条例正式选举出并委任的代表。用人单位的代表则是指企业或行业性、区域性甚至全国性的企业组织。

我国《劳动法》第三十三条规定："企业职工一方与企业可以就劳动报酬、工作时间、休息休假、劳动安全卫生、保险福利等事项，签订集体合同。集体合同草案应当提交职工代表大会或者全体职工讨论通过。"根据此规定，我国签订集体合同的当事人，在已建立工会组织的企业中，一方是代表职工的工会，另一方则是企业；在尚未建立工会组织的企业，一方是职工推举的代表，另一方是企业。

（二）签订集体合同的原则

签订集体合同必须遵循以下原则。

（1）遵守法律、法规、规章及国家有关规定的原则。订立集体合同是一种法律行为，必须遵守国家的法律、法规、规章及国家有关规定，主要包括订立程序和合同内容合法两个方面。集体合同订立程序合法，是指当事人双方在集体合同平等协商、签字、登记等各个环节上，符合法律有关规定。集体合同内容合法，是指集体合同的各项条款，必须符合我国法律、法规的有关规定。订立集体合同只有遵守法律、法规、规章及国家有关规定，才能得到国家的认可，集体合同才具有法律效力。

（2）相互尊重，平等协商原则。集体合同当事人，不论是公有制企业还是外商投资企业、股份制企业、私营企业，在签订集体合同的过程中，都处于平等的地位，而不存在隶属关系，应当相互尊重。集体合同是当事人双方意思表示一致而达成的协议。协商是我国协调劳动关系的重要方式，也是签订集体合同的基础。当协商不能取得一致意见时，应申请当地政府组织有关各方协调处理。

（3）诚实守信，公平合作原则。诚实守信是市场经济的基本准则和行为规范，也是集体合同订立的基础，履约的保证。集体合同当事人双方所承担的义务，不论是企业的义务，还是工会及全体职工的义务，都表现为对等、公平合作原则，即一方在从对方履行义务中得到利益的同时，必须履行合同规定的义务。

（4）兼顾双方合法权益原则。集体合同在协商过程中，要兼顾双方合法权益，公正地解决分歧问题，促使协议的达成，维护当事人双方的合法权益。

（5）不得采取过激行为原则。在社会主义国家，劳动关系双方是矛盾的对立统一体，具有根本利益的高度一致性和具体利益的相对差异性。从宏观讲，集体合同双方当事人的根本利益是一致的，所以不允许采取过激行为。

（三）签订集体合同的程序

1. 拟定集体合同草案

一般情况下，各个企业应当成立集体合同起草委员会或者起草小组，主持起草集体合同。起草委员会或者起草小组由企业行政和工会各派代表若干人参加，起草委员会或者起草小组应当深入进行调查研究，广泛征求各方面的意见和要求，提出集体合同的初步草案。

2. 集体协商

集体协商是签订集体合同的法定程序，签订集体合同必须经过集体协商。但有时，集体协商并不是为了签订集体合同，而只是为了解决某些具体问题。推行集体合同的目的是为了建立起定期或不定期的集体协商机制。

第一，协商代表的产生和构成。

（1）集体协商双方的代表人数应当对等，每方至少3人，并各确定1名首席代表。

（2）职工一方的协商代表由本单位工会选派。未建立工会的，由本单位职工民主推荐，并经本单位半数以上职工同意。职工一方的首席代表由本单位工会主席担任。工会主席可以书面委托其他协商代表代理首席代表。未建立工会的，职工一方的首席代表从协商代表中民主推举产生。用人单位一方的协商代表，由用人单位法定代表人指派，首席代表由单位法定代表人担任或由其书面委托的其他管理人员担任。

（3）协商代表履行职责的期限由被代表方确定。

（4）集体协商双方首席代表可以书面委托本单位以外的专业人员作为本方协商代表。委托人数不得超过本方代表的1/3。首席代表不得由非本单位人员代理。

（5）用人单位协商代表与职工协商代表不得相互兼任。

（6）协商代表因更换、辞任或遇有不可抗力等情形造成空缺的，应在空缺之日起15日内按照规定产生新的代表。

第二，协商代表应履行的职责。

（1）参加集体协商。

（2）接受本方人员质询，及时向本方人员公布协商情况并征求意见。

（3）提供与集体协商有关的情况和资料。

（4）代表本方参加集体协商争议的处理。

（5）监督集体合同或专项集体合同的履行。

（6）法律、法规和规章规定的其他职责。

第三，对协商代表的保护。

（1）企业一方不得以任何借口，对工会干部和职工协商代表进行打击报复。

（2）职工协商代表的劳动合同期满，但其作为协商代表参与的集体合同期限未满的，企业应与其续订劳动合同，续订劳动合同的期限应不少于集体合同期满之日。协商代表的任期与集体合同期限相同。

（3）职工一方协商代表履行协商代表职责期间，用人单位无正当理由不得调整其工作岗位。

（4）职工一方协商代表就《集体合同规定》中第二十七条、第二十八条的规定与用人单位发生争执的，可以向当地劳动争议仲裁委员会申请仲裁。

集体合同的签订应建立在集体协商的基础上,由企业工会(未建立工会的由职工民主推举的代表或上级工会组织委派代表)代表职工一方与用人单位指派的代表,就劳动条件、劳动报酬、福利待遇等进行协商,达成一致后形成集体合同草案。集体协商的内容、时间、地点应由双方共同商定。在不违反有关保密规定和不涉及企业商业秘密的前提下,协商双方有义务向对方提供与集体协商有关的情况或资料。

集体合同的期限为一至三年,在集体合同规定的期限内,双方代表可对集体合同履行情况进行检查。由于签订集体合同的环境和条件发生变化,致使集体合同难以履行时,集体合同任何一方均可提出变更或解除集体合同的要求。一方提出变更或修订或解除集体合同时,另一方应给予答复,并在七天内双方进行协商。

3. 审议

将集体合同草案文本提交职工大会或职工代表大会审议。职工大会或职工代表大会审议集体合同审核工作流程时,由企业经营者和工会主席分别就协议草案的产生过程、依据及涉及的主要内容作说明,然后由职工大会或职工代表大会对协议草案文本进行讨论,作出审议决定。《集体合同规定》第三十六条规定:"经双方协商代表协商一致的集体合同草案或专项集体合同草案应当提交职工代表大会或者全体职工讨论。职工代表大会或者全体职工讨论集体合同草案或专项集体合同草案,应当有 2/3 以上职工代表或者职工出席,且须经全体职工代表半数以上或者全体职工半数以上同意,集体合同草案或专项集体合同草案方获通过。"

4. 签字

集体合同草案经职工代表大会或者职工大会通过后,由集体协商双方首席代表签字、盖章。

5. 登记备案

集体合同签订后,应当自双方首席代表签字之日起 10 日内,将集体合同的文本及其各部分附件一式三份报送劳动保障行政部门登记、审查备案。劳动行政部门有审查集体合同内容是否合法的责任,如果发现集体合同中的项目与条款有违法、失实等情况,可不予登记或暂缓登记,发回企业对集体合同进行修正。如果劳动行政部门在收到集体合同文本之日起 15 日内没有提出意见,集体合同就发生法律效力。企业行政、工会组织和职工个人均应切实履行。

6. 公布

集体合同一经生效,企业应及时向全体职工公布。

七、集体合同的法律效力

集体合同的法律效力是指集体合同的法律约束力。《劳动法》第三十五条规定:"依法签订的集体合同对企业和企业全体职工具有约束力。职工个人与企业订立的劳动合同中劳动条件和劳动报酬等标准不得低于集体合同的规定。"《劳动合同法》第五十四条第二款规定:"依法订立的集体合同对用人单位和劳动者具有约束力。行业性、区域性集体合同对当地本行业、本区域的用人单位和劳动者具有约束力。"

可见,凡符合法律规定的集体合同,一经签订就具有法律效力。集体合同的法律效力包括以下几个方面。

（一）集体合同对人的法律效力

集体合同对人的法律效力是指集体合同对什么人具有法律约束力。根据《劳动法》规定，依法签订的集体合同对用人单位和用人单位全体劳动者具有约束力。这种约束力表现在：集体合同双方当事人必须全面履行集体合同规定的义务，任何一方都不得擅自变更或解除集体合同。如果集体合同的当事人违反集体合同的规定就要承担相应的法律责任。劳动者个人与用人单位订立的劳动合同中有关劳动条件和劳动报酬等标准不得低于集体合同的规定。

（二）集体合同的时间效力

集体合同的时间效力是指集体合同从什么时间开始发生效力，什么时间终止其效力。集体合同的时间效力通常以其存续时间为标准，一般从集体合同成立之日起生效。如果当事人另有约定的，应在集体合同中明确规定。集体合同的期限届满，其效力终止。

（三）集体合同的空间效力

集体合同的空间效力是指集体合同规定的对于哪些地域、哪些从事同一产业的劳动者、用人单位所具有的约束力。

八、集体合同与劳动合同的关系

（一）集体合同与劳动合同的概念

集体合同是用人单位与本单位职工根据法律、法规、规章的规定，就劳动报酬、工作时间、休息休假、劳动安全卫生、职业培训、保险福利等事项，通过集体协商签订的书面协议；所称专项集体合同，是指用人单位与本单位职工根据法律、法规、规章的规定，就集体协商的某项内容签订的专项书面协议。集体合同是协调劳动关系保护劳动者权益、建立现代企业管理制度的重要手段。

劳动合同是劳动者与用人单位之间确立劳动关系，明确双方权利和义务的书面协议，是确立劳动关系的普遍性法律形式，是建立劳动关系的凭证，是用人单位与劳动者履行劳动权利和义务的重要依据。

（二）集体合同与劳动合同的异同

集体合同与劳动合同既有共同点，又有不同之处。

劳动合同与集体合同的共同点是：

(1) 所调整的内容都是有关劳动方面的权利和义务。

(2) 合同的一方是职工，而另一方是与职工有劳动关系的用人单位。

(3) 合同一经生效，对于合同双方都有约束力。

(4) 合同的内容都不得违反法律、法规、规章，否则就无效。

(5) 违反合同约定，都将承担法律责任。

集体合同与劳动合同的不同之处有：

（1）签订合同的主体不同。劳动合同是由劳动者本人与用人单位签订,而集体合同是由代表职工的工会组织与用人单位签订;劳动者个人作为出卖劳动力的一方不能签订集体协议,而工会组织也不能为劳动者个人签订劳动合同。

（2）签订合同的程序不同。劳动合同由职工本人与用工单位直接签订,而集体合同需由职工代表与用人单位先行协商合同草案,经 2/3 以上职工代表或职工出席,且须经全体职工代表半数以上或全体职工半数以上同意,集体合同草案方获通过。

（3）合同生效的条件不同。劳动合同依法订立即具有法律约束力,当事人必须履行劳动合同规定的义务,而集体合同签订后应当报送劳动行政部门,劳动行政部门自收到集体合同之日起十五日内未提出异议的,集体合同即行生效。

（4）合同的内容可调性不同。集体合同规定后非经协商或法定程序不得随意调整,而劳动合同如所订劳动条件和劳动报酬等低于集体合同的,劳动合同可以调整,标准是不低于集体合同。

（5）所调整的主体范围不同。劳动合同生效后仅适用于职工本人和用工单位,而集体合同生效后,对用工单位和单位全体职工具有约束力。

（6）保护作用及效力范围不同。劳动合同的作用在于建立劳动关系,维护劳动者个人和用人单位的权益。而集体合同制度的作用于改善劳动关系,维护职工的群体利益。

集体合同和劳动合同既是两个独立的合同,又是相互具有关联性的合同。体现在：

（1）劳动合同规定的劳动者的个人劳动条件和劳动标准不得低于集体合同的规定,否则约定无效。《劳动合同法》第五十五条规定："集体合同中劳动报酬和劳动条件等标准不得低于当地人民政府规定的最低标准;用人单位与劳动者订立的劳动合同中劳动报酬和劳动条件等标准不得低于集体合同规定的标准。"

（2）劳动合同约定不明时,适用集体合同的规定。《劳动合同法》第十八条规定："劳动合同对劳动报酬和劳动条件等标准约定不明确,引发争议的,用人单位与劳动者可以重新协商;协商不成的,适用集体合同规定;没有集体合同或者集体合同未规定劳动报酬的,实行同工同酬;没有集体合同或者集体合同未规定劳动条件等标准的,适用国家有关规定。"

（3）未订立书面劳动合同的,有集体合同适用集体合同的规定。《劳动合同法》第十一条规定："用人单位未在用工的同时订立书面劳动合同,与劳动者约定的劳动报酬不明确的,新招用的劳动者的劳动报酬按照集体合同规定的标准执行,没有集体合同或者集体合同未规定的,实行同工同酬。"

案例分析：

某化工厂是一家有上千人的工厂,职工代表大会有三十来人,近期正忙于起草待签订的集体合同。工人们看过环境保护部门的检测报告,知道厂里的生产条件不合格,对工人身体有危害。但厂领导允诺,说今年厂里有困难,暂时没有闲散资金改善,明年的集体合同再涉及工作条件的内容。经过职工代表大会与厂方协商一致,决定先签署集体合同。没想到,过了一个星期,上面通知集体合同未通过,必须修改,主要原因就是劳动条件部分未达标,工人们都很高兴,说差点让厂里给蒙了。

思考：

（1）集体合同经什么部门审核才能通过?

(2) 简述集体合同的签订程序。

分析：

(1) 集体合同文本须提交县级以上劳动保障行政部门审核，经审核通过才具有法律效力。

(2) 第一，确定集体合同的主体；第二，协商集体合同；第三，政府劳动行政部门审核；第四，审核生效并公布。

第三节 集体合同争议的处理

集体合同争议作为劳动争议的一种，是指由工会组织代表职工与本单位签订或履行集体合同时所发生的争执。根据《劳动法》的规定，我国集体合同争议可以分为因签订集体合同发生的争议和因履行集体合同发生的争议两类。这两种集体合同争议处理的方式，其处理程序、处理机构都有所不同。

一、处理集体合同争议应遵循的原则

(1) 争议双方不得采取过激行为激化矛盾。
(2) 注重双方自行协商解决分歧。
(3) 注重调解。
(4) 遵循"三方原则"。
(5) 客观、及时、公正。

二、集体合同争议的处理程序

《劳动法》第八十四条规定："因签订集体合同发生争议，当事人协商解决不成的，当地人民政府劳动行政部门可以组织有关各方协调处理。因履行集体合同发生争议，当事人协商解决不成的，可以向劳动争议仲裁委员会申请仲裁；对仲裁裁决不服的，可以自收到仲裁裁决书之日起15日内向人民法院提起诉讼。"所以，签订集体合同发生的争议和履行集体合同发生的争议适用不同的程序来解决，前者采取的是协调处理机制，后者适用劳动争议的处理程序。

(一) 因签订集体合同争议的处理程序

我国《劳动法》第八十四条第一款规定："因签订集体合同发生争议，当事人协商解决不成的，当地人民政府劳动行政部门可以组织有关各方协调处理。"这一规定明确了因订立集体合同发生的争议的处理有两个途径或者说是两条渠道，争议双方首先要协商解决，如果双方经过充分协商还不能达成一致意见、结束争执时，当地人民政府劳动行政部门要组织有关各方协调处理。可以说，我国处理因订立集体合同发生的争议是以行政调解为基本手段。

根据劳动部1994年12月所发的《集体合同规定》，因订立集体合同而发生争议的处理程序包括：①因订立集体合同发生争议，双方当事人不能自行协商解决的，当事人一方或双方可向劳动行政部门的劳动争议协调处理机构提出协调处理申请；未提出申请的，劳动行政

部门认为必要时可视情况进行协调处理。②劳动行政部门协调处理因订立集体合同发生的争议时，应组织同级工会代表、企业方面的代表以及其他有关方面的代表协调处理。③劳动行政部门处理因订立集体合同发生的争议，应自决定受理之日起三十日内结束。争议复杂或遇影响处理的其他客观原因需要延期时，延期最长不得超过十五日。

协调处理集体协商争议应当按照以下程序进行：受理协调处理申请；调查了解争议的情况；研究制定协调处理争议的方案；对争议进行协调处理；制作《协调处理协议书》。《协调处理协议书》应当载明协调处理申请、争议的事实和协调结果，双方当事人就某些协商事项不能达成一致的，应将继续协商的有关事项予以载明。《协调处理协议书》由集体协商争议协调处理人员和争议双方首席代表签字盖章后生效。争议双方均应遵守生效后的《协调处理协议书》。

（二）因履行集体合同争议的处理程序

我国《劳动法》第八十四条第二款规定："因履行集体合同发生争议，当事人协商解决不成的，可以向劳动争议仲裁委员会申请仲裁；对仲裁裁决不服的，可以自收到仲裁裁决书之日起十五日内向人民法院提起诉讼。"所以，因履行集体合同发生的争议适用劳动争议的处理程序。《中华人民共和国劳动争议调解仲裁法》（以下简称《劳动争议调解仲裁法》）第五条规定："发生劳动争议，当事人不愿协商、协商不成或者达成和解协议后不履行的，可以向调解组织申请调解；不愿调解、调解不成或者达成调解协议后不履行的，可以向劳动争议仲裁委员会申请仲裁；对仲裁裁决不服的，除本法另有规定的外，可以向人民法院提起诉讼。"

在签订集体合同时所发生的争议，其实质内容是指当事人双方进行平等协商时在确定集体合同的劳动标准、工作条件等条款上因双方的利益差别而产生的意见分歧。在这类争议中，双方所主张的权利和义务事先并没有确定，争议之所以发生是因为双方当事人对这些有待确定的权利和义务有不同的要求，争议的目的在于使一方或双方的某种利益得到合同的确认，从而上升为权利。

因履行集体合同而产生的争议，是指当事人对合同是否按约履行或不履行以及履行的结果而产生的意见分歧。在这类争议中，当事人的权利和义务是既定的，或已有劳动法律、法规加以规定，或以通过劳动合同或集体合同加以确认，在正常情况下，只要当事人双方都按规定行使权利和承担义务，争议一般不会发生的。

职工一方在十人以上的劳动争议为集体劳动争议。发生争议的劳动者一方在十人以上，并有共同请求的，劳动者可以推举三至五名代表人参加调解、仲裁或者诉讼活动。代表人参加调解、仲裁或者诉讼活动的行为对其所代表的当事人发生效力，但代表人变更、放弃调解、仲裁或者诉讼活动请求或者承认对方当事人的请求，进行和解，必须经被代表的当事人同意。

本章知识点回顾

本章主要介绍了集体协商的含义及特征、集体合同的特征和内容、集体合同签订程序和法律效力及集体合同争议处理程序。

复习思考题

一、选择题

1. 集体合同或专项集体合同签订或变更后,应当自双方首席代表签字之日起(　　)日内,由用人单位一方将文本一式三份报送劳动保障行政部门审查。
   A. 7　　　　　B. 10　　　　　C. 15　　　　　D. 20

2. 在签订集体合同时,劳动者利益的代表是(　　)。
   A. 用人单位组织　　B. 工会组织　　C. 政府人力资源和社会保障部门

3. 我国《集体合同规定》中规定,职工一方代表在劳动合同期内自担任代表之日起(　　)年以内除个人严重过失外,企业不得与其解除劳动合同。
   A. 2　　　　　B. 3　　　　　C. 4　　　　　D. 5

4. 集体合同生效于(　　)。
   A. 双方首席代表签字之日
   B. 劳动保障行政部门办理登记手续之日
   C. 双方收到劳动行政管理部门审查意见书之日
   D. 劳动行政管理部门自收到集体合同文件之日起15日内未提出异议的

5. 集体协商双方首席代表可以书面委托本单位以外的专业人员作为本方协商代表。委托人数不得超过本方代表的1/3。首席代表(　　)由非本单位人员代理。
   A. 可以　　　　B. 特殊情况下,可以　　　　C. 不得

二、简答题

1. 集体协商有哪些特征?
2. 确定集体合同内容应注意哪些问题?
3. 集体合同争议处理程序有哪些?

三、论述题

集体合同与劳动合同的异同。

四、案例分析题

2008年9月某制药股份有限公司(以下简称制药公司)工会代表全体职工与公司签订了集体合同。合同规定:职工工作时间为每日8小时,每周40小时,在上午和下午连续工作4小时期间安排工间休息一次,时间为20分钟,职工工资报酬不低于每月1200元,每月4日支付,合同有效期自2008年9月15日至2011年9月15日。2010年9月,制药公司从人才市场招聘了一批技术工人去新建的制药分厂工作。每个技术工人也和制药公司签订了劳动合同,内容是:工作时间为每日10小时,每周50小时,上、下午各5小时期间无工间休息,工人工资每月1500元,劳动中出现的伤亡由劳动者自行负责。技术工人上班后发现车间药味很浓,连续工作头昏脑涨。部分工人向分厂负责人提出要像总厂工人那样有工间休息。分厂的答复是:①总厂集体合同订立在先,分厂设立在后,集体合同对分厂职工无效,分厂职工不能要求和总厂职工同等的待遇;②按劳取酬,分厂工人比总厂职工工资高出300元,增加劳动强度也是公平合理的。

思考：
1. 集体合同对制药分厂工人是否有效？
2. 制药公司和分厂技术工人订立的劳动合同有哪些内容无效？

五、实践练习

以小组形式调查企业有关集体合同的签订情况。

要求调查的内容应包括：

1. 该企业有无签订过集体合同？如果有，属于什么类型？
2. 工会组织在建立和完善集体合同制度中做了哪些工作？
3. 工会如何组织和保证职工民主参与和监督集体合同工作？
4. 职工方协商代表如何构成？有哪些职责？
5. 集体协商和签订集体合同的内容有哪些？
6. 集体协商和签订集体合同主要有哪些程序？

第四章 社会保险

学习目标

通过本章的学习,了解社会保险基本理论知识;掌握养老保险、医疗保险、生育保险、失业保险和工伤保险的待遇及领取条件;熟悉社会保险日常业务办理和社会保障基金管理的运作等知识。

某建筑工地上的打工者小王在工作中受了伤,面对巨额的医疗费,承包商和建筑商之间却互相推诿扯皮,小王只能自己先垫钱看病。

思考:如果小王无力支付医药费怎么办?

分析:《社会保险法》第四十一条规定:职工所在用人单位未依法缴纳工伤保险费,发生工伤事故的,由用人单位支付工伤保险待遇。用人单位不支付的,从工伤保险基金中先行支付。从工伤保险基金中先行支付的工伤保险待遇应当由用人单位偿还。用人单位不偿还的,社会保险经办机构可以依照本法第六十三条的规定追偿。

与医保基金一样,规定了工伤保险基金也将实施垫付追偿制度。这对在外打工的农民工,特别是建筑行业的农民工来说,无疑是重大利好。《社会保险法》实施后,农民工出了工伤事故,所在用人单位不支付工伤保险待遇时,工伤待遇由工伤保险基金先支付,就能保障农民工及时就医,但所在用人单位要承担相应的法律责任。

第一节 社会保险概述

社会保险是公民从国家和社会获得物质帮助最主要的一种途径,是现代社会经济生活的重要方面,是一项重要的社会政策,它既是劳动者享有的维持基本生活的权利,也是政府应承担的义务,对保障人民基本生活、维护社会稳定、促进经济发展起着重要作用。

社会保险制度是维护社会安定,促进经济发展,关系到每个社会成员切身利益的经济制度和社会制度,也是社会经济发展的"安全网"和"稳定器"。

一、社会保险的概念

社会保险(social insurance)是由国家通过立法形式,为依靠劳动收入生活的工作人员及其家庭成员保持基本生活条件、促进社会安定而举办的保险。

社会保险是一种特殊的强制性保险,它是从商业性保险的基础上产生的。其主要内容包括养老、残障、遗属、医疗(疾病和生育)、失业、工伤和家庭津贴等保险。

由此可见,社会保险是由政府制定的一项为社会经济补偿制度,制度通过强制性手段,将某一群体的一部分收入作为社会保险基金,以给社会上丧失劳动能力、暂时失去就业岗位以及因身体健康状况遭受损失的人口提供一定的收入来源或经济补偿,以此来保障劳动力的生产和再生产及社会的和谐稳定。

社会保险是社会保障制度的一个最重要的组成部分。社会保险包括养老社会保险、医疗社会保险、失业保险、工伤保险、生育保险等。

二、社会保险的特征

1. **强制性**

社会保险是由国家通过立法形式强制实施的一种保障制度。所谓强制,是指凡属于法律规定范围的成员都必须无条件地参加社会保险并按规定履行缴费义务。社会保险的纳费标准和待遇项目、保险金的给付标准等均由国家或地方政府的法律、法规统一确定,劳动者个人作为被保险人一方对于是否参加社会保险及参加的项目和待遇标准均无权自由选择与更改。只有强制征集保险基金,才能获得稳定可靠的经济来源,实现基本国策的要求。

2. **普遍性**

社会保险要求社会化,凡是符合法律规定的所有企业和社会成员都必须参加。社会保险是所有社会劳动者的一项基本权利。社会保险对所属成员具有普遍保障责任,不论其年龄、就业年限、收入水平和健康状况如何,一旦丧失劳动能力或失业,政府和企业作为保险人一方即应依法提供收入损失补偿以保障其基本生活需要。一旦社会保险财务出现赤字时,国家财政负有补偿的责任。

3. **福利性**

社会保险是一种政府行为,不以盈利为目的,实施社会保险完全是为了保障社会成员的基本生活。社会保险是国家调节个人收入差距的手段。社会保险待遇给付一般不与个人劳动贡献直接关联,分配原则是基本生活保障的实际需要。此外,社会保险分配政策的制定,是以有利于低收入阶层为原则的,因为同样的危险事故,对于低收入劳动者所造成的威胁大于高收入劳动者。社会保险基金的筹集和运营不以追求利润为目的,国家不收任何税费,当基金发生困难时,国家财政还要给予拨款支持。

4. **社会公平性**

公平分配是宏观经济政策的目标之一,社会保险作为一种分配形式具有明显的公平特征。社会保险首先是国家和社会基本政策的直接体现,是维持社会政治、经济秩序稳定和社会经济正常发展的战略性手段。它要求社会效益重于经济效益,不能以经济效益的好坏决定社会保险项目的取舍和保障水准的高低。必要时国家可以暂时牺牲局部的经济效益,确保社会保险政策的实施,以求整个社会的稳定。

5. 基本保障性

社会保险的保障标准是满足保障对象的基本生活需要,社会保险所提供的保障水平只能以一定时期劳动者的基本生活需要为基准,既不保证原有生活水平不变,更不会满足遇险劳动者的全面生活需求。社会保险承担对丧失劳动能力和失去劳动机会的劳动者的基本生活保障责任,但不排除个人的责任。因为社会保险的根本目的是保证人们的收入稳定、生活安定,发挥社会稳定器的作用。

6. 互济性

社会保险实行互助共济,按照大数法则,在整个社会的范围内统一筹集和调剂使用资金,依靠全社会的力量均衡负担和分散风险。社会保险的覆盖范围越大,抵御风险的能力也越强。一般而言,社会保险费用应由国家、用人单位、个人三方共同负担,并在较高的层次上和较大的范围内实现社会统筹与互济。利用参加保险者的合力,帮助某个遇到风险的人,互助互济,满足急需。

三、社会保险的功能

1. 防范风险的功能

风险主要分为两大类:人身风险与工作风险。这些风险具有不可避免的特性,当风险来临时,个人往往难以凭自力救济的方式应对风险,因而对生活造成重大损失。社会保险制度的最基本作用,是在风险发生时对个人提供收入损失补偿,保证个人在暂时或者永久失去劳动能力以及暂时失去工作岗位从而造成收入中断或者减少时,仍然能够继续享有基本生活保障。保障社会成员的基本生活,免除后顾之忧。个人风险转化为社会风险,让社会为个人买单,避免个人因独木难支而陷入困境,使其在风险来临时仍能维护家庭及个人的生存尊严。

2. 社会稳定功能

社会稳定是一个国家发展的前提。社会保险是社会稳定的"调节器"。一方面,能使社会成员产生安全感,对未来生活有良好的心理预期,安居乐业;另一方面,能缓解社会矛盾,构建和谐的社会环境来实现整个社会的稳定。

3. 有利于实现社会公平

社会保险可以通过强制征收保险费,聚集成保险基金,对收入较低或失去收入来源的个人给予补助,提高其生活水平,在一定程度上实现社会的公平分配。

4. 有利于保证社会劳动力再生产顺利进行

市场经济需要劳动力的正常再生产,而市场竞争所形成的优胜劣汰,必然造成部分劳动者暂时退出劳动岗位,这就使部分劳动者及其家庭失去收入而陷入生存危机,而社会保险则确保了这部分成员的基本生活需要,使劳动力的供给和正常再生产成为可能,为维持市场经济正常运行提供劳动力后备军。

5. 调节收入再分配的功能

社会保险是收入再分配的重要手段。社会保险通过对收入高低不同的群体按同样费率征收社会保险费,聚集成社会保险基金,一方面对收入较低或失去收入来源的个人给予援助,保障其基本生活;另一方面在全体参保者共享的待遇上,实际向低收入群体倾斜,从而在一定程度上促进社会收入分配的公平。通过实行收入再分配,适当调节劳动分配,保障低收入者的基本生活。

案例分析:

基本养老保险的参保者黎先生在与家人出游期间受了重伤,导致完全丧失劳动能力无法继续工作。

思考:黎先生是否可以享受到社会保险待遇?

分析:《社会保险法》第十七条规定:参加基本养老保险的个人,因病或者非因工死亡的,其遗属可以领取丧葬补助金和抚恤金;在未达到法定退休年龄时因病或者非因工致残完全丧失劳动能力的,可以领取病残津贴。所需资金从基本养老保险基金中支付。参保人员未达到法定退休年龄时,如果因病或非因工致残完全丧失劳动能力,生活就失去了经济来源,只能依靠其他家庭成员,如果参保人员同时是家庭的主要经济来源,整个家庭就会陷入困境。这时候养老保险基金应当给予帮助。

法律衔接

《中华人民共和国社会保险法》(以下简称《社会保险法》)已由中华人民共和国第十一届全国人民代表大会常务委员会第十七次会议于2010年10月28日通过,自2011年7月1日起施行。

《社会保险法》是中国特色社会主义法律体系中起支架作用的重要法律,是一部着力保障和改善民生的法律。它的颁布实施,是中国人力资源社会保障法制建设中的又一个里程碑,对于建立覆盖城乡居民的社会保障体系,更好地维护公民参加社会保险和享受社会保险待遇的合法权益,使公民共享发展成果,促进社会主义和谐社会建设,具有十分重要的意义。

四、社会保险的原则

1. 权利与义务相对应

权利与义务相对应是社会保险制度赖以存在的前提条件。每个劳动者都享有社会保险的平等权利,同时又都对社会保险负有不可推卸的责任和义务。参保者只有履行了法定的义务之后,才能享受各项社会保险待遇。这些义务主要包括:从事社会劳动;依法参加社会保险;依法缴纳社会保险费,并达到规定的最低缴费年限等。

2. 公平与效率相统一

公平与效率相统一主要表现为社会保险待遇水平既要体现社会公平的因素,确保每一个劳动者都能维持基本生活,又要适度体现不同劳动者之间的差别,以提高用人单位和劳动者参保缴费的积极性。社会保险制度改革在维护社会公平的同时,也需要强调社会保险对于促进效率的作用,力求做到公平与效率兼顾、统一与差别并重。

3. 待遇水平与生产力发展水平相适应

社会生产力发展水平决定社会保险待遇水平。在不同的发展阶段,社会保险待遇水平也相应不同。如果社会保险跨越生产力发展阶段,提供过高的待遇水平,势必会增加企业和在职职工的负担,抑制经济活力,而且在客观上也会造成"养懒汉"的社会效应,从而影响国民经济的可持续发展,危及社会保险制度的正常运行。如果社会保险的待遇水平过低,则无法充分发挥其生活保障功能。我国是发展中国家,正处于社会主义初级阶段,必须充分考虑到生产力水平较低、人口众多且老龄化速度加快的现实国情,根据国家、企业和个人的承受能力,确定与生产力发展水平相适应的社会保险待遇标准。

五、社会保险与商业保险

所谓商业保险是指通过订立保险合同运营,以营利为目的的保险形式,由专门的保险企业经营。商业保险关系是由当事人自愿缔结的合同关系,投保人根据合同约定,向保险公司支付保险费,保险公司根据合同约定的可能发生的事故因其发生所造成的财产损失承担赔偿保险金责任,或者当被保险人死亡、伤残、疾病或达到约定的年龄、期限时承担给付保险金责任。

社会保险与商业保险的联系:商业保险和社会保险都是社会保障体系的重要组成部分,社会保险是基础,商业保险是对社会保险的有力补充。

社会保险与商业保险的主要区别。

1. 实施目的不同

社会保险是为社会成员提供必要时的基本保障,不以营利为目的;商业保险则是保险公司的商业化运作,以利润为目的。

2. 实施方式不同

社会保险是根据国家立法强制实施;商业保险是遵循契约自由原则由企业和个人自愿投保。

3. 实施主体和对象不同

社会保险由国家成立的专门性机构进行基金的筹集管理及发放,其对象是法定范围内的社会成员;商业保险是保险公司来经营管理的,被保险人可以是符合承保条件的任何人。

4. 监督法律不同

社会保险是政府主办的,保险监督法律依据为《社会保险法》;商业保险是由商业保险公司主办,监督法律依据为《中华人民共和国保险法》。

5. 保障水平不同

社会保险为被保险人提供的保障是最基本的,其水平高于社会贫困线低于社会平均工资的50%,保障程度较低;商业保险提供的保障水平完全取决于保险双方当事人的约定和投保人所缴保费的多少,只要符合投保条件并有一定的缴费能力,被保险人可以获得高水平的保障。

6. 权利与义务对等关系不同

社会保险强调劳动者必须履行为社会贡献劳动的义务,并由此获得社会保险待遇的权利,实现权利与义务基本对等;商业保险则主要表现为"多投多保,少投少保"的等价交换关系。

7. 管理制度不同

社会保险由中央或地方政府集中领导,专业机构组织管理,属于行政领导体制;商业保险是自主经营的相对独立的经济实体,属于金融体制。

8. 时间性不同

社会保险是国家稳定的、连续性的制度;商业保险是一次性、短期的企业行为。

9. 资金来源不同

社会保险的资金由国家、企业、个人三方面分担；商业保险的资金只有投保人保费的单一来源。

知识衔接

政策性保险

为了体现一定的国家政策，如产业政策、国际贸易政策等，国家通常会以国家财政为后盾，举办一些不以营利为目的的保险，由国家投资设立的公司经营，或由国家委托商业保险公司代办。这些保险所承保的风险一般损失程度较高，但出于种种考虑而收取较低保费，若经营者发生经营亏损，将由国家财政给予补偿。这类保险被称为"政策性保险"。

常见的政策性保险有出口信用保险和农业保险等。商业保险公司出于利润最大化的考虑通常不会主动经营政策性保险。

延伸阅读

社会保险的理论基础

一、德国的新历史学派

1. 代表人物：古斯塔夫·施穆勒、威尔纳·桑巴特、瓦格纳等。

2. 主要主张：德国新历史派提出了一系列国家干预社会生活的理论政策思想，为社会保险的产生奠定了重要的理论基础。德国的新历史学派强调国家的经济作用，认为国家除了维护社会秩序和国家安全外，还具有文化和福利的目的，应该由国家兴办一部分公共事业来改善国民的生活，如建立社会保险，发展义务公共教育等。其强调国家对社会生活的直接干预，强调国家应通过立法，实行包括社会保险、孤寡救济、劳资合作及工厂监督在内的一系列社会措施，自上而下地实行经济和社会改革。新历史学派以国家干预为主线的社会政策主张，为德国最早实施社会保险制度奠定了重要的思想基础、理论基础和政策基础。

二、英国的费边社会主义

1. 费边社会主义是19世纪80年代在英国出现的又一种社会思潮。

从组织上讲，费边社谈不上是一个社会主义政治组织，更谈不上是一个社会主义政党。从思想来源上讲，费边社的思想不仅受到边沁的功利主义的影响，而且受到欧文的合作社主义的影响，萧伯纳根据边沁的"最大多数人的最大幸福"理论引发出"最大多数人的最大效率"的主张，韦伯夫妇曾经竭力主张建立消费合作社，大多数费边社的成员主张建立市镇集体公有制。

2. 费边社会主义经过不断发展逐步成为一个庞杂的思想体系，并对英国20世纪政治、经济、社会生活都曾产生过重要影响。

（1）在政治方面，费边社主张通过渐进和渗透的途径走向社会民主主义。渐进与渗透的实质是通过改良的途径完成向社会民主主义的转变。无论是从英国社会的历史传统或是从英国当时的社会现实来说，这一主张都具有一定的合理性与可行性。英国社会早已形成一种推崇改良而不是大规模革命的历史传统,费边社的渐进与渗透政策既来源于英国的社会历史传统,又适合于英国当时的社会现实,这是它之所以能够长期影响英国社会的根本原因。

(2) 在经济方面,费边社会主义主张生产资料和交换资料的公有,韦伯为代表的一些人主张市和郡的公有,提出"市区社会主义"的概念;艾米尔·戴维斯等人主张国家所有制,提出"国家社会主义"的概念。

(3) 关于社会发展与社会福利的主张构成了费边社会主义的重要内容,并对19世纪末20世纪初英国的社会改革、现代社会保障制度的建立产生了重大影响。费边社会主义关于社会发展和社会福利的各种理论和主张较之以前各种流派的社会主义的同类理论和主张更加全面、系统和具体,这些主张比较符合英国广大工人阶级的利益和要求,加之大多数费边社成员在阶级地位和政治观点上与工人阶级具有很大程度的相通性,所以,费边社会主义者关于社会发展和社会福利的主张被英国工人阶级广泛地接受,成为英国工人阶级在1870—1914年要求社会改革、改善工人阶级的生活状况、建立有效的社会保障制度的思想武器。

三、庇古的旧福利经济学

1. 西方福利经济学是制定经济政策的理论基础。

主要是论证在现存的制度下,由生产资源的最适度配置与国民收入的最适度分配,可导致社会福利最大化。

2. 1912年,英国经济学家庇古出版了《财富和福利》一书,1920年又把该书扩展为《福利经济学》,这本书系统地论述了福利经济学理论。

庇古直接承袭了剑桥学派宗师马歇尔(Alfred Marshall)的福利观点,受到"消费者剩余"、"生产者剩余"等新观念的启发,提出了"公民收益"的概念,构成了自己的理论体系。庇古认为,社会经济福利的标志有两点:①国民收入总量越大,福利越大;②收入分配越平均,福利越大。他认为社会福利将随着国民收入的增加而增大,也将因收入分配均等化而增大。他的根据是边际效用递减学说。庇古认为,收入转移的途径就是由政府向富人征税,补贴给穷人。补贴的办法可以采取建立各种社会服务设施、养老金、免费教育、失业保险、医疗保险、房屋供给等。

3. 边际效用递减学说的成立是以效用对个人的可比较性为前提的。而从实证的观点看,效用在个人之间是无法比较的。因此,庇古的理论基础发生了动摇。经过20世纪30年代末期的一番争论,他的学说被当作旧福利经济学,为人们弃而不用。

四、新福利经济学

1. 新福利经济学的代表人物由勒纳(A. P. Lerner)、卡尔多(N. Kaldor)、希克斯(Hicks)、柏格森(Bergson Frontier)、萨缪尔森(Paul A. Samuelson)等。

2. 新福利经济学的学者们援引洛桑学派人物帕累托(Vilfredo Pareto)的理论力图从生产资源配置方面找出发展福利的"最适度条件"。

帕累托利用他的全面均衡论与无差别曲线,围绕着最适度条件说明经济福利。他提出的福利标准是：任何变革只要能使部分人受益而无人受损，就是福利增大。美国学者柏格森和萨缪尔森将福利极大化寄托在最适度的选择上，认为生产与交换固然应符合最适度条件，但是仅此还不够，还应当把其他支配福利的因素一并列入，编制一种"社会福利函数"，当这个函数值最大化时，才能得到福利最大化。

五、凯恩斯的国家干预学说

1. 20世纪30年代，爆发了席卷资本主义世界的经济危机。西方主要资本主义国家工业凋敝，失业剧增，大批贫民流落街头，社会矛盾非常尖锐。在这种形势下，一些政治家和学者把摆脱经济、政治危机的措施和"福利国家"联系在一起。

2. 英国经济学家凯恩斯于1936年发表了《就业、利息和货币通论》，提出通过国家干预、扩大公共福利支出和公共基础设施建设等措施刺激需求增长，实现充分就业；还提出了建立累进税制和最低工资制等观点。凯恩斯主义成为战后西方国家制定经济政策和重建社会保障制度的理论。

六、贝弗里奇报告

1. 1942年11月伦敦经济学院院长贝弗里奇勋爵受英国政府委托，研究战后重建社会保障制度的重大理论与政策问题，正式提交了《社会保险及有关服务》的研究报告，史称贝弗里奇报告。

2. 贝弗里奇报告主张社会保障制度框架应包括三个项目：社会保险计划、社会救助制度及自愿保险项目。

3. 贝弗里奇报告确定了社会保险制度应该包括六个基本原则：①同一津贴标准原则；②同一缴费标准原则；③统一管理原则；④社会保险津贴发放时间与数量应该合理原则；⑤社会保险制度综合性原则；⑥分类原则。

七、社会民主主义福利思想

1. 直至20世纪五六十年代以前，一批受社会民主主义思想影响较大的政治家，倾向于从社会公平、社会正义的角度出发，分析国家福利制度产生的原因和社会绩效。

2. 社会民主主义者对"中央计划经济"持赞赏态度，强调收入和财富的均等性，强调国家福利措施，希望通过政府的政策实施，把资本主义社会和平地转变为"自由社会民主主义"的社会。

他们认为，一个理想的社会应当把福利普遍给予社会的所有成员，使人人得到幸福。为此，国家应当负起责任。社会民主党人设计的经济目标是：国有化（主要经济部门）、福利化（收入再分配、提供社会化服务、政府稳定经济和社会）、市场化（企业分权、平等竞争、反对垄断）三者结合的混合经济。

第二节 养老保险

引导案例

李先生已经到了退休年龄，可是他的养老保险只缴了12年，没有达到养老保险累计缴费至15年的要求。

思考：李先生能否领取养老保险金？

分析：《社会保险法》第十六条规定：参加基本养老保险的个人，达到法定退休年龄时累计缴费满十五年的，按月领取基本养老金。

参加基本养老保险的个人，达到法定退休年龄时累计缴费不足十五年的，可以缴费至满十五年，按月领取基本养老金；也可以转入新型农村社会养老保险或者城镇居民社会养老保险，按照国务院规定享受相应的养老保险待遇。

养老保险是社会保障制度的重要组成部分，是社会保险五大险种中最重要的险种之一。

在当今世界上，离开养老问题来谈论社会保险或社会保障，几乎是不可思议的。因为现代社会中人口老龄化和家庭小型化已成为不可逆转的趋势，使传统的家庭保障在满足老年人的基本生活需求方面处于捉襟见肘的窘境。因此，社会不得不担负起照料这部分曾经对社会经济发展和人类繁衍作出过贡献，而现在因为生理或社会的原因无法再以劳动为主要谋生手段的老年人的责任。这就是养老保险产生与发展的社会和经济背景。

一、养老保险的概念

所谓养老保险（或养老保险制度）是国家和社会根据一定的法律和法规，为解决劳动者在达到国家规定的解除劳动义务的劳动年龄界限，或因年老丧失劳动能力退出劳动岗位后的基本生活而建立的一种社会保险制度。

这一概念主要包含以下三层含义。

（1）养老保险是在法定范围内的老年人完全或基本退出社会劳动生活后才自动发生作用的。这里所说的"完全"，是以劳动者与生产资料的脱离为特征的；所谓"基本"，指的是参加生产活动已不成为主要社会生活内容。需强调说明的是，法定的年龄界限（各国有不同的标准）才是切实可行的衡量标准。

（2）养老保险的目的是为保障老年人的基本生活需求，为其提供稳定可靠的生活来源。

（3）养老保险是以社会保险为手段来达到保障的目的。养老保险是世界各国较普遍实行的一种社会保障制度。

二、养老保险的特点

社会养老保险是世界各国较为普遍实行的一种社会保险制度，一般具有以下几个特点。

（1）由国家立法，强制实行，企业单位和个人都必须参加，符合养老条件的人，可向社会保险部门领取养老金。

（2）养老保险费用来源，一般由国家、单位和个人三方或单位和个人双方共同负担，并实现广泛的社会互济。

（3）养老保险具有社会性，影响很大，享受人多且时间较长，费用支出庞大。因此，必须设置专门机构，实行现代化、专业化、社会化的统一规划和管理。

三、养老保险基本内容

《社会保险法》自2011年7月1日起施行。《社会保险法》确立了我国社会保险体系的基本框架，在五项社会保险制度中，养老保险作为覆盖面最广、建立时间最长、基金总量最大的一个险种,和广大人民群众生活息息相关。

根据《社会保险法》第二章,基本养老保险包括职工基本养老保险、新型农村社会养老保险和城镇居民社会养老保险。

《社会保险法》总结二十多年来我国养老保险制度改革的经验,对职工基本养老保险制度的覆盖范围、基本模式、资金来源、待遇构成、享受条件和调整机制等作了比较全面的规范,并规定了病残津贴和遗属抚恤制度。根据开展新型农村社会养老保险试点这一重大实践进展,该法对新型农村社会养老保险的主要制度做出规定。

此外,该法还规定国家建立和完善城镇居民社会养老保险制度,同时授权省、自治区、直辖市人民政府根据实际情况,可以将城镇居民社会养老保险和新型农村社会养老保险合并实施,为逐步建立统筹城乡的养老保障体系奠定了法律基础。

案例分析:

老赵在企业上班缴纳了养老保险,但是年限不够15年。

思考: 老赵不在这个企业上班之后,差额的部分怎么办理?

分析: 老赵不在这个企业上班了,但他可以在别的城市、别的企业上班,这就属于跨地区转移,完全可以接续起来。如果他到了领取养老金的年龄,比如过60岁还没缴费满15年,那就可以执行第十六条的规定,就是可以交费至15年按月领取或者转入农村养老保险或者城镇居民养老保险。如果他现在还没有到退休年龄,不管在哪儿工作,还是要继续交,而且按照政策规定,交的年头越长,自己享受的待遇水平越高。

《社会保险法》第十六条规定:参加基本养老保险的个人,达到法定退休年龄时累计缴费不足十五年的,可以缴费至满十五年,按月领取基本养老金;也可以转入新型农村社会养老保险或者城镇居民社会养老保险,按照国务院规定享受相应的养老保险待遇。

第十九条规定:个人跨统筹地区就业的,其基本养老保险关系随本人转移,缴费年限累计计算。个人达到法定退休年龄时,基本养老金分段计算、统一支付。具体办法由国务院规定。

> **延伸阅读**
>
> ### 养老保险的模式
>
> 养老保险是政府通过法律形式的制度安排,使劳动者在老年丧失劳动能力退出劳动力队伍后,能得到基本的生活保障。自1889年德国建立起第一个现代社会保障意义上的养老保险制度以来,迄今已有100多年的历史。
>
> 目前,世界上已有160多个国家和地区建立了养老保险制度,但由于各国政治、经济、文化以及历史传统的不同,其实行养老保险制度的政策取向、给付标准以及实施办法也不尽相同。
>
> 从世界各国推行养老保险制度的实践看,养老保险制度大致可以分为四种模式:普遍保障型养老保险模式、收入关联型养老保险模式、强制储蓄型养老保险模式以及多层次养老保险模式。
>
> **一、普遍保障型养老保险模式**
>
> 普遍保障的养老保险模式是"福利国家"广泛采用的一种养老保险制度,其思想主

要来源于著名的"贝弗里奇报告"。该模式强调"普惠制"原则,国家为所有退休国民或达到规定年龄和居住年限的老年人提供均一水平的养老金,以保障其最低生活水平的需要。这种养老金与公民的身份、职业、在职时的工资水平、缴费或纳税年限无关,所需资金主要来源于国家税收,是一种典型的"人人皆养老"的年金制度。目前实行这一模式的国家主要有英国、澳大利亚、日本、加拿大、新西兰及一些北欧国家(如瑞典)。在英国和澳大利亚,称为"老年年金";在日本,称为"国民年金";在加拿大,称为"普遍年金"。

基本评价:

普惠制养老保险模式的优点是:

(1)覆盖面广。保险对象为全体社会成员,是一种人人皆养老的保障计划,能充分体现公平原则。

(2)体现了社会保障的收入再分配功能。每个老年人尽管达到退休年龄前的收入有高低,退休后得到的都是相同数量的一份养老金,因此,具有极强的收入再分配功能。

普惠制养老保险模式的不足之处是:

(1)容易给国家造成沉重的财政负担。由于其资金来源主要依靠国家的财政补贴,因此渠道比较单一,而且随着人口老化的加剧,政府的负担会越来越重。如澳大利亚,仅养老金一项就占财政支出的25%,占GDP的7%。

(2)保障水平低。养老金一般只占平均工资的20%左右,这样低水平的保障不足以维持退休者的基本生活,必须通过发展其他类型的补充计划,才能保障老年人的基本生活需要。

(3)容易助长懒汉情绪,不利于生产率的提高和经济的发展。

实行普遍保障型养老保险模式的国家,除澳大利亚外,目前均改用一种混合型制度,即普遍养老保险与"收入关联型养老保险"同时并存,共同构成第一支柱的基本养老保险。如日本的"厚生年金"、英国的"附加养老金"、加拿大的"收入关联年金"等。

二、收入关联型养老保险模式

收入关联的养老保险模式也称传统养老保险模式,最先起源于德国,20世纪70年代发展到鼎盛时期,这种制度主要是通过社会保险机制,为工薪劳动者建立退休收入保险计划,强调养老金待遇与工资收入及缴费或纳税相关。

收入关联型养老保险模式制度并不覆盖全体国民,而是贯彻"选择性"原则,参保对象主要是那些从事经济活动的雇佣劳动者。目前世界上大多数国家实行这种养老保险模式,其中以美、德、法、日等发达市场经济国家为代表。

收入关联型养老保险模式的特点是:第一,在养老保险费用的筹资上,实行企业、个人和国家三方负担的财务机制。企业和个人必须按照工资或收入的一定比例缴纳养老保险费,具体缴费比例各国有不同的规定,或者规定企业和个人按相同比例缴纳,或企业纳费比例高于个人。缴费工资基数一般设定一个最低限和最高限,对低于或高于某一收入水平者免征保险费,以体现社会公平原则。同时,政府也负担一定的养老保险费用,具体的出资方式和水平各国有所差异。例如德国和日本,国家负担1/3;而有的国家平时不具体规定出资额度,只是以平衡收支的方式最后出台,如美国。国家资助亦可体现在税收、利息、政策优惠方面。

第二，实行与收入关联的养老金给付机制。养老金给付水平与劳动者就业期间的劳动贡献直接关联，通常是根据劳动者在就业期间的工资收入、就业年限、缴费期限来计算养老金的给付水平。当然，这里有一个收入替代率问题，即劳动者领取的养老保险金占退休前收入的比例。此外，为了应对通货膨胀，各国普遍都建立了养老保险金的指数调节机制，使保险金与物价波动、工资增长水平等建立某种关联，一方面使养老金随着在职劳动者平均工资的提高而提高；另一方面防止保险金因通货膨胀而贬值。

基本评价：

收入关联模式的优点是：

(1) 这种模式将养老保险的储蓄、保障和再分配功能有机地结合在一起，充分利用了经济学的原理和内容。

(2) 缴费与养老金收入关联，增加了效率因素，有利于提高劳动生产率。

(3) 企业、个人和政府三方共担的养老保险基金的筹集机制，大大减轻了政府的财政压力。

收入关联模式的缺点是：

(1) 不利于应对人口结构的变化。随着人口老化的加剧，这种以现收现付为基础的收入关联模式，正面临着巨大的养老保险支付危机。

(2) 不利于经济发展。由于收入关联模式是以现收现付制为基础，以支定收，因此基本上没有基金积累，不利于经济发展。

三、强制储蓄型养老保险模式

强制储蓄型养老保险模式以新加坡中央公积金制度和智利商业化管理的个人账户为典型代表，在这种模式中，国家通过法律规定，个人、企业按收入的一定比例存入职工的个人退休账户，由专门的机构负责管理和投资运营，当劳动者达到法定退休年龄时，将个人账户积累的基金、利息及其他投资收入，一次性或逐月发还给本人作为养老保险金。目前实行这种模式的还有一些亚非国家和拉美国家。

1. 新加坡中央公积金模式

新加坡的中央公积金制度建立于1955年7月。根据《中央公积金法》，任何一个雇员，每月必须按工资的一定比例上缴雇员公积金。1999年以前，雇员和雇主的缴费率都为工资的5%，1990年提高为雇员23%，雇主16.5%，公积金全部存入中央公积金局，并记入雇员的个人账户，当雇员退休或丧失劳动能力以及死亡时，可连本带息一次性提取。国家对公积金不征税，并为公积金支付提供担保。为防止通货膨胀给会员利益带来的影响，公积金利率每年以市场利率为基础进行两次调整，并规定比同期通货膨胀率高2%左右，以保证公积金不贬值。随着社会经济的发展，中央公积金制度的功能已从最初的老年经济保障的单一功能向双功能乃至多功能扩展。现在，新加坡的中央公积金制度已经演变成一个集养老、住房、医疗等在内的综合性制度。

2. 智利模式

智利是拉美国家中最早建立社会保险制度的国家。1981年，智利实施了举世瞩目的社会保险制度的重大改革，建立起了全新的、以个人账户为基础、以私营化经营管理为特征的养老保险制度运行模式。新制度规定,职工必须按工资收入的10%按月缴纳保险费,并存入个人退休账户。雇主不缴费,但有责任代扣代缴雇员的养老保险费。个人账户基金由相互竞争的私营养老保险基金管理公司(AFP)负责管理运营,并收取一定的管理费。缴费者可以自愿选择在任何一家AFP缴费,并可以适时更换。职工退休后的养老金待遇主要取决于个人退休账户积累额及投资收益状况。当职工达到法定退休年龄后,可通过不同方式领取退休养老金,可以向商业保险公司购买年金保险,也可以从个人账户上逐月支取。

基本评价:

不管是新加坡的中央公积金制度,还是智利的个人账户制度,其共同点都是强调劳动者的自我积累、自我保障意识,缴费与退休待遇相关联。

强制储蓄型养老保险模式的优势是:

(1) 能极大地增强劳动者的参保积极性,增进养老保险制度的效率机制。
(2) 在相当程度上克服了传统模式下国家大包大揽和养老保险费用支出的过度膨胀。
(3) 完全积累制的养老保险筹资模式有利于应对人口年龄结构变化的挑战。
(4) 积累的养老保险资产可以有效促进经济的发展。
(5) 可以带动以养老为龙头的多种经济保障计划的实现。

强制储蓄型养老保险模式的缺陷是:

(1) 只强调劳动者个人生命周期的收入再分配,没有人与人、代与代之间的转移关系,因此,无法充分发挥社会保障的互济互助功能。
(2) 规模庞大的养老保险基金,大大增加了管理的技术难度,面临着保值增值的压力,在持续通货膨胀和金融危机时难以正常运行。

目前强制储蓄型养老保险制度正处在发展过程中,具体走向和实效难以预料。一些欧洲国家,如瑞典、意大利等国和我国也引进了个人账户制度,但基金基本上处于"空账"运行状态。

四、多层次养老保险模式

多层次养老保险模式是指根据不同的经济保障目标,综合运用各种养老保险形式而形成的老年经济保障制度。第二次世界大战后,多层次养老保险制度在一些工业化国家开始逐渐形成,到了20世纪80年代颇受各国重视。如北欧国家在普遍保障基础上建立的收入关联保险模式,美国在政府社会保险计划基础上建立的对特殊社会群体的社会救助计划等,但较为典型的多层次养老保险模式是指瑞士等国在20世纪80年代中期重大结构性改革后形成的三个层次的保障模式:第一个层次,由国家建立强制参加的国民年金保险制度,提供最基本的老年经济保障;第二个层次,建立法定的企业补充养老保险计划;第三个层次,建立个人储蓄性养老保险,旨在提供较高的收入保障。

20世纪90年代,世界银行、国际货币基金组织的专家在总结一些国家多层次养老保险模式经验的基础上,提出通过四个层次构建新的养老保险模式。

第一个层次,国家举办的,以强制储蓄计划为特征的养老保险计划。它强调和鼓励劳动者的自我保障意识,在劳动期间为日后的退休经济保障提供资金积累和准备。

第二个层次,国家举办的以收入再分配为特征的养老保险计划。它强调社会公平原则,为那些无法通过自我积累实现养老保险目标的低收入劳动者提供基本收入保障,同时,这一层次的保障有助于克服通货膨胀风险和难以预测的收入波动风险,保障劳动者实现最低限度的退休经济保障目标。

第三个层次,由企业建立的、国家给予税收等各项政策优惠的补充养老保险计划。它强调与就业相关联和提供补充退休收入保障,作为国家基本养老保险计划的补充。

第四个层次,由劳动者个人和家庭建立的以自愿储蓄或其他方式建立的补充性退休收入保障计划。

基本评价:

对众多发展中国家以及经济转轨国家而言,多层次养老保险模式对于解决当前面临的养老保险制度危机具有重要的现实意义。

在多层次养老保险模式中,每一个层次的保障服务于各自不同的养老保险目标,关键是如何根据各国的基本国情和自身发展条件,将各个支柱进行有效、合理的组合,发挥各层次的长处,克服其短处。在此意义上,多层次养老保险模式可望成为21世纪许多国家养老保险模式改革发展的目标模式。

中国新型社会养老保险制度的建立及改革已经走过了十几年的历程,经过多年的摸索、实践,在资金的管理上逐步形成了"社会统筹与个人账户相结合"的筹资模式,建立了多层次的养老保险体系。但目前我国养老保险也面临更加严峻的挑战,加速发展的人口老龄化、覆盖面窄、统筹层次低、隐性债务和个人空账等问题,已使现有的养老保险制度力不从心;而农村传统的"家庭养老与土地保障"功能已日趋退化,新型农村养老保险刚刚开始试点,任务艰巨。

四、职工基本养老保险

我国现行的统一的城镇企业职工基本养老保险制度的内容框架,是《国务院关于建立统一的企业职工基本养老保险制度的决定》(国发[1997]26号)和《社会保险费征缴暂行条例》以及劳动保障部发布的规章、文件确定的。

(一)职工基本养老保险的主要内容

1. 覆盖范围

基本养老保险覆盖范围是国有企业、城镇集体企业、外商投资企业、城镇私营企业和其他城镇企业及其职工,实行企业化管理的事业单位及其职工。省、自治区、直辖市人民政府根据当地实际情况,可以规定将城镇个体工商户纳入基本养老保险的覆盖范围。一些地方将自由职业者也纳入了基本养老保险覆盖范围。

2. 缴费基数和费率

企业缴纳基本养老保险费的比例,一般不得超过企业工资总额的20%,具体比例由省、自治区、直辖市人民政府确定。少数省、自治区、直辖市因离退休人数较多,养老保险负担过重,确需超过企业工资总额20%的,应报劳动保障部、财政部审批。个人缴纳基本养老保险费的比例,应逐步达到本人缴费工资的8%。个体工商户、自由职业者的缴费全部由自己承担,缴费比例一般为18%,其缴费基数可以在当地职工平均工资的60%至300%之间选择一个缴费基数档次。2019年3月5日,政府工作报告中,提出明显降低企业社保缴费负担,下调城镇职工基本养老保险单位缴费比例,各地可降至16%。

3. 社会统筹与个人账户相结合

社会保险经办机构按本人缴费工资11%的数额为职工建立基本养老保险个人账户,个人缴费全部记入个人账户,其余部分从企业缴费中划入。随着个人缴费比例的提高,企业划入的部分逐步降至3%。个人账户储存额,每年参考银行同期存款利率计算利息。个人账户储存额只用于职工养老,不得提前支取。职工调动时,个人账户全部随同转移。职工或退休人员死亡,个人账户中的个人缴费部分可以继承。企业缴费除划入个人账户部分外,其余均纳入社会统筹基金。

4. 养老金待遇

实行"社会统筹与个人账户相结合"养老保险制度后参加工作的职工,个人缴费年限累计满15年的,退休后按月发给基本养老金。基本养老金由基础养老金和个人账户养老金组成。退休时的基础养老金月标准为省、自治区、直辖市或地市上年度职工月平均工资的20%,个人账户养老金月标准为本人个人账户储存额除以120。个人缴费年限累计不满15年的,退休后不享受基础养老金待遇,其个人账户储存额一次性支付给本人。

实行"社会统筹与个人账户相结合"养老保险制度前已经离退休的人员,仍按国家原来的规定发给养老金,同时执行养老金调整办法。

实行"社会统筹与个人账户相结合"养老保险制度前参加工作、实施后退休且个人缴费和视同缴费年限累计满15年的人员,按照新老办法平衡衔接、待遇水平基本平衡等原则,在发给基础养老金和个人账户养老金的基础上,再确定过渡性养老金。

5. 管理服务社会化

将企业发放养老金改为社会化发放养老金,积极创造条件将退休人员的管理服务工作逐步由企业转向社会。

6. 养老保险基金管理等

养老保险费由社会保险经办机构或税务机关征收,具体由省级人民政府确定。基金实行收支两条线管理。实行省级统筹和属地化管理等。

(二)职工基本养老保险待遇

参加职工基本养老保险的个人,是指与用人单位建立劳动关系的自然人,包括城镇居民和农村居民,其享受的基本养老保险待遇是完全一样的,并不因为身份的不同而有所不同。

(1) 参加职工基本养老保险的个人,在达到法定退休年龄时,累计缴费年限满15年的,依法有权按月领取基本养老金。

(2) 参加职工基本养老保险的个人,在达到法定退休年龄时,累计缴费年限不满15年的,可以缴费至15年,从而按月领取基本养老金;也可以转入新型农村社会养老保险(农村居民)或者城镇居民社会养老保险(城镇居民),并按照国务院规定享受相应的养老保险待遇。

(3) 参加基本养老保险的个人,因病或非因工死亡,其遗属有权自社会保险经办机构领取丧葬补助金和抚恤金。在未达到法定退休年龄因病或非因工致残完全丧失劳动能力的,可以自社会保险经办机构领取病残津贴。

(4) 参加基本养老保险的个人死亡的,其个人账户的个人缴费部分,由其法定继承人进行继承。

(5) 基本养老保险的转移。

《社会保险法》第十九条规定了基本养老保险的转移,以使得在不同地区特别是跨省就业时,社会保险的转移接续问题。

同时,《社会保险法》还规定了农村居民在城镇与用人单位建立劳动关系的,其缴费的职工基本养老保险在符合条件时,可以转入新型农村养老保险中,也为农民职工参加职工基本养老保险提供了保障。

知识链接

2010年1月1日起施行《城镇企业职工基本养老保险关系转移接续暂行办法》。包括农民工在内的参加城镇企业职工基本养老保险的所有人员,其基本养老保险关系可在跨省就业时随同转移;在转移个人账户储存额的同时,还转移部分单位缴费;参保人员在各地的缴费年限合并计算,个人账户储存额累计计算,对农民工一视同仁。

为避免参保人员因办理转续关系而在两地往返奔波,暂行办法规定了统一的办理流程,参保人员离开就业地,由社保经办机构发给参保缴费凭证;在新就业地参保,只需提出转续关系的书面申请,转入和转出地社保经办机构为其协调办理审核、确认和跨地区转续手续。

国家将建立全国统一的社保机构信息库和基本养老保险参保缴费信息查询服务系统,发行全国通用的社会保障卡。

(三) 企业职工补充养老保险

1. 含义

企业补充养老保险是指在国家基本养老保险的基础上,依据国家政策和本企业经济状况建立的、旨在提高职工退休后生活水平、对国家基本养老保险进行重要补充的一种养老保险形式。

企业补充养老保险也叫企业年金。它居于多层次的养老保险体系中的第二层次,由国家宏观指导、企业内部决策执行。

广义的补充养老保险包括职业年金计划、互助基金保险及商业年金计划(商业养老保险)等。

2. 特点

(1) 采用个人账户积累模式。

(2) 一般情况下,只有企业缴费,职工个人不缴费。

(3) 缴费来源主要是企业的自有基金、奖励与福利基金,基本不能享受税收优惠政策。

(4) 积累基金只能存银行、买国债,不能进行市场化投资。

(5) 企业自愿建立,国家不强制。它的主要特征是同企业经济效益挂钩,效益好时多补充,效益不好时少补充或不补充。补充养老保险强调效益,企业有充分的自主权。

3. 企业补充养老保险与基本养老保险的区别

企业补充养老保险与政府的基本养老保险相比有着本质的区别。其表现是:

(1) 经营的目的不同,这是构成两者差异的基础。养老保险的目的在于在被保险人退休之后向其提供一定的经济补偿,以保障他们经济生活的安定,这是两者的共同之处。但政府建立基本养老保险的目的在于为退休人员提供最基本的生活保障,而企业补充养老保险的目的则是在此基础上提供补充给付,使退休人员退休后的收入水平不至过多下降,保障的层次显然不一样。

(2) 经营的特性不同。从世界各国的情况来看,基本养老保险的主体是国家,由政府指定专门职能部门主办,并以法律、法规作后盾,具有强制性、垄断性和统一性,制度覆盖范围内的企业和个人都必须无条件参加,其保障方式和程度都是标准化的;而企业补充养老保险则是企业根据自身的经营业绩、劳动力市场的竞争等情况而自愿设立的,经营的主体可以是企业自身(由企业内部机构经办)、企业集团、商业保险公司或共同基金,它们相互竞争,由企业选择,保险计划呈现出多样性和差异性。

(3) 保障的程度不同。基本保险是政府对国民应尽的责任,享受它是国民的权利,所以政府对保险的财务负最后的责任,被保险人的利益永远获得保障;而对补充养老保险而言,虽然政府一般在保险费的缴纳和基金投资方面给予税收优惠政策,以支持其发展,但不会对其财务提供担保,所以被保险人的保障程度具有较大的风险性,它取决于企业经营状况的好坏和补充养老保险经营主体经营状况的好坏。

4. 作用

20世纪70年代以来,企业补充养老保险在工业化国家取得了十分迅猛的发展,无论是在为退休人员提供经济保障方面,还是在促进企业的发展乃至国家的经济发展方面都起到了十分重要的作用。

(1) 可以提高职工退休后的生活水平。随着社会的进步和经济的发展,职工的养老保障需求会相应提高,部分经济效益较好的企业也有提高职工福利水平的能力。在这种情况下,允许这类企业为其职工建立补充养老保险,可以满足职工较高层次的养老保障需求。

(2) 有利于密切职工与企业的关系,稳定职工队伍,增强企业的凝聚力和吸引力,促进企业发展。

(3) 规模不断壮大的企业补充养老保险基金把大量即期消费资金转化为长期储蓄资金,有助于促进资本市场的发育和国民经济的增长。

法律衔接

《劳动法》第七十五条关于"国家鼓励用人单位根据本单位实际情况为劳动者建立补充保险"的规定,为建立我国企业补充养老保险制度提供了法律依据。

《国务院关于深化企业职工养老保险制度改革的通知》(国发[1995]6号)也对建立企业补充养老保险和个人储蓄性养老保险做出明确规定。

《企业年金试行办法》2003年12月30日经原劳动和社会保障部第7次部务会议通过,2004年5月1日起实施。原劳动部1995年12月29日发布的《关于印发〈关于建立企业补充养老保险制度的意见〉的通知》同时废止。

延伸阅读

日本的企业年金制度

第二次世界大战以后,日本民营企业普遍实行了"退职一次金"制度,大约90%民营企业职工在退休时可得到一次性支付一笔退职金。20世纪60年代以后,这种"退职一次金"逐渐演化为企业年金,即企业把一笔钱交给生命保险公司(人寿保险公司),职工退休时,按年金方式支付。目前参加了厚生年金保险的民营企业有60%实行了企业年金制度。

日本的企业年金是企业对职工劳动的补偿,是对国民年金和厚生年金的补充,是由企业根据各自的需要和承受能力制定的制度,具有以下几个主要特点。

(1) 目前大部分企业实际上把企业年金分为两部分,一部分仍一次性支付,另一部分以年金方式支付。这样做的好处是,既可以把一笔钱留在企业,企业调度使用方便;又另有一笔钱交给商业保险公司投资运营,免除了职工对企业未来支付能力的担心。

(2) 一次性支付的数额原则上与职工在本企业工作年限及退休时基本工资高低挂钩,但事先并不许诺,要根据支付时的具体情况来决定。如果职工退休时企业经济状况不好,也可以少支付。

(3) 企业年金按照"预先积累方式"筹集,即制度建立初期多收保险费,积累起一笔基金,达到一定积累额之后,再按照"支付金额＝保险费＋利息"的公式(即收支相等原则)进行支付。

(4) 企业年金的大部分费用由企业承担,个人也负担一部分。

(5) 企业年金由信托银行和人寿保险公司管理、经营和支付。企业要分别与职工和信托银行或人寿保险公司签订年金合同;职工先将本人应负担的保险费交给企业,再由企业将职工所交费用和企业应负担的费用交给信托银行或人寿保险公司。信托银行和人寿保险公司可以运用这笔资金进行投资,投资方向包括国债、贷款信托、动产信托、股票、不动产以及外汇证券等。企业职工退休后,由信托银行按规定向职工支付退休金。如果基金实现增值,超过了需要支付的数量,可以将规定保留额以外的部分退还给企业。由于许多企业同信托银行或人寿保险公司签订了合同,故企业年金按不同委托者分别加以管理。

(6) 企业年金的水平有一定限制。企业年金与厚生年金相加不能超过公务员共济年金的水平(共济年金的水平相当于退休时工资的70%),并且可以列入成本开支。如果超过了,超过部分要征税。

(四) 个人储蓄性养老保险

职工个人储蓄性养老保险是我国多层次养老保险体系的一个组成部分,是由职工自愿参加、自愿选择经办机构的一种补充保险形式。

1. 定义

个人储蓄性养老保险是由社会保险机构经办的职工个人储蓄性养老保险,由社会保险主管部门制定具体办法,职工个人根据自己的工资收入情况,按规定缴纳个人储蓄性养老保险费,记入当地社会保险机构在有关银行开设的养老保险个人账户,并应按不低于或高于同期城乡居民储蓄存款利率计息,以提倡和鼓励职工个人参加储蓄性养老保险,所得利息记入个人账户,本息一并归职工个人所有。职工达到法定退休年龄经批准退休后,凭个人账户将储蓄性养老保险金一次总付或分次支付给本人。

职工跨地区流动,个人账户的储蓄性养老保险金应随之转移。职工未到退休年龄而死亡,记入个人账户的储蓄性养老保险金应由其指定人或法定继承人继承。

2. 作用

(1) 这种缴费方式可以扩大养老保险经费来源,多渠道筹集养老保险基金,减轻国家和企业的负担。

(2) 有利于消除在我国被认为是保险费用由国家承担的观念,增强了职工保障自身合法权益的意识,以及参与社会保险的主动性。

(3) 同时也能够促进对社会保险工作实行广泛的群众监督。

3. 实现途径

职工按照自己的工资情况缴纳个人储蓄性养老保险费并且按相关利率计息,本息在职工个人所有的账户里,归职工本人所有,在职工退休以后支付给职工。

个人储蓄性养老保险可以与企业补充养老保险结合在一起,这样做的目的就是促进和提高职工参与的积极性。

(五) 机关事业单位养老保险

机关事业单位养老保险是养老保险制度的一种。在我国,该项保险最早是由人事部门推行的,国家没有统一制度,没有统一要求,尽管已实施多年,但全国仍处于试点阶段,最初只在机关事业单位合同制工人中实行,后扩大范围,覆盖大部分机关事业单位人员,参照企业养老保险模式管理。

1. 主要特征

(1) 经费完全来源于财政拨款。每年根据支付退休费的实际需要直接由国家财政预算列支。

(2) 待遇与工作年限挂钩,以退休时工资为基数,按一定比例计发,并随在职人员一起调整。

(3) 退休干部由原单位管理。

加快和完善社会保障体系,是我国全面推进小康社会建设的一项重要任务。社会保障问题关系到国计民生。机关事业单位养老保险制度是整个社会保障体系建设的重要组成部分,与企业养老保险制度相比,机关事业单位养老保险制度改革明显滞后。我国应尽快出台统一的政策法规,提高统筹层次,"做实"个人账户,建立权利与义务对等的养老金计发办法,大力发展多层次的养老保障对策,建立完善机关事业单位养老保险制度。

2. 制度沿革

(1) 初步发展阶段(1949—1966 年)

新中国成立后,机关事业单位养老主要借鉴前苏联等社会主义国家模式,在结合解放区供给制的基础上建立退休福利制度,经费全部或部分来源于财政,待遇与工作年限挂钩,退休人员管理与原单位关系保持不变。1950 年,政务院颁发《关于退休人员处理办法的通知》,这是新中国成立后发布的第一个关于退休养老方面的法规。1958 年 2 月,国务院发布了《关于工人、职员退休处理的暂行规定》,将企业职工和政府公务人员的退休办法合并,统一了企业职工和国家机关事业单位工作人员的养老保险办法。

(2) 破坏挫折阶段(1967—1977 年)

"文革"开始后,养老保险制度受到严重破坏。管理职工养老保险工作的工会组织被迫停止活动,管理社会保险政策的内务部被撤销,养老保险工作陷于瘫痪。退休费用社会统筹被取消,社会保险费无人统一征集,只能由单位来负担,社会保险处于历史倒退阶段。

(3) 恢复阶段(1978—1992年)

1978年起,我国养老保险制度进入恢复时期。国家对国有企业职工和机关事业单位工作人员退休条件、待遇水平作了统一规范,机关事业单位与国有企业职工仍实行统一的养老保险办法。1978年国务院颁布《关于安置老弱病残干部的暂行办法》和《关于工人退休、退职的暂行办法》,机关事业单位人员在职不用缴纳任何费用,退休后的待遇按照工作年限由人事部门审批核定,没有实现真正意义上的社会保险。20世纪90年代起,国家对机关事业单位养老保险制度改革情况、保险基金管理问题进行了明确,按照国家、集体、个人共同负担的原则,逐步改变退休金实行现收现付的做法。

(4) 改革试点阶段(1993年至今)

十四届三中全会以后,随着社会经济的发展,企业养老保险制度全面建立,机关事业单位养老保险制度改革问题提上日程,国家提出要建立多层次社会保障体系,要求各省、市进行改革试点。1994年起,云南、江苏、福建、山东、辽宁、山西等省下发机关事业单位养老保险改革的文件,在不同范围和人员中开始试点。到2005年年底,全国有28个省、自治区、直辖市的283个地市、1718个县市,开展了机关事业单位养老保险改革试点。参加养老保险的职工达到1772万人,其中,在职工1410万人,离退休人员362万人。

2008年,国务院原则通过了《事业单位工作人员养老保险制度改革试点方案》,确定在山西、上海、浙江、广东、重庆五省市先期开展试点,与事业单位分类改革配套推进。2009年1月,国务院要求五个试点省份正式启动此项改革,实现企业与机关事业单位之间制度能够衔接,事业单位养老保险制度改革与企业基本一致。

2012年5月国务院常务会议讨论通过《社会保障"十二五"规划纲要》指出:十一五期间社会保障管理服务体系初步建立。建立新型农村社会养老保险制度并开展试点,全面建立企业职工基本养老保险省级统筹制度;全面实施城镇居民基本医疗保险制度、新型农村合作医疗制度和城乡医疗救助制度,职工基本医疗保险制度进一步完善。

3. 主要内容

(1) 实行社会统筹与个人账户相结合的基本养老保险制度

基本养老保险费由单位和个人共同负担,单位缴纳基本养老保险费(以下简称单位缴费)的比例,一般不超过单位工资总额的20%,具体比例由试点省(市)人民政府确定,因退休人员较多、养老保险负担过重,确需超过工资总额20%的,应报劳动保障部、财政部审批。个人缴纳基本养老保险费(以下简称个人缴费)的比例为本人缴费工资的8%,由单位代扣。个人工资超过当地在岗职工平均工资300%以上的部分,不计入个人缴费工资基数;低于当地在岗职工平均工资60%的,按当地在岗职工平均工资的60%计算个人缴费工资基数。

按本人缴费工资8%的数额建立基本养老保险个人账户,全部由个人缴费形成。做实个人账户的起步比例为3%,以后每年提高一定比例,逐步达到8%。有条件的试点省(市)可以适当提高起步比例。个人账户储存额只能用于本人养老,不得提前支取。参保人员死亡的,其个人账户中的储存余额可以继承。

(2) 基本养老金的计发办法

本方案实施后参加工作、个人缴费年限(含视同缴费年限,下同)累计满15年的人员,退休后按月发给基本养老金。基本养老金由基础养老金和个人账户养老金组成,退休时的基础养老金月标准以当地上年度在岗职工月平均工资和本人指数化月平均缴费工资的平均值为基数,缴费每满1年发给1%。个人账户养老金月标准为个人账户储存额除以计发月数,计发月数根据本人退休时城镇人口平均预期寿命、本人退休年龄、利息等因素确定。

本方案实施前参加工作、实施后退休且个人缴费年限累计满15年的人员,按照合理衔接、平稳过渡的原则,在发给基础养老金和个人账户养老金的基础上,再发给过渡性养老金。具体标准由各试点省(市)人民政府确定,并报人社部、财政部备案。

本方案实施后达到退休年龄但个人缴费年限累计不满15年的人员,不发给基础养老金;个人账户储存额一次性支付给本人,终止基本养老保险关系。

本方案实施前已经退休的人员,继续按照国家规定的原待遇标准发放基本养老金,参加国家统一的基本养老金调整。

(3) 建立基本养老金正常调整机制

为使事业单位退休人员享受经济社会发展成果,保障其退休后的基本生活,根据职工工资增长和物价变动等情况,国务院统筹考虑事业单位退休人员的基本养老金调整。

(4) 建立职业年金制度

为建立多层次的养老保险体系,提高事业单位工作人员退休后的生活水平,增强事业单位的人才竞争能力,在参加基本养老保险的基础上,事业单位建立工作人员职业年金制度。具体办法由人社部会同财政部制定。

(5) 逐步实行省级统筹

进一步明确省、市、县各级人民政府的责任,建立健全省级基金调剂制度。具备条件的试点省(市)可从改革开始即实行省级统筹;暂不具备条件的,可实行与企业职工基本养老保险相同的统筹层次。

知识衔接

2011年3月十一届全国人大四次会议审议通过的《国民经济和社会发展十二五规划纲要》中明确要求要"推动机关事业单位养老保险制度改革"。

2008年,国务院印发了《事业单位工作人员养老保险制度改革试点方案》,决定在山西、上海、浙江、广东、重庆五省市先期开展试点,与事业单位分类改革试点配套推进。

大视野

什么是养老金"双轨制"?

养老金"双轨制"是指不同用工性质的人员采取不同的退休养老金制度。养老金"双轨制"是计划经济时代向市场经济转型期的特殊产物,随着改革开放的不断深入,"双轨制"的弊端越来越明显,同等学力、同等职称、同等职务、同等技能、同等贡献的人因退休时的单位性质不同,退休金也不同,企业比政府机关和事业单位的养老金低1/3。2012年3月,这一制度在全国"两会"上引起代表委员们的关注和热议,2012年12月17日,中国社会科学院发布报告称中国14省份2011年养老金收不抵支,缺口达767亿元,再次引发对于养老金双轨制讨论的热潮。

五、新型农村社会养老保险

新型农村社会养老保险称为"新农保"。新农保是继取消农业税,农业直补,新型农村合作医疗等政策之后的又一项重大惠农政策。

"新农保"是一项重要的惠农政策,该制度对解决广大农民的养老问题、建立完善覆盖城乡的社会养老保障体系、推进政府基本公共服务的均等化、进一步改变我国城乡二元经济结构、建立社会主义和谐社会具有重要的战略意义。

1. 概念

新型农村社会养老保险(以下简称新农保)是以保障农村居民年老时的基本生活为目的,建立个人缴费、集体补助、政府补贴相结合的筹资模式,养老待遇由社会统筹与个人账户相结合,与家庭养老、土地保障、社会救助等其他社会保障政策措施相配套,由政府组织实施的一项社会养老保险制度,是国家社会保险体系的重要组成部分。

2. 特点

(1) 在制度模式上,实行了"个人账户+基础养老金"。

(2) 在筹资机制上,实行个人缴费、集体补助、政府补贴的筹资办法。

(3) 在缴费标准上,实行了弹性缴费标准,在达到最低缴费标准的基础上,允许参保人员可根据自己承受能力多缴费。

(4) 在缴费方式上,可灵活选择季缴、半年缴、年缴等。

(5) 在待遇发放上,实行普惠制补贴,即对试点开始时年满60周岁的农村老年人在取得保险资格后,每人每月由省、市、县三级财政按1:1:1的比例发放基础养老金30元。

(6) 在缴费年限上,建立约束机制,对45周岁以下人员,累计缴费年限必须满15年;自试点开始,年满45周岁及其以上,且逐年足额缴纳保险费的,达60周岁才可以享受政府的基础养老金。

(7) 在基金管理上,实行纳入财政社会保障专户的办法,同时实行全省统一预决算。

(8) 在激励机制上,参保农民缴费每满一年,基础养老金增加一个百分点。

(9) 在经费保障机制上,建立了服务人群与业务量挂钩的经费保障机制,按参保对象每人每年3元的标准纳入财政预算,通过购买服务的方式解决基层经办人员不足和经办机构经费短缺问题。

3. 基本原则

新农保试点的基本原则是"保基本、广覆盖、有弹性、可持续"。

"保基本"就是要从现阶段经济发展水平的实际出发,保障农村老年人的基本生活。今后随着经济发展水平的不断提高和财力的不断增加,再适时调整基础养老金标准。

"广覆盖"就是要千方百计扩大覆盖面,依靠政策的优惠,通过科学的制度设计,增强新农保制度的吸引力,调动广大农民参保的积极性,把尽可能多的农民吸纳到新农保制度保障之中。

"有弹性"就是要适合农村、农民的特点,设定不同的缴费档次和补贴标准,给农民留有选择空间,也给地方财政补贴留有余地。

"可持续"就是要各级财政有能力支付,广大农民能够承受,新农保基金能够保值增值。

4. "新农保"和"老农保"的区别

新型农村社会养老保险之所以被称为新农保,是相对于以前各地开展的农村养老保险而言。

(1) 筹资的结构不同。过去的老农保主要是农民自己缴费,实际上是自我储蓄的模式。而新农保一个最大的区别就是个人缴费、集体补助和政府补贴相结合,是三个筹资渠道。

特别是中央财政对地方进行补助,这个补助又是直接补贴到农民的头上。是继取消农业税、农业直补、新型农村合作医疗等一系列惠农政策之后的又一项重大的惠农政策。

(2) 老农保主要是建立农民的账户,新农保在支付结构上的设计是两部分:一部分是基础养老金,一部分是个人账户的养老金。而基础养老金是由国家财政全部保证支付的。

5. 领取条件

年满60周岁、未享受城镇职工基本养老保险待遇的农村有户籍的老年人,可以按月领取养老金。

新农保制度实施时,已年满60周岁、未享受城镇职工基本养老保险待遇的,不用缴费,可以按月领取基础养老金,但其符合参保条件的子女应当参保缴费;距领取年龄不足15年的,应按年缴费,也允许补缴,累计缴费不少于15年;距领取年龄超过15年的,应按年缴费,累计缴费不少于15年。

要引导中青年农民积极参保、长期缴费,长缴多得。具体办法由省(区、市)人民政府规定。

6. 办理程序

办理新农保手续三步走。

(1) 申办:以家庭为单位。

符合条件的参保人员,需持户口本、身份证,以家庭为单位(包括父母、儿子、儿媳、养女婿及配偶等亲属),向户籍所在地村委会提出参加新农保申请,选择缴费档次,填写《新型农村社会养老保险参保登记表》一式二份。若本人无法填写,可由亲属或村协理员代填,但须本人签字、签章或留指纹确认,由村协理员初审后,送乡(镇)新农保办进行信息录入新农保系统,录入后送县农保中心,在15个工作日内,对参保人提供的材料进行审查、复核,县农保中心数据审核后,为参保人员建立基本信息和新农保个人账户,委托县信用联社为参保人开办银联卡,由各乡镇营业网点发放到村,参保人凭银联卡缴纳选定的保险费由信用社进行代扣。

(2) 缴费:小额支付便民点。

养老保险费以家庭为单位,根据自主选择的缴费档次,实行按年度缴纳。为了方便参保人,县信用联社将在各大行政村设立小额支付便民点,届时,参保人只需凭银联卡到小额支付便民点存钱缴费,但要保留好银行凭证。随后,县信用联社反馈扣款情况到农保中心,县农保中心核实对账后,会将信息反馈到乡镇农保工作事务所、参保人,县农保中心建立由个人缴费和政府补贴的个人账户,并归档备案。

(3) 领取:提前1个月申请,次月发放。

在达到领取年龄60周岁前1个月,参保人应持银联卡、户口本、身份证到户籍所在地的乡(镇、区)劳动保障机构申请领取养老金,并对劳动保障机构提供的养老保险待遇审批表及养老金月领取标准进行确认。县农保中心对符合按月领取养老金条件的人员,将在其达到领取年龄的次月,为其办理养老金领取手续,并于每月15日前将养老金拨付到位。次月开始,参保人再凭银联卡到行政村小额支付便民点领取养老金。

7. 相关制度衔接

原来已开展个人缴费为主、完全个人账户农村社会养老保险(以下称老农保)的地区,要在妥善处理老农保基金债权问题的基础上,做好与新农保制度衔接。在新农保试点地区,凡已参加了老农保、年满60周岁且已领取老农保养老金的参保人,可直接享受新农保基础养老金;对已参加老农保、未满60周岁且没有领取养老金的参保人,应将老农保个人账户资金并入新农保个人账户,按新农保的缴费标准继续缴费,待符合规定条件时享受相应待遇。

新农保与城镇职工基本养老保险等其他养老保险制度的衔接办法,由人力资源社会保障部会同财政部制定。要妥善做好新农保制度与被征地农民社会保障、水库移民后期扶持政策、农村计划生育家庭奖励扶助政策、农村五保供养、社会优抚、农村最低生活保障制度等政策制度的配套衔接工作,具体办法由人力资源社会保障部、财政部会同有关部门研究制定。

案例分析:

刘某今年已经65岁,农民。听说新农保制度后想加入,又害怕年龄不符合。

思考: 现在已经超过60岁的农民还能入新农保吗?

分析: 按照国务院的指导意见:"在新农保实施时,已年满60周岁,未享受城镇职工基本养老保险的不用缴费可以按月领取基础养老金,但其符合参保条件的子女应当参保缴费。"这样一个制度,60岁以上的农民应当纳入到新农保的保障之下,但是需要符合参保条件的子女参保缴费。

知识衔接

开展新型农村社会养老保险试点的背景

党中央、国务院历来高度重视农村社会保障并深切关怀农村居民的养老保障问题,明确了2020年基本建立覆盖城乡居民社会保障体系的目标。

2008年党的十七届三中全会通过的《中共中央关于推进农村改革发展若干重大问题的决定》强调,"按照个人缴费、集体补助、政府补贴相结合的要求,建立新型农村社会养老保险制度。"国务院于2009年发出了《关于开展新型农村社会养老保险试点的指导意见》(国发[2009]32号),决定从2009年起在10%的县(市、区)开展新型农村社会养老保险试点。

部分国家农村养老保险制度建立情况如表4-1所示。

表4-1 部分国家农村养老保险制度建立情况

国 家	制度类型	建立年份	农村人口占总人口比重/%
希腊	专门制度	1961	56.2
日本	统分结合	1961	56.1
葡萄牙	专门制度	1977	52.7
西班牙	专门制度	1974	48.8
德国	专门制度	1957	24.0

六、城镇居民社会养老保险

国务院决定从2011年7月1日起开展城镇居民社会养老保险试点工作,这一制度的实施将填补我国社会养老保险制度建设的最后一块空白。按照《国务院关于开展城镇居民社会养老保险试点的指导意见》的规定,试点工作的目标是要建立政府补贴和个人缴费相结合的城镇居民社会养老保险制度。

2011年试点范围要覆盖全国60%的地区,到2012年基本实现城镇居民社会养老保险制度的全覆盖。届时,覆盖全体国民的基本养老保险制度体系也将形成,这是我国经济社会发展中具有深远历史意义的一件大事。

1. 城镇居民社会养老保险的概念

城镇居民社会养老保险(以下简称城居保)是覆盖城镇户籍非从业人员的养老保险制度,这项制度和职工基本养老保险制度、新型农村社会养老保险(以下简称新农保)制度共同构成基本养老保险制度体系。

建立城镇居民社会养老保险制度,是社会保障体系建设中的一件大事,是党和国家的又一重大惠民政策,也是促进社会公平正义、逐步实现基本公共服务均等化的一个重大步骤,它标志着统筹城乡的养老保险制度基本框架得以建立,几千年来中国人"老有所养"的愿望得以实现,对于体现以人为本、民生优先理念,提高各族人民生活水平,有效维护社会稳定、促进社会和谐具有十分重要的意义。

2. 城镇居民社会养老保险的特点

城居保有两个突出特点:一是城居保的资金来源除个人缴费外,还有政府对参保人缴费给予的补贴,个人缴费越多,政府补贴也越多,而且个人缴费和政府补贴全部计入参保人的个人账户。二是城居保的养老金由个人账户养老金和基础养老金两部分构成,个人账户养老金水平由账户储存额,也就是个人缴费和政府补贴总额来决定;基础养老金则由政府全额支付。

3. 城镇居民社会养老保险的基本原则

城镇居民社会养老保险试点工作坚持"保基本、广覆盖、有弹性、可持续"的基本原则,从城镇居民的实际情况出发,低水平起步,筹资标准和待遇水平与经济发展及各方面承受能力相适应;个人(家庭)和政府合理分担责任,权利与义务相对应;政府主导和居民自愿相结合,引导城镇居民普遍参保;对参保居民实行属地化管理。

4. 城镇居民社会养老保险与职工基本养老保险的主要区别

城镇居民社会养老保险不同于职工基本养老保险,其资金来源主要由个人缴费和政府补贴构成,参保人员自主选择档次缴费,政府对参保人员缴费给予补贴,个人缴费和政府补贴部分全部计入参保人员的个人账户,充分体现"多缴多得"。参保人员养老待遇由基础养老金和个人账户养老金构成,对于累计缴费超过15年的,每超过1年,基础养老金每月再增加10元,充分体现"长缴多得"。

5. 享受城镇居民社会养老保险、养老金待遇的条件

(1)城镇居民社会养老保险制度实施时,已年满60周岁、未享受城镇职工基本养老保险或机关事业单位养老保险待遇的非从业居民,从2011年7月1日起按月领取基础养老金。

(2)从2011年10月1日起未满60周岁的参保人员均应参保缴费,从其达到60周岁的次月起可领取养老金。对未参保缴费的,无论其何时达到60周岁均不能享受基础养老金待遇。

6. 城镇居民社会养老保险如何办理参保登记手续

年满16周岁以上(不含在校生),具有当地非农业户籍,未参加城镇职工基本养老保险或机关事业单位养老保险的城镇居民,需携带户口簿和二代居民身份证原件和复印件,到户籍所在地村委会(居委会)提出参加城镇居民社会养老保险申请,选择缴费档次,填写《城镇居民社会养老保险参保登记表》。若本人无法填写,可由亲属或村(居)协理员代填,但须本人签字、签章或留指纹确认。

7. 城镇居民社会养老保险与老农保相关制度如何衔接

(1) 凡已参加了老农保、年满60周岁且已领取老农保养老金的参保人,可直接享受城镇居民基础养老金55元。

(2) 对已参加老农保、未满60周岁且没有领取养老金的参保人,应将老农保个人账户资金并入城镇居民社会养老保险个人账户,按城镇居民社会养老保险的缴费标准继续缴费,待符合规定条件时享受相应待遇。

8. 城镇居民养老保险如何与其他保障制度进行衔接

参加城镇居民养老保险的城镇居民享受了被征地农民养老保障、城镇居民计划生育家庭奖励扶助、城镇居民五保供养、社会优抚、城镇居民最低生活保障、水库移民后期扶持政策待遇,国务院有关部门将制定相关政策,在不损害农村居民既得利益的原则下,妥善做好城镇居民养老保险与这些制度、政策的衔接工作。具体衔接办法将由人力资源社会保障部、财政部会同有关部门制定。

案例分析:

张某,男,1966年出生。想知道现在参加城乡居民社会养老保险划不划算?

思考: 现在参加城乡居民社会养老保险划不划算?

分析: 一是投资回收快。比如,张某按100元/每年标准,共缴费15年,每缴费1年政府补贴30元,个人账户按3%计息。年满60周岁,其个账户储存额2490元,个人账户养老金为每月17.9元,基础养老金为每月55元,总的养老金为每月72.9元,年养老金标准为874.8元。其缴纳的1500元养老保险费不到2年时间就可全部收回。二是收益远远高于银行存款利息。假如张某没有参加城乡居民社会养老保险,而是每年在银行存100元,共存15年,银行一年期存款利率为3%,此人得到的本息总额为1915元。但参加城镇居民社会养老保险,按每月养老金72.9元的标准、存活到75岁计算,可领取养老金总计13122元,是到银行存款得到的本息大约7倍。三是城乡居民社会养老保险基础养老金,也就是现在说的每月55元钱,国家会根据经济发展和物价变动等情况适时进行调整,参保人领取的养老金会越来越多。

知识衔接

新时期中国养老保险体系

新时期中国养老保险体系,始于20世纪90年代出台的城镇企业职工基本养老保险,继而有农村社会养老保险和2009年开始试点的新型农村社会养老保险,但城镇无业或就业极不稳定的群众,长期以来游离在养老保险体系之外。

针对这部分群体,中共十七届五中全会、"十二五"规划纲要、政府工作报告和2011年7月实施的《社会保险法》都提出,要建立城镇居民社会养老保险制度。中国政府网2011年6月13日发布了国务院关于开展城镇居民社会养老保险试点的指导意见,2011年7月1日启动城镇居民养老保险试点工作。这不是一次尝试性的试点，而是势在必行，试点范围即覆盖全国60%的地区，且要求2012年就要基本实现全覆盖。城居保大幕由此揭开。

> **延伸阅读**
>
> **三大养老保险将实现城乡衔接转换**
>
> 我国城乡养老保险将实现衔接转换，人社部近日就《城乡养老保险制度衔接暂行办法》公开征求意见，截至2012年12月16日。《办法》提出，我国职工养老保险、新农保以及城镇居民养老保险将实现衔接转换，缴费年限也将明确换算办法。
>
> **1. 城乡养老保险制度衔接办法要点**
>
> 适用范围：
>
> - 适用于在职保、新农保、城居保中参加过两种或两种以上的人员。
> - 在某一种制度中跨地区转移的参保人员，应按照各制度自身的规定转移接续养老保险关系，不适用本《办法》。
> - 《办法》适用于尚处于缴费期、未领取养老保险待遇的参保人员。
> - 已按国家规定领取各制度养老保险待遇的人员，由于不需要重新计算待遇，因此不适用本《办法》。
>
> **2. 三类转换**
>
> （1）新农保或城居保转入职保
>
> 参加职保和新农保或城居保人员，达到职保法定退休年龄（含待遇领取年龄）后，职保缴费年限满15年（含依据有关规定延长缴费）的，可以申请从新农保或城居保转入职保，按照职保办法计发相应待遇。
>
> （2）职保转入新农保或城居保
>
> 职保缴费年限不足15年的，可以申请从职保转入新农保或城居保，待达到新农保或城居保规定的领取条件时，按照新农保或城居保办法计发相应待遇。
>
> （3）新农保或城居保跨区衔接
>
> 参加新农保或城居保人员，在缴费期间因户籍迁移需要跨地区办理新农保和城居保衔接手续的，可在迁入地申请实时办理。
>
> （4）退休前一并申请：主要对象是农村进城务工的参保人员
>
> 《暂行办法》规定，参保者应在确定养老保险待遇之前的"最后时点"申请转移衔接，而不是采取"随走随转"的实时衔接方式。也就是说，无论参保者的养老险改变过几次，都不用着急办理转接，要到最后退休时再一并申请办理。
>
> 说明指出，这主要是考虑在职保与新农保或城居保之间衔接的主要对象是农村进城务工的参保人员，他们中的一些人在城市与农村之间可能多次流动就业，"随走随转"的实时衔接方式会导致社会保险关系的反复变化，增加参保人员的事务负担，也容易损失养老保险权益。
>
> **3. 办理流程**
>
> （1）申请
>
> 由参保人员本人向待遇领取地社会保险经办机构提出养老保险制度衔接的书面申请。

(2) 审核

待遇领取地社会保险经办机构受理并审核参保人员书面申请,对符合本办法规定条件的,在15个工作日内,向参保人员原职保、新农保或城居保关系所在地社会保险经办机构发出联系函,并提供相关信息;对不符合制度衔接条件的,向申请人作出说明。

(3) 办理

参保人员原职保、新农保或城居保关系所在地社会保险经办机构,在接到联系函的15个工作日内,完成制度衔接的各项手续。

(4) 办结

待遇领取地社会保险经办机构,在收到参保人员原职保、新农保或城居保关系所在地社会保险经办机构转移的资金后,应在15个工作日内办结有关手续,并将情况及时通知参保人员。

4. 养老保险

(1) 城镇职工基本养老保险(职保)
- 缴纳比例:企业缴20%,职工缴8%。
- 账户管理:社会统筹与个人账户相结合。
- 领取条件:企业职工达到法定退休年龄(男性职工60周岁,女性干部55周岁,女性工人50周岁),且个人缴费满15年的,退休后可以按月领取基本养老金。
- 覆盖范围:截至2011年年底,全国参保人数2.8亿人。

(2) 新型农村社会养老保险(新农保)
- 实施时间:2009年试点,2020年前实现全覆盖。
- 参保范围:年满16周岁(不含在校学生)、未参加城镇职工基本养老保险的农村居民,可在户籍地自愿参保。
- 缴费方式:新农保基金由个人缴费、集体补助、政府补贴构成。
- 领取条件:年满60周岁、未享受城镇职工基本养老保险待遇的农村有户籍的老年人,可以按月领取养老金。
- 覆盖范围:截至2011年年底,全国共计3.58亿人参加新农保。

(3) 城镇居民社会养老保险(城居保)
- 实施时间:2011年7月试点,2012年实现全覆盖。
- 参保范围:年满16周岁(不含在校学生)、不符合职工基本养老保险参保条件的城镇非从业居民,可在户籍地自愿参保。
- 缴费方式:居民缴费、政府补贴。
- 享受待遇:参保居民年满60周岁,可按月领取包括基础养老金和个人账户养老金在内的养老金。已年满60周岁、符合规定条件的城镇居民,不用缴费,可按月领取基础养老金。
- 覆盖范围:截至2011年年底,27个省份试点,覆盖面约为60%。
- 待遇支付:截至2011年年底,全国共有235万居民领取城居保养老金。

法律衔接

《国务院关于开展城镇居民
社会养老保险试点的指导意见》

国发[2011]18号已于2011年6月7日由国务院公布实施。

第三节 医疗保险

引导案例

某装饰涂料公司自1999年以来因市场竞争激烈,再加上公司所处地段影响了其业务的开展,几年来效益每况愈下,已经走到了无力支撑的境地。而且从1999年起就因为效益不好而无力支付职工的医疗保险费,致使职工们几年来的医药费无从报销。同处该市的另外一家建材公司看中了该涂料公司的生产场地,提出合并两家公司的建议。2002年,双方经协商成立了装饰材料有限公司。职工们满心欢喜,心想拖欠了两年的医药费终于有报销的地方了,于是找到装饰材料有限公司领导,该领导却说:"我们该缴的医疗保险费都缴了,还找我们干什么,去找社会保险部门去。"职工们又找到社会保险部门,才知道新公司并没有帮他们补缴前两年所欠缴的部分,在没有补缴前,他们的医疗费还是不能报销。

思考:公司合并,参加医疗保险的责任由谁承担?

分析:

(1) 这是一起因公司合并而产生的职工医疗费报销问题。《中华人民共和国公司法》(以下简称《公司法》)第一百八十四条规定:"公司合并时,合并各方的债权、债务,应由合并后存续的公司或者新设的公司承继。"本案中,原装饰涂料公司所欠缴的医疗保险费理应由承接其债权债务关系的装饰材料有限公司来承担。装饰材料有限公司应主动承担职工的医疗保险责任,并及时到医疗保险经办机构补缴原装饰涂料公司职工欠缴的两年的医疗保险费及滞纳金。在这里,社会保险经办机构也有责任督促企业积极缴费,解决好职工的医疗保险问题,以维护社会稳定,促进经济发展。

(2) 对类似问题的处理意见。公司合并应遵循《公司法》的原则,而不能以领导说了算。法律责任是任何人都不能推卸的。职工在遇到类似问题的时候,应该大胆地拿起法律的武器,维护自己的合法权益。

基本医疗保险是社会保险制度中最重要的险种之一,它与基本养老保险、工伤保险、失业保险、生育保险等共同构成现代社会保险制度。

一、医疗保险概述

(一) 医疗保险的概念

医疗保险是国家通过立法形式强制实施,由雇主和个人按一定比例缴纳保险费,建立社会医疗保险基金,支付雇员医疗费用的一种医疗保险制度。

可见,医疗保险是为补偿劳动者因疾病风险造成的经济损失而建立的一项社会保险制度。当劳动者患病时,社会保险机构对其所需要的医疗费用给予适当补贴或报销,使劳动者恢复健康和劳动能力,尽快投入社会再生产过程。

医疗保险属于社会保险的重要组成部分,一般由政府承办,政府会借助经济手段、行政手段、法律手段强制实行以及进行组织管理。

(二)补充医疗保险

是相对于基本医疗保险而言的,包括企业补充医疗保险、商业医疗保险、社会互助和社区医疗保险等多种形式,是基本医疗保险的有力补充,也是多层次医疗保障体系的重要组成部分。

与基本医疗保险不同,补充医疗保险不是通过国家立法强制实施的,而是由用人单位和个人自愿参加的。是在单位和职工参加统一的基本医疗保险后,由单位或个人根据需求和可能原则,适当增加医疗保险项目,来提高保险保障水平的一种补充性保险。

基本医疗保险与补充医疗保险不是相互矛盾,而是互为补充,不可替代,其都是为了给职工提供医疗保障。

(三)医疗保险的特征

1. 医疗保险待遇支付形式为实物补偿

医疗保险的作用是在参保人员患病时提供经济上的帮助,使之尽快恢复身体健康和劳动能力。尽管医疗保险是通过支付费用,补偿参保人员的经济损失,但参保人员最终获得的是医疗服务,而非现金。

2. 医疗保险待遇补偿方式为非定额补偿

由于病情不同,每个患者获得的经济补偿额不相等。因此,医疗保险对每个患者一般依据疾病的实际情况确定补偿金额,不采用定额补偿。

3. 疾病风险具有较强的不可避免性、随机性和不可预知性

由于种种原因,人们很难对疾病的发生时间、类型、严重程度进行准确判断,加大了疾病风险的危害。因此,在法律规定范围内的群体,无论患病与否,必须一律参加医疗保险,以有效分担不可预期的疾病风险,提高全社会的医疗保障能力。

4. 医疗保险各方关系十分复杂

实行医疗保险必须处理好医、患、保、药等方面的关系。患病时每个人的实际医疗费用无法事先确定,支出多少不仅取决于伤病的实际情况,也取决于所采用的医疗处置手段和医药服务提供者的行为。由于在医疗服务消费中,医疗服务的提供者处于相对垄断地位,难以完全通过市场手段,由患者选择医疗服务的内容和数量,来控制医疗费用的支出。因此,医疗保险的支出管理有别于养老、失业等其他社会保险,需要对医药服务提供者以及医药服务的项目和内容进行管理,以提高医疗保险基金的利用效率。

(四)基本原则

基本医疗保险的基本原则有五项。

(1)基本医疗保险遵循权利与义务相对应,筹资和保障水平与经济和社会发展水平相适应。

(2) 城镇所有用人单位及其职工都要参加基本医疗保险,实行属地管理,执行统一政策。

(3) 基本医疗保险费由用人单位和职工双方共同负担。

(4) 基本医疗保险基金的收缴与支付,应以收定支,先收后支、收支平衡。

(5) 基本医疗保险基金实行社会统筹与个人账户相结合。

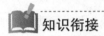

知识衔接

《社会保险法》关于医疗保险的具体"利好"规定读解

第一,医疗保险"全覆盖",困难群体参加医疗保险有了法律保障。《社会保险法》第二十五条规定,国家建立和完善城镇居民基本医疗保险制度。城镇居民基本医疗保险实行个人缴费和政府补贴相结合。享受最低生活保障的人、丧失劳动能力的残疾人、低收入家庭六十周岁以上的老年人和未成年人等所需个人缴费部分,由政府给予补贴。扩大基本医疗保险覆盖范围是保障公民共享发展成果的需要,它确保了公民参加基本医疗保险机会公平、权利平等,让公民有稳定感,同时,这更是政府的责任。例如:北京2011年已规定有8类困难人群参加医疗保险享受补贴。

第二,异地就医医疗费用结算制度建立,参保人员可以异地结算医疗费用。目前来说,异地就医报销医疗费难,是异地就医难的一个重要原因。《社会保险法》第二十九条规定:"社会保险行政部门和卫生行政部门应当建立异地就医医疗费用结算制度,方便参保人员享受基本医疗保险待遇。"这一规定要求有关部门要大力推进基本医疗保险区域统筹,并建立异地协作机制,以便于确需异地就医参保人员的医疗费用结算。

第三,医保缴费年限可累计计算。《社会保险法》第三十二条规定个人跨统筹地区就业的,其基本医疗保险关系随本人转移,缴费年限累计计算。这一规定体现了医保便民、医保利民的理念;有利于促进劳动力的合理流动;维护了劳动者的合法权益。

(五) 医疗保险和商业医疗保险的区别

强制性医疗保险与商业性医疗保险有着本质的区别,主要体现在以下几个方面。

1. 两者的基本属性不同

前者是公益性福利事业,带有强制性,各类用人单位必须依法参加该项保险。后者属于商业性质,以营利为目的,不带有强制性,主要靠保险公司的商业信誉去争取客户。

2. 两者的保险范围不同

前者的保险范围较广,不仅保"大病",而且保"小病",不仅对参保人的住院费用给予一定补偿,而且对其门诊费用也给予一定补偿。后者的保险范围很小,一般只对其承保范围内的几种或者某一种疾病的住院费给予一定金额的补偿。

3. 两者保险费筹集方法不同

前者由国家、单位、个人三方面负担,个人按照工资的一定比例以保险费的形式缴纳,负担较少。后者费用完全由参保人承担,国家和单位不予分担(用人单位自愿为劳动者分担的除外)。

4. 两者的管理制度不同

前者由政府集中领导,由各地医疗保险机构具体管理。后者由金融机构领导,由商业保险公司具体承办,保险公司作为相对独立的经济实体,实行自主经营、自负盈亏的核算制度。

5. 参保人参加保险的条件不同

前者的参保条件没有什么特殊规定,无论是健康人还是有病的人都可以参加该保险(具体规定详见医疗保险制度的相关文件)。后者的参保条件以保险公司的规定为准,只有具备参保条件的人,保险公司才接受其参保。

6. 两种保险制度给予参保人的保险待遇不同

前者一般按照医疗费的一定比例给予补偿,数额具有不固定性,不完全以个人缴纳的保险费用为准,具有社会救济的性质;后者则一般按照一定金额补偿,补偿金额具有固定性或者一定范围,超支部分则由个人负担,该保险是保险公司根据保险的"大数原则"来具体操作的,具有商业性的救济性质。在实践中,由于社会医疗保险不可能补偿参保人全部的住院医疗费用,因此商业医疗保险就可作为社会医疗保险的有益补充,弥补参保人差额部分的损失。根据医疗保险的补偿原理,医疗费用的理赔是以实际医疗费用支出为最高限额的,对社会医疗保险作出补偿后的剩余医疗费用,商业保险公司将按照保险条款理赔。

二、医疗保险制度

1. 医疗保险制度的概念

医疗保险制度是指一个国家或地区按照保险原则为解决居民防病治病问题而筹集、分配和使用医疗保险基金的制度。它是居民医疗保健事业的有效筹资机制,是构成社会保险制度的一种比较进步的制度,也是目前世界上应用相当普遍的一种卫生费用管理模式。

2. 医疗保险制度的内容

目前,我国基本医疗保险体系包括城镇职工基本医疗保险、城镇居民基本医疗保险和新型农村合作医疗"三大支柱"。

以实行大病统筹为主起步,分别从制度上覆盖城镇就业人口、城镇非就业人口和农村居民。基本医疗保险以低水平、广覆盖、保基本、多层次、可持续、社会化服务为基本原则,主要通过建立国家、雇主、家庭和个人责任明确、合理分担的多渠道筹资机制,实行基本医疗保障基金和个人共同分担的医疗费用共付机制,实现社会互助共济,满足城乡居民的基本医疗保障需求。

其中,城镇职工基本医疗保险由用人单位和职工按照国家规定共同缴纳基本医疗保险费,建立医疗保险基金,参保人员患病就诊发生医疗费用后,由医疗保险经办机构给予一定的经济补偿,以避免或减轻劳动者因患病、治疗等所带来的经济风险。新型农村合作医疗和城镇居民基本医疗保险实行个人缴费和政府补贴相结合,待遇标准按照国家规定执行。

今后随着我国经济社会发展和城乡居民的基本覆盖,将实现制度框架基本统一,保障待遇差距逐步缩小,并向一般门诊疾病延伸。

3. 医疗保险制度存在的问题

我国基本医疗保险制度对适应经济体制改革的需求,保障居民的基本医疗需求,控制医疗费用的增长,发挥了重要作用,但同时也存在一些问题。

(1)统筹层次的问题。除京津沪外,大多数地方城镇职工基本医疗保险仍以县级统筹为主,统筹层次较低,一方面异地就医受到严格限制,也给医疗保险的结算带来不便;另一方面造成保险基金抗风险能力差。同时,由于统筹层次低,封闭运行的基金数目繁多,虽然医疗保险基金结余总数较多,累计2000亿元,但分散到各统筹地区的基金中,平均每个基金结余不足1亿元,非常有限,造成基金使用效率低下,不符合医疗保险现收现付的原则。

然而要改变统筹层次确有很多困难,一是我国实行省直管县的财政体制,统筹层次受财政体制制约,基金的收支管理与其直接有关。目前地级统筹的区域,都受到不同程度的影响,实现省级统筹尚有很大困难,实现全国统筹,短时间内恐怕做不到。二是提升统筹层次后,地区差距问题将会显现,同一统筹区域内,相对贫穷地区的医疗保险费将转而支付给相对富裕地区,另外,由于医疗资源不平衡,还会产生享受医疗保险待遇的公平性问题。

(2)扩大参保范围中存在的问题。基本医疗保险制度理论上应当覆盖全体公民,目前实际覆盖率还很低,城镇职工2.7亿,参保1.8亿;城镇非从业居民2.4亿,参保3000多万;农村居民7.6亿,新农合制度刚刚开始实施。在扩大参保范围工作中存在以下问题:①目前效益好的企业和机关事业单位中,仍有10%未参加城镇职工基本医疗保险;②约700万改制过程中的退休人员的保险问题还未得到妥善解决;③还需研究建立适合灵活就业人员和农民工特点的医疗保险政策。

(3)其他问题。如城镇职工基本医疗保险、城镇居民基本医疗保险以及新农村合作医疗之间制度以及人员的衔接问题;异地就医的问题,关键是城镇职工异地退休后的就医、医疗保险管理问题;对老年人、门诊慢病医疗费用的解决办法等,都需要研究解决。

 知识衔接

我国基本医疗保险制度的改革历程

在计划经济体制下,我国在城市建立了劳保医疗和公费医疗制度,在农村实行合作医疗制度。1993年,党的十四届三中全会提出了在20世纪末初步建立起社会主义市场经济体制基本框架的目标,确定在城镇建立社会统筹与个人账户相结合的职工医疗保险制度。国务院从1994年起,在江苏镇江、江西九江(两江)进行城镇职工医疗保险制度改革试点,试点后来扩大到20多个省区的近40个城市。1998年国务院发布《关于建立城镇职工基本医疗保险制度的决定》(国发[1998]44号),在全国范围全面进行职工医疗保障制度改革。2000年,国务院又提出了医疗保险、医疗机构和药品生产流通体制三项改革同步推进的要求。

目前,城镇职工基本医疗保险制度已经在全国普遍建立,基本取代了劳保—公费医疗制度,覆盖范围包括国家机关、企事业单位职工和退休人员,并逐步扩大到非公经济组织的从业人员、灵活就业人员和农民工等人群,参保人数近1.8亿。

2002年10月,《中共中央国务院关于进一步加强农村卫生工作的决定》(中发[2002]13号)提出各级政府要积极引导农民建立以大病统筹为主的新型农村合作医疗制度,到2010年在全国农村基本建立起这一制度。从2003年开始,国务院按照"财政支持、农民自愿、政府组织"的原则组织进行试点。目前全国大多数县已经实施,覆盖了7亿多农民。

2006年,党的十六届六中全会《关于构建社会主义和谐社会若干重大问题的决定》提出要"建立以大病统筹为主的城镇居民医疗保险"。2007年7月10日,国务院印发《关于开展城镇居民基本医疗保险试点的指导意见》(国发[2007]20号)。2007年在79个城市启动试点,2008年扩大试点,争取2009年试点城市达到80%以上,2010年在全国全面推开。目前,城镇居民基本医疗保险试点启动顺利,开局良好,居民踊跃参保。截至2007年11月底,全国城镇居民基本医疗保险参保人数3059万人,其中79个试点城市参保人数1412万人,已有26万参保居民开始享受待遇。

大视野

西方国家社会保险制度

西方国家社会保险制度的建立,大多是从医疗保险起步的。医疗保险始于1883年德国颁布的《劳工疾病保险法》,其中规定某些行业中工资少于限额的工人应强制加入医疗保险基金会,基金会强制性征收工人和雇主应缴纳的基金。

这一法令标志着医疗保险作为一种强制性社会保险制度的产生。特别是1929—1933年世界性经济危机后,医疗保险立法进入全面发展时期,这个时期的立法,不仅规定了医疗保险的对象、范围、待遇项目,而且对与医疗保险相关的医疗服务也进行了立法规范。目前,所有发达国家和许多发展中国家都建立了医疗保险制度。

三、城镇职工基本医疗保险

城镇职工基本医疗保险,是针对城镇所有用人单位和职工,以强制参保为原则的一项基本医疗保险制度。

1. 附加原则

城镇职工基本医疗保险制度具有以下附加原则:一是统账结合,实行社会统筹和个人账户相结合的原则。二是属地管理,所有单位及其职工都要按属地管理原则参加所在统筹地区的基本医疗保险,铁路、电力、远洋运输等跨地区生产流动性较大的企业及其职工,可以相对集中的方式异地参加统筹地区的基本医疗保险。

2. 覆盖范围

城镇所有用人单位,包括企业(国有企业、集体企业、外商投资企业、私营企业等)、机关、事业单位、社会团体、民办非企业单位及其职工(包括在职职工和退休人员),都要参加城镇职工基本医疗保险。灵活就业人员、农民工等也要参加城镇职工基本医疗保险,并可根据有关政策采取一定的激励措施,鼓励灵活就业人员、农民工参保。据统计,全国城镇职工约2.7亿人。

3. 筹资标准

医疗保险费由用人单位和职工共同缴纳。用人单位缴费率控制在职工工资总额的6%左右,在职职工缴费率为本人工资的2%。退休人员个人不缴费。具体缴费比例由各统筹地区根据实际情况确定。目前,用人单位缴费率全国平均为7.43%,最低的为3%,较高的如上海、北京分别达到10%和9%;个人缴费全国平均为2%。

4. 统筹层次

原则上以地级以上行政区为统筹单位,也可以县(市)为统筹单位,京津沪原则上在全市范围内实行统筹。目前,全国共有统筹区域2200多个,其中县级统筹的约1900个。

5. 支付政策

城镇职工基本医疗保险基金由统筹基金和个人账户构成。职工个人缴费全部计入个人账户;用人单位缴费,30%左右划入个人账户,其余部分作为社会医疗统筹基金。目前,全国年人均个人账户收入约为400元,主要支付门诊费用、住院费用中个人自负部分以及在定点药店购药费用。个人账户归个人使用,可以结转和继承。统筹基金用于支付住院医疗和部分门诊大病费用。参保人员发生的符合规定的医疗费用超过起付标准(一般为当地职工年平均工资的10%,即起付线)、在最高支付限额(一般为当地职工年平均工资的4倍左右,即封顶线)之内的部分,主要由统筹基金支付,目前全国平均支付比例为80%左右。统筹基金和个人账户资金分开管理,区分使用范围,不得相互挤占。现在从全国总体情况看,两项基金都有结余。据初步统计,截至到2007年年底,统筹基金结余1517亿元,个人账户资金结余862亿元。

6. 基金管理

城镇职工基本医疗保险基金纳入社会保障基金财政专户统一管理,专款专用,不得挤占挪用。劳动保障部门所属的社会保险经办机构负责基本医疗保险金的筹集、管理和支付。社会保险经办机构的事业经费由各级财政预算安排,不得从基金中提取。

7. 医疗服务管理

服务项目管理:城镇职工基本医疗保险可以支付的医疗服务项目范围,由劳动保障部门会同其他部门制订相关标准和办法。主要包括基本医疗保险药品目录、诊疗项目、医疗服务设施标准,简称三个目录。参保人员在三个目录规定的医疗服务项目范围内发生的医疗费用,由基本医疗保险基金按规定支付。

就医管理:城镇职工基本医疗保险实行定点医疗机构和定点药店管理。劳动保障行政部门确定定点资格,由社会保险经办机构同定点机构签订协议,明确各自的责任、权利和义务。职工在定点医疗机构就医发生的费用,可以按基本医疗保险的规定支付。职工可以选择若干包括社区、基层医疗机构在内的定点医疗机构就医、购药,也可以持处方在若干定点药店购药。

结算管理:统筹基金支付的费用一般由社会保险经办机构与医疗服务机构直接结算,具体结算办法由各统筹地区确定。目前,各地实行有按服务项目付费、按服务单元付费、按人头付费、总额预付制、按病种付费等多种结算方式。

8. 补充医疗保障的政策措施

公务员医疗补助:公务员在参加城镇职工基本医疗保险的基础上实行医疗补助。医疗补助享受对象主要为:原享受公费医疗单位的工作人员和退休人员。医疗补助经费由各级财政拨付,资金专款专用、单独建账、单独管理,与基本医疗保险基金分开核算。补助经费主要用于支付封顶线以上的费用、个人自付费用和超过一定数额的门诊费用。对原来享受公费医疗的医疗照顾人员,照顾政策不变,因享受照顾政策发生的费用由公务员补助经费支付。具体使用办法和补助标准由各地根据实际确定。

大额医疗费用补助:为解决最高支付限额以上的医疗费用,各地普遍采取了职工大额医疗费用补助的办法,补助资金由单位和/或职工个人一般按每年60~100元的定额缴纳。资金由社会保险经办机构管理。补助资金按一定比例支付职工超出最高支付限额以上部分的医疗费用。

企业补充医疗保险:国家允许效益好的企业为职工建立企业补充医疗保险,企业补充医疗保险费在工资总额4%以内的部分列入成本,税前列支。

四、城镇居民基本医疗保险制度

城镇居民基本医疗保险制度,是以大病统筹为主,针对城镇非从业居民的一项基本医疗保险制度。

1. **基本原则**

城镇居民基本医疗保险试点遵循的几个原则:①低水平起步。随着经济发展和群众收入水平的体高,可以逐步提高筹资水平、保障标准和财政补助标准。②坚持群众自愿。不搞强制,而是在制度设计上注重政策的吸引力,引导群众参保,并鼓励连续缴费。③明确中央和地方政府责任。中央定原则和大的政策,保证全国社会保障体系的统一。④坚持统筹协调。统筹考虑各种保障制度和政策的衔接,统筹考虑地区之间的平衡,统筹考虑新制度的出台对其他人群的影响,统筹考虑医疗保障体制和医药卫生体制的配套改革。

2. **覆盖范围**

城镇中不属于城镇职工基本医疗保险制度覆盖范围的中小学阶段的学生(包括职业高中、中专、技校学生)、少年儿童和其他非从业城镇居民,都可自愿参加城镇居民基本医疗保险。大学生的医疗保障问题教育部、劳动保障部、财政部进行了专题研究,基本思路是参加城镇居民基本医疗保险,具体政策待进一步调研后报国务院批准。

3. **筹资标准**

对城镇居民基本医疗保险,没有规定全国统一的筹资标准。由各地根据低水平起步的原则和本地经济发展水平,并考虑居民家庭和财政负担的能力合理确定。从许多地区实践和测算的平均数值看,要保证基金支付比例在50%以上,筹资水平大体在城镇居民家庭人均可支配收入的2%左右。由于未成年人和成年人医疗消费需求的差异很大,因而筹资水平也不同。

4. **政府补助**

为了引导和帮助广大城镇居民缴费参保,借鉴新农合的成功经验,城镇居民基本医疗保险实行了政府补助的政策。政府对所有参保居民给予不少于人均40元/年的补助,并对城镇低保家庭的未成年人再给予不少于人均10元/年的补助,对城镇低保对象(成年人)、低收入家庭60岁以上老年人和丧失劳动能力的重度残疾等特殊困难群体的参保缴费再给予不少于人均60元/年的补助。补助资金由中央财政和地方财政分担:中央财政对中西部地区所有参保居民普遍补助20元,对未成年的困难城镇居民再补助5元,对成年困难城镇居民再补助30元;对东部地区,中央财政参照新型农村合作医疗的补助办法给予适当补助。这样规定,明确了中央财政补助水平,又给地方补助留下空间。

从2008年起,政府对参保居民的人均补助标准将由40元提高到80元,其中,中央财政对中西部地区的人均补助标准由20元提高到40元,对东部地区的补助标准也参照新农合的补助办法相应提高。

5. **管理制度**

原则上与城镇职工基本医疗保险的规定一致,由劳动保障部门所属的医疗保险经办机构统一管理,居民参保实行属地管理。但有一些区别:在支付政策上,城镇居民基本医疗保险只建立统筹基金,不建立个人账户,基金主要用于支付住院医疗和部分门诊大病费用。基金支付比例原则上低于城镇职工医保而高于新农合,一般可以在50%~60%。有条件的地方,也可以探索门诊普通疾病医疗费用统筹的保障办法。即划出部分资金,专项用于支付一般门诊费用。在基金管理上,城镇居民基本医疗保险基金同样要纳入社会保障基金财政专户统一管理,但要单独列账。在医疗服务管理上,与城镇职工基本医疗保险基本相同,但在服务项目管理上要补充少儿特殊用药,在就医管理上要增加儿童医院为定点医疗机构。

五、新型农村合作医疗制度

新型农村合作医疗是以政府资助为主、针对农村居民的一项基本医疗保险制度。

1. 覆盖范围

所有农村居民都可以家庭为单位自愿参加新型农村合作医疗,按时足额缴纳合作医疗经费。

2. 筹资标准

目前,新型农村合作医疗的筹资水平约为年人均55元,原则上农民个人每年每人缴费不低于10元,经济发达地区可在农民自愿的基础上相应提高缴费标准。鼓励有条件的乡村集体经济组织对本地新型农村合作医疗给予适当扶持。

3. 政府补助

政府对所有参合农民给予不低于年人均40元的补助,其中中央财政对中西部除市区以外参加新型农村合作医疗农民每年每人补助20元,地方财政的资助额要不低于20元。中央财政对东部省份也按中西部地区一定比例给予补助。2008年起,财政补助对参保农民的补助标准将提高一倍。

4. 统筹层次

新型农村合作医疗一般采取以县(市)为单位进行统筹。条件不具备的地方,起步阶段可采取以乡(镇)为单位进行统筹,逐步向县(市)统筹过渡。

5. 管理制度

新型农村合作医疗主要补助参合农民的大额医疗费用或住院医疗费用。其中,住院费用的支付水平约为35%。有条件的地方,可实行大额医疗费用补助与小额医疗费用补助结合的办法。各县(市)确定支付范围、支付标准和额度。鼓励参合农民充分利用乡镇以下医疗机构的服务。新农合现由卫生行政部门所属的"农合办"管理资金的筹集和支付。

案例分析:

2010年1月,许某驾驶货车在路上撞倒学龄前儿童胡某,造成胡某重伤,根据交通警察作出的道路交通事故认定书,许某、胡某负此次事故的同等责任,经过鉴定,胡某构成五级伤残。在住院治疗期间,胡某的家属通过新型农村合作医疗基金(以下称"新农合")报销了6万元的医疗费。2011年3月,胡某起诉到法院,要求许某赔偿交强险限额外的医疗费、伤残赔偿金等损失共计15.9万元。审理过程中,被告提出,原告在"新农合"报销的费用应当减除,余下的部分双方才按责任比例承担。

思考: "新农合"报销款应不应抵扣侵权赔偿费用?

分析: "新农合"是政府组织、引导、支持,农民自愿参加,以大病统筹为主的农民医疗互助共济制度,采取个人统筹、集体扶持和政府资助的方式筹集资金。因为"新农合"的基金大部分来源于政府,本质上属于社会保险范畴,其目的是保障广大农民在遭受重大疾病时,能够得到及时的救助,体现出对农民生命健康权的保护,具有人身保险的性质。《保险法》第四十六条规定:"被保险人因第三者的行为而发生死亡、伤残或者疾病等保险事故的,保险人向被保险人或者受益人给付保险金后,不享有向第三者追偿的权利,但被保险人或者受益人仍有权向第三者请求赔偿。"

本案中,被告许某承担的是侵权责任,是一种过错责任,不能把被告应承担的责任转嫁给政府和农民自身,否则,将违背公平正义的原则。因此,胡某从"新农合"报销的费用不是减轻许某承担侵权责任的理由。如果扣除原告已经从"新农合"报销的费用,无疑是侵权人成为"新农合"医疗保障补贴的受惠人,其侵害了他人人身权利,反而得到国家补偿来减轻本应承担的责任,从根本上违背了国家制定"新农合"政策的本意。

新型农村合作医疗不予以报销范围

以下情况不列入新型农村合作医疗报销范围。

(1) 非区内定点医院门诊医疗费用(特殊病种门诊治疗费用除外)、未按规定就医、自购药品所产生的费用。

(2) 计划生育措施所需的费用,违反计划生育政策的医疗费用。

(3) 镶牙、口腔正畸、验光配镜、助听器、人工器官、美容治疗、整容和矫形手术、康复性医疗(如气功、按摩、推拿、理疗、磁疗等)以及各类陪客费、就诊交通费、出诊费、住院期间的其他杂费等费用。

(4) 存在第三方责任的情况下,发生人身伤害产生的医药费依法由第三责任方承担,如交通事故、医疗事故、工伤等。

(5) 因自杀、自残、服毒、吸毒、打架斗殴等违法行为以及其家属的故意行为造成伤害所产生的医药费。

(6) 出国或在港、澳、台地区期间发生的医疗费用。

(7) 城镇职工医疗保险制度规定不予报销的药品和项目。

(8) 区医管会确定的其他不予报销的费用。

第四节 生育保险

小李和小张高中毕业后一起考到了北京的一所大学,在大学时代成为了情侣。两个人毕业后都留在北京工作,并且结了婚。但是小李没有找到能够解决户口的单位。工作了几年,单位都没有办法为其缴纳生育保险,因为目前北京没有为外地女职工缴纳生育保险的规定。由于担心高额的生育费用无法报销,小李和小张一直不敢生育。现在他们所盼望的就是哪一天小李的单位能够给她缴纳生育保险。

思考:小李能享受到生育保险吗?

分析:《社会保险法》规定,职工应当参加生育保险,由用人单位按国家规定缴纳生育保险费,职工不缴纳生育保险费。用人单位已缴纳生育保险费的,其职工享受生育保险待遇;职工未就业配偶按国家规定享受生育医疗费用待遇,所需资金从生育保险基金中支付。生育保险待遇包括生育医疗费用和生育津贴。

这一规定将未就业职工的配偶纳入生育保险,改变了原有生育保险只保参保人员的做法,充分体现我国社会保障制度是要保障公民在年老、患病、工伤、失业、生育等情况下依法获得物质帮助权利的建制本意。相信随着《社会保险法》的实施以及北京市相关政策的出台,案例中小张、小李的担心将成为多余。

生育保险是国家通过社会保险立法,对生育职工给予经济、物质等方面帮助的一项社会政策。

一、生育保险的概念

生育保险是国家通过立法,在怀孕和分娩的妇女劳动者暂时中断劳动时,由国家和社会提供医疗服务、生育津贴和产假的一种社会保险制度,国家或社会对生育的职工给予必要的经济补偿和医疗保健的社会保险制度。

其宗旨在于通过向生育女职工提供生育津贴、产假以及医疗服务等方面的待遇,保障她们因生育而暂时丧失劳动能力时的基本经济收入和医疗保健,帮助生育女职工恢复劳动能力,重返工作岗位,从而体现国家和社会对妇女在这一特殊时期给予的支持和爱护。

二、生育保险的特点

1. 生育保险待遇有一定的福利色彩

生育期间的经济补偿高于养老、医疗等保险。生育保险提供的生育津贴,一般为生育女职工的原工资水平,也高于其他保险项目。另外,在我国职工个人不缴纳生育保险费,而是由参保单位按照其工资总额的一定比例缴纳。

2. 享受生育保险的对象主要是女职工,因而待遇享受人群相对比较窄

随着社会进步和经济发展,有些地区允许在女职工生育后,给予配偶一定假期以照顾妻子,并发给假期工资;还有些地区为男职工的配偶提供经济补助。

3. 待遇享受条件各国不一致

有些国家要求享受者有参保记录、工作年限、本国公民身份等方面的要求。我国生育保险要求享受对象必须是合法婚姻者,即必须符合法定结婚年龄、按婚姻法规定办理了合法手续,并符合国家计划生育政策等。

4. 无论女职工妊娠结果如何,均可以按照规定得到补偿

也就是说无论胎儿存活与否,产妇均可享受有关待遇,并包括流产、引产以及胎儿和产妇发生意外等情况,都能享受生育保险待遇。

5. 生育期间的医疗服务主要以保健、咨询、检查为主,与医疗保险提供的医疗服务以治疗为主有所不同

生育期间的医疗服务侧重于指导孕妇处理好工作与休养、保健与锻炼的关系,使她们能够顺利地度过生育期。产前检查以及分娩时的接生和助产,则是通过医疗手段帮助产妇顺利生产。分娩属于自然现象,正常情况下不需要特殊治疗。

6. 产假有固定要求

产假要根据生育期安排,分产前和产后。产前假期不能提前或推迟使用。产假也必须在生育期间享受,不能积攒到其他时间享用。各国规定的产假期限不同。目前,我国已有29个省(区市)修订了地方人口与计划生育条例,30个省(区市)修改了产假时间,各地均不同程度地增加了女性的产假时长。

三、生育保险的作用

生育保险是为了维护女职工的基本权益,减少和解决女职工在孕产期以及流产期间因生理特点造成的特殊困难,使她们在生育和流产期间得到必要的经济收入和医疗照顾,保障她们及时恢复健康,回到工作岗位。

其主要作用有以下几个方面。

1. 实行生育保险是对妇女生育价值的认可

妇女生育是社会发展的需要,她们为家庭传宗接代的同时,也为社会劳动力再生产付出了努力,应当得到社会的补偿。因此对妇女生育权益的保护,被大多数国家接受和给予政策上支持。目前世界上有135个国家或地区通过立法保护妇女的生育的合法权益。

2. 实行生育保险是对女职工基本生活的保障

女职工在生育期间离开工作岗位,不能正常工作。国家通过制定相关政策保障她们离开工作岗位期间享受有关待遇。其中包括生育津贴、医疗服务以及孕期不能坚持正常工作时,给予的特殊保护政策。在生活保障和健康保障两方面为孕妇的顺利分娩创造了有利条件。

3. 实行生育保险是提高人口素质的需要

妇女生育体力消耗大,需要充分休息和补充营养。生育保险为她们提供了基本工资,使她们的生活水平没有因为离开工作岗位而降低,同时为她们提供医疗服务项目,包括产期检查、围产期保健指导等,为胎儿的正常生长进行监测。对于在妊娠期间患病或接触有毒有害物质的妇女,做必要的检查。如发现畸形儿,可以及早中止妊娠。对于在孕期出现异常现象的妇女,进行重点保护和治疗。以达到保护胎儿正常生长,提高人口质量的作用。

四、生育保险现状

目前,我国生育保险的现状是实行两种制度并存。

第一种是由女职工所在单位负担生育女职工的产假工资和生育医疗费。根据国务院《女职工劳动保护规定》以及劳动部《关于女职工生育待遇若干问题的通知》,女职工怀孕期间的检查费、接生费、手术费、住院费和药费由所在单位负担。产假期间工资照发。

第二种是生育社会保险。根据劳动部《企业职工生育保险试行办法》规定,参加生育保险社会统筹的用人单位,应向当地社会保险经办机构缴纳生育保险费;生育保险费的缴费比例由当地人民政府根据计划内生育女职工的生育津贴、生育医疗费支出情况等确定,最高不得超过工资总额的1%,职工个人不缴费。参保单位女职工生育或流产后,其生育津贴和生育医疗费由生育保险基金支付。生育津贴按照本企业上年度职工月平均工资计发;生育医疗费包括女职工生育或流产的检查费、接生费、手术费、住院费和药费(超出规定的医疗服务费和药费由职工个人负担)以及女职工生育出院后,因生育引起疾病的医疗费。

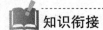
知识衔接

生育保险待遇将不再限户籍

作为主管社会保障的职能部门,人力资源和社会保障部拟明确生育保险各类政策标准。人社部、国务院法制办于2012年11月21日公布了《生育保险办法(征求意见稿)》。该办法明确生育保险将实现各类职工人群的全覆盖。生育险不限户籍。

具体为国家机关、企业、事业单位、有雇工的个体经济组织以及其他社会组织等各类用人单位及其职工。人社部表示,覆盖范围扩大将有利于生育保险制度的统一,有利于体现社会保障的公平性。现行的生育保险办法由原劳动部于1994年颁布实施,其仅适用于城镇企业及其职工。随后全国31个地区出台了生育保险的地方性法规或规章文件。

2011年7月,我国《社会保险法》实施后,明确社会保险的普惠性质。作为《社会保险法》的配套法规,人社部表示,起草生育保险办法,将明确生育保险的覆盖范围不再仅限当地城镇职工。此外,意见稿还明确,参加生育保险的人员,如果在异地生育,其相关待遇按照参保地政策标准执行。具体涉及生育医疗费用结算范围和标准,由各地区根据当地实际情况制定。

五、生育保险制度

(一)概念

生育保险制度是指国家组织实施,由用人单位缴纳生育保险费,建立生育保险基金,用于化解职业妇女因生育而暂时中断劳动所产生的收入损失风险,为其提供生活保障和物质帮助的一项社会保险制度。

(二)具体内容

(1)生育津贴,即在法定的生育休假期间对生育者的工资收入损失给予经济补偿。
(2)医疗护理,即承担与生育有关的医护费用(包括"产前检查费")。
(3)生育补助,如对生育保险对象及其家属(如妻子和女儿)的生育费用给予经济补助,又如"婴儿津贴"和"保姆津贴"等。
(4)生育休假,包括母育假(产假)、父育假(母亲产假期间的父亲育儿假)和育儿假(母亲产假后父母双亲任何一方的育儿休假)。

各国生育保险制度的具体内容会因国情与政策的不同而有所不同,比如"父育假"、"保姆津贴"等政策主要在欧盟一些国家实行。中国生育保险制度包括了全部四项内容。

(三)适用范围

适用范围为城镇企业及其职工,实行属地化管理。由企业按其工资总额的一定比例向社会保险经办机构缴纳生育保险费,建立生育保险基金,职工个人不缴纳生育保险费。

(四)缴费比例

生育保险费用实行社会统筹,缴费比例由当地政府根据计划内生育人数、生育津贴和生育医疗费等因素确定,并根据费用支出情况适时调整,但最高不得超过工资总额的1%。

2017年2月24日,人力资源和社会保障部举行生育保险和基本医疗保险合并实施试点工作会议,计划于今年6月底前在12个试点地区启动两险合并工作。人社部强调,两险合并并非简单地将生育保险并入医保,而是要保留各自功能,实现一体化运行管理。

(五)待遇

女职工产假期间的生育津贴按照本企业上年度职工月平均工资计发,由生育保险基金支付。女职工生育的检查费、接生费、手术费、住院费、药费和因生育引起疾病的医疗费由生育保险基金支付。

案例分析:

王某系某外资企业的销售总监,月薪2万元,今年8月15日分娩产下一子。由于单位已缴纳生育保险,王某遂向社保部门咨询产假期间的工资待遇问题,社保中心答复称"由于你公司申报的上年度企业职工平均工资为3000元,所以你产假及晚育假期间只得享受3000元每月的生育生活津贴"。王某对此十分不解:为何本人月工资是2万元,产假工资却是3000元,如果社保无法支付,单位是否应补足差额呢?

思考:销售总监的产假工资为何比销售员低?

分析:根据2009年3月30日修订的《上海市城镇职工生育保险办法》第十五条规定,从业妇女的月生育生活津贴标准,为本人生产或者流产当月城镇养老保险费缴费基数;从业妇女生产或者流产前12个月内因变动工作单位缴费基数发生变化的,月生育生活津贴按其生产或者流产前12个月的实际缴费基数的平均数计发。从业妇女缴纳城镇养老保险费不满一年的,或者虽满一年但缴费基数低于市人力资源社会保障局规定的最低标准的,其月生育生活津贴,按最低标准计发。换言之,依此办法,女职工生育生活津贴与其社会保险的缴费基数直接相关。

而2011年7月1日实施的《社会保险法》第五十六条规定,生育津贴按照职工所在用人单位上年度职工月平均工资计发。由于《社会保险法》系我国第一部关于社会保险的综合性法律,层级较高。上海市相关生育保险政策也随之调整,根据《上海市人民政府关于贯彻实施〈社会保险法〉调整本市现行有关生育保险政策的通知》(沪府发[2011]35号)规定,从业妇女的月生育生活津贴标准,为本人生产或者流产当月所在用人单位上年度职工月平均工资。从业妇女生产或者流产前12个月内变动工作单位的,其月生育生活津贴按照其生产或流产前12个月内所工作的各用人单位上年度职工月平均工资的加权平均数计发。由于该文件自2011年7月1日实施,而王某在7月1日以后分娩,其生育生活津贴领取标准只得按照所在单位的职工平均工资即3000来计发。

延伸阅读

国外典型的生育保险制度

1. 美国

美国女性一般都购买医疗保险(其中包括生育保险)。怀孕后,她们会收到一份由保险公司提供的所在地详尽的妇产科医生及医院目录名单。如果没有熟识的生育医生,她们可根据这份目录名单寻求适合自己的医生和医院。

2. 英国

新生婴儿可获得250英镑的首笔津贴,低收入家庭的新生婴儿则可得到500英镑。

3. 法国

拥有至少 16 周强制性带薪产假，其工作必须得到安全保证；不管是自己生或是领养小孩一样都享有 3 万元的生育津贴；小孩三岁前，每个月可再领取津贴；妇女可留职休假 3 年专职带小孩，享有职业保障及有薪假期，其间可获得日托幼儿津贴及居家保姆津贴。

4. 德国

德国"少子化"的问题也很严重。为了提高生育率，有些地方实施"育婴补助"制。每月最高可领 450 欧元，两年育婴假，每月最高可领 300 欧元。

5. 日本

生育费：正常情况也需要 20 万日元左右的生育费。但是如果加入了国民健康保险便可以领取 15 万日元的医疗补助，基本解决生育费用的问题。育婴假：请育婴假期间，可领到 40% 的薪水。日本有"育儿减税"方案，而职业妇女在家照顾幼儿，则有"留职有薪"方案，妇女可领工作时 40% 的薪水在家专心育儿。育儿金：新生儿及未满 2 周岁的幼童，每个月政府会发给父母 5000 日元的育儿金，直到小孩满 12 岁为止。

6. 新加坡

强制性产假有 8 周，产假期间员工领全薪；非强制产假则有 16 周，假期长短由雇主与劳方协议，员工在非强制产假期间领半薪，工资成本由政府负担。每个小孩都享有育儿津贴，以支付托儿所或幼儿园的费用。

第五节 失业保险

引导案例

家住天津市的小韩自幼体弱多病，10 岁时就染上乙肝病毒。成年后，小韩一直没有办法找到工作，好心的街道办大姐给小韩办理了失业人员登记，这样她每月就能领取一些失业金。祸不单行，2010 年春天小韩的肝病犯了，光住院费就花了好几万，这其中只有很少的部分能够享受报销待遇。高额的医疗费用着实难倒了一家人。

思考：小韩该怎么办呢？

分析：《社会保险法》规定失业人员在领取失业保险金期间，参加职工基本医疗保险，享受基本医疗保险待遇。失业人员应缴纳的基本医疗保险费从失业保险基金中支付，个人不缴纳基本医疗保险费。

由此可见，在《社会保险法》实施后，小韩在领取失业保险金期间，个人不再缴纳医疗保险费，但可以继续享受基本医疗保险待遇，报销的医疗费用也不再打折。当然，小韩享受此待遇的前提条件是在领取失业保险金期间。根据《社会保险法》，失业人员领取失业保险金需符合以下条件：（一）失业前用人单位和本人已缴纳失业保险费满一年的；（二）非因本人意愿中断就业的；（三）已进行失业登记，并有求职要求的。

一、失业保险的概念

失业保险是我国社会保险的一项基本制度,国家通过立法强制实行,建立失业保险基金,对非因本人意愿中断就业失去工作的劳动者在一定时期提供基本生活保障及再就业服务,具有保障生活、促进就业和预防失业的功能。

国际上根据造成失业的原因是主观的还是客观的,将失业分为自愿失业和非自愿失业。自愿失业是指劳动者自行提出离开工作岗位的要求而导致的失业。非自愿失业是指非因本人意愿而导致的失业。按照造成失业的客观原因不同,又可分为摩擦性失业、技术性失业、结构性失业、周期性失业和季节性失业。

失业与待业。在20世纪80年代到90年代初,我国曾长期使用"待业"这一概念。1982年人口普查的相关文件规定,"待业人员"是指在劳动年龄内,有劳动能力的人要求就业而无任何职业者。从这一定义来看,"待业"与"失业"是没有区别的。1986年国务院发布的《国营企业职工待业保险暂行规定》(以下简称1986年《暂行规定》)和1993年国务院发布的《国有企业职工待业保险规定》(以下简称1993年《待业保险规定》)中均使用"待业"这一概念。这一概念带有特定的历史色彩。1993年11月中共十四届三中全会通过的《中共中央关于建立社会主义市场经济体制若干问题的决定》提出"进一步健全失业保险制度",此后"失业"一词成为规范用语。

失业与下岗。失业与下岗都表现为劳动者离开原单位的工作岗位。区别在于,下岗是指由于用人单位的生产和经营发生特殊困难等客观原因,劳动者离开所在单位的具体工作岗位,但与所在单位未解除或者终止劳动关系,又没有找到新的工作岗位的现象。20世纪90年代末下岗职工问题是我国在经济转轨过程中出现的社会经济现象,主要表现为国有企业职工大量下岗。而失业则是劳动者与用人单位已解除或者终止劳动关系,而没有新的工作岗位的现象。

失业与就业、再就业。失业是与就业相对应而存在的概念。失业是指在劳动年龄内,有就业能力并有就业愿望的劳动者未能找到或者丧失工作岗位的情况。就业是指在国家规定的劳动年龄内,有劳动能力且从事一定的社会劳动并取得劳动报酬或者经营收入的状态。再就业是失业后重新获得就业岗位的状况。

二、失业保险的特征

1. 普遍性

失业保险是为保障劳动者失业后的基本生活而建立的,因此在确定适用范围时,应体现普遍性原则,不分部门和行业,不分所有制性质,不分用工形式。

2. 强制性

失业保险是通过国家立法来强制实施的。失业保险覆盖范围内的用人单位及其职工都必须按照规定参加失业保险,履行缴费义务。

3. 预防性

采取各种有效措施预先筹足失业保险基金,一旦劳动者失业,就立即实施救助行动,防止劳动者因失业而陷入生活困境,防止社会因失业者增多而陷于动荡不安。

4. 互济性

失业保险基金主要来源于用人单位和个人缴费,建立失业保险基金,在职工之间实行互济,即在同一统筹地区用人单位和所有职工缴纳失业保险费,为失业人员承担风险。

换种说法是指大家投保,个人得惠。也就是说,全体劳动者都要参加失业保险,缴纳失业保险费,但只有失业者才能享受失业保险金。

5. 公正性

一是机会均等,即所有劳动者都有平等参加失业保险的机会。二是指"权利和义务对等",即在保证失业者基本生活的前提下,失业保险待遇要因失业者履行社会义务的多少区分不同档次。

三、失业保险的作用

失业保险既是社会保障的组成部分,也是就业体系的重要支柱;既有保障生活、促进就业的传统功能,又肩负稳定就业新的使命。

失业保险制度20世纪初在法国诞生,历经百年,最初失业保险制度的功能在于抵御工人失业期间的生活费用损失。随着大工业时代到来,失业人数急剧增加,过高的失业救济金导致失业保险基金出现支付危机,同时高失业金并不能减缓或改善失业现象。因此,随着失业保险制度的不断发展和完善,失业保险的功能得到延伸,从保障基本生活逐步向促进就业和预防失业发展。

目前我国失业保险制度主要有以下三方面功能。

1. 保障失业人员失业期间的基本生活

保障失业人员失业期间的基本生活是失业保险最基本的功能。这一功能有两个特点:一是权利与义务对等。失业人员的失业保险待遇及期限,与其失业前的缴费水平和年限挂钩;二是强调失业人员必须有就业愿望和能力。在失业期间无生活来源,并积极寻找工作的,才能享受失业保险待遇。

2. 促进失业人员再就业

促进失业人员再就业这一功能主要体现在以下几个方面:①避免失业人员对失业保险金的依赖导致"懒汉"现象。失业保险延伸的促进就业功能是一项积极的就业措施,目的在于形成新一轮就业,而非单纯的经济补偿。该功能的实现一方面延续了失业保险的初衷,保证失业人员的基本生活要求;另一方面要求失业人员以就业为前提获得生活保障。②加速就业信息的传递,降低寻找工作的成本。为失业者免费提供有效的就业信息是失业保险促进就业功能的重要作用。目的在于降低失业者自我寻找工作的时间成本和经济成本,使失业者在尽可能短的时间内获得重新就业,减少失业保险金的领取时间,降低失业保险金支出。③提高失业人员的就业能力,满足市场需求,避免劳动力留滞。随着经济发展对人员的素质要求不断提高,人员的素质无法提高造成再就业的阻碍。失业保险的促进就业功能提供失业者再培训的机会,负担了再教育成本,避免了因失业者能力水平低下造成的"失业陷阱"问题。

3. 预防失业

预防失业主要是通过各级政府建立和完善失业预警制度,鼓励用人单位稳定用工,减少失业。2008年由于金融危机对就业造成冲击,从国家到各级地方政府开始逐步认识到失业保险不仅要发挥保生活、促进就业的功能,也要发挥其预防失业的作用。

从失业保险制度发展的过程来看,保生活、促就业、防失业的功能在不同历史时期发挥的作用不同。目前,随着失业保险制度的不断完善,促进就业和预防失业的功能将进一步得到加强。

四、失业保险制度

(一)概念

我国的失业保险制度是指国家通过立法强制实行的,由社会集中建立基金,对因中断就业而中断工资收入的劳动者提供物质帮助的制度。

我国失业保险制度的建立,经历了一个由失业救济到待业保险,再到失业保险的历史演变过程。新中国成立初期建立失业救济制度;改革开放后的20世纪80年代中期到90年代初期建立待业保险制度;1999年以颁布实施《失业保险条例》为标志,建立起失业保险制度。2011年7月1日施行的《社会保险法》对失业保险的覆盖范围、资金来源、享受待遇条件、失业保险金标准、领取期限和申领程序、失业人员医疗保险和遗属待遇、失业保险关系转移接续等作了规定。

(二)基本内容

1. 用人单位和职工个人必须依法缴纳失业保险费

"缴费参与"这是社会保险的基本原则之一,任何单位和个人都不得拒缴、拖缴、欠缴的失业保险费,否则,必将受到法律惩处。我国《失业保险条例》规定,国家建立失业保险制度,设立失业保险基金。按照这一条例,我国的城镇企业、事业单位,城镇企业职工、事业单位人员都是缴费义务人,必须无条件地按规定数额缴纳失业保险费。城镇企事业单位应当按照企业工资总额的2%缴纳失业保险费,职工应当按照本人工资的1%缴纳失业保险费。

2. 享受失业保险待遇必须具备一定的条件

从法规规定上看,我国的失业保险待遇包括失业保险金、领取失业保险金期间的医疗补助金、领取失业保险金期间死亡的个人的丧葬补助金和其供养的配偶、直系亲属的抚恤金、职业介绍和职业培训的补贴费用、国务院规定或批准的其他项目。除国家另有规定外,失业保险基金只能用于失业职工。但是,这并不等于说,失业人员都可以享受失业保险金。享受失业保险待遇必须具备一定的条件:一是按规定参加失业保险,所在单位和本人已按规定履行缴费义务满一年的;二是非本人意愿中断就业;三是已办理失业登记,并有求职要求。

3. 失业保险基金应安全完整地运行

失业保险基金是失业人员的"保命线"。因此,我国的失业保险制度特别强调基金运行中的安全与完整,以此维护失业人员的切身利益。为保证失业保险基金的安全与完整,防止挤占、挪用和贪污、浪费失业保险基金的现象的发生,《失业保险条例》规定,要将失业保险基金纳入财政专户,实行收支两条线管理的财务监督制度,专户储存,专款专用,不得挤占、挪用,也不得用于平衡财政预算。

4. 失业保险基金首先必须保障失业人员的基本生活

保证失业人员的基本生活是失业保险制度的重要目的,也是保护失业人员利益的一项重要措施。在我国的失业保险制度中,保障失业人员的基本生活主要包括以下几方面的内容:一是为失业人员发放失业保险金。个人失业前累计缴费时间满1年不足5年的,连续领取失业保险金的期限最长为12个月;累计缴费时间满5年不足10年的,连续领取失业保险金的期限最长为18个月;累计缴费时间满10年以上的,连续领取失业保险金的期限最长为24个月。失业保险金的标准,按照低于当地最低工资标准,高于城市居民最低生活保障标准确定,一般为当地最低工资标准的70%～80%。失业保险金按月发放。二是为领取失业保险金期间的失业人员提供必要的医疗补助金。由于我国的医疗保险制度尚不完善,到目前还实行的是职工医疗保险制度,未把失业人员纳入实施范围,因此,《失业保险条例》规定,失业人员在领取失业保险期间患病医疗的,可以按规定向失业保险经办机构申领医疗补助金。医疗补助金的标准,由省、自治区、直辖市人民政府规定。三是为失业人员的家属和依靠失业人员赡养的配偶、直系亲属发放丧葬补助金和抚恤金。为工作期间不幸死亡的职工家属发放丧葬补助费及供养直系亲属抚恤金,这是我国长期以来所坚持的一种抚恤制度。失业保险制度建立初期,充分吸收了这一制度,在失业保险基金支出项目中确立了丧葬补助金和抚恤金。在失业保险制度发展中继承和坚持了这一作法,使对死亡的失业者亲属的抚恤制度得以延续下来。丧葬补助金和抚恤金的标准等同于当地对在职职工的规定。

5. 保障失业人员基本生活和促进失业人员再就业紧密结合

失业保险制度除了应该具备保障失业人员的基本生活外,还应该具备促进失业人员再就业的功能。为了充分体现失业保险促进失业人员再就业的功能,我国的失业保险制度从三个方面进行了规定:①失业人员只有在有求职要求并接受职业介绍和职业指导的条件下,才能享受失业保险金;②无正当理由不接受公共职业介绍机构介绍适当工作的失业人员,不得继续领取失业保险金;③失业保险基金在保证失业人员的基本生活支出外,还可用于职业介绍和职业培训的补贴。从失业到再就业是一个困难的过程,在这个就业竞争激烈、劳动力市场变幻无常的时代,其困难程度更是越来越大。如果失业者不重新学习、不更新技能,就难以实现再就业。有鉴于此,我国的失业保险制度从建立起就把保障基本生活和促进就业紧密地联系在一起。

(三)失业人员申领失业保险金的程序

根据《社会保险法》第五十条规定,申领失业保险金的程序是:①用人单位应当及时为失业人员出具终止或者解除劳动关系的证明;②用人单位将失业人员的名单自终止或者解除劳动关系之日起15日内告知社会保险经办机构;③失业人员持本人身份证明、单位为其出具的终止或者解除劳动关系的证明材料,及时到当地人力资源社会保障部门指定的公共就业服务机构办理失业登记;④失业人员凭失业登记证明和个人身份证明,到社会保险经办机构办理领取失业保险金的手续;⑤失业人员按月到同一个社会保险经办机构领取失业保险金,或由社会保险经办机构开具单证,到指定的银行领取失业保险金。失业保险金领取期限自办理失业登记之日起计算。

(四)失业保险关系如何接续

《社会保险法》第五十二条规定:"职工跨统筹地区就业的,其失业保险关系随本人转移,缴费年限累计计算。"根据这一规定,职工跨统筹地区就业后,原失业保险关系所在地的社会保险经办机构应当按照规定将其失业保险关系转至迁入地,迁入地的社会保险经办机构应当接受,并办理接续手续。由于失业人员领取失业保险金的期限和其缴费年限紧密相关,失业保险待遇在一定程度上具有权益积累的性质。

所以,当职工流动就业时,其之前的缴费年限对其今后享受失业保险待遇具有重要作用。因此《社会保险法》明确规定,职工跨统筹地区就业后,其失业保险关系随本人转移,缴费年限累计计算。

案例分析:

杨师傅被一家公司聘为合同制工人,公司和杨师傅本人一直按规定缴纳失业保险费。2011年起,由于经营不善,该公司连工人的工资都发不下去了,失业保险费也只好欠着。最近,杨师傅劳动合同到期后被解聘失业。现在杨师傅很担心,原单位及本人没有连续缴费。

思考: 他还能享受失业保险待遇吗?

分析:《社会保险法》第四十五条规定,失业人员符合下列条件的,从失业保险基金中领取失业保险金:失业前用人单位和本人已经缴纳失业保险费满一年的;非因本人意愿中断就业的;已经进行失业登记,并有求职要求的。

杨师傅所在单位及其本人虽然欠缴了一年多的失业保险费,但他本人已经符合前两个条件,因此可以申领。

延伸阅读

国务院办公厅印发的《降低社会保险费率综合方案》具体内容

国办发[2019]13号

降低社会保险费率综合方案

为贯彻落实党中央、国务院决策部署,降低社会保险(以下简称社保)费率,完善社保制度,稳步推进社保费征收体制改革,制定本方案。

一、降低养老保险单位缴费比例

自2019年5月1日起,降低城镇职工基本养老保险(包括企业和机关事业单位基本养老保险,以下简称养老保险)单位缴费比例。各省、自治区、直辖市及新疆生产建设兵团(以下统称省)养老保险单位缴费比例高于16%的,可降至16%;目前低于16%的,要研究提出过渡办法。各省具体调整或过渡方案于2019年4月15日前报人力资源社会保障部、财政部备案。

二、继续阶段性降低失业保险、工伤保险费率

自2019年5月1日起,实施失业保险总费率1%的省,延长阶段性降低失业保险费率的期限至 2020 年 4 月 30 日。自 2019 年 5 月 1 日起,延长阶段性降低工伤保险费率的期限至 2020 年 4 月 30 日,工伤保险基金累计结余可支付月数在 18 至 23 个月的统筹地区可以现行费率为基础下调 20%,累计结余可支付月数在 24 个月以上的统筹地区可以现行费率为基础下调 50%。

三、调整社保缴费基数政策

调整就业人员平均工资计算口径。各省应以本省城镇非私营单位就业人员平均工资和城镇私营单位就业人员平均工资加权计算的全口径城镇单位就业人员平均工资,核定社保个人缴费基数上下限,合理降低部分参保人员和企业的社保缴费基数。调整就业人员平均工资计算口径后,各省要制定基本养老金计发办法的过渡措施,确保退休人员待遇水平平稳衔接。

完善个体工商户和灵活就业人员缴费基数政策。个体工商户和灵活就业人员参加企业职工基本养老保险,可以在本省全口径城镇单位就业人员平均工资的 60% 至 300% 之间选择适当的缴费基数。

四、加快推进养老保险省级统筹

各省要结合降低养老保险单位缴费比例、调整社保缴费基数政策等措施,加快推进企业职工基本养老保险省级统筹,逐步统一养老保险参保缴费、单位及个人缴费基数核定办法等政策,2020 年底前实现企业职工基本养老保险基金省级统收统支。

五、提高养老保险基金中央调剂比例

加大企业职工基本养老保险基金中央调剂力度,2019 年基金中央调剂比例提高至 3.5%,进一步均衡各省之间养老保险基金负担,确保企业离退休人员基本养老金按时足额发放。

六、稳步推进社保费征收体制改革

企业职工基本养老保险和企业职工其他险种缴费,原则上暂按现行征收体制继续征收,稳定缴费方式,"成熟一省、移交一省";机关事业单位社保费和城乡居民社保费征管职责如期划转。人力资源社会保障、税务、财政、医保部门要抓紧推进信息共享平台建设等各项工作,切实加强信息共享,确保征收工作有序衔接。妥善处理好企业历史欠费问题,在征收体制改革过程中不得自行对企业历史欠费进行集中清缴,不得采取任何增加小微企业实际缴费负担的做法,避免造成企业生产经营困难。同时,合理调整 2019 年社保基金收入预算。

七、建立工作协调机制

国务院建立工作协调机制,统筹协调降低社保费率和社保费征收体制改革相关工作。县级以上地方政府要建立由政府负责人牵头,人力资源社会保障、财政、税务、医保

等部门参加的工作协调机制,统筹协调降低社保费率以及征收体制改革过渡期间的工作衔接,提出具体安排,确保各项工作顺利进行。

八、认真做好组织落实工作

各地区各有关部门要加强领导,精心组织实施。人力资源社会保障部、财政部、税务总局、国家医保局要加强指导和监督检查,及时研究解决工作中遇到的问题,确保各项政策措施落到实处。

第六节 工伤保险

引导案例

半个月前,张先生因在下夜班回家途中遭遇车祸,花去医疗费用3万余元。经交警部门认定,肇事者段某负事故的全部责任。但由于段某逃逸,导致张先生无法向其索赔。张先生的单位也没有为其缴纳工伤保险。

思考:下班途中遇车祸算工伤吗?肇事者逃逸后张先生怎么办?

分析:首先,依据《工伤保险条例》的规定,在上下班途中受到机动车事故伤害的,也应当认定为工伤。

其次,工伤救治,保险基金可先行支付。《社会保险法》第四十一条规定,职工所在用人单位未依法缴纳工伤保险费,发生工伤事故的,由用人单位支付工伤保险待遇。用人单位不支付的,从工伤保险基金中先行支付。目前,应参加工伤保险而未参加的用人单位较多,职工发生工伤,双方的矛盾和争议较大。本条规定保证了职工在发生工伤事故时,能及时得到救治。

基金追缴,有司法执行提供保障。即使用人单位未参加工伤保险,职工发生工伤后,同样可以向社保基金申请工伤治疗费,其工伤也能得到及时治疗。《社会保险法》第四十二条规定,由于第三人的原因造成工伤,第三人不支付工伤医疗费用或者无法确定第三人的,由工伤保险基金先行支付。工伤保险基金先行支付后,有权向第三人追偿。

一、工伤保险的概念

工伤保险又称职业伤害保险。工伤保险是通过社会统筹的办法,集中用人单位缴纳的工伤保险费,建立工伤保险基金,对劳动者在生产经营活动中遭受意外伤害或职业病,并由此造成死亡、暂时或永久丧失劳动能力时,给予劳动者及其实用性法定的医疗救治以及必要的经济补偿的一种社会保障制度。

这种补偿既包括医疗、康复所需费用,也包括保障基本生活的费用。

二、工伤保险的特点

(1) 工伤保险对象的范围是在生产劳动过程中的劳动者。

由于职业危害无所不在,无时不在,任何人都不能完全避免职业伤害。因此工伤保险作为抗御职业危害的保险制度适用于所有职工,任何职工发生工伤事故或遭受职业疾病,都应毫无例外地获得工伤保险待遇。

(2) 工伤保险的责任具有赔偿性。

工伤即职业伤害所造成的直接后果是伤害到职工生命健康,并由此造成职工及家庭成员的精神痛苦和经济损失,也就是说劳动者的生命健康权、生存权和劳动权受到影响、损害甚至被剥夺了。因此工伤保险是基于对工伤职工的赔偿责任而设立的一种社会保险制度,其他社会保险是基于对职工生活困难的帮助和补偿责任而设立的。

(3) 工伤保险实行无过错责任原则。

无论工伤事故的责任归于用人单位还是职工个人或第三者,用人单位均应承担保险责任。

(4) 工伤保险不同于养老保险等险种,劳动者不缴纳保险费,全部费用由用人单位负担。即工伤保险的投保人为用人单位。

(5) 工伤保险待遇相对优厚,标准较高,但因工伤事故的不同而有所差别。

(6) 工伤保险作为社会福利,其保障内容比商业意外保险要丰富。除了在工作时的意外伤害,也包括职业病的报销、急性病猝死保险金、丧葬补助(工伤身费用)。

三、工伤保险的作用

(1) 工伤保险作为社会保险制度的一个组成部分,是国家通过立法强制实施的,是国家对职工履行的社会责任,也是职工应该享受的基本权利。工伤保险的实施是人类文明和社会发展的标志和成果。

(2) 实行工伤保险保障了工伤职工医疗以及其基本生活、伤残抚恤和遗属抚恤,在一定程度上解除了职工和家属的后顾之忧、工伤补偿体现出国家和社会对职工的尊重,有利于提高他们的工作积极性。

(3) 建立工伤保险有利于促进安全生产,保护和发展社会生产力。工伤保险与生产单位改善劳动条件、防病防伤、安全教育、医疗康复、社会服务等工作紧密相连。对提高生产经营单位和职工的安全生产,防止或减少工伤、职业病,保护职工的身体健康,至关重要。

(4) 工伤保险保障了受伤害职工的合法权益,有利于妥善处理事故和恢复生产,维护正常的生产、生活秩序,维护社会安定。

四、工伤保险制度

工伤保险制度起源于德国,后普及至欧美各国,它在应对现代社会职业伤害方面发挥了积极的作用,使劳动者发生职业伤害后能够及时得到救治和经济补偿,促进了社会的和谐。该制度在工伤预防和职业康复方面也发挥了积极的效用。我国工伤保险制度起步较晚,正处在不断的摸索完善的过程中,在制度设计方面还有待完善。

（一）概念

工伤保险是社会保险制度中的重要组成部分，是指国家和社会为在生产、工作中遭受事故伤害和患职业性疾病的劳动及亲属提供医疗救治、生活保障、经济补偿、医疗和职业康复等物质帮助的一种社会保障制度。

（二）具体内容

1. 参保范围

参保范围包括各类企业；有雇工的个体工商户；事业单位、社会和社会团体和民办非企业单位；国家机关和参照国家公务员制度进行人事管理的事业单位、社会团体。

2. 工伤认定范围

工伤认定是工伤职工享受待遇的前提。工伤认定工作由劳动保障行政部门负责，包括申请、受理、审核、调查核实、做出认定等程序，并有严格的时限规定。《工伤保险条例》明确了应当认定为工伤的七种情形、视同工伤的三种情形以及不得认定或视同工伤的三种情形，并对工伤认定时限等做出了明确规定。

应当认定工伤的七种情形：①工作时间和工作场所内，因工作原因遭受事故伤害的；②工作时间前后在工作场所内，从事与工作有关的预备性或收尾性工作受到事故伤害的；③在工作时间和工作场所内，因履行工作职责受到暴力等意外伤害的；④患职业病的；⑤因工外出期间，由于工作原因受到伤害或发生事故下落不明的；⑥在上下班途中，受到机动车事故伤害的；⑦法律、行政法规规定应当认定为工伤的其他情形。

视同工伤的三种情形：①在工作时间和工作岗位，突发疾病死亡或在48小时之内经抢救无效死亡的；②在抢险救灾等维护国家利益、公共利益活动中受到伤害的；③职工原在军队服役，因战、因工负伤致残，已取得革命伤残军人证，到用人单位后旧伤复发的。

不得认定或视同为工伤的三种情形：①因犯罪或违反治安管理伤亡的；②醉酒导致伤亡的；③自残或自杀的。

工伤认定争议处理。工伤认定工作由设区的统筹地区劳动保障行政部门负责，若申请认定的工伤职工或其直系亲属、该职工所在单位对工伤认定结论不服的，可向省级劳动保障行政部门申请重新认定，对认定结论仍不服的，可申请行政复议；对复议决定仍不服的，则可依法提起行政诉讼。

3. 工伤保险待遇

工伤保险待遇针对伤残对象的不同，大体分为四类：即工伤医疗康复待遇、辅助器具配置待遇、伤残待遇、死亡待遇。

（1）工伤医疗康复待遇。主要包括以下三项：①治疗工伤所需的挂号费、医疗康复费、药费、住院费等费用符合工伤保险诊疗项目目录、工伤保险药品目录、工伤保险住院服务标准的，从工伤保险基金中支付；②工伤职工治疗工伤需要住院的，由所在单位按照因公出差伙食补助标准的70%发给住院伙食补助费；③工伤职工需要停止工作接受治疗的，享受停工留薪期待遇。

（2）辅助器具配置待遇。工伤职工因日常生活或就业需要，经劳动能力鉴定委员会确认，可以安装假肢、矫形器、假眼、假牙和配置轮椅等辅助器具，所需费用按照国家规定的标准从工伤保险基金支付。

（3）伤残待遇。伤残待遇按照伤残鉴定等级1～10级的不同而有所区别。所有等级均享受从工伤保险基金按伤残等级支付的一次性伤残补助金，除此之外，不同等级伤残职工还分别享受如下待遇：1～4级：保留劳动关系，退出工作岗位。除享受一次性伤残补助金外，还从工伤保险基金按月支付伤残津贴。伤残津贴实际金额低于当地最低工资标准的，由工伤保险基金补助差额。达到退休年龄并办理退休手续后，停发伤残津贴，享受基本养老保险待遇。基本养老保险待遇低于伤残津贴标准的，由工伤保险基金补足差额。同时，由用人单位和职工个人以伤残津贴为基数，缴纳基本医疗保险费。5～6级：保留与用人单位的劳动关系，由用人单位安排适当工作。除享受一次性伤残补助金外，对于难以安排工作的，由用人单位按月发给伤残津贴，并由用人单位按照规定为其缴纳应缴纳的各项社会保险费。伤残津贴实际金额低于当地最低工资标准的，由用人单位补足差额。另外，经工伤职工本人提出，工伤职工可以与用人单位解除或终止劳动关系，由用人单位支付一次性工伤医疗补助金和伤残就业补助金。7～10级：享受一次性伤残补助金。劳动合同期满终止，或者工伤职工本人提出解除劳动合同的，由用人单位支付一次性工伤医疗补助金和伤残就业补助金。

（4）死亡待遇。主要包括三项：一是丧葬补助金。职工因工死亡，其直系亲属可以从工伤保险基金中领取丧葬补助金，标准为6个月的统筹地区上年度职工月平均工资。二是供养亲属抚恤金，按照因公死亡职工本人生前工资的一定比例计发。三是一次性因工死亡补助金，按统筹地区上年度职工月平均工资48个月至60个月标准发给。

4．工伤保险费率

按照《工伤保险条例》规定，国家根据不同行业的工伤风险程度确定行业的差别费率，并根据工伤保险费使用、工伤发生率等情况在每个行业内确定若干费率档次。

2003年劳动保障部会同财政部、卫生部、安全监督局共同发布了《关于工伤保险费率问题的通知》，将国民经济行业划分为三类，分别确定不同的费率，平均缴费率原则上控制在职工工资总额的1%左右。

一类行业属于风险较小行业，如金融保险、商业、餐饮业、邮电、广播等，基准费率为0.5%左右；二类行业为中等风险行业，如农林水利，一般制造业等，基准费率为1%；三类行业为风险较大行业，如石油开采加工、矿山开采加工等，基准费率为2%左右。

关于用人单位内部浮动费率：三类行业中，一类行业不浮动。二类和三类行业的用人单位可实行浮动费率，依据是根据用人单位工伤保险费使用、工伤发生率，职业病危害程度等因素，一至三年浮动一次。具体浮动办法是，在行业基准费率的基础上，可上下各浮动两档。上浮第一档为本行业基准费率的120%，第二档为150%；下浮第一档为本行业基准费率的80%，第二档为50%。

（三）遵循的原则

1．责任补偿原则，又称为无过失补偿原则

责任补偿原则包含两层意义：一是无论职业伤害责任主要属于雇主或者第三者或自己个人，受伤害者应得到一定的经济补偿；二是雇主不承担直接补偿责任，由工伤社会保险机构统一组织工伤补偿，而一般不需要通过法律程序和法院裁决。这样做，既可以及时公正地保障工伤待遇，又简化了法律程序，提高效率。使雇主摆脱了工伤赔偿事务，有利于集中精

力搞经营。按照这一原则建立工伤保险基本消除了雇主责任制的弊端。

2. **风险分担、互助互济原则**

风险分担、互助互济原则是社会保险制度中的基本原则,首先是通过法律,强制征收保险费,建立工伤保险金,采取互助互济的办法,分担风险。其次是在待遇分配上,国家责成社会保险机构对费用实行再分配。这种基金的分配使用,包括人员之间、地区之间、行业之间的调剂。它可以更有效地解决社会问题。

3. **个人不缴费的原则**

工伤保险由单位缴纳,职工个人不缴纳任何费用,这是工伤保险与养老、失业、医疗保险的区别之处。由于职业伤害是工作过程中造成的,劳动力是生产的重要因素,劳动者为单位创造财富而付出了代价,所以雇主负担全部保险费,如同花钱修理和添置设备一样,是完全必要和合理的。这一点在世界上已形成了共识。

4. **区别因工与非因工的原则**

职业伤害与工作或职业有直接关系,工伤保险待遇具有补偿性质,医疗康复、伤残待遇和死亡抚恤待遇等比其他保险待遇优厚,享受条件只要符合工伤保险范围,不受年龄和缴费合格期的限制。因病与非因工伤亡基本上与工作无直接关系,保险待遇属补助性质,待遇水平低于工伤待遇,享受条件受到年龄和个人缴费年限的限制。因此,区别因工与非因工是建立工伤保险的出发点和前提。

5. **工资损失的原则**

职业伤害,损伤了肢体或器官,甚至丧失了生命,这种损失既不能挽回,也不能像财物一样作价赔偿。工伤补偿主要是对工资损失进行适当的补偿。这是从劳动力生产和再生产的角度出发的。工伤保险待遇与受伤害者既往的工资收入保持一个适当的比例关系,暂时丧失劳动能力时的津贴一般不发100%工资,永久丧失劳动能力的待遇和死亡待抚恤待遇也换算成若干年工资来表示,补偿是有一定限度的。这也是体现雇主与雇员分担风险的原则,因为在一般情况下雇员在事故中也负有一定的责任。

6. **补偿与预防、康复相结合原则**

补偿与预防、康复相结合原则是工伤社会保险方式和雇主责任工伤保险方式的根本区别之一。工伤保险首要直接的任务是工伤补偿,但这不是它唯一的任务。社会保险的根本任务是保障职工生活,保护职工的健康,促进社会安定和生产力发展。从这个根本任务出发,工伤保险就应当与事故预防、医疗康复和职业康复相结合。加强安全生产、减少事故发生和万一发生事故时及时地进行抢救治疗,采取有力的措施恢复职工健康并帮助他们重新走上工作岗位,这对于社会利益和职工根本利益来说,它比工伤补偿工作具有更积极更深远的意义。把工伤补偿与事故预防、职业康复有机结合起来,这是目前国家实行的工伤社会保险制度的一项重要内容。

(四)工伤认定

1. **工伤的定义**

工伤又称为劳动工伤、职业伤害、工业伤害、工作伤害,是指劳动者在从事职业活动或者与职业活动有关的活动时所遭受的不良因素的伤害和职业病伤害。

当前国际上比较规范的"工伤"定义包括两个方面的内容,即由工作引起并在工作过程中发生的事故伤害和职业病伤害。职业病是指企业、事业单位和个体经济组织的劳动者在职业活动中,因接触粉尘、放射性物质和其他有毒、有害物质等因素而引起的疾病。

2. 申请工伤认定的时效、期限及程序

申请工伤认定是工伤维权的第一步,是依据《社会保险法》、《工伤保险条例》、《工伤认定办法》以及地方立法,由工伤职工、职工近亲属或用人单位,在规定的工伤认定的时效内,向社会保险行政部门(人力资源和社会保障局)提出申请,对职工受伤或死亡作出是否为工伤的行为。

(1) 申请工伤认定的时效

申请工伤认定的时效是发生工伤后,可以向人力资源和社会保障局申请工伤认定的期限。根据《工伤保险条例》的规定,发生工伤后,用人单位可以在一个月内申请工伤认定,情况特殊的可以适当延长。用人单位不申请的,工伤职工或其近亲属可以在一年内申请工伤认定。

(2) 申请工伤认定的程序

申请工伤认定的程序主要是向人力资源和社会保障局递交申请工伤认定的资料的过程。申请工伤认定,一般需要提交《工伤认定申请表》、劳动关系证明和诊断证明。

申请工伤认定后,符合申请条件的,人力资源和社会保障局应当受理,向用人单位送达举证通知书,进行调查,并在60日内作出工伤认定决定书。事实清楚、证据充分的,可以在15日内作出工伤认定决定书。对依据《职业病防治法》作出职业病诊断或鉴定的,可以不经过调查,作出工伤认定决定书。

对工伤认定决定不服的,可以在收到工伤认定书后60日内向人民政府或上一级社会保险行政部门申请复议,或3个月内直接向人民法院提起行政诉讼。

受理工伤认定程序如图4-1所示。

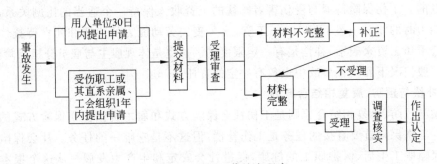

图4-1 受理工伤认定程序

案例分析:

甲公司是一家建筑工程公司,现甲将一个建筑工程承包给刘某,而后刘某雇佣赵某到建筑工地干活。赵某在工地施工时,因脚手架坍塌倒地受伤。

思考:赵某受到的事故伤害是否属于工伤?若是工伤,则应由谁来承担工伤保险责任?

分析:赵某在刘某承包的建筑工地施工时受到事故伤害,符合《工伤保险条例》第十四条第(一)项规定的应当认定为工伤的情形,即"在工作时间和工作场所内,因工作原因受到事故伤害的",因此,本案中赵某受到的事故伤害属于工伤。

在确定了此情形属于工伤后,我们面临一个选择,到底应当由谁来承担赵某的工伤保险责任,是承包人刘某还是甲公司?本案中,甲公司将一工程承包给自然人刘某,伤者赵某是刘某的雇员,然而承包人刘某不具备用人单位资格。虽然发包人甲公司具备用人单位资格,但赵某与甲公司之间没有直接的劳动关系。根据《工伤保险条例》相关规定:"用人单位实行承包经营,使用劳动者的承包人不具备用人单位资格的,由具备用人单位资格的发包人承担工伤保险责任。"应当由本案中的甲公司承担赵某的工伤保险责任。

实务操作

职工工伤认定申请表如表4-2所示。

表4-2 职工工伤认定申请表

工伤认定申请表

编号:

申请人:

受伤害职工:

申请人与受伤害职工关系:

填表日期: 年 月 日

职工姓名		性别		出生日期	年 月 日
身份证号码				联系电话	
家庭地址				邮政编码	
工作单位				联系电话	
单位地址				邮政编码	
职业、工种或工作岗位				参加工作时间	
事故时间、地点及主要原因				诊断时间	
受伤害部位				职业病名称	
接触职业病危害岗位				接触职业病危害时间	
受伤害经过简述(可附页)					

申请事项:

申请人签字:
年 月 日

用人单位意见:

经办人签字:
(公章)
年 月 日

社会保险行政部门审查资料和受理意见	经办人签字: 年 月 日
	负责人签字: (公章) 年 月 日

备注:

法律衔接

新修订的《工伤认定办法》已经由人力资源和社会保障部第五十六次部务会议通过,自 2011 年 1 月 1 日起施行。劳动和社会保障部 2003 年 9 月 23 日颁布的《工伤认定办法》同时废止。

现行生效的《工伤保险条例》,是由 2003 年 4 月 27 日颁布,2004 年 1 月 1 日生效实施,并于 2010 年 12 月 20 日修订后重新公布的。修订的部分,自 2011 年 1 月 1 日生效,未修订的部分自 2004 年 1 月 1 日生效。

第七节 社会保险基金管理

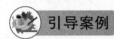 **引导案例**

2006 年 8 月 22 日一个由 100 多人组成的中央调查组进驻上海,就一起涉嫌挪用 12 亿美元社保基金的事件展开调查。随着相关背景逐渐曝光,该事件因其在政治和经济方面的潜在深远影响而在国内引起了强烈反响。

2006 年 8 月中旬上海市第一中级人民法院(以下简称一中院)正式立案受理上海市企业年金发展中心对张荣坤旗下公司诉讼,诉讼涉及金额总计 34.5 亿元。公开资料显示,截至 2005 年年底,上海市企业年金发展中心管理的企业年金资金超过 110 亿元,这意味着"借"给张荣坤旗下公司的资金达到其管理资金约三成。

思考: 通过上海社保案可以看出我国社会保障基金的管理方面存在的问题。

分析: 主要有四个方面:一是社保基金监管透明度低,信息披露不充分;二是违规投资;三是监管力量薄弱,监督体制不健全,过分依赖行政手段;四是慈善事业政治化。

一、社会保险基金的概念

社会保险基金是指为了保障保险对象的社会保险待遇,按照国家法律、法规,由缴费单位和缴费个人分别按缴费基数的一定比例缴纳以及通过其他合法方式筹集的专项资金。

二、社会保险基金的特点

(1) 国家对社会保险基金投资政策规定的特殊性。

社会保险基金为了保值增值进行投资时,对于投资方向、模式结构、区域等,国家往往在政策或法律上作出特殊限制性规定。

(2) 社会保险基金投资要兼顾经济效益和社会效益,并以社会效益为前提,损坏社会公众利益的投资项目,即使其投资收益比较高,社会保险基金也不能予以投资。只有促进国民经济健康发展或与社会发展、人民利益密切相关的投资项目,社会保险基金才能考虑进行投资。

(3) 社会保险基金投资收益免征所得税。

社会保险基金投资收益不直接用于分配,而是再转并到基金中去,以增强基金实力,也减轻国家在社会保险方面的费用负担。

三、社会保险基金的统筹

1. 社会保险基金的统筹范围

社会保险基金采取统筹方式。所谓统筹,就是在社会范围内对社会保险基金的来源和用途做出统一的规定、计划和安排,以发挥社会保险的功能,促进保险基金的保值和增值的一种基金管理制度,或基金管理方式。

统筹范围表明社会保险的社会化程度和保障水平,从四个角度衡量。

(1)企业或用人单位。是全部企业,还是部分企业纳入统筹范围,我国传统的社会保险主要是国有和城镇集体企业,目前逐步扩大到所有企业。

(2)劳动者范围。是全部劳动者,还是部分劳动者纳入统筹范围,与投保企业相对应,我国纳入社会统筹范围的劳动者也在逐步扩大,由原来的国有和城镇集体企业劳动者扩大到所有工资收入者。

(3)保险种类和保险项目。一般而言,养老、失业、工伤、医疗和生育保险是社会保险的基本险种,也是现代企业员工基本的福利待遇。特别是养老和医疗保险,各国都强制性的实行社会统筹。保险项目视国家经济发展水平和企业缴费能力有所不同。经济实力强的国家和企业,保险种类和保险项目相对宽泛,保障水平相对高,反之,则只能保障员工的基本需要。

(4)地域范围,即在哪一级的行政区域内统筹。例如,养老保险和医疗保险,目前在我国已经开始实行省一级的社会统筹。

按照统筹的原则,社会保险费用由不同的主体承担。例如目前在我国,由财政拨款的单位,养老、失业、医疗保险费用由国家负担大部分,个人承担小部分,工伤和生育保险由国家承担;非财政拨款的企业,养老、失业和医疗保险费用由企业和劳动者共同承担,一般企业承担大部分,工伤和生育保险费用,具体比例由地方政府规定。

2. 社会保险基金的统筹方式

(1)现收现付式,又称统筹分摊式或年度评估式。先对近期(一年或几年)社会保险基金需求量进行预测,按照以收定支的原则,将基金按比例分摊给企业和劳动者。按照这种方式,所筹集的基金与同期的保险金支出基本平衡。

(2)半积累式,又称部分基金式或混合式。是指在现收现付式的基础上,按收大于支,略有节余的原则,按比例征收企业的投保费用。其收大于支的部分基金用于转投经营,用于保值和增值。这是目前采用较多的一种筹资方式。

(3)完全积累式,又称全基金式。是指对被保险群体的生命过程和劳动风险及其影响因素进行远期预测,在此基础上计算出被保险人在保险期内所需保险金开支总和,然后按一定比率分摊到就业期的每一个年度,投保人按比率逐月缴纳保险费,同时将积累的保险基金有计划的转投经营,使其保值增值。

四、社会保险基金监督

(一)什么是社会保险基金监督

社会保险基金监督是指由政府有关部门或专业监督机构等,为防范和化解基金管理中的风险,保证基金安全,根据国家法律、法规和政策规定,对社会保险基金征缴机构、发放机构、经办机构、运营机构或其他有关机构管理和运营社会保险基金的情况及过程进行的监控和检查,目的是评估基金管理状况以及管理行为是否遵守法规。当监督机构发现经办机构违规或存在问题时,必须行使其监督权力,采取正式或非正式措施,迅速纠正并加以处置。

(二)社会保险基金监督类型

从时间序列看,基金监督可以划分为三种:一是事前监督,是指通过对基金管理运营事先发出指令的方式所实施的监督,主要包括制订基金预算,确定基金收支计划,明确基金运营的方向、收益率指标等;二是事中监督,是指通过对基金运行信息的跟踪所进行的监督,主要包括对基金的征缴、支付、管理及投资运营过程中各种数据、报表进行实时监控,及时掌握基金运行状态;三是事后监督,是指通过对基金运行结果进行核查和检验所进行的监督,主要包括对基金征缴、支付、管理及投资运营的效果进行检查,发现存在的各种问题并进行处置。

从基金监督的方式上看,可分为现场监督和非现场监督两种方式。现场监督是指监督机构派出监督人员直接深入到基金管理机构、托管机构、投资运营机构,对其管理、运营基金的业务情况进行实地检查。非现场监督是指监督机构对基金管理机构、托管机构、投资运营机构报送的数据、报表和有关资料,以及通过其他渠道获取的信息,进行整理和综合分析,并通过一系列风险监测和评价指标,对有关机构的业务管理及经营风险做出初步评价和早期预警。

(三)社会保险基金监督体系

社会保险基金监督体系从广义上看,应包括以下几个方面。

(1)劳动保障部门的行政监督。根据国务院规定,劳动和社会保障部门作为社会保险政策和基金的管理机构,负责组织实施各项社会保险基金监督管理工作,具有制订基金监督管理制度和社会保险经办机构管理规则、制订资金运营准入的资格标准、认定基金运营机构资格、监管基金运营、查处基金运营、查处基金管理重大违规违纪案件等项职责。对基金的安全、完整及保值增值负有主要责任,为保证基金的安全,实现基金的保值增值,社会保险行政主管部门必须对基金的征缴、支付、管理和运营实施全过程的监督。

(2)财政监督。财政部门作为国家财政政策和财务制度的主管部门,负有保证社会保险基金的有关财务制度正确贯彻、有效实施的责任,应对社会保险基金实施财务监督。

(3)审计监督。审计机关作为国家实施审计监督的主管部门,负有对政府部门管理的社会保障基金的收支进行审计的责任,应依法对社会保险基金征缴、支付、管理进行审计。

(4)内部控制。为有效防范基金管理中的风险,经办机构、投资机构和托管机构,必须按监督机构的要求,建立、健全约束机制,有效防范管理中的风险。

(5)法律监督。人民代表大会依照法律规定,对社会保险基金的运营情况进行监督检查。有关政府部门必须认真听取人大的意见和建议,严肃地对待和处理检查出来的问题。

(6)社会监督。社会保险基金是国家依法强制建立的专项公共基金,属于社会公众的共有财产,社会公众有权了解基金的收支、管理及运营情况。社会保险经办机构及基金运营机构,有义务定期向社会公布基金状况,披露有关信息,接受公众监督。其他单位和个人对基金管理中存在的问题,有权举报和投诉。

(四) 社会保险基金监督的内容

基金监督的内容包括两个方面:一是对社会保险业务领域的基金监督;二是对进入资本市场的基金的监督。

1. 对社会保险业务领域的基金监督

对社会保险基金征缴进行监督,既要检查征缴机构是否依法征收保险费,又要检查缴费单位是否按规定缴纳保险费。在社会保险费的征缴、支付过程中,监督机构依法对经办机构或有关单位进行检查。

(1) 对征缴范围、对象、基数、标准和比例的监督;对缴费时限的监督;对基金收入的监督;对缓缴、滞缴、拖欠、拒缴、漏缴的监督;征缴机构是否将收入户基金及时、足额缴存财政专户的监督;对征缴机构有无不按规定收取滞纳金,或未将滞纳金列入基金收入的情况进行监督;对企业有无以实物抵顶社会保险费,造成少征基金的情况进行监督以及对隐瞒、截留社会保险基金的监督。

(2) 对基金支付范围、对象和标准的监督;对领取保险金人员资格、条件的监督;对支付时限的监督;对拖欠、截留、虚列支出的监督;对经办机构有无虚列支出、转移资金和挤占挪用等损害侵蚀社会保险基金的情况进行监督;对内部控制制度是否健全,内部管理是否形成相互制约、相互监督机制,业务结算中是否出现计算差错,造成多付或重复支付进行监督以及对骗取、冒领等欺诈行为的监督。

(3) 对基金管理的监督是监督基金管理是否严格按照预算或计划执行;基金收支、拨付是否符合有关规定和程序;是否存在转移和挤占挪用问题等。

2. 对进入资本市场的基金的监督

(1) 资格监督(也称为准入与退出制度)。对社会保险基金投资运营机构和托管机构实行严格的准入与退出制度,是实施监督的重要环节。准入制度主要包括:资格准入即申请托管运营社会保险基金的机构,必须具备一定的资格条件,并经有关部门审查合格后,严格按照有关规定办理准入手续,取得运营资格;市场准入,即对运营基金的投资范围、比例及数量等有所限制,以有效分散基金运营风险,确保基金安全和保值增值。

(2) 收益水平监督。为保证基金获得合理的收益,对进入市场运营的基金的收益水平,必须进行监督,使基金的收益与风险得到合理的兼顾,既不能为单纯追求高收益率而增加基金风险,也不能片面为基金安全而降低收益。

(3) 信息披露。完善基金运营的信息披露制度是世界各国监督当局成功的经验,一方面它可以通过市场来监督有关当事人,防范违规行为的发生;另一方面也可以降低监督部门的监督成本。基金管理运营必须及时向参保人及社会公众提供有关信息。

小知识

社保基金与人力资源和社会保障部所管的社会保险基金

社保基金与人力资源和社会保障部所管的社会保险基金是两个概念。前者是国家社会保障基金。人力资源和社会保障部有一个专门的社保基金理事会,管理一部分战略性储备的社保资金,参与市场运作、各种投资,按照规范进行市场化的运作。这是全国社保基金理事会管理的一项职责,与人力资源和社会保障部的社保基金不一样。

本章知识点回顾

本章主要介绍了社会保险的几种形式,养老保险、医疗保险、生育保险、生育保险及工伤保险的内容及制度,社会保险的现状和资金管理等内容。

复习思考题

一、重点概念

社会保险　养老保险　医疗保险　生育保险　工伤保险　社会保险基金

二、简答题

1. 社会保险的特征。
2. 养老保险制度的内容。
3. 医疗保险制度的内容。
4. 生育保险制度的内容。
5. 社会保险基金的特点。

三、论述题

1. 社会保险与商业保险的关系。
2. 中国社会保险制度设计。

四、案例分析题

2010年4月,被告人苏某在张家口市科园大道的万球送水店得知被告人陆某的脸部患有疾病曾在医院治疗过,且参加了农村合作医疗社保,便商量合谋骗保。苏某提供虚假的治疗凭证给陆某,由陆某交给其父亲陆树养到张家口市西乡塘区政府农村合作医疗管理中心报销,骗得人民币32480元。事后,陆某分得人民币4000元。

同月,被告人苏某得知被告人刘某的妻子陈某参加了新农村合作医疗社保后,与刘某合谋以同样的方式进行诈骗,由刘某将苏某提供虚假的治疗凭证拿到张家口市西乡塘区政府农村合作医疗管理中心报销,骗得人民币21706.63元。事后,刘某分得人民币4000元。

思考:苏某、陆某、刘某的行为构成什么犯罪?

五、实践练习

实践练习1:新型农村社会养老保险关系转入接受函,如表4-3所示。

实践练习2:新型农村社会养老保险主要业务经办程序(参考)。

1. 参保登记:①个人申请(填写参保登记表,提供身份证、户口簿原件和复印件)→②村级初审→③乡(镇)审查→④县农保中心审核,建立参保信息库。

2. 缴纳保险费:①银行开立缴费存折→②参保人员缴纳存款→③银行代扣保费→④县农保中心确认到账,并建立个人账户。

表 4-3　新型农村社会养老保险关系转入接受函

<table>
<tr><td colspan="7" align="center">新型农村社会养老保险关系转入
接 收 函
转入函字[　　]第　号</td></tr>
<tr><td colspan="7">_____：
　　经审核,同意将_____同志的养老保险关系转入我县(区、市、旗),请予办理相关手续。</td></tr>
<tr><td>姓名</td><td>公民身份号码</td><td>个人缴费额</td><td>村集体补助额</td><td>政府补贴额</td><td>利息</td><td>其他</td><td>累计额</td></tr>
<tr><td></td><td></td><td></td><td></td><td></td><td></td><td></td><td></td></tr>
<tr><td colspan="8">请将该同志的个人账户基金汇入下列账户：
账户名：
开户行：
账　号：
　　特此函告。
　　　　　　　　　　　　　　　　　　　　　　　　　　　年　月　日
单位名称(章)：
地　　址：
邮　　编：
联系电话：</td></tr>
</table>

填表说明：此表一式三联,转入地县级社保机构、转出地县级社保机构、参保人各留存一份。

3．待遇领取：①发放领取通知书→②参保人员申请(提供身份证、户口簿原件和复印件)→③村级公示并初审→④乡(镇)审查→⑤县农保中心核定待遇→⑥银行开立存折(卡)→⑦养老金按月转入银行代发→⑧参保人员到银行领取。

4．关系转移：①参保人员申请(填写参保登记表和转入申请表,提供材料)→②转入村初审→③乡(镇)审查→④县农保中心审核→⑤建立参保信息库和办理转移手续→⑥转移情况反馈给本人。

5．保险终止：①本人、受益人或法定继承人申请(填写注销登记表,提供证明材料)→②村级初审→③乡(镇)审查→④县农保中心核定待遇→⑤支付待遇,终止养老保险关系。

第五章　工资与福利

学习目标

通过本章的学习,理解工资制度的基本知识;掌握住房公积金的操作和使用;理解津贴与福利的内容。

引导案例

2011年8月,连续一个月在高温环境下工作的路明等职工发现,公司支付的报酬中没有高温津贴,便要求公司补发,但遭到公司拒绝。公司的理由是,每天已经向职工提供了充足的防暑用品、药物和饮料,这些费用应冲抵高温津贴。对于公司的说法,路明等人不服。

思考:防暑降温费能否冲抵高温津贴?

分析:根据卫生部、劳动和社会保障部、国家安全生产监督管理总局、全国总工会等四部门发布的《关于进一步加强工作场所夏季防暑降温工作的通知》第4条第7项规定,用人单位安排劳动者在高温天气下(日最高气温达到35℃以上)露天工作以及不能采取有效措施将工作场所温度降低到33℃以下的(不含33℃),应当向劳动者支付高温津贴。

可见,高温津贴属于国家规定的劳动报酬范畴,用人单位应当按照规定以货币的形式按时足额向劳动者支付。至于防暑用品、药物和饮料的开支,属于防暑降温费的范畴,二者是两个不同的概念。防暑降温费针对的是所有暑期在岗的劳动者,而高温津贴则是对在高温环境下作业的劳动者的补偿。在高温环境下工作的劳动者有权领取高温津贴,同时也可以领取防暑降温费,只是防暑降温费既可以用现金支付,也可以发放物品代替。

第一节　工资制度

我国多个国家机关对工资及其构成的规定无论是在内涵还是外延都不一致,但是这个概念对于用人单位和劳动者是极其重要,例如计算加班费、病假假期待遇、妇女三期待遇、缴纳社会保险和享受社保待遇、测算社会平均工资、缴纳残疾人就业保障金、给付经济补偿和违法解除终止赔偿金等,都离不开这个概念,分不清楚会产生很多纠纷。

一、工资收入的界定

1. 国务院的规定

《企业所得税法实施条例》(2007第512号)第三十四条规定:企业发生的合理的工资薪金支出,准予扣除。前款所称工资薪金,是指企业每一纳税年度支付给在本企业任职或者受雇的员工的所有现金形式或者非现金形式的劳动报酬,包括基本工资、奖金、津贴、补贴、年终加薪、加班工资,以及与员工任职或者受雇有关的其他支出。

2. 人力资源与社会保障部的规定

(1) 劳动部关于印发《关于贯彻执行〈中华人民共和国劳动法〉若干问题的意见》的通知(劳部发[1995]309号)第五十三条规定:劳动法中的"工资"是指用人单位依据国家有关规定或劳动合同的约定,以货币形式直接支付给本单位劳动者的劳动报酬,一般包括计时工资、计件工资、奖金、津贴和补贴、延长工作时间的工资报酬以及特殊情况下支付的工资等。

(2) 关于印发《工资支付暂行规定》的通知(劳部发[1994]489号)第三条规定:本规定所称工资是指用人单位依据劳动合同的规定,以各种形式支付给劳动者的工资报酬。

(3)《外商投资企业工资收入管理暂行办法》(劳部发[1997]46号)第二条规定:本办法所称实得工资收入,包括基本工资、奖金、津贴、补贴等全部工资性收入。

3. 国家统计局的规定

《关于工资总额组成的规定》(1990年1月1日国家统计局令1号发布)第三条规定:工资总额是指各单位在一定时期内直接支付给本单位全部职工的劳动报酬总额。工资总额的计算应以直接支付给职工的全部劳动报酬为根据。

第四条规定:工资总额由下列六个部分组成:①计时工资;②计件工资;③奖金;④津贴和补贴;⑤加班加点工资;⑥特殊情况下支付的工资。

4. 财政部的规定

企业会计准则第9号——职工薪酬(财会[2006]3号)第二条:职工薪酬是指企业为获得职工提供的服务而给予各种形式的报酬以及其他相关支出。职工薪酬包括:①职工工资、奖金、津贴和补贴;②职工福利费;③医疗保险费、养老保险费、失业保险费、工伤保险费和生育保险费等社会保险费;④住房公积金;⑤工会经费和职工教育经费;⑥非货币性福利;⑦因解除与职工的劳动关系给予的补偿;⑧其他与获得职工提供的服务相关的支出。

5. 财政部、国家税务总局的规定

财政部、国家税务总局"关于调整企业所得税工资支出税前扣除政策的通知"(财税[2006]126号)第五条规定:企业支付给职工的各种形式的劳动报酬及其他相关支出,包括奖金、津贴、补贴和其他工资性支出,都应计入企业的工资总额。

6. 全国人大常委会的规定

2006年1月1日起施行的《公务员法》第七十四条规定:公务员工资包括基本工资、津贴、补贴和奖金。

7. 司法机关对工资的概念没有作出司法解释

二、不是工资的界定

1. 人力资源和社会保障部的规定

劳动部关于印发《关于贯彻执行〈中华人民共和国劳动法〉若干问题的意见》的通知（劳部发[1995]309号）第五十三条规定：劳动者的以下劳动收入不属于工资范围。

（1）单位支付给劳动者个人的社会保险福利费用，如丧葬抚恤救济费、生活困难补助费、计划生育补贴等。

（2）劳动保护方面的费用，如用人单位支付给劳动者的工作服、解毒剂、清凉饮料费用等。

（3）按规定未介入工资总额的各种劳动报酬及其他劳动收入，如国家根据规定发放的创造发明奖、国家星火奖、自然科学奖、科学技术进步奖、合理化建议和技术改进奖、中华技能大奖等，以及稿费、讲课费、翻译费等。

2. 国家统计局的规定

（1）《关于工资总额组成的规定》（1990年1月1日国家统计局令1号发布）第十一条规定：下列各项不列入工资总额的范围：①根据国务院发布的有关规定颁发的发明创造奖、自然科学奖、科学技术进步奖和支付的合理化建议和技术改进奖以及支付给运动员、教练员的奖金；②有关劳动保险和职工福利方面的各项费用；③有关离休、退休、退职人员待遇的各项支出；④劳动保护的各项支出；⑤稿费、讲课费及其他专门工作报酬；⑥出差伙食补助费、误餐补助、调动工作的旅费和安家费；⑦对自带工具、牲畜来企业工作职工所支付的工具、牲畜等的补偿费用；⑧实行租赁经营单位的承租人的风险性补偿收入；⑨对购买本企业股票和债券的职工所支付的股息（包括股金分红）和利息；⑩劳动合同制职工解除劳动合同时由企业支付的医疗补助费、生活补助费等；⑪因录用临时工而在工资以外向提供劳动力单位支付的手续费或管理费；⑫支付给家庭工人的加工费和按加工订货办法支付给承包单位的发包费用；⑬支付给参加企业劳动的在校学生的补贴；⑭计划生育独生子女补贴。

（2）国家统计局《关于工资总额组成的规定》若干具体范围的解释第四条规定：关于工资总额不包括的项目的范围：①有关劳动保险和职工福利方面的费用。具体有：职工死亡丧葬费及抚恤费、医疗卫生费或公费医疗费用、职工生活困难补助费、集体福利事业补贴、工会文教费、集体福利费、探亲路费、冬季取暖补贴、上下班交通补贴以及洗理费等。②劳动保护的各种支出。具体有：工作服、手套等劳保用品，解毒剂、清凉饮料，以及按照1993年7月19日劳动部等七单位规定的范围对接触有毒物质、矽尘作业、放射线作业和潜水、沉箱作业、高温作业等五类工种所享受的由劳动保护费开支的保健食品待遇。

三、法律意义上的工资

劳动法中的"工资"是指用人单位依据国家有关规定或劳动合同的约定，以货币形式直接支付给本单位劳动者的劳动报酬，一般包括计时工资、计件工资、奖金、津贴和补贴、延长工作时间的工资报酬以及特殊情况下支付的工资等。

"工资"是劳动者劳动收入的主要组成部分。劳动者的以下劳动收入不属于工资范围：①单位支付给劳动者个人的社会保险福利费用，如丧葬抚恤救济费、生活困难补助费、计划生育补贴等;②劳动保护方面的费用,如用人单位支付给劳动者的工作服、解毒剂、清凉饮料费用等;③按规定未纳入工资总额的各种劳动报酬及其他劳动收入,如国家根据规定发放的创造发明奖、国家星火奖、自然科学奖、科学技术进步奖、合理化建议和技术改进奖、中华技能大奖等,以及稿费、讲课费、翻译费等。

劳动法工资的结构由两部分构成:一部分是标准工资;另一部分是非标准工资。

标准工资又称基本工资,是指按规定的标准计算出来的工资,包括基础工资、职务工资和工龄津贴。其中基础工资是计时工资、计件工资。

非标准工资又称辅助工资,是指基本工资之外的各种工资。通常包括奖金、除工龄津贴之外的其他津贴和补贴、加班工资等有较大的灵活性,是基本工资的补充。

 小知识

什么是基本工资?

按照国家统计局《关于工资总额组成的规定》若干具体范围的解释第五条规定:关于标准工资(基本工资,下同)和非标准工资(辅助工资,下同)的定义。

(1)标准工资是指按规定的工资标准计算的工资(包括实行结构工资制的基础工资、职务工资和工龄津贴)。

(2)非标准工资是指标准工资以外的各种工资。

除以上文件规定了基本工资的概念外,没有发现其他法律、法规、规章和政策对基本工资作了界定。

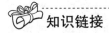 知识链接

薪酬与工资

什么是薪酬?根据董克用老师的著作《中国转轨时期薪酬问题研究》(2003年1月出版)的观点,薪酬是指雇员在就业中所得到的各种货币与实物报酬的总和,而与就业无关的报酬不包括在其中。然而,并非所有与就业相关的报酬都是薪酬,因为报酬的形式多样,例如员工的职务晋升,提供的职业发展机会,以及精神鼓励等,也属于与就业相关的报酬形式,但均不属于薪酬的组成部分。薪酬只是可以以货币形式直接或间接衡量的那一部分报酬,包括直接货币薪酬和非直接货币薪酬两种。直接货币薪酬包括:基本工资、绩效工资、货币形式的福利、短期激励、长期激励等;非直接货币薪酬包括:各项社会保险、住房公积金、非货币性福利待遇如带薪假期等。

什么是工资?根据国家规定,工资是指建立劳动关系的劳动者为用人单位付出正常劳动的情况下,用人单位依据劳动合同的约定,以货币形式支付给劳动者的劳动报酬。一般包括计时工资、计件工资、奖金、津贴和补贴、加班加点工资,以及在患病、工伤、产假、婚丧假、年休假等特殊情况下,按计时工资标准或计时工资标准的一定比例支付的工资。工资是劳动者获得的劳动报酬的主要组成部分,但不是全部。也就是说,劳动者的劳动报酬并非都是工资,例如用人单位支付给劳动者的社会保险、福利费用;劳动保护方面的费用,如:工作服、解毒剂、清凉饮料费用等;按规定未列入工资总额的劳动收入,如:科技进步奖、稿费、讲课费、翻译费、出差补助费、误餐补助费等,均不属于工资的构成部分。

四、工资的特点和作用

（一）特点

工资较之其他劳动报酬或劳动收入，具有如下特征。

(1) 工资是劳动者基于劳动关系所获得的劳动报酬。

(2) 工资是用人单位对劳动者履行劳动义务的物质补偿。

(3) 工资额的确定必须以劳动法规、劳动政策、集体合同和劳动合同的规定为依据。

(4) 工资必须以法定的方式支付，即一般只能以法定货币，持续、定期地支付。

（二）基本职能

(1) 分配职能。工资是向职工分配个人消费品的社会形式，职工所得的工资额也就是社会分配给职工的个人消费品的份额。

(2) 保障职能。工资作为职工的主要生活来源，其首要作用是保障职工及其家属的基本生活需要。

(3) 激励职能。工资是对职工的劳动的一种评价尺度或手段，对职工的劳动积极性具有鼓励作用。

(4) 杠杆作用。工资是国家用来进行宏观经济调节的经济杠杆，对劳动力总体布局、劳动力市场、国民收入分配、产业结构变化等都具有直接或间接的调节作用。

我国十分重视工资立法，到目前为止，已初步形成了工资法规体系，对加强工资管理，保证职工生活水平的稳定和不断提高，协调劳动关系，保证劳动力合理流动，鼓励职工学习文化、钻研技术，提高职工素质和业务技术能力，调动职工的劳动积极性，推动工资制度改革和促进生产的发展等方面，都起到积极的作用。

五、工资制度

（一）概念与内容

1. 概念

工资制度是根据国家法律规定和政策制定的，是与工资的制定与分配相关的一系列准则、标准、规定和方法的总和。

工资制度包括与工资决定和工资分配相关的一系列原则、标准和方法。具体内容有工资原则、工资水平、工资形式、工资等级、工资标准、工资发放等。

工资制度大体上是通过工资等级表、工资标准表、技术（业务）等级标准及岗位名称表等具体形式加以规定的。工资制度中必须内容有：工资分配政策、原则、工资支付方式、工资标准、工资结构、工资等级及级差、奖金、津贴、过渡办法、其他规定等。

2. 我国现行的工资制度一般包括的内容

(1) 工资等级制度

工资等级制度是指根据工作的复杂程度、繁重程度、风险程度、精确程度等因素将各类工作进行等级划分并规定相应工资标准的一种工资制度，是其他工资制度的基础，也称基本工资制度。其主要特点是从劳动质量方面来反映劳动差别。

（2）工资调整制度

工资调整制度是工资等级制度的补充。其主要内容有考核升级、自动增加工资、考核定级、提高工资标准等。使工资制度在变动中趋向平衡和合理。

（3）工资支付制度

工资支付制度是指计算支付职工工资的有关原则、标准和具体立法的一种制度。主要包括支付原则、各类人员的工资待遇和特殊情况下的工资处理的等内容。

（4）工资基金管理制度

工资基金是指用人单位从其经营或者利润中提取的用于职工工资的那部分基金。通常所说的工资基金管理是指国家规定一系列的工资基金审批程序和监督措施，对各单位工资基金的使用进行监督、审计等行政管理活动。我国现阶段企业执行的基本工资制度主要有等级工资制、岗位工资制、结构工资制、岗位技能工资制等。

我国工资制度是国家依据按劳分配原则所制定的劳动报酬制度，体现个人消费品的分配关系和分配原则。

我国以等级工资制为基础，采取计件工资、计时工资和工资加奖励、津贴等工资形式。工资制度要随着生产设备、工艺过程、劳动组织、劳动条件的变化适时进行调整和改革。

（二）企业工资制度

企业工资制度包括很多内容，改革开放后生产力获得长足发展，企业必须建立适应自身特点的工资制度，以调动广大职工的积极性，使工资制度合理科学。

工资制度根据员工工资构成的不同，可以将企业的工资制度划分为岗位工资制、技能工资制、绩效工资制和结构工资制四种模式，下面分别对这四种基本模式进行比较分析。

1. 岗位工资制

（1）岗位工资制是以员工在企业中担任的职位和岗位为基础确定工资等级和工资标准，进行工资支付的工资制度。

它的最大特点是"对岗不对人"，工资水平的差异来源于员工岗位的不同，在相同岗位上工作的员工，获得相同的工资。岗位工资制包括岗位等级工资制、岗位效益工资制和岗位薪点工资制等类型。

（2）实行岗位工资制的前提。

实行岗位工资的前提是有科学、严密的岗位分析，并以此为基础进行严格的岗位评价，按照岗位评价的结果将岗位进行等级排列。因此企业往往是根据员工所在岗位以及该岗位劳动责任轻重、劳动强度大小和劳动条件优劣等因素进行岗位评价和岗位排序，然后确定岗位工资，可以一岗一薪，也可以一岗数薪。

岗位工资制比较适用于部门与岗位之间责、权、利明确的企业。

（3）岗位工资制的优缺点。

岗位工资制的优点是较准确地反映员工工作的质量和数量，易于操作，只要岗位评价合理，一定程度上能够调动员工的劳动积极性；有利于贯彻同工同酬的原则，激发员工的工作热情和责任心；有利于按职位系列进行工资管理，使责、权、利有机地结合起来。

岗位工资制的缺点是无法反映在同一岗位上工作的员工因技术、能力和责任心不同而引起的贡献差别；鼓励"官本位"，使得由于职位的缺乏而不能及时得到晋升的员工产生不公平感。加之如今的组织结构趋于扁平化，员工的提升机会更趋减少，职位的激励作用因之大大降低了。

（4）难点及对策。

使用职位点值或按工资等级把职位分类，工人的职位被严格确定并对应着若干点值，这意味着员工从一个岗位流动到另一个岗位就比较困难，不利于提高工人的流动性，因此，在许多企业中，员工工资只同他们的技术水平而不是同他们所从事的具体工作挂钩。

2. 技能工资制

（1）有一种可取代传统职位评价方式的方案，即根据技能或知识确定工资，这就是技能工资制。

技能工资制强调根据员工的个人能力提供工资，而且只有确定员工达到了某种技术能力标准以后，才能对员工提供与这种能力相对应的工资。技能工资制包括技术工资制和能力工资制两种类型。

（2）实行技能工资制的前提。

技能工资制要求企业具备有一种比较开放、富于团队精神且有利于员工参与的企业文化，这样才能保证企业充分利用员工获得的新技术和新知识。因此企业在决定采用技能工资时，应考虑企业文化、经营目标、岗位与人员结构等几个因素。除此之外，还需要做好如下工作：第一，明确对员工的技能要求，增加员工获得工资的可能性，从而提高员工学习新技能的积极性；第二，制定实施与技能工资制度配套的技能评估体系，以检验员工是否具有获得某种工资的资格；第三，将工资计划与培训计划相结合，给员工学习新技术、新知识的机会。

技能工资制的适用范围比较窄，只适用于技术复杂程度高、劳动熟练程度差别大的企业，或者是处在艰难期，急需提高企业核心能力的企业，以及提倡员工参与管理的企业。

（3）技能工资制的优缺点。

技能工资制适应了一般员工的价值观，能有效调动员工学习新知识、掌握新技能的积极性；并通过鼓励员工学习各种技能和在各职系流动来培养员工的流动性；提高了员工素质，增加了组织人员安排的灵活性，支持了扁平型组织结构。

但是，技能工资制强调按照员工精通要求掌握的技术，忽略了员工工作绩效与能力的实际发挥程度之间的联系；易造成组织直接劳动成本和培训成本的增加；操作比较复杂，如技能认证较麻烦，将能力量化衡量非常困难。

（4）难点及对策。

诸如工程师和科学家之类的专业人员的报酬主要用于鼓励他们的创造性和解决问题的能力，报酬因素难以比较和衡量，知识和应用知识的技巧很难量化和测量。多数企业采用市场定价的方法来评价专业职位。企业通过市场确定专业职位的报酬水平，建立基准职位的价值体系，由此建立这些基准职位和其他专业职位的薪酬水平。

3. 绩效工资制

（1）对改善员工地位和参与管理方案的日益重视，导致奖金和绩效工资计划的复兴。

绩效工资制是以员工的工作业绩为基础支付工资，支付的主要依据是工作业绩和劳动效率，员工工资与绩效直接挂钩，随绩效而浮动。最常见形式有计件工资制、销售提成制。

(2) 实行绩效工资制的前提。

在实际应用中,绩效的定量不易操作,这使得绩效工资制的基础缺乏公平性。因此,实行绩效工资制的前提是由员工参与绩效目标的制订和绩效评价方法的选择,并重视绩效结果的沟通。否则,一旦员工认为绩效评价的方式方法并非公平而精确的,整个工资制度就有崩溃的危险。另外,为了有效控制报酬成本,还需对绩效评价等级的分布特别关注。

绩效工资制适用于以下类型的企业或部门:工作任务饱满,有超负荷工作的必要;绩效能够自我控制,员工可以通过主观努力改变绩效等。

(3) 绩效工资制的优缺点。

绩效工资制的显著优点是激励效果好,可以削减成本改进业绩;但易助长员工的短期行为,使员工只重视眼前效益,不重视长期发展,没有学习新知识、新技能的动力;过于强调个人业绩,不重视与人合作和交流,不适合合作性强的复杂性工作。

(4) 难点及对策。

在实际应用中,基层管理人员计算绩效加薪时,倾向于尽量缩小员工加薪额度之间的差距,多数员工最终获得同样水平的加薪,削弱绩效工资的功效。实施绩效工资制时,要切实根据员工对企业的贡献调整薪水,杜绝把奖励转化为福利。

计件工资制倾向于在相当专业化的职位实施,但是工人每天周而复始地重复大致相同的工作,只关注产品产量,漠视提高产品质量和进行职位轮换,在这些职位引进新技术或革新生产过程的尝试失败的可能性很大。这促使企业采用班组激励计划或利润分享计划,鼓励改进产品质量和提高生产效率。

4. 结构工资制

(1) 结构工资制也称多元工资制、分解工资制和组合工资制,是把影响和决定员工工资的各种主要因素分解开来,分别依据绩效、技术和培训水平、岗位、工龄等因素确定工资额。

结构工资制的工资结构使员工在各个方面的劳动付出都有与之对应的工资,员工只要在某一个因素上比别人出色,都能在工资上反映出来。它代表着我国企业工资制度的改革方向,目前已被越来越多的企业所采用。

(2) 实行结构工资制的前提。

根据各企业的具体情况不同,结构工资制中的工资项目和比例也不尽相同。因此,实行结构工资制的前提是如何根据企业的实际情况,合理确定结构工资中各工资单元及其相对权重。

在企业实际工资管理中,单纯采用以绩效为导向的工资结构或者以工作为导向的工资结构或者以能力为导向的工资结构的情况并不多,总是把几种体系结合起来,扬长避短。因此,结构工资制适用于各种类型的企业。

(3) 结构工资制的优缺点。

结构工资制吸收了前面几种工资制度的长处,全面考虑了员工对企业的投入,有较强的灵活性、适应性,有利于合理安排企业内部各类员工的工资关系,能够有效地调动各方面员工的工作积极性,充分发挥工资的激励功能,但工资结构的设计和管理比较复杂。

(4) 难点及对策。

企业在应用结构工资制时,确定工资结构及相对权重是难点和重点,不科学的工资结构无法起到激励和引导作用,使员工产生不公平感,进而消极怠工。因此,工资结构的确定,既要考虑到满足员工基本生活需要，又要考虑到员工教育背景、能力及对企业的贡献，合理拉开收入差距。

通过比较分析可以看出，四种工资制度各有其优缺点及适用的范围。企业在设计工资制度时，要切实根据自身的实际情况，设计出一套真正能够起到激励作用的工资制度，更好地服务于企业战略目标。

（三）事业单位工资制度

目前，我国事业单位的薪酬体制的决策权和管理权都高度集中，由国家统一制定，各事业单位遵照执行。由于事业单位存在于各个行业中，且工种繁多，因此事业单位的薪酬制度较多，包括：专业技术人员的工资制度、管理人员的工资制度和工人的工资制度。其中专业技术人员的工资制度又包括：专业技术职务等级工资制、专业技术职务岗位工资制、艺术结构工资制、体育津贴、奖金制、行员等级工资制。

1. 外在薪酬

事业单位的管理人员，根据自身特点，在建立职员职务序列的基础上，实行职员职务等级工资制。职员职务等级工资制在工资构成上，主要分为职员职务工资和岗位目标管理津贴两部分。

职员职务工资是按员工职务的高低、责任的大小和工作的难易程度确定工资标准，是职级工资制中体现按劳分配的重要内容。在职务工资标准中，每一职务层次设有若干工资档次，员工按担任的职务确定相应的职务工资，并随职务及任职年限的变化而变化。岗位目标管理津贴，主要体现管理人员的工作责任大小和岗位目标任务完成情况，是工资构成中变化的部分。事业单位的薪酬制度贯彻按劳分配的原则，员工工资水平与国有企业相当人员的工资水平基本持平。

事业单位实行定期增资制度。凡在年度考核中被确定为优秀、称职的，可以按照规定晋升工资和发给奖金。我国事业单位增资制度采取以下四种途径。

（1）正常升级。全额拨款和差额拨款的单位，在严格考核的基础上，实行正常升级。自收自支单位，参照企业的办法，在国家政策规定的范围内，根据其经济效益增长情况，自主安排升级。

（2）晋升职务、技术等级增加工资。专业技术人员和管理人员晋升职务时，按晋升的职务相应增加工资。工人晋升技术等级或技术职务时，按晋升的技术等级或技术职务相应增加工资。

（3）定期调整工资标准。为保证事业单位工作人员的实际工资水平不下降并逐步增长，根据经济发展情况、企业相当人员工资水平状况和物价指数变动情况，定期调整事业单位工作人员的工资标准。

（4）提高津贴水平。随着工资标准的调整，相应提高津贴水平，使工资构成保持合理的关系。

2. 内在薪酬

除上述外在薪酬外，事业单位员工还具有一定的内在薪酬，内在薪酬产生于工作本身，这是指员工把工作本身当作是一种商品或消费品。

由于职业常常是人们度量一个人经济和社会地位的主要标准，在内在薪酬方面，无疑，受"学而优则仕"的影响和事业单位及其员工套用行政级别的现实情况下,事业单位员工的内在薪酬是相当高的。

六、最低工资制度

我国 1993 年确立最低工资制度,社会各界争议不断,赞成者有之,批评者也不乏其人。有人认为最低工资标准保护了劳动者的权益;也有人认为最低工资标准加大了企业成本;还有人发现执行中最低工资标准成为最高工资标准;更有人觉得目前的最低工资标准较低,和实际工资收入相比意义不大。

(一)最低工资标准

所谓最低工资标准,根据《劳动法》规定,是指劳动者在法定工作时间或依法签订的劳动合同约定的工作时间内提供了正常劳动的前提下,用人单位依法应支付的最低劳动报酬。

劳动者获得最低工资标准的前提,是劳动者在法定或约定工作时间提供了正常劳动。而所谓正常劳动,就是劳动者按依法签订的劳动合同约定,在法定工作时间或劳动合同约定的工作时间内从事的劳动。

目前,在世界各国,最低工资标准的确立方式有两种:①在立法上直接规定最低工资标准,如美国。②在立法中不直接规定最低工资标准,而只规定确立最低工资标准的原则和具体规则,并授权有关机构确定具体的最低工资标准。多数国家都是采取了这一方式。我国《劳动法》第五章明确规定,国家实行最低工资保障制度,最低工资的具体标准由省、自治区、直辖市人民政府规定,报国务院备案。可见,我国并不是实行全国统一的最低工资标准,而是授权各省、自治区、直辖市人民政府根据其具体情况确定。因最低工资的确定实行政府、工会、企业三方代表民主协商的原则,主要根据本地区低收入职工收支状况、物价水平、职工赡养人口、平均工资、劳动力供求状况、劳动生产率、地区综合经济效益等确定,当上述因素发生变化时,应适当调整最低工资标准,而我国现阶段各地区经济发展和生活水平不平衡,导致难以实行统一最低工资标准。

(二)最低工资制度

最低工资制度是国家通过一定立法程序所规定的、为保障劳动者在履行必要的劳动义务后应获得的维持劳动力再生产的最低工资收入的一种法律形式。

最低工资制度最早产生于 19 世纪末的新西兰、澳大利亚,其后,英、法、美等资本主义国家也结合本国的实际情况,建立了各自的最低工资制度。最低工资的产生是由工人阶级斗争的结果,随着 20 世纪工人运动的高涨和社会经济的发展,资本主义国家很快普遍实行了最低工资制度。它是商品经济和现代工资发展到一定阶段的必然产物。

最低工资是指由国家法律明文规定的,当劳动者在法定的工作时间或依法签订的劳动合同约定的工作时间内提供了正常劳动的前提下,用人单位依法在最低限度内应当支付的、足以维持职工及其平均供养人口基本生活需要的工资,即工资的法定最低限额。它不包括加班加点工资,夜班、高温、低温、井下、有毒等特殊条件下的津贴以及法律、法规和国家规定的劳动者享受的福利待遇。

最低工资制度还是一项社会保障制度,保障着劳动者个人及其家庭成员的基本生活需要,维持着劳动力的再生产。实施最低工资制度,不仅有利于维护我国社会主义市场经济秩序,规范企业在工资分配中的行为,而且有利于保护劳动者的合法权益,促进社会的和谐稳定发展,促使企业工资调整走上法制化的道路。

小知识

小时最低工资标准计算

(1) 全日制职工小时最低工资标准计算方式是:当地月最低工资/20.92天/8小时。

(2) 非全日制职工小时最低工资标准不适用于全日制职工小时最低工资标准。非全日制职工小时最低工资标准水平,比按全日制最低工资标准折算的小时工资高60%,主要是考虑到非全日制职工在社会保险及工作稳定性、劳动条件、劳动强度、福利等方面与全日制职工之间的差异,其中还包含了用人单位及劳动者本人应缴纳的最低基本养老保险费和基本医疗保险费。

(3) 是否合法可以先按照690元/20.92天/8小时这一公式计算出小时工资,再分别乘以1.5倍、2倍和3倍对比一下。

用人单位将受哪些处罚?

《劳动合同法》第八十五条规定:低于当地最低工资标准支付劳动者工资的,应当支付其差额部分;逾期不支付的,责令用人单位按应付金额百分之五十以上百分之一百以下的标准向劳动者加付赔偿金。除此之外,《劳动保障监察条例》也有相同的规定。

案例分析:

上海某广告公司于2010年4月请了一名大四的毕业班学生小刘到该公司实习。实习期间,双方未签订书面协议,小刘做五休二,每天工作8小时,公司向其发放40元一天的实习补助。

2010年7月,小刘大学毕业,取得毕业证书,并且办理了劳动手册。2010年9月,在实习5个月之后,该公司认为小刘表现不错,便与其签订了自2010年9月1日起的为期两年的劳动合同,月工资为2500元。

2011年2月,小刘向公司辞职并提出,其在公司实习5个月期间,公司应当按照国家规定的最低工资标准补足5个月的工资差额。公司表示不能接受这样的说法,拒绝补足。小刘即向劳动争议仲裁委员会申请仲裁,要求公司按照最低工资标准补足2010年4月至8月实习期间的工资。

思考: 大学实习生是否执行最低工资标准?

分析: 在校就读的大学生到用人单位去实习是教学的一个组成部分,是一种培训性质的实习,不能算是一种用工行为。实习生与用人单位没有形成劳动关系,用人单位无须按照最低工资标准支付劳动报酬。一些用人单位愿意提供给实习生一定的报酬,但这不能看做是工资,就其性质而言是实习生从用人单位得到的一种补贴或补助(如交通补贴、饭贴等)。就上海地区而言,若高校实习学生能独立顶岗工作,并创造价值的,那么接受实习单位应给予适当的津贴。至于津贴标准,目前法律并未明确规定。

而实习生一旦毕业,取得毕业证书,其身份就由学生转化为社会上的一名普通劳动者,符合建立劳动关系的主体资格。在这种情形下,该劳动者与用人单位之间就会形成法律上的劳动关系,所发放的劳动报酬就属于工资性质,最起码应当按照最低工资标准支付劳动报酬。根据相关法律规定,用人单位与劳动者建立劳动关系的,支付的工资数额则不能低于最低工资标准。

2010年7月,小刘已经大学毕业取得毕业证书,并且办理了劳动手册,具备我国劳动法对于劳动者的主体资格要求。用人单位继续聘用劳动者为其服务并支付劳动报酬,双方已经建立了事实劳动关系。用人单位应当按照最低工资标准支付其劳动报酬。故仲裁庭裁决用人单位按最低工资标准补足小刘2010年7月至8月期间的工资差额。从本案的裁决我们看到:用人单位与劳动者建立劳动关系的,则应当按不低于最低工资标准的水平劳动报酬。故要判断大学实习生是否执行最低工资标准,关键要看其与用人单位是否建立了劳动关系。

 知识衔接

我国事业单位拟设统一工资制度

我国事业单位拟设统一工资制度的进程是:

- 2003年 《中共中央 国务院关于进一步加强人才工作的决定》提出制定事业单位人事管理条例。
- 2008年3月 原人事部会同中央组织部起草了《事业单位人事管理暂行条例(送审稿)》报请国务院审批。
- 2011年3月 中办国办发出关于分类推进事业单位改革的指导意见。
- 2011年7月 国办为落实两办改革意见,出台了9个配套改革规定。
- 2011年11月 《事业单位人事管理条例》公开征求意见。

延伸阅读

机关和事业单位工资制度沿革

新中国成立以来,机关事业单位一共进行了四次工资改革,时间分别是1956年、1985年、1993年和2006年。

1956年,根据新中国成立初期我国职工工资非常繁杂和混乱的实际情况,国家决定建立全国统一的工资制度。国家机关和国有企事业单位的工作人员均实行职务等级工资制。通过这次改革,初步奠定了新中国工资制度的基础。但是,这项制度也存在缺陷。一是职级不符,造成许多人晋职不加薪;二是没有正常的增资机制。

针对1956年职务等级工资制存在的弊端,1985年,我国进行了第二次工资制度改革。将工资分为基础工资、职务工资、工龄工资和奖励工资四部分。执行中存在的问题:一是没有体现分类管理的原则;二是依然没有建立正常的增资机制。

1993年,我国进行了新中国成立以来的第三次工资制度改革。新工资制度的成功在于:①建立了正常的增资机制,如两年一次的考核晋升,定期调整工资标准等;②对事业单位实行分类管理,规定事业单位有权搞活内部分配等。但是,随着改革的深入发展,第三次工资制度的不少缺陷也逐渐显现出来:①收入分配秩序比较混乱;②工资制度不尽合理;③工资管理体制需要完善。现行的工资收入分配制度面临的矛盾和存在的问题比较突出,改革势在必行。

2006年,国家进行了第四次工资制度改革。各省、自治区结合实际,制定了实施意见。其中,公务员工资制度主要特点是:①重在建立新制度,形成新机制。通过简化工资结构、增设级别、完善工资调整办法等措施,进一步加强工资的激励作用,促进公务员队伍建设;②向艰苦边远地区倾斜。完善艰苦边远地区津贴制度,扩大实施范围。事业单位工作人员收入分配制度改革的特点,主要体现在三个方面:①与深化事业单位改革相适应。这次事业单位收入分配制度改革,在内容和方法步骤上,都充分考虑了事业单位其他相关配套改革的要求和进程;②建立体现事业单位特点的收入分配制度。事业单位在功能性质、资源配置、管理方式、用人机制等方面都不同于机关,收入分配制度改革必须体现自身的特点,与公务员工资制度相区别;③建立分级管理体制。适应社会主义市场经济体制和分级管理财政体制的要求,改革完善事业单位工资管理体制。

案例分析:

设计师小敏自去年年底进入某装饰公司工作后,每周都工作6天,每天工作8小时,已超过《劳动法》所规定的每周工作40个小时的规定。日前,小敏与公司的劳动合同到期,离职时,小敏要求公司支付他在职期间的加班工资,公司拒绝支付。

思考: 小敏周六上班是加班还是值班?

分析: 值班是指用人单位安排有关人员在法定工作时间之外轮流值班,而不是为直接完成生产任务安排的加班,用人单位可不支付值班工资。加班是指员工根据单位要求或者工作上的需要,在标准工作时间以外或者标准工作日以外继续从事生产和工作。

本案中虽然小敏与公司签订的劳动合同中约定,小敏周六上班属值班,但是小敏在每周六所从事的工作内容是完成一定的生产任务,而并不是公司所称的值班。根据《劳动法》第三十六条、第四十四条第二款规定,公司应当支付小敏在职期间每周六的加班费。

第二节 住房公积金

 引导案例

2010年2月,法院判决邹某偿还借款20000元。判决生效后,邹某未自动履行判决书所确定的还款义务。邹某除在单位上有住房公积金2万元外没有其他财产可供执行,当法院向住房公积金管理部门发出协助扣划邹某个人部分的住房公积金15000元时,住房公积金管理部门不同意协助法院执行。

思考: 住房公积金能否强制执行?

分析: 首先,住房公积金的性质是个人收入。住房公积金由两部分组成,一部分由职工所在单位缴存,另一部分由职工个人缴存,职工个人缴存部分由单位代扣后,连同单位缴存部分一并缴存到住房公积金个人账户内。职工个人缴存的住房公积金和职工所在单位为职工缴存的住房公积金,属于职工个人所有。

其次,虽然《住房公积金管理条例》规定,住房公积金的提取限于以下情形:①购买、建

造、翻建、大修自住住房的；②离休、退休的；③完全丧失劳动能力，并与单位终止劳动关系的；④户口迁出所在的市、县或者出境定居的；⑤偿还购房贷款本息的；⑥房租超出家庭工资收入的规定比例的。但是《民事诉讼法》第二百一十九条规定：被执行人未按执行通知履行法律文书确定的义务，人民法院有权扣留、提取被执行人应当履行义务部分的收入，但应当保留被执行人及其所扶养家属的生活必需费用。《民事诉讼法》是由全国人大通过的法律，而《住房公积金管理条例》只是国务院颁布的法规，《民事诉讼法》的法阶更高，且《住房公积金管理条例》只是为了规范不特定人的行为而设定的权利和义务，不能用于抵抗法院的强制力。为此，应适用民事诉讼法的有关规定。本案中，邹某的住房公积金既然是个人的收入，法院就可依据民事诉讼法的规定对其收入采取强制措施。

"五险一金"关系个人切身利益。"五险"指的是五种保险，包括养老保险、医疗保险、失业保险、工伤保险和生育保险；"一金"指的是住房公积金。其中养老保险、医疗保险和失业保险，这三种险是由企业和个人共同缴纳的保费，工伤保险和生育保险完全是由企业承担的，个人不需要缴纳。这里要注意的是"五险"是法定的，而"一金"不是法定的。

一、住房公积金的概念

根据国务院《住房公积金管理条例》规定，住房公积金是指国家机关、国有企业、城镇集体企业、外商投资企业、城镇私营企业及其他城镇企业、事业单位及其在职职工缴存的长期储金。

职工住房公积金包括职工个人缴存和职工所在单位为职工缴存两部分，全部属职工个人所有。

住房公积金制度实际上是一种住房保障制度，是住房分配货币化的一种形式。单位为职工缴存的住房公积金是职工工资的组成部分，单位为职工缴存住房公积金是单位的义务，享受住房公积金政策是职工的合法权利。一些单位不给职工建立住房公积金制度的做法侵犯了职工个人应享有的合法权利。

法条衔接

1999年4月3日，国务院颁布实施《住房公积金管理条例》。2002年3月24日，根据国务院决定，条例进行了修订。

二、住房公积金的性质和特点

1. 性质

根据《住房公积金管理条例》第二、三条及释义，住房公积金的本质属性是工资性质，是职工工资的组成部分，单位为职工缴存的那部分实质是以住房公积金的形式给职工增加的一部分住房工资，包括个人缴存的部分均属职工个人所有。

可以看出，住房公积金是国家推行住房保障制度下的一种称谓，它实质上是劳动报酬的一部分，是归属职工个人所有的、专项用于解决职工住房问题的保障性资金。单位按职工工资的一定比例为职工缴存住房公积金，实质是以住房公积金的形式给职工增加了一部分住房工资，从而达到促进住房分配机制转换的目的。

2. 特点

（1）保障性。一方面，可以有效聚积住房建设资金，支持城市住房建设，鼓励住房商品化；另一方面，职工购房时可使用住房公积金，并申请住房公积金贷款，可有效解决购房资金不足的问题。

（2）福利性。单位为职工缴存一半的住房公积金，体现了"单位资助"原则；住房公积金贷款利率大大低于银行商业性贷款利率，具有政策福利性。

（3）互助性。不管是有房职工还是无房职工，都必须按照国家的有关规定缴纳住房公积金。而住房公积金重点解决的是无房职工的住房资金困难问题，已有住房的职工所缴纳的住房公积金在资金方面为无房职工提供了帮助，体现了职工住房公积金的互助性，而有房职工随着生活水平和收入水平的提高，将来购买改善性住房时也可以申请住房公积金贷款。职工住房公积金从利益回报和使用成本来看，相对较低，无论是储蓄还是贷款，其利率都低于商业银行同期存款和贷款利率，属于政策性储蓄和政策性贷款，这是住房公积金互助性最根本的体现。

（4）强制性。单位和职工个人必须按时、足额缴存住房公积金，对不建立或不按时缴存的单位，住房公积金管理部门可以通过行政执法或申请法院强制执行来保障制度的实施。

（5）专用性。住房公积金实行专款专用的原则，存储期间只能按规定用途使用。因此，住房公积金的个人所有权是具有限制性的所有权，职工对住房公积金的占有、使用、收益和处分四项权力的行使受到一定程度的制度限制。

（6）长期性。职工自参加工作之日起至退休的这一段时间内，都必须缴存住房公积金，通过长期积累和储蓄，可在一定程度上帮助解决住房资金问题。

三、住房公积金的作用

住房公积金把住房改革和住房发展紧密地结合起来，解决了长期困扰我国的住房机制转换问题和政策性住房融资问题。其作用有：

（1）住房公积金制度作为法定的住房货币分配方式是改革住房分配制度，把住房实物分配转变为货币工资分配的重要手段之一，增加了职工工资中的住房消费含量，实现分配体制的转换。

（2）建立了职工个人住房资金积累机制，增强了职工解决住房问题的能力，调整了职工消费结构，确保了职工住房消费支出，有利于扩大住房消费，增加住房有效需求。

（3）住房公积金制度实行"低存低贷"原则，为缴存职工提供比商业贷款利率低的住房公积金贷款，促进了政策性住房信贷体系的建立。

四、住房公积金的缴存和提取

（一）缴存

根据条例规定，单位应当到住房公积金管理中心办理住房公积金缴存登记，经住房公积金管理中心审核后，到受委托银行为本单位职工办理住房公积金账户设立手续。

为了保障职工住房公积金的核算准确和资金安全，单位在办理职工个人住房公积金账户前,应当填报《住房公积金登记表》和《住房公积金职工缴存清册》,如实反映建立住房公积金职工的基本情况。住房公积金管理中心、受委托银行应根据单位填报的《住房公积金登记表》和《住房公积金职工缴存清册》上的有关信息,及时、完整、准确地审核和管理单位和个人缴存的住房公积金。

另外根据条例规定,新设立的单位应当自设立之日起 30 日内到住房公积金管理中心办理住房公积金缴存登记,并自登记之日起 20 日内持住房公积金管理中心的审核文件,到受委托银行为本单位职工办理住房公积金账户设立手续。单位合并、分立、撤销、解散或者破产的,应当自发生上述情况之日起 30 日内由原单位或者清算组织到住房公积金管理中心办理变更登记或者注销登记,并自办妥变更登记或者注销登记之日起 20 日内持住房公积金管理中心的审核文件,到受委托银行为本单位职工办理住房公积金账户转移或者封存手续。

按照国务院《住房公积金管理条例》第十八条之规定,职工和单位住房公积金的缴存比例均不得低于职工上一年度月平均工资的 5%;有条件的城市,可以适当提高缴存比例。具体缴存比例由住房公积金管理委员会拟订,经本级人民政府审核后,报省、自治区、直辖市人民政府批准。

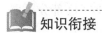知识衔接

广州住房公积金缴存基数和比例

根据国务院《住房公积金管理条例》规定,2012 年度的(即 2012 年 7 月 1 日至 2013 年 6 月 30 日)住房公积金缴存基数调整如下:

1. 调整范围

广州 2012 年广州公积金明细及比例。

基数:1300~23945 元。

比例:公司选择分别是 5%、8%、10%、12%,个人可以大于或等于公司部分,但不能高于 20%。

调整范围:所有住房公积金缴存单位都要求进行缴存基数、缴存比例和缴存额的调整工作。

2. 调整内容

(1)缴存基数

① 自 2012 年 7 月 1 日起,职工个人住房公积金缴存基数由 2010 年职工个人月均工资总额,调整为 2011 年职工个人月均工资总额。工资总额按国家统计局《关于工资总额组成的规定》(统制字[1990]1 号)计算。

② 缴存基数不得超过本市统计部门公布的 2011 年职工月均工资的 5 倍,即 4789 元 × 5=23945 元。职工月均工资总额(实行年薪制的按月均分)未超过上述限额的,以实际月均工资总额作为缴存基数;超过上述限额的,以该限额作为缴存基数。

③ 2012 年 1 月 1 日后新参加工作的职工,从参加工作的第二个月开始缴存住房公积金,以其参加工作的第二个月工资总额作为缴存基数。

2012 年 1 月 1 日后新调入的职工,从调入当月开始缴存住房公积金,以其调入当月工资总额作为缴存基数。

(2) 缴存比例

① 单位及个人的住房公积金缴存比例各为5%~20%,具体缴存比例由单位和个人根据实际情况自行选择。每个单位只能选定一个单位缴存比例,个人缴存比例应当等于或高于单位缴存比例。缴存比例取1%的整数倍。

② 缴存住房公积金确有困难的单位,需按现行政策文件规定,向我中心提出降低缴存比例或者缓缴申请,经市住房公积金管理委员会审批后再进行调整。

(3) 职工个人缴存部分免缴的情况

缴存基数低于或等于我市现行最低工资标准(市区1300元/月,花都区、番禺区、南沙区、从化市和增城市1100元/月)的职工,单位应当按规定为职工缴存住房公积金,经职工本人同意,职工个人缴存部分可以免缴。

(二) 提取

自从住建部进一步放宽了住房公积金提取条件,并首次提出允许职工提取住房公积金来支付房租,住房公积金的提取成为许多人最关心的问题。

1. 公积金提取

公积金提取是指缴存人按照公积金提取的要求,到公积金提取办理部门办理公积金提取手续,将公积金账户的金额转到个人账户上。公积金提取分:①约定提取;②部分提取;③销户提取三种类型。

2. 提取条件

有下列情形之一,并能按规定提供合法、有效证明的,可以申请提取本人住房公积金账户内的存储余额。

(1) 购买、建造、翻建、大修具有所有权的自住住房的。

(2) 离休、退休的。

(3) 完全丧失劳动能力或重度残疾,并与单位解除或终止劳动关系的。

(4) 出国定居或赴港、澳、台地区定居的。

(5) 偿还购买自住住房贷款本息的。

(6) 租住住房的月房租超出家庭月工资收入15%的。

(7) 进城务工人员与单位解除(终止)劳动关系的。

(8) 职工死亡或被宣告死亡的。

(9) 正在享受城镇居民最低生活保障或特困救助待遇的。

(10) 与单位终止劳动关系一年以上未再就业的。

(11) 职工及家庭成员因重大疾病或发生重大伤害事故导致家庭生活艰难的。

(12) 因自然灾害或其他突发事件造成家庭生活严重困难的。

3. 提取流程

具体的提取流程如图5-1所示。

五、怎样合理利用住房公积金

住房公积金是我国城镇职工和单位按照法律规定缴存的一种长期住房储金,职工缴存的住房公积金和职工所在单位为职工缴存的住房公积金,均属于职工个人所有。任由公积

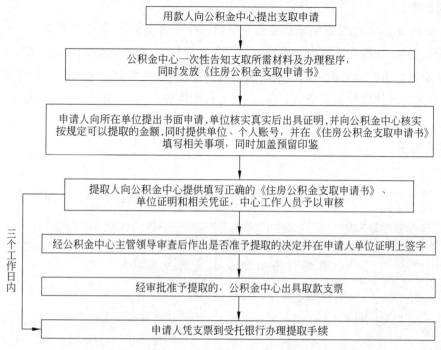

图 5-1　住房公积金提取流程

金账户躺在那里"睡大觉",不是明智的选择。

1. 公积金可还贷可租房

国家对住房公积金管理较严,在用途、贷款、提取等方面都作出了严格的规定,但随着形势的变化,特别是为应对高房价,国家主管部门以及各地住房公积金管理部门都对住房公积金的管理和使用,作出了诸多人性化的规定,使符合条件的购房或者租房者可以享受到公积金的多重好处。例如,现在多个城市已作出了公积金可以用于租房支出的规定,这大大方便了公积金缴存者,也使公积金政策惠及更多职工。

对于符合公积金贷款条件的,应该尽可能使用公积金贷款,而且尽可能提高贷款额度,因为公积金贷款的利息要比商业贷款低很多。

对于没有使用公积金贷款而使用商业贷款的购房者,可持购房合同、贷款合同等凭证,按规定时间前往住房公积金管理中心一次性提取公积金用于提前还贷,既减少每月的还款额,也省下了不少利息总额,省下来的资金可以用于其他投资或者消费用途。

此外,公积金除可用于贷款购房外,还可用于直接购买、建造、翻建、大修自住住房以及租房等。因为公积金的计息利率相对较低,因此市民应该在政策允许的范围内尽可能地多使用公积金,让其发挥应有的作用。

2. 公积金不能直接用作购房首付款

合理利用公积金,能够给自己带来不少便利,但应注意避免一些误区。

(1) 公积金不能直接用作购房首付款。如果是新购房,首付款只能用自有资金或者其他途径来解决,并在缴付首付款购房后,才能按规定按程序提取公积金。

(2) 公积金的提取总额不能超过房款总额。比如,一个人贷款购买的房屋总价为30万元,而他的公积金存储余额有35万元,他只能提取30万元的公积金,剩余的5万元公积金不能提取。

（3）根据规定，不论是在结婚前还是在结婚后办理的公积金，只要夫妻双方中有一方办理过公积金贷款，公积金管理中心系统上就会有相应记录，在上次贷款未还清前，夫妻任何一方均不能再申请使用公积金贷款购买第二套房。但是，如果第一套房的公积金贷款已结清，夫妻双方再次使用公积金贷款买房，仍视为首次住房，不受二套房的政策限制。

 知识衔接

2017年7月1日起，全国所有住房公积金管理中心将按照住建部发布的《全国住房公积金异地转移接续业务操作规程》要求，通过平台办理住房公积金异地转移接续业务。

延伸阅读

国外住房公积金制度的先进经验

1. 新加坡——中央公积金制度

新加坡是在利用住房公积金制度解决住房问题上做得比较成功的一个国家。新加坡于1955年开始创建中央住房公积金制度，实行会员制，到2005年，有会员304.9万。新加坡中央公积金是一种带有强制性的社会保障制度，它通过储蓄、限制使用的方式来实行，具备购房、养老、医疗等多方面功能，特别重点突出住房保障方面的作用。该国政府到1968年时，在原有相对完善的公积金保障前提下，明确了"居者有其屋"的国家住房政策目标。新加坡的中央公积金制度是面向全民大众的，个人每月缴纳的公积金连同利息均归入会员名下，由公积金局统一管理。中央公积金中的80%用于日常生活费用，主要指购买住房和支付各类保险，12%用于医疗保健，另外的8%用作退休养老等特别用途。

公积金缴存率是由中央公积金局根据经济景气程度、居民生活水平提高幅度、企业劳动力成本以及公众对公积金的评价等因素，每年确定一次。公积金局对于不同收入、不同年龄的会员也做了不同的规定，根据不同收入、不同年龄会员的公积金需求，制定了不同的缴交率，如对于高收入者就规定最高缴交额，这样一来，无论是高收入者或是低收入者，都能够依据适合自己的缴交标准缴纳公积金；又如对于55岁以上的职工实行公积金缴交率减免的政策，年龄越大所缴交的公积金越少。

2. 巴西——失业与保障公积金

巴西的住房公积金制度建立于1966年，称为失业与保障公积金（英文说法为Unemployment and Provident Fund, FGTS），它具有失业保险与住房保障两种功能，成为一种综合社会保障资金。在这种制度规定下，巴西员工按每月薪水的一定比例扣除资金存入个人账户，此账户可供提取医疗、失业和养老等保障资金，满5年后即可用来购买住房。巴西国家住房银行负责对FGTS的资金进行管理,并提供住房贷款的主要资金。FGTS的贷款主要提供给中低收入家庭,2003—2004年,给中低收入家庭的贷款资金比例达到65%。

在1967年时,巴西还建立了住房储蓄制度(Brazilian System of Savings and Loans,SBPE),这是一种对选择性存款实行免税政策优惠的制度,制度规定凡是参与的银行必须开展住房贷款。

当前,住房储蓄制度(SBPE)和失业与保障公积金(FGTS)已成为巴西住房贷款资金的两大主要来源,并由巴西国家住房银行进行运作和负责,这项制度设计把社会保障计划与积累住房发展基金进行有效融合,是一创新之举。在这个制度下,巴西国家住房银行通过商业银行只对中低收入家庭发放贷款,且根据收入多少实施阶梯式的优惠利率,收入越少,优惠越多。

3. 韩国——国民住宅基金

1981年,韩国政府在修订《住宅促进发展法》中设立韩国国民住宅基金(NHF),它属于国家设立的政策性住房金融机构,主要功能是资助中低收入家庭住房需求的政策性贷款与补贴,侧重为低收入者和首次购房者提供优惠购房贷款,其公益性质、政策性质和服务对象都非常明确。

案例分析:

小刘和小徐结婚5年后于去年离了婚。离婚没几天,小刘听说小徐的单位为每位职工都缴纳了住房公积金。于是便又向小徐要求分割公积金。小徐承认自己名下有3万余元的公积金,但认为公积金是单位补助给自己的,属于专项补贴,不应作为夫妻共同财产分割。

思考: 小刘能分割这3万余元的公积金吗?

分析: 按照我国《住房公积金管理条例》的规定,职工个人缴存的住房公积金和职工所在单位为职工缴存的住房公积金,属于职工个人所有。而职工个人所有的住房公积金如果是在婚姻关系存续期间取得的,则属于夫妻共同财产。所以,小刘是有权分割这3万余元的公积金的。

可以作为夫妻共同财产进行分割的住房公积金应当是在夫妻关系存续期间取得的部分,而不是住房公积金的全部数额。根据《婚姻法》的规定,离婚后一方发现另一方隐瞒夫妻共同财产的,可以向人民法院提起诉讼,请求再次分割夫妻共同财产。

因此,如果离婚后才发现有住房公积金等夫妻共同财产尚未分割的,是完全可以再次起诉的。需要提醒的是,由于婚姻关系存续期间双方所取得的住房公积金都属于夫妻共同财产,所以在本案中,如果小刘提起了诉讼,小徐也可以提出反诉,同样要求分割小刘在夫妻关系存续期间取得的住房公积金。

第三节 津贴与福利

 引导案例

三年前,上海市一家机电集团公司因需要技术员,在人才市场招聘了陈某,面试录用后,双方签订了劳动合同。在双方签订的劳动合同中对"竞业限制"事项作了专门规定,除支付陈某每月的"竞业限制"津贴外,还规定陈某离开原单位后三年内不得到同行业工作,陈某对此无异议。

从开始工作的头一个月起,公司就在陈某的工资中加入"竞业限制津贴",一直加到陈某提出辞职。不久前,陈某到另一家公司工作,而这家公司生产的产品与原公司生产的产品基本相同。原单位知道此事后,认为陈某违反了合同约定,要求返还已支付的"竞业限制津贴"。陈某未同意,于是公司将陈某告上仲裁庭。

思考:"保密津贴"等于"竞业限制津贴"吗?

分析:根据《上海市劳动合同条例》第十六条规定:"劳动合同当事人可以在劳动合同或者保密协议中约定竞业限制条款,并约定在终止或者解除劳动合同后,给予劳动者经济补偿。竞业限制的范围仅限于劳动者在离开用人单位一定期限内不得自营或者为他人经营与原用人单位有竞争的业务。竞业限制期限由劳动合同当事人约定,最长不得超过三年。"此条款说明,双方当事人可以就竞业限制事项作出约定,并在员工离开单位时支付"竞业限制津贴"。

仲裁委认为,公司在竞业限制中要求,陈某离职后三年内不得到同行业工作,应在陈某离职后支付竞业限制补偿金,而公司在陈某在职期间支付的津贴从其实质意义上说是"保密津贴"。

根据有关法律的规定,"保密津贴"是在合同履行期间支付的,而竞业限制补偿金是在员工离职以后支付的。"保密津贴"和"竞业限制津贴"是两回事,公司将这两笔津贴混淆了。现在公司要求陈某返还是缺乏依据的。鉴于公司未提出其他请求,仲裁委裁决,对公司要求返还已支付的"竞业限制津贴"的请求不予支持。

津贴制度是为了补偿职工在特殊的劳动条件和工作环境下的额外劳动消耗和生活费额外支出而建立的一种辅助工资形式。

一、津贴的性质、特点和作用

津贴是为了补偿职工额外的或特殊的劳动消耗,以及保证职工的生活水平不受特殊条件影响而实行的一种工资补充形式,是职工工资的重要组成部分。

大家知道,人们的生产活动是在不同的条件下进行的。多数是在正常劳动条件下进行,但也有很多工作是在特殊条件下进行的。例如,井下、高空作业,在有毒有害气体或高温环境中工作以及野外工作等。在特殊条件下工作的职工,其劳动消耗及生活费用的支出要大于在正常条件下工作的职工。他们的这种额外支出,应该得到合理的补偿,而基本工资制度和其他的工资形式不能完全做到这一点。因而,必须采用津贴的形式。这对于保护职工的身体健

康,弥补职工的额外支出,保障职工的生活水平,保证生产的持续发展,是很有必要的。

津贴同其他工资形式相比,有以下几个特点。

(1) 津贴是一种补偿性的劳动报酬,是对劳动者在特殊的环境和条件下超常劳动消耗和额外支出的一种补偿。

(2) 大多数津贴所体现的主要不是劳动本身,即劳动数量和质量的差别,而是劳动所处的环境和条件的差别,主要功能是调节工种、行业、地区之间在这方面的工资关系。

(3) 津贴具有单一性的特点,往往是一事一贴。多数津贴是根据某一特定条件,为了某一特定要求而制定的,这与工资制度综合多种条件与因素的情况是不同的。这就要求在确定津贴的条件、范围、对象时,界限必须十分明确。

(4) 津贴具有较大的灵活性,随着工作环境、条件的变化而变化。而不像标准工资那样,一经确定,在较长一段时间内难以变动。

建立合理的津贴制度,对于鼓励职工到生产急需而工作条件又十分艰苦的地区或工作岗位工作,对于保护职工的身体健康,增强职工的体质,保证生产的持续发展,有着重要的意义。

(1) 津贴是企业内部分配的重要手段。在逐步建立的计划商品经济条件下,随着进一步扩大企业自主权,除了某些涉及全局而必须由国家统一制定、管理的津贴、补贴以外,企业可以根据生产和工作需要,在按规定提取的本单位工资基金(效益工资或奖励基金)范围内,对在特殊劳动条件下工作的职工实行津贴制度,及时而准确地对他们的额外支出给予合理补偿。从而更好地体现津贴的特点,以进一步搞好内部分配,合理调节企业内部各类人员的工资关系。

(2) 津贴是国家对工资分配进行宏观控制的手段之一。国家通过制定某些必须由国家建立的津贴、补贴,可以调节不同地区、行业之间职工的工资关系。例如,国家通过制定林区津贴、井下津贴、海岛津贴、艰苦台站津贴等,起到了照顾在林区、井下、海岛、艰苦台站工作的职工的生活,鼓励职工在艰苦的劳动环境和劳动条件下工作的作用,同时,也起到了宏观调节的作用。

二、津贴的种类

津贴的名目很多,从津贴的管理层次区分,可以分为两类:一类是国家或地区、部门统一制定的津贴、补贴;另一类是企业自行建立的津贴、补贴。国家统一建立的津贴,一般在企业成本中列支;企业自建的津贴,一般在企业留利的奖励基金或效益工资中开支。按津贴的性质区分,大体可分为三类。

1. 岗位性津贴

岗位性津贴是指为了补偿职工在某些特殊劳动条件岗位劳动的额外消耗而建立的津贴。职工在某些劳动条件特殊的岗位劳动,需要支出更多的体力和脑力,因而需要建立津贴,对这种额外的劳动消耗进行补偿。这种类型的津贴具体种类最多,使用的范围最广。例如,高温津贴,是对从事高温繁重劳动的工人建立的临时性补贴。冶金企业中的炼铁、烧结、炼焦、炼钢、轧钢等工种,根据其作业环境的温度、辐射热强度和劳动繁重程度的不同。建立甲、乙、丙不同标准的津贴。另外,还有有毒有害津贴、矿山井下津贴、特殊技术岗位津贴、特重体力劳动岗位津贴、夜班津贴、流动施工津贴、盐业津贴、邮电外勤津贴等,都属于岗位性津贴。

2. 地区性津贴

地区性津贴是指为了补偿职工在某些特殊的地理自然条件下生活费用的额外支出而建立的津贴。如林区津贴,是为了照顾林区森林工业职工的生活,鼓励职工在林区安心工作,发展林业生产而建立的津贴,并根据林区的具体条件和各类人员的不同情况,分别确定不同的标准。另外,还有地区生活费补贴、高寒山区津贴、海岛津贴等。这类津贴一般是由国家或地区、部门建立的。企业所在地区如属这些津贴的执行范围,即可照章执行。

3. 保证生活性津贴

保证生活性津贴是指为保障职工实际工资收入和补偿职工生活费用额外支出而建立的津贴。如副食品价格补贴、肉价补贴、粮价补贴等。这类补贴具体种类不多,主要是由国家或地区、部门建立的。企业属于执行范围的,即可照章执行。有些企业根据需要,在内部也建立了少量这类补贴,如房租、水电补贴等。

三、津贴制度的制订和管理

1. 建立津贴制度的原则

企业在建立津贴制度时,首先要考虑符合以下目的,即津贴必须是对职工在特殊劳动条件和工作环境下特殊劳动消耗的补偿,是为了保障职工身体健康和实际生活水平不下降而采取的特殊办法。不符合这一目的,就不应建立津贴。

其次,企业建立津贴制度要符合按劳分配原则,要做到六个有利:即有利于调动职工的劳动积极性;有利于鼓励职工到艰苦条件下劳动;有利于鼓励职工做好本职工作;有利于促进职工提高专业技能;有利于职工内部团结合作;有利于保护职工的身体健康。

另外,在确定津贴的范围、种类以及标准时,还应与计时工资和计件工资的标准统筹考虑。如果在工资标准上已经对劳动条件差别等因素考虑了并适当体现了的,一般就不宜再建立有关津贴,以免重复享受,即使有必要建立,标准也不能定得过高。

2. 津贴制度的建立

企业在建立津贴时,要做好三项工作。

(1) 确定建立津贴的条件。凡是要求建立津贴的单位或工种,必须对有关的条件和环境进行认真调查研究,有的还要采用科学技术手段进行测定,如有毒有害成分的含量等。就是说,建立每一项津贴,都要有充足的理由和科学的根据。

(2) 规定津贴的种类和实行的范围。要对相近工种的有关因素进行分析对比,全面权衡,再决定津贴的种类,并确定哪些工种、岗位可纳入实行津贴的范围。否则,就会出现该享受的享受不上,不该享受的却享受了,以致产生新的矛盾。因此,在津贴的条件、范围、对象等问题上要规定得十分明确、具体,执行时便于对号入座,一般不宜留有伸缩和变通的余地,以免造成执行中的混乱。

(3) 制订津贴的标准和发放办法。津贴标准有两种制订方法:一种是按照职工本人标准工资的一定比率制订;另一种是按绝对额制订。这两种制订方法适应不同的情况,一般来说,对于保证职工实际工资水平和为保障职工生活的津贴,按本人标准工资的一定比率制订比较适宜;其他性质的津贴,按绝对数制订比较恰当。在确定津贴标准时,除了应与计时工资和计件工资的标准统筹考虑外,还应考虑以下因素:一是职工在特殊条件下劳动的繁重程度;二是在特殊条件下劳动对职工身体的危害程度;三是职工在特殊条件下劳动生活费用支出增加的程度。另外,还应考虑劳动保护设施情况、工作时间的长短等不同情况。一般来说,特殊条件下劳动强度越大,对身体危害越严重,生活费用越高以及劳动保护设施越差的工种或岗位,规定津贴标准应适当高一些;反之,则应低一些。

3. 津贴制度的管理

津贴制度是整个工资制度的组成部分之一,因此,加强津贴制度的管理,对于搞好企业内部分配,调动职工积极性,提高企业经济效益都有重要意义。企业在加强津贴制度管理上应做好三方面的工作。

(1) 企业要认真制订并搞好津贴的日常管理工作。要制订出一整套加强津贴管理的规章制度和合理的支付办法,定期检查各种津贴、补贴的支出情况,防止津贴、补贴的不合理支出。

(2) 及时调整和改进企业自定的津贴制度。津贴制度的一个显著特点是,可以随情况的变化,及时调整和改进。过去,由于津贴基本上是由国家统一制定和管理,津贴的灵活性和特点体现不出来,往往是劳动条件和生活环境已经发生了变化,津贴制度却不能及时做出相应的调整。随着经济体制改革的深入进行,企业进一步扩大了内部分配自主权,可以在按规定提取的本单位工资基金总额内,根据变化了的情况,及时调整和改进自己制定的各种津贴、补贴制度,使之有效地发挥积极作用。

(3) 要严格执行国家或地区、部门规定的各种津贴、补贴,不能擅自扩大实行范围,任意提高津贴标准。否则,将影响津贴的积极作用,还会不合理地增大国家和企业的负担,影响职工内部和左邻右舍的关系。因此,企业主管部门应对企业执行国家或地区规定的津贴、补贴制度情况进行监督、检查,企业应增强自我约束能力,认真贯彻国家、地区有关津贴的政策,严格按照统一的津贴制度规定的条件、范围、对象和标准执行。

四、福利制度

福利是薪酬体系的重要组成部分,是企业或其他组织以福利的形式提供给员工的报酬。福利是对员工生活的照顾,是组织为员工提供的除工资与奖金之外的一切物质待遇,是劳动的间接回报。

从管理层的角度看,福利可对以下若干战略目标作出贡献:协助吸引员工;协助保持员工积极性;提高企业在员工和其他企业心目中的形象;提高员工对职务的满意度。福利适用于所有的员工,而奖金则只适用于高绩效员工。与员工的收入不同,福利一般不需纳税。由于这一原因,相对于等量的现金支付,福利在某种意义上来说,对员工就具有更大的价值。

1. 什么是职工福利

职工福利是指职工所在单位根据国家有关规定和本单位的实际情况,为进一步满足职工在劳动(工作)过程中产生的共同需要和特殊要求,通过举办集体福利设施,建立各种补贴制度,提供必要的假期,开展文娱活动,为改善和方便职工生活,解决职工难以解决的困难而采取的措施和有关制度的总称。

2. 职工福利种类

根据福利的范围可以分为:①国家性福利:在全国范围内以社会成员为对象而举办的福利事业。②地方性福利:在一定地域内以该地区的居民为对象的福利事业。③家庭性福利:在家庭范围内商定的为家庭成员对象的福利事业。

根据福利的内容可以分为:①法定福利:政府通过立法要求企业必须提供的,如社会养老保险、社会失业保险、社会医疗保险、工伤保险、生育保险等。②企业福利：用人单位为了吸引人才或稳定员工而自行为员工采取的福利措施。比如，工作餐、工作服、团体保险等。

企业福利根据享受的范围不同分为：①全员性福利：全体员工可以享受的福利，如工作餐、节日礼物、健康体检、带薪年假、奖励礼品等。②特殊群体福利：指能供特殊群体享用，这些特殊群体往往是对企业做出特殊贡献的技术专家、管理专家等企业核心人员。特殊群体的福利包括住房、汽车等项目。

3. 工资与福利的联系与区别

工资与职工个人福利的联系主要体现在两方面。

(1) 向职工支付的形式有相同之处

一部分职工个人福利与工资一样，都是以货币形式由用人单位向职工支付。

(2) 同属于薪酬的范畴

工资与职工个人福利均属于薪酬的范畴。

由于工资与职工个人福利有上述紧密的联系，所以人们容易将工资与福利混在一起，往往误将福利视为工资的构成部分。因此，我们需要研究它们的区别。从工资与福利的概念可知，两者的区别主要有以下三方面。

① 与职工付出劳动的联系不同

工资是与职工的工作岗位、付出劳动的质量、数量、强度等紧密挂钩的，是职工付出劳动必须得到的报酬。而职工个人福利则与职工的工作岗位、付出劳动的质量等联系不那么紧密，有些项目用人单位可以支付，也可以不支付。

② 向职工支付的周期与方式不同

工资，用人单位一般须按月直接向职工支付。而职工个人福利则未必按月支付，且可采用报销等方式支付。

③ 向职工支付的形式不同

工资只能采用货币形式支付，不得以实物形式支付。而职工个人福利则可采用实物等形式支付。

由于工资与福利有着本质的区别，所以国家统计局明确规定，用人单位支付给职工的福利费用不属于工资范围。因此，在为员工计发解除合同经济补偿金时，不应将福利性费用计入工资之中。

另外，相对计划经济体制下国家对企业的管理，目前国家规定企业须为职工提供的福利待遇很少，而由用人单位自行决定向职工提供的企业内部福利待遇更多。因此，建议用人单位在制定规章制度时，应明确界定工资的项目和职工个人福利的项目，以免人为造成混乱和矛盾。

4. 职工福利与社会保险的联系与区别

社会保险与职工福利的关系主要体现在以下三方面。

(1) 向职工支付的形式有相同之处

一部分职工福利与社会保险一样，都不是以货币形式由用人单位直接向职工支付的。

(2) 同属于薪酬的范畴

从前述的相关概念中可知，社会保险与福利均属于薪酬的范畴。

(3) 政策制定与项目名称是相互联系的

例如职工遗属待遇、供养亲属半费医疗待遇、丧葬补助费、供养直系亲属抚恤费等职工福利性待遇,均在当年政务院颁布的《劳动保险条例》和中央劳动部颁布的《〈劳动保险条例〉实施细则》中作了规定。又比如:企业年金(又称补充养老保险)、补充医疗保险等项目,从本质上说是属于职工福利,但名称却又称为"保险"。

由于社会保险与职工福利有如此密切的联系,所以,人们很容易将两者混为一谈,有时将社会保险视为职工福利待遇,有时又将职工福利待遇说成社会保险的构成部分。因此,我们需要研究它们之间的区别。

从社会保险与福利的概念可知,两者的区别主要有以下几个方面。

(1)前提条件不同。社会保险的享受是以劳动者暂时或永久丧失劳动能力为前提条件,职工福利的享受是以劳动为前提条件。

(2)享受目的不同。社会保险的目的是为了保证劳动者在丧失劳动能力时的基本生活需要,职工福利的目的是在劳动者获得日常劳动报酬的基础上,满足职工物质、文化生活的需要,进而满足职工物质生活与精神生活中的发展和享受需要。

(3)管理方法上不同。社会保险一般是通过国家立法,具有强制性;职工福利是国家规定一些原则要求,在政策上做些指导;企业职工福利的具体项目设置、享受水平,主要根据企业本身的经济能力,逐步扩大和提高;福利基金一般由企业自行管理与安排使用。

(4)享受方式不同。社会保险的享受方式以个人为主,而职工福利一般以集体福利为主,主要采取建立集体福利设施的方式,以满足职工的共同需要。

(5)两者的个性不同。社会保险具有强制性、互济性、普遍性等。而职工福利待遇,只有少数项目是国家强令用人单位向员工支付的,大量的是由企业根据自身状况自行决定是否设立并支付的,具有很大的弹性,因而它也不具有互济性和普遍性。

(6)两者的作用不同。社会保险属于社会保障的范围,是对职工出现年老、失业、患病、工伤、生育等特定状况时,国家予以物质帮助的一种基本的社会保障制度。而职工福利,是由用人单位为解决职工的生活困难,改善其工作、生活条件,保证其身体健康等而建立的各种补贴性制度。它们的作用是不一样的。

知识衔接

职工集体福利

1. 职工集体福利,是指用人单位举办或者通过社会服务机构举办的供职工集体享用的福利性设施和服务。其内容包括物质生活福利和精神生活福利。

2. 现阶段,我国的职工集体福利主要包括:

(1)职工集体生活福利设施和服务。职工集体生活福利设施的主要项目有:①职工食堂,包括职工内部食堂、职工营养食堂、街道职工食堂等;②托幼设施,包括托儿所、幼儿园等;③卫生设施,包括职工医疗和疗养设施、公共卫生间、休息间等;④文娱体育设施,包括文化宫、俱乐部、体育场馆等。上述福利设施,在其各自营业范围内为职工集体免费或者低费提供服务。

(2)职工住宅。传统的职工住宅福利表现为:国家和用人单位拿出一定的积累基金和福利基金进行住房建设,然后低租金分配给职工居住;并且对部分职工发放房租补贴。现阶段,职工住宅制度改革的方向,是逐步实现职工住宅商品化。

知识衔接

津贴补贴的注意事项

工资性质的"津贴、补贴":从企业所得税的角度分析,是企业支付给任职或者受雇的员工的报酬。在个人所得税法中,工资、薪金所得,是指个人因任职或者受雇而取得的工资、薪金、奖金、年终加薪、劳动分红、津贴、补贴以及与任职或者受雇有关的其他所得。说的都是与"任职或者受雇"有关,当钱给到员工手时,员工可自由支配。

对于福利费中的"补贴、补助":从企业所得税的角度分析,它不是直接给员工的,是员工在特定条件下已经或者必须发生的费用(如:职工交通补贴、供暖费补贴、丧葬补助费等)给予的补偿,某种意义上讲,是生活补偿。

延伸阅读

谷歌:员工福利之王

即使在硅谷,谷歌(Google)也不失为一个巨无霸。它共拥有约3.2万名员工,这些人工作在从手机软件到搜索算法的各个业务部门。"大型企业组织的员工往往会形成自己的层级。为避免这种倾向,让员工关系更加亲密,我们付出了巨大努力"。谷歌人力运营高级副总裁拉兹罗·博克称。

这种努力包括,为了让员工保持愉快的心情,谷歌制定了高标准的员工福利政策,包括免费美食,现场洗衣、干洗,以及改衣服务,户外运动中心,邀请各路名人到访演讲。待遇之丰厚,鲜有公司能与之匹敌。下面,我们介绍谷歌最新推出的几项福利。正是这些措施帮助谷歌成功入选了《财富》杂志评选出的最适宜工作的公司排行榜。

综合户外运动中心不惜血本

为了让员工保持健康体魄,谷歌从来不惜花费重金。去年夏天,该公司开设了一座大型的户外体育中心。加菲尔德运动中心以其所在街道的名字命名,内设一个足球场、一个篮球场、两个网球场、两个室外地滚球场、两个用于掷马蹄游戏的马蹄坑、一个高尔夫球场及一个曲棍球场。

室内娱乐设施丰富多彩

如果员工们不想在山景市谷歌总部的室外地滚球场上打地滚球,谷歌园区中还有保龄球等其他运动项目供其选择,谷歌总部共有4条保龄球道供用户预定。谷歌舞蹈工作室(Google Dance Studio)共有31种每周一次的课程供员工选择,其中包括卡波卫勒舞(Capoeira)以及实用的"聚会舞蹈入门",授课的老师既有专业的教练,也有谷歌员工中经验丰富的志愿者。

天下美食应有尽有

谷歌一向不吝为员工提供免费美食,并因此而享有盛誉。尽管公司规模不断扩大,但这项政策迄今仍然没有改变。谷歌曾于2007年荣登《财富》评选出的最适宜工作的公司榜首。此后,这家公司员工数量增长了3倍多。为了适应员工的增长速度,公司在烹饪方面也下了大功夫。在位于山景市的谷歌总部,职工食堂的数量已经由11家增加到了25家。新增的食堂中包括专门供应亚洲美食的Cafe Gia和Cafe 150,后者供应的食物原材料全部来自于方圆150英里内的地方。

工作方式坐立自由

久坐不利于健康。美国癌症学会(American Cancer Society)指出,每天坐着的时间超过6个小时的妇女英年早逝的几率比每天坐着的时间不足3小时的妇女高出37%(男性的相应的数字是18%)。也许这就是为何一些谷歌员工宁愿站着工作的原因所在。去年开始,用立式办公桌代替标准的坐式办公桌在谷歌蔚然成风。谷歌员工只需使用公司的Ergolab软件下单,从众多的办公桌类型中任意选择一款,然后就能收到一台与其身高相配的办公桌。据非官方数字统计,目前谷歌已有数百人在使用立式办公桌。

福利海鲜新鲜环保

2011年5月,主厨利夫·吴和昆廷·托平推出了鱼补贴计划,并得到了谷歌社区的支持。根据该计划,谷歌员工可以登记申请每周作为补贴发放的本地海鲜,海鲜全部由半月湾渔夫协会(Half Moon Bay Fisherman's Association)提供。最多花上25美元,每名员工就可买到2磅重的生鱼片。运抵谷歌总部之前,这些生鱼片冷冻保存在中央仓库中。

名人到访大开眼界

名人造访谷歌绝非什么稀奇事,反而是司空见惯的现象。对于巴拉克·奥巴马和约翰·麦肯恩来说,位于山景市的谷歌园区是其竞选总统期间的"必访"之地。"写作名家在谷歌"(Authors@Google)等项目则向公司员工引见一系列当红作家,蒂娜·费伊和《纽约客》(New Yorker)的记者简·梅尔等人都悉数包含在内。此外,谷歌也从不缺少音乐元素。去年末,拉伯尔·考曼和小提琴家约书亚·贝尔就曾受邀到谷歌位于纽约市的几个办公区进行过表演。

安卓新品免费派发

效力于拥有全球最大移动操作系统的公司有一个优厚的条件,那就是可以免费使用高科技产品。谷歌有向员工派发安卓智能手机的传统。据报道,该公司向大量(如果不是全部的话)员工免费发放了三星Galaxy Nexus手机,作为假期礼物。这些手机零售价通常为299美元,其中含有为期2年的Verizon合约。而且,每部手机的背板都是定制的,嵌有谷歌服务部门的图标。

育儿服务一条龙

谷歌为新晋父母们提供了宽裕的假期,初为人母的女员工可享受18周的假期,初为人父者假期为12周,远远超过了一些州规定的标准假期。谷歌每月都举行新生儿送礼会,除了讲授育儿经,员工还会收到优惠券,并可在公司免费享受一次现场按摩。此外,每名初为人父母者还会收到500美元,公司称之为"宝宝感情培养费"。这笔钱会存入这些员工的账户,用于支付宝宝诞生头几个月中洗衣、清洁、甚至园艺等各项用得到的服务。

时间:2012年2月3日　　来源:财富中文网

本章知识点回顾

本章主要介绍了工资和工资制度、住房公积金制度以及津贴与福利制度等内容。

复习思考题

一、重点概念
工资　最低工资　住房公积金　津贴　福利

二、简答题
1. 工资的特点和作用。
2. 住房公积金的特点。
3. 住房公积金的提取条件。
4. 津贴的特点。

三、论述题
1. 工资与职工个人福利的关系。
2. 职工福利与社会保险的关系。

四、案例分析题
老李是某大型国企的职工,先后当过锅炉工、操作工、仓库保管员等,从事过相应的各项工作。前不久因股骨头坏死,离岗在家疗养。最近老李的一位同事来看老李,对老李说单位"五一"给每个职工发了五百元的红包。可这却没有老李的份,老李心里很不是滋味。

思考:职工病休期间应否享受所在单位的津贴、补贴和各种福利待遇?

五、实践练习
为某企业写一份福利合同(参考)。

甲方:_____(企业)

乙方:_____(员工)

根据《中华人民共和国合同法》,甲乙双方就乙方员工使用甲方医院、学校、幼儿园等福利机构和公共、公益设施,甲方为乙方员工提供服务事项,达成如下协议。

第一条　适用范围

1.1　本合同所指乙方员工为与乙方签订劳动合同的在职人员。

1.2　乙方应于每年第一个月的10日前向甲方提交乙方员工名单。

第二条　服务费用的支付方式及期限

2.1　甲方向乙方职工提供学校、幼儿园等教育服务所产生的服务费用,按以下方式承担:乙方每年向甲方支付教育经费_____元。

2.2　乙方职工在甲方所设立的医院就医,按国家的医疗保险制度执行,不再支付其他费用。

2.3　乙方应于享受甲方服务当年的下一年度六个月之内,按乙方应负担的比例向甲方支付享受服务当年的服务费等相应费用。

第三条　甲方的权利与义务

3.1　甲方有权要求乙方按照双方各自应当承担的部分承担服务费用。

3.2　甲方提供给乙方员工的福利标准(包括向乙方收取的学校、幼儿园、医院等费用标准)应与甲方向甲方员工提供的福利标准一致。

3.3　甲方负责协调、处理乙方员工就甲方提供的服务所提出的合理要求,在乙方认为必要时,甲方应给予必要的配合。

第四条 乙方的权利与义务

4.1 如甲方向乙方员工提供的服务违反我国相关法律、法规的规定,乙方有权要求甲方及时协调、处理。

4.2 乙方根据自身的情况决定提高乙方员工的福利费用标准时,应自做出提高其员工福利费用的决定之日起一个月内通知甲方,并以书面形式将提高标准的具体情况提交甲方。双方应另行商定服务费用的数额。

第五条 其他

5.1 如因国家法律、法规或相关政策的变动造成员工福利标准的提高或项目的增加,则服务费用按国家规定提高的幅度或增加的项目情况支付。

5.2 甲乙双方约定,公共、公益设施部分,由甲方建设,乙方按照投资总额的一定比例支付使用费。

5.3 本合同有效期为____年,自_____年____月____日起,至_____年____月____日止。

5.4 本合同自甲、乙双方签字盖章并经乙方之股东大会在关联股东回避表决的情况下审议通过之日起生效。

甲方(盖章):_____　　　乙方(盖章):_____
负责人(签字):_____　　　负责人(签字):_____
　　_____年____月____日　　　　　　_____年____月____日

第六章 员工管理

学习目标

通过本章的学习，了解员工管理的重要性；理解和掌握员工沟通管理、时间和纪律管理、员工健康管理、员工安全管理、员工参与管理、绩效管理的基本知识；通过案例知识锻炼实务操作的技能。

引导案例

美国知名主持人"林克莱特"一天访问一名小朋友，问他说："你长大后想要当什么呀？"小朋友天真地回答："我要当飞机的驾驶员！"林克莱特接着问："如果有一天，你的飞机飞到太平洋上空所有引擎都熄火了，你会怎么办？"小朋友想了想说："我会先告诉坐在飞机上的人绑好安全带，然后我挂上我的降落伞跳出去。"当在现场的观众笑得东倒西歪时，林克莱特继续注视着孩子，想看他是不是自作聪明的家伙。没想到，接着孩子的两行热泪夺眶而出，这才使得林克莱特发觉这孩子的悲悯之情远非笔墨所能形容。于是林克莱特问他说："为什么要这么做？"小孩的答案透露出一个孩子真挚的想法："我要去拿燃料，我还要回来！！"

思考：你真的听懂了员工的话了吗？你是不是也习惯性地用自己的权威打断员工的语言？

分析：我们经常犯这样的错误：在员工还没有来得及讲完自己的事情前，就按照我们的经验大加评论和指挥。反过头来想一下，如果你不是领导，你还会这么做吗？打断员工的语言，一方面容易做出片面的决策；另一方面使员工缺乏被尊重的感觉。时间久了，员工将再也没有兴趣向上级反馈真实的信息。反馈信息系统被切断，领导就成了"孤家寡人"，在决策上就成了"睁眼瞎"。与员工保持畅通的信息交流，将会使你的管理如鱼得水，以便及时纠正管理中的错误，制定更加切实可行的方案和制度。

企业要充分发挥人力资源优势必须进行高效的员工管理。高效的员工管理可以有效地激发员工的积极性，使员工更加忠诚于企业。如何管理员工？员工管理就是要考虑如何有效地激发员工的积极性，使员工更加忠诚于企业。

第一节 员工沟通管理

对于企业而言，沟通是管理的最高境界，是管理过程中提高员工工作积极性、创造性、工作绩效、管理有效性和构建学习型组织的关键活动。杰克·韦尔奇曾经说过企业管理的秘诀是"沟通、沟通、再沟通"。更有相关研究表明，管理中70%的错误和失误是由于沟通不善造成的，这些都说明管理的关键在于良好的沟通，沟通是管理的核心。

一、沟通的定义及类型

（一）沟通的定义

沟通是指信息凭借一定的符号载体，在人与人之间或群体之间传递信息，并获取理解的过程。管理沟通的过程可以表现为组织内部上下之间、群体之间、人与人之间的沟通。在所有沟通者之间传递的不仅仅只是语言信息，还包括身体动作、表情、态度、观点、思想等的传递。

西蒙曾经这样描述过沟通："沟通可视为任何一种程序，借此程序，组织中的一员将其所决定意见或前提，传送给其他有关的成员。"沟通是信息的准确传递和了解，完善的沟通是指信息的接受者完全了解信息传递者所要表达的意愿。

沟通常被理解为沟通双方达成了某项协议或约定。其实，沟通双方能否达成一致，并不是仅由沟通是否良好这个因素决定的。它涉及的因素很多，比如双方的根本利益是否一致，价值观念是否相同，等等。也许我们彼此都明白对方的意思，但我们不一定要接受对方的观点，只要清楚明白对方的意思，就可以说我们已经进行了良好的沟通。

沟通的信息包罗万象，比如事实、情感、价值观、意见、观点等。沟通看起来很容易，其实沟通双方要做到有效的沟通，必须经过长时间的配合、摩擦，是一项非常困难和复杂的工作。沟通双方不但要理解传递过来的信息，还要分析信息，获取事实，翻译转化信息。

沟通的双方应具有相同的知识背景，应该全面了解沟通内容的特点、实际情况，寻求最佳的沟通策略和形式，可逐步组建适合自己的沟通信息系统。

（二）沟通的类型

1. 根据载体不同分类

根据信息载体的不同，沟通分为言语沟通和非言语沟通，言语沟通又可分为口头信息沟通和书面沟通。

（1）口头信息沟通

口头信息沟通借助于语言进行沟通，是沟通形式中最直接的方式。口头沟通的方式可以是会谈、讨论、会议、谣传、密谋、演说和电话联系等。口头沟通比较灵活，传递速度快，可以自由交换，信息有任何不清楚，可以立刻更正等优点。

但是，信息保留时间较短，有一定的局限性。而且信息从发送者到接收者之间，可能存在失真，每个人可能会根据自己的理解在其中添加或删除某些信息，造成信息的不完整性。

（2）书面沟通

书面沟通是借助文字的方式进行沟通，可以有报告、工作手册、报表、书信、备忘录、布告、通知、刊物、书面报告等方式。书面记录具有比较正式、可长期保存、反复研究、法律保护等优点。书面沟通中要表达的内容应该周密，逻辑性强，条例清楚。虽然书面沟通有上述优点，但是书面沟通不能及时提供信息反馈，发送者往往要花费很长时间了解信息反馈状态。

(3) 非语言沟通

非语言沟通有身体语言沟通、副语言沟通和物体的操纵等方式。身体语言沟通可以有目光、面部表情、手部动作、身体各种姿态、手部语言、衣着打扮等表达方式。副语言沟通是通过非语词的声音,如重音、声调、哭泣、微笑、空间、时间、颜色等。语言的表达方式千变万化,同一句简单的言语,用不同的态度,会产生不同的效果。除了运用身体语言的沟通外,还可通过环境的装饰、讲话时物体的运用来表现特殊的沟通。如装修风格的不同,可以无声地传达出主人的性格、年龄、爱好的特征。

还有信息应用技术等沟通工具,如电子邮件、多媒体、电传、电话会议、电视商场等。

2. 根据组织系统不同分类

根据组织系统不同,可分为正式沟通和非正式沟通。正式沟通包括企业定期汇报工作制度、每周例会制度等。非正式沟通包括员工私下议论小道消息、私下讨论问题等。

3. 根据级别不同分类

根据级别不同分类,可分为上行沟通、下行沟通、平行沟通。上行沟通是指信息从低层流向高层,如下级向上级反映情况,如果没有上行沟通,管理者就不清楚自己的命令或工作是否正确,员工是否有意见等问题。下行沟通是指信息从高层流向低层,如传达各种制度、工作程序等。平行沟通是指企业各部门之间传递工作信息,以互相协作的方式沟通。

4. 从地位变换的角度分类

从地位变换的角度分类,可分为单向沟通和双向沟通。单向沟通是指无反馈的信息交流,如作报告、讲演、批示等。双向沟通是指有反馈的信息沟通,如交谈、开会、谈判等。双向沟通时,双方可以随时检查沟通的效果,变换不同的方式,寻找最佳方式,因此接受率和准确率较高。

5. 根据所属关系不同分类

根据所属关系不同分类,可分为横向沟通和斜向沟通。横向沟通是指企业中同一层次之间信息的交流。斜向沟通是指企业中不处在同一部门或同一层次之间的交流。如,同一办公室的人交流属于横向沟通,一车间的员工与五车间的领导交流属于斜向沟通。

二、沟通的意义和方法

员工的管理与沟通是企业组织的生命线。管理的过程,也就是沟通的过程。通过了解客户的需求,整合各种资源,创造出好的产品和服务来满足客户,从而为企业和社会创造价值和财富。

(一) 沟通的意义

企业是个有生命的有机体,而沟通则是机体内的血管,通过流动来给组织系统提供养分,实现机体的良性循环。管理沟通是企业管理的核心内容和实质。

1. 没有沟通,就没有管理

企业管理有四种职能:计划、组织、领导、控制,而贯穿其中的一条主线即为沟通。沟通为实现其管理职能的主要方式、方法、手段和途径。

没有沟通,就没有管理,没有沟通,管理只是一种设想和缺乏活力的机械行为。沟通是企业组织中的生命线。好像一个组织生命体中的血管一样,贯穿全身每一个部位、每一个环节,促进身体循环,提供补充各种各样的养分,形成生命的有机体。

企业的日常管理工作离不开沟通。日常管理工作即业务管理、财务管理、人力资源管理,全部借助于管理沟通才得以顺利进行。业务管理的核心是在深入了解顾客和市场的基础上,向企业的目标市场和目标顾客群提供适合其综合需要的服务和产品,而与市场进行互动,就需要沟通。财务管理中财务数据的及时获得和整理、分析、汇总、分发、传送,更是企业管理层监督企业运行状态的权威依据,为典型的沟通行为。人力资源管理更是直接以一刻也离不开沟通的人为管理对象,只有良好的管理沟通才能打通人们的才智与心灵之门,激励人,挖掘人的潜能,更好地为企业创造价值。

2. 没有沟通,就没有企业文化

管理沟通是创造和提升企业精神和企业文化,完成企业管理根本目标的主要方式和工具。管理的最高境界就是在企业经营管理中创造出一种企业独有的企业精神和企业文化,使企业管理的外在需求转化为企业员工内在的观念和自觉的行为模式,认同企业核心的价值观念和目标及使命。而企业精神与企业文化的培育及塑造,其实质是一种思想、观点、情感和灵魂的沟通,是管理沟通的最高形式和内容。没有沟通,就没有对企业精神和企业文化的理解与共识,更不可能认同企业共同使命。

3. 没有沟通,就没有创新

管理沟通更是管理创新的必要途径和肥沃土壤。许多新的管理理念、方法技术的出台,无不是经过数次沟通、碰撞的结果,以提高企业管理沟通效率与绩效为目的,其根本目的是提高管理效能和效率。

从某种意义上讲,现代企业管理就是沟通,沟通的确就是现代企业管理的核心、实质和灵魂。

(二) 沟通的方法

据美国全球竞争力研究院最近在 500 个组织中所做的一项员工调查显示,只有 1/3 的员工知道或理解他们老板的经营战略。乍听起来,似乎没有什么大不了的,但是许多人并不知道,不让员工知情是导致被调查员工不满的最大因素。

高层领导的工作并不全是在经营战略,他的工作应是与员工沟通企业目标并激励他们去完成。对基层管理者同样应该如此。必须对员工的能力给予一定信任,这对许多员工来说是一个基本要求。员工希望被关心、重视。

员工怎么评价他在企业的付出跟他获得的价值提升,其中一个很重要的衡量标准就是员工满意度。在人力资源管理中,人们也经常提到"员工满意度"问题。员工满意度也跟企业的效益息息相关。根据最近的"最佳雇主调查",员工满意度达到 80% 的企业,平均利润率增长要高出同行业其他企业 20% 左右,善于与员工们坦诚沟通的领导者基本可以不利用权力和威胁就能使企业有条不紊地运作。

国内外早就有很好的沟通机制,我们在企业的经营管理中也经常运用这些沟通的机制。下面介绍在实践中具体沟通的应用的八个方法。

1. 谈心沟通法

谈心活动是一个好办法。在实践中部门经理、主管对下属要经常开展谈心活动,交流思想,及时沟通。对违纪员工进行处罚前,遵循"沟通在前,处罚在后"、"教育从严,处罚从宽"

的工作方法；对于与直接上司发生矛盾的员工，采取上级领导找员工谈心的办法，沟通思想；当员工情绪低落，可以要求工会及时谈心沟通，了解情况。配合"逐级谈话、逐级沟通"的领导沟通制度，建立起企业以谈心走访为核心，全方位、立体的沟通网络，保证在第一时间及时沟通，把不满、牢骚解决在萌芽状态。

2. 定期沟通法

管理者和员工的关系，是沟通的重点。管理者处在优势地位，处在矛盾的焦点，容易与员工产生矛盾，员工敢怒不敢言，牢骚四起。企业可以建立每年一次由员工评议管理者的制度，采取背靠背匿名评议的方式，给员工一个发表真实意见的机会。

但是要注意，对员工的意见要具体问题具体分析，避免片面性。

3. 工会沟通法

沟通，是工会的一项重要工作。工会要真正成为员工和企业的纽带和桥梁，把员工的牢骚和不满情况的反馈意见列为重点工作之一，发挥工会组织的作用。

4. 匿名沟通法

传统的"意见箱"方式，对员工有意见给予了一个及时快捷保密的沟通渠道。

5. 松下沟通法

在松下，所有分厂里都设有吸烟室，里面摆放着一个极像松下幸之助本人的人体模型，工人可以在这里用竹竿随意抽打"他"，以发泄自己心中的不满。

6. 聚餐沟通法

俗话说，酒后吐真言。员工定期聚餐，既交流感情，又沟通思想，是个好办法。许多矛盾在酒后都会暴露出来，为解决矛盾打下基础。

7. 活动沟通法

利用集体活动、外出郊游、卡拉 OK 等员工喜欢的多种形式进行交流沟通。此时没有上下级关系，形成"哥们、姐们"的大家庭气氛，在交流中放松心情，在谈笑中敞开心扉。一些不满情绪也会在谈笑中云开雾散。

企业里的集体旅游制度，让员工在大自然的怀抱中，交流思想，化解恩怨，一笑泯"牢骚"。

8. 网上沟通法

网上沟通法是现代化的一种沟通新方法。在年轻人、高学历群体中应用广泛。

总之，加强管理者与员工的沟通管理，是消除牢骚的负效应的好方法，是处理好企业内部人际关系的一个重要手段，每个企业都应从各自的实际出发，切实加强上下沟通，保证企业健康发展。

三、沟通的过程

（一）沟通的时机选择

当工作中出现下列情况时，直接主管一定要与所属员工进行沟通，沟通的内容也基本围绕特定范围展开。

（1）阶段性绩效考评结束之前的绩效沟通（这是最重要的一种沟通形式，也是最必需的，具体内容在下面单独阐述）。

（2）员工工作职责、内容发生变化。这种情况下，需要向员工解释变化的原因，具体哪些内容发生了变化，征求员工对这种变化的看法，并对工作职责进行重新确认。

（3）员工工作中出现重大问题或某个具体工作目标未完成。这种情况下，管理者肯定会与员工沟通，但要注意沟通时的语气，要本着帮助其发现原因或认识到错误本质的目标，不要一味地指责和批评，要注意了解出现问题的原因到底是什么，同时要向员工表明沟通的目标是解决问题和帮助其在工作上有所提高，而不是为了追究责任，希望其能坦诚分析原因。

（4）员工表现出现明显变化，如表现异常优异或非常差。对表现优异的，要对表现突出的方面及时提出表扬，并可适当了解和分析其出现变化的原因，以加强和延续其良好势头。对表现非常差的，要向其指明表现不佳的现象，询问其遇到什么问题，帮助其找出原因和制定改进措施，并在日常工作中不断给予指导和帮助。

（5）员工工资、福利或其他利益发生重大变化。要说明变化的原因，不管是增加还是减少，都要解释企业这么做的依据。尤其是减少时，更要阐述清楚企业对调整的慎重态度，并表明什么时间会再次做出调整，调整的依据是什么。

（6）员工提出合理化建议或看法。现在企业设立了合理化建议奖，这体现了企业对员工提出合理化建议的重视和希望，估计今后合理化建议会逐渐增加，这要求各级主管要按企业要求，对员工提出合理化建议要重视和鼓励，而沟通就是体现鼓励和重视的重要手段。如建议被采纳，应及时告诉员工并进行奖励，并明确指出建议对企业发展的帮助，对员工提出这么好的建议表示感谢。如未采纳，也应告知未采纳的原因，表明企业和主管本人对其建议的重视，肯定其对企业工作的关心和支持，希望其继续提出合理化建议。

（7）员工之间出现矛盾或冲突时。要了解和分析出现矛盾的原因，进行调解，主要从双方的出发点、对方的优点、对工作的影响、矛盾的无足轻重等与双方分别进行沟通。涉及其他部门员工时，可以请其他部门主管帮助一起做工作。

（8）员工对自己有误会时。首先要检点自己，看自身工作有无不妥或错误，如有则列出改进方案或措施，并向员工道歉并说明自己改进的决心和措施，希望其能谅解。如因员工理解有误，需主动向员工解释理解有误的地方，帮助其重新认识，切忌指责员工或采取不理不睬的态度。

（9）新员工到岗、员工离开企业时。新员工到岗，直接主管要与其确定工作职责和工作内容，明确工作要求和个人对他的殷切希望。通过沟通，对个人情况进行了解，帮助其制订学习和培训计划，使其尽快融入团队。员工辞职时，也要进行充分沟通，对其为企业所作贡献表示感谢，了解辞职的原因和对企业的看法，便于今后更好的改进工作。对辞退的员工也要充分肯定其对企业的贡献，解释辞退的理由，并表明自己本人的态度，提供个人的建议，询问其对企业的看法。

（10）企业经营状况、发展战略、组织结构等发生重大变化时。这种情况一般采取正式公布或会议发布的形式向员工作出说明，但一些不便于大面积发布的，可采用私下沟通的形式通报。

（11）员工生病或家庭发生重大变故时。作为主管和同事，应关心员工的生活，了解和体谅其生活中的困难，并提供力所能及的帮助，培养相互之间的感情，而不是单纯的工作上的关系。

其他情况下，主管可以随时进行沟通，内容和形式可以灵活掌握，只要注意采取适当的方式和方法即可。

（二）沟通的内容

除了为特定的内容开展的沟通以外，还可以在以下 7 个方面与所属员工进行沟通。

（1）企业或部门阶段性工作重点。在向员工通报企业或部门工作重点和方向时，可以请员工就此分析自己该如何配合工作，具体方案如何，实施过程中可能会遇到哪些困难，需要提供哪些帮助等。

（2）企业或部门的重大事件，如重要合同签订、经营业绩取得重大突破、部门工作获得表扬和广泛认可等。

（3）企业、部门或个人表现优异的具体方面。尤其是员工个人在工作中的闪光点，作为管理者一定要能发现并明确地提出表扬，可以是一个很细小的方面，只要我们善于发现，每位员工都有很多的优点，只是我们没发现或没充分发挥出来。

（4）所属员工或部门工作中需改进的方面及具体改进方案。有些工作可能做得也不错，但不是尽善尽美，可能有其他人做得更好，作为主管，可以就此引导员工进一步努力达到更好，或和员工一起探讨改进的方向和改进方案的可行性。

（5）对下属工作上的期望，发现和说明其工作对企业、部门工作的重要性。主管要经常和员工交流，表达你对他工作的认可和欣赏，你期望他怎么样工作。在日常工作中，注意发现员工工作和企业整体工作尤其是阶段性工作重点的切合点，说明其工作完成效果对企业整体工作完成的影响和重要程度，以加强员工对本职工作的重视和热爱，提升其使命感。

（6）对工作方法、思路上自己的建议和个人经验。员工在工作上可能存在不完美之处，作为主管，应该给员工多提些建议，可以在工作方法、思路上给予提醒，将自己遇到类似问题时是怎么处理的，将个人经验告诉员工作为参考。

（7）对企业其他部门或员工和自己工作衔接过程的改进建议。作为发现问题和了解其他员工的一种方法，同时还可以发现企业内部协作环节的问题。但这要求主管要掌握一个原则，评价只针对具体事实进行沟通，不要进行归纳和总结，更不能脱离事实，目的是改进相互协作。通过沟通可以了解企业内部协作状况，又可以避免流言蜚语的传播。

沟通中最重要的、也是最常见的是绩效沟通，这里把绩效沟通的内容细化一下，内容至少应包括以下 5 个方面。

（1）阶段工作目标、任务完成情况。应对照绩效考评表、岗位说明书和工作计划，就每项工作完成情况进行沟通，主要对定量指标完成情况进行逐项讨论、确定。这主要是对结果是否认同的一个沟通。

（2）完成工作过程中的行为表现，主要是挖掘下属工作中的闪光点，最好列出具体事例加以证明。这主要是对过程中的表现进行评价，主要针对定性的指标。

（3）指出需要改进的地方。应针对具体问题，明确指出员工工作过程中哪些地方做得不到位，哪些地方还可以提高。另外请员工本人分析存在问题的原因，如何克服和改进。

（4）描述企业领导或他人对下属工作的看法和意见。

（5）帮助下属对需改进方面制定改进措施和行动，对实施过程中遇到的问题提供指导和帮助。

（三）沟通的原则

1. 善于发现优点

作为主管，发现员工的优点并进行表扬，是激励的一个重要手段，可惜我们很多时候都不用，一谈激励就是发奖金和考核，最终钱花的不少，而效果就是不明显。不断发现员工身上的优点，哪怕是一个很细小的举动，也要加以表扬，要记住表扬永远比批评的激励效果更好。只要每个主管都能坚持这样去做，部门的工作效率和表现一定会越来越好。

2. 沟通应是双向的

沟通不是一个人讲一个人听，你既要讲，更要听对方讲，这样沟通才能取得实际的效果。

3. 要注意积极倾听对方

光听是不够的，你还要积极地去倾听，去听清、听懂进而理解对方的意思，才能为良好的沟通打下基础。

4. 维护对方的尊严

沟通过程中，双方的地位是平等的，主管要充分尊重员工，无论是讲话的语气、语调、行为等都要体现出对员工的尊重，才能获得良好的沟通效果。

5. 沟通方式是灵活多变的

沟通的形式是不固定的，没有哪一种形式是最好的，只有相对比较适合的，这就需要各级主管根据不同员工的特点、沟通内容的不同而不断调整。

6. 要真正的理解对方

每个人因自身定位、经历、环境的不同，对事情的看法不可能完全一致，我们各级主管不要光从自身出发去考虑问题，要多从员工的角度出发考虑问题，多理解对方，得出的结论就可能更符合实际。在沟通过程中，要对员工讲话的出发点、动机等研究，要进行换位思考，才能充分的理解，沟通才会进行得更加顺利。

7. 有隔阂时要主动改善关系

在管理者与被管理者之间存在一些隔阂或误会是很正常的，这就更需要通过沟通来消除。作为主管，更应该从大局出发，表现出高姿态，主动找员工沟通以寻求改善关系。

四、沟通的障碍及技巧

（一）沟通的障碍

沟通中会产生各种沟通障碍，如语言运用的障碍、过滤的障碍、心理的障碍、时间压力的障碍、信息过多的障碍、组织机构与地位的障碍和沟通技巧欠佳的障碍等。

1. 语言运用的障碍

语言运用的障碍是指语言表达不清，使用不当，造成理解上的障碍或产生歧义。年龄、教育状况、文化氛围等是比较重要的影响因素。同样的话，对不同的人来理解，就会有多种不同的诠释。另外一种情况就是，运用自己的行业术语与外行人沟通，也会产生误解、曲解，造成沟通的障碍。

2. 过滤的障碍

由于在信息的传递过程中，某些人由于个人的喜好等原因，会故意操纵信息，修改信息，甚至篡改信息,使信息失真,这称之为信息的过滤。

3．心理的障碍

人与人之间的差异、生活环境的差异、兴趣爱好的差异、企业内部各部门之间利益的差异,会造成人与人之间不同的心理差异。对一些人来说不重要的事情,也许对另外一些人就是很重要的事情。

4．时间压力的障碍

有时由于时间的紧迫,信息有可能传达不清或不完整,这使沟通的效果也会受到影响。

5．信息过多的障碍

员工有时一天之内会接收大量的信息,信息有重有轻,也许有时会耽搁信息的处理,漏掉一些重要的信息,或者对信息的处理过于草率,这样都会造成对信息的误解,影响沟通。

6．组织机构与地位的障碍

由于企业中各种组织机构的复杂庞大,会造成员工反映问题找不到受理的地方,提出建议不能及时传递上去,延误工作。员工可以采取一些积极有效的方式,如定期的交流、会议、领导接待日等,来解决这种信息传递不畅的问题。

7．沟通技巧欠佳的障碍

如果发送信息者,表达技巧差,词不达意,接收信息者聆听、理解能力不强,沟通中就会出现理解问题,导致沟通障碍。

（二）沟通的技巧

对管理者来说,与员工进行沟通是至关重要的。因为管理者要做出决策就必须从下属那里得到相关的信息,而信息只能通过与下属之间的沟通才能获得;同时,决策要得到实施,又要与员工进行沟通。再好的想法,再有创见的建议,再完善的计划,离开了与员工的沟通都是无法实现的空中楼阁。

沟通的目的在于传递信息。如果信息没有被传递到所在单位的每一位员工,或者员工没有正确地理解管理者的意图,沟通就出现了障碍。那么,管理者如何才能与员工进行有效的沟通呢?

1．让员工对沟通行为及时做出反馈

沟通的最大障碍在于员工误解或者对管理者的意图理解得不准确。为了减少这种问题的发生,管理者可以让员工对管理者的意图作出反馈。比如,当你向员工布置了一项任务之后,你可以接着向员工询问:"你明白了我的意思了吗?"同时要求员工把任务复述一遍。如果复述的内容与管理者的意图相一致,说明沟通是有效的;如果员工对管理者的意图的领会出现了差错,可以及时进行纠正。或者,你可以观察他们的眼睛和其他体态举动,了解他们是否正在接收你的信息。

2．对不同的人使用不同的语言

在同一个组织中,不同的员工往往有不同的年龄、教育和文化背景,这就可能使他们对相同的话产生不同理解。另外,由于专业化分工不断深化,不同的员工都有不同的"行话"和技术用语。而管理者往往注意不到这种差别,以为自己说的话都能被其他人恰当地理解,从而给沟通造成了障碍。

由于语言可能会造成沟通障碍,因此管理者应该选择员工易于理解的词汇,使信息更加清楚明确。在传达重要信息的时候,为了消除语言障碍带来的负面影响,可以先把信息告诉不熟悉相关内容的人。比如,在正式分配任务之前,让有可能产生误解的员工阅读书面讲话稿,对他们不明白的地方先作出解答。

3. 积极倾听员工的发言

沟通是双向的行为。要使沟通有效,双方都应当积极投入交流。当员工发表自己的见解时,管理者也应当认真地倾听。

当别人说话时,我们在听,但是很多时候都是被动地听,而没有主动地对信息进行搜寻和理解。积极的倾听要求管理者把自己置于员工的角色上,以便于正确理解他们的意图而不是你想理解的意思。同时,倾听的时候应当客观地听取员工的发言而不作出判断。当管理者听到与自己不同的观点时,不要急于表达自己的意见。因为这样会使你漏掉余下的信息。积极的倾听应当是接受他人所言,而把自己的意见推迟到说话人说完之后。

4. 注意恰当地使用肢体语言

在倾听他人的发言时,还应当注意通过非语言信号来表示你对对方讲话的关注。比如,赞许性的点头,恰当的面部表情,积极的目光相配合;不要看表、翻阅文件、拿着笔乱画乱写。如果员工认为你对他的话很关注,他就乐意向你提供更多的信息;否则员工有可能把自己知道的信息也怠于向你汇报。

研究表明,在面对面的沟通当中,一半以上的信息不是通过词汇来传达的,而是通过肢体语言来传达的。要使沟通富有成效,管理者必须注意自己的肢体语言与自己所说的话的一致性。

比如,你告诉下属你很想知道他们在执行任务中遇到了哪些困难,并乐意提供帮助,但同时你又在浏览别的东西。这便是一个"言行不一"的信号。员工会怀疑你是否真正地想帮助他。

5. 注意保持理性,避免情绪化行为

在接受信息的时候,接收者的情绪会影响到他们对信息的理解。情绪能使我们无法进行客观的理性的思维活动,而代之以情绪化的判断。管理者在与员工进行沟通时,应该尽量保持理性和克制,如果情绪出现失控,则应当暂停进一步沟通,直至恢复平静。

6. 减少沟通的层级

人与人之间最常用的沟通方法是交谈。交谈的优点是快速传递和快速反馈。在这种方式下,信息可以在最短的时间内被传递,并得到对方回复。但是,当信息经过多人传送时,口头沟通的缺点就显示出来了。在此过程中卷入的人越多,信息失真的可能性就越大。每个人都以自己的方式理解信息,当信息到达终点时,其内容常常与开始的时候大相径庭。因此,管理者在与员工进行沟通的时候应当尽量减少沟通的层级。越是高层的管理者越要注意与员工直接沟通。

 知识衔接

与"80"后、"90"后员工的沟通之道

"80"后、"90"后员工作为新时代个性人的代表阶层,对于经营管理者的管理能力和要求也自然非同一般,那么管理层该如何与"80"后、"90"后员工打交道呢?

1. 与完美型"80"后、"90"后员工沟通之道

你必须以理性、合乎逻辑,并且正经的态度和他们沟通,才能获得他们的认同。

接着你可以适时表现一些幽默感,缓和他们的严肃僵硬,借以牵引他们放松心情,放心发挥他们可以有的幽默,并且凡事试着朝正面想。

当他们不知为何生气,或是显得很"龟毛"时,我们不必太在意,不必追究他们的态度由来,不必跟之冲突,因为他们的怒气大多不是冲着你来的。他可能只是把无名火,也可能是针对其他跟你完全不相关的事!

说话要真诚、直截了当,因为他们十分敏感,加上判断力很佳,对于别人玩弄伎俩、背后动机,他了然在心。如果你拐弯抹角只会令他不屑与厌恶!

2. 与助人型"80"后、"90"后员工沟通之道

对于他们的付出,一定要表现出感激之意。

这种人最讨厌别人拒绝他们的好意,所以如果你想拒绝他们,就必须很清楚地把你的理由、感觉告诉他们,让他们知道真的不需要他去帮你什么,因为这才是你最需要的,也是对你最好的帮助。

这种人总是将关注放在别人身上,所以你不妨鼓励他们多谈谈自己,并告诉他们你想知道他们的事,多了解他们一些。

当你想为他做某件事时,告诉他们这么做会让你觉得快乐,他们便会接受你的付出。当他们只顾着为别人忙碌,或是显得情绪化、心神不宁时,不妨问问他们正在想什么?心情如何?以及此刻有什么需要?

3. 与成就型"80"后、"90"后员工沟通之道

希望他们改变作风或是思考其他方案最有效的方法便是:告诉他们这样做可能会有助于他们获得更好的结果。

如果你喜欢他们,不妨尽量配合他们,因为当你与他们站在同一阵线时,他们也乐于保护你,与你分享他们的成就。

如果你有被他们利用或操纵的感觉时,不妨让他们知道你的感受,因为他们有时真的会忽略别人的感受,告诉他们后,他们多半会收敛一些,特别是当他无心伤害你时。

过度地批评只会让他们为了讨好你、顺应你,而矫情地做改变。所以要真正改变他们,应该是去爱他们,设法让他们去探索自己真正的感觉。

4. 与独特型"80"后、"90"后员工沟通之道

一方面感觉对他们而言是最重要的,与他们沟通一定要重视他们的感觉。另一方面也要让他们知道你的感觉、想法。密切地配合他们,令他们感觉到你是关心他们,愿意支持他们。

如果他们沉浸在某种情绪中难以自拔时,问问他们当下的感受。让他们有机会抒发情绪,是帮助他们走出情绪的最好方法。

不要总是以理性来要求他们、评断他们,听听他们的直觉,因为那可能会开启你不同的视野。

称赞他们,特别是当他们能发挥自己的特质而有所贡献时,因为他们是极容易有负面情绪,容易否定自我的人。

5. 与理智型"80"后、"90"后员工沟通之道

他们在面对人群表达自己时往往有困难,所以不要在这方面给他们太大的压力。要表现出亲切的善意,以减轻他们的紧张、焦虑。

要亲切,但不要表现出依赖或过于有压力的亲密,因为他们喜欢与人保持一定的距离,要尊重他们的界线。要求他们做决定时,请尽量留给他们独处的时间和空间。

当你请求他们某件事时,请记住你表达态度应该是一种请求而非要求。要增加他们的信任,减轻其焦虑最好的方法是身体的接触,这对他们而言是胜于语言的沟通。

6. 与忠诚型"80"后、"90"后员工沟通之道

他们是多疑的,所以很难相信你对他们的赞美。唯有不断的倾听,并愿意支持他们、和他们站在一起,才是取得他们信任最好的方法。

保持你的一致性,不要言行不一、变来变去,这样自然会让他对你产生信任。不要讥笑或批评他们的多疑,这会使他们更缺乏自信。

说话必须真诚、清楚明白,因为他们很会猜测你的"言外之意",而做不必要的联想。请务必让他们知道你每天的行动,他们不是要控制你、干涉你,只是他们必须知道这些才能觉得安心。

7. 与快乐型"80"后、"90"后员工沟通之道

以一种轻松愉快的方式和他们交谈,是建立彼此好感的第一步,因为他们不喜欢过于严肃、拘谨、无趣的人。

倾听他们伟大的梦想和计划,不必马上点出其中不切实际的地方,把它当成是一种分享想法、分享喜悦的方式。

如果你要点出他们计划中的一些问题点,请不要用一种高姿态的批评或指示,改用一种建议、提供参考的口吻,他们会比较容易接受。

当你提出不同的见解、方案时,他们当下可能会有点反弹,但记住,他们是善于思考的,给他们重新思考的时间,他们自然会判断是否接纳你的想法,或是找时间跟你进一步讨论。

如果你是他们的好朋友,看到他们逃避问题时,不妨提醒他们,找时间静下来面对问题,把问题想清楚。

8. 与领导型"80"后、"90"后员工沟通之道

说话尽量说重点,他们才不会不耐烦,并愿意听你继续陈述。

你认为你们彼此起了争执、冲突,他却可能觉得这是很过瘾、很有效的沟通模式。所以你要记着,冲突对他们而言是进一步沟通的开始,而非结束。如果你觉得"争吵"太过厉害,感觉不舒服时,不妨直接告诉他们你的感受。

他们可以接受直接的批评,但不要取笑或讥讽他们,这会使他们产生敌意,做出攻击的行为。玩弄权谋、操纵他们、说谎,都是他们讨厌的行为,记着跟他们沟通的最好方式是:直接、说重点。

9. 与和平型"80"后、"90"后员工沟通之道

尽量倾听他们,并鼓励他们说出自己的想法。要适时地赞美他们、认同他们,因为他们常常不知道自己的优点、自己的重要性。

当他们赞成或是执行某件事时,事实上有可能只是为了迎合别人,所以你不妨问问他们的想法,听听他们会怎样说。

如果你想真正了解他们的想法,不应过于急切、压迫,否则他们会给你一个"你想听到的"答案,所以还是给他们一点空间和时间来回答吧。

只有真正从下属的成功中感受到快乐的人,才能成为伟大的领导者。

延伸阅读

沟通网络

在沟通中有垂直和横向等组合方法,形成了各种"沟通网络"。沟通在社会系统中起着联系个人与群体的作用,是把工作做好的必要信息渠道。

一、正式组织的沟通网络

在小群体或正式的组织中,可以通过明文规定的正式渠道来沟通。信息从一部分人传递到另一部分人并形成了各种模式,如锁链形、Y字形、轮形、全渠道形、圆圈形、倒Y字形。

1. 锁链形网络

员工可以上下、左右沟通,这种链型网络是垂直等级组织特殊的交流方式,适合于单线联系特点的群体。但这种形式的沟通,信息经过层层的传递,信息容易失真,信息接收者对信息的理解差异很大。

2. Y字形网络

两位下属向一位管理者汇报,管理者的上面还有两位领导,解决问题的速度比较快,但信息容易失真。Y的分叉点多是秘书、领导助理的位置。

3. 轮形网络

群体稳定集中,每个成员只能与中间那个人沟通,其余人不直接沟通,中间人代表主管,四周的人代表下属,所有的沟通都是主管与下属之间的沟通,这种方式集中化程度高,解决问题速度快,但因为沟通渠道少,沟通会不畅通,员工的满意度不高。

4. 圆圈形网络

每一个人都从他邻近的两位员工那里接收信息,但不与其他人进行沟通,虽然沟通渠道不多,但每个员工可以随时接收信息。适合分散小组、突击队、智囊咨询机构或特别委员会等组织形式之间的沟通。

5. 全渠道形网络

允许所有的成员之间进行彼此的沟通,没有一种正式的机构,也没有人以某种领导者的身份处于网络的中心位置,完全是一种开放的网络。沟通不受任何限制,所有成员都是平等的,彼此可以非常平等的交流意见,沟通渠道比较多,员工的接受信息满意度高。

6. 倒Y字形网络

管理者通过一个部门或某个成员进行沟通,解决问题的速度比较快。

在正式组织的沟通网络中,任务、环境、个人因素、群体绩效因素等是组成沟通网络的重要因素,通过分析任务的不同,可以确定选择哪种沟通网络。而环境的不同,也会影响员工之间的沟通,管理者应根据组织目标、各种网络的效能,综合各种情况,选择有效的沟通网络。

二、非正式组织的沟通网络

非正式的沟通不是正式的沟通渠道产生的,是在自然状态下产生的。信息由一个人传递给另一个人时,可能并无目标性,带有很大的随机性和偶然性。假如传递的信息是小道消息,再经过每个人的过滤和修改,信息失真度大。不过,有些小道消息有时可能会反映某些真实状况,某些员工的真实思想感情,管理者应该关心这些信息,交流这些信息,注意判断真实性,及时改正工作中的失误。

第二节 员工时间管理

伴随信息爆炸时代的来临，员工获取信息的方式和途径越来越便捷。然而这些渠道在革新员工工作方式并带来便利的同时，也令员工在快节奏的生活以及高信息量的工作安排中左支右绌、疲于奔命。

据一项针对办公室员工调查数据表明：影响办公室员工工作效率的原因主要是沟通不畅、信息干扰、工作缺乏计划性等。而解决工作效率低下的最优工具是时间管理。同一个职位，同等工作量，放在不同员工身上，感受往往不尽相同。有的员工会感到应付起来绰绰有余，当然也有员工会觉得手忙脚乱。

同样，时间对于每一个人来说都是同等的，每个人一天的生命长度都相同，要获得与别人不一样的人生，唯有拓宽生命的宽度。

一、时间管理的概念

时间是管理中的稀有资源与潜在资本，它具有四个显著的特征：一是不变性；二是不可存储性；三是不可替代性；四是伸缩性。时间一旦流逝，则永远无法挽回。因此我们要对时间进行有效管理，来提高时间的利用率，进而提高工作效率。

时间管理就是用技巧、技术和工具帮助人们完成工作，实现目标。时间管理并不是要把所有事情做完，而是更有效的运用时间。时间管理的目的是如何克服时间浪费，更好地把握时间，以便有效地完成既定目标。除了要决定该做些什么事情之外，另一个很重要的目的也是决定什么事情不应该做。时间管理不是完全的掌控，而是降低变动性。时间管理最重要的功能是透过事先的规划，作为一种提醒与指引。对企业来讲，对时间的管理和对其他的人、财、物的管理，都是一样的重要。

"时间管理"是企业管理中一个必要环节。时间表面上是没有成本的，但实际上在经营中无时无刻不在投入，其投资规模之大，成本之高是不亚于其他投资的。"时间就是金钱，效益就是生命。"国际上的一项调查表明：在时间效率方面，好的员工要比差的员工高出10倍以上。

二、时间管理的重要性

时间的最大特性是它的不可逆性，这极大地增加了时间的价值性。时间是最珍贵的资源，良好的时间管理是正确管理的基础。时间管理是企业提高员工整体素质的有效法宝。当今国际竞争不仅是技术与人才的竞争，更是时间与效率的竞争，只有在企业员工中建立正确的时间管理观念，才能在日益激烈的竞争中占据优势地位。

古典管理理论的代表人物泰罗就认识到了时间的重要性，于是他倡导科学管理，主要探讨在工厂中提高劳动生产率的问题。泰罗等人在科学实验的基础上，制定出标准的操作方法，用这种方法对全体工人进行训练，并据以制定较高的定额。这就是所谓的工作定额原理。泰罗的管理方法提高了工人的工作效率，是时间价值的重要体现。

德鲁克说："在每一项领导问题、每一项决策、每一项行动中都存在着一个复杂的问题，这就是时间。领导总要考虑现在和未来、短期和长期两个方面。如果目前的利益足以危及领导目标的长期健全,甚至其存在以将来的代价而获得的,那就不能说一个领导问题得到了解决。如果为着一个不确定的未来而使当年冒着灾难的危险,那种领导是不负责任的。经常发生这样的情况,领导活动中的大人物在他经营企业时取得了辉煌的经济成就,而他遗留在身后却是一个烂摊子。这是不负责任的领导行为和未能将现在和将来加以平衡的一种例子。那种目前的领导成效事实上是虚假的,并且是以将来的代价而获得。在任何地方,只要目前利益和未来利益未能同时兼顾,目前的利益要求和未来的利益要求未能加以协调或至少加以平衡,领导者的决策就会受到损失、威胁或破坏。"领导在运筹时应兼顾现在和未来。它必须使领导活动在目前取得成就,否则,领导就不能在未来有所成就。同时,它又必须使领导活动在未来能取得成就、发展和变革,否则它就破坏了运筹活动中的人、财、物等要素在领导活动中的作用。

三、时间管理的误区

时间管理的目的在于同时获得三"效",一是效果即确定的期待结果;二是效率即以最小的代价或浪费获得结果;三是效能即以最小的代价和浪费获得最佳的期待结果。

四种观念特别不利于时间的有效运用。

1. 视时间为主宰

视时间为主宰的人,将一切责任交托在时间手中。对这种人来说,它被当作一种信念。这种人深信"这只是时间问题"、"岁月不饶人"、"时间是最好的试金石"这一类的说法。在这种人心目中,时间犹如驾驶员,而他们则好像乘客。

2. 视时间为敌人

管理者视时间为敌人,就是重效率而不重效能。"效率"基本上是一种"投入——产出"的概念。当管理者能以较少的"投入"获得同等的"产出",或是以同等的"投入"获得较多的"产出",甚至以较少的"投入"获得较多的"产出"时,则被视为富有效率。

效率与效能不应偏废,在效率与效能无法兼得时,管理者首先应着眼于效能,然后再设法提高效率。难怪彼得·杜拉克会斩钉截铁地说:"对企业不可缺少的是效能,而非效率。"

3. 视时间为神秘物

视时间为神秘物的人通常都认为时间高深莫测。他们对待时间的态度,与他们对待自己的态度极为相似。除非等到他们的肠胃出毛病,否则他们不会意识到肠胃的存在或是肠胃的重要性。同样,除非等到他们对时间的使用受到限制,否则他们不会意识到时间的存在或是时间的重要性。

4. 视时间为奴隶

视时间为奴隶的人最关切的是如何管理时间。"视时间为奴隶"的这种观念转化成管理者的一种行为,便是长时间地沉迷于工作,成为所谓的"工作狂"。

四、时间管理的原则和方法

1. GTD 方法

GTD 是 Getting Things Done 的缩写。主要原则在于一个人需要通过记录的方式把头脑中的各种任务移出来,通过这样的方式,头脑可以不用塞满各种需要完成的事情,而集中精力在正在完成的事情,是一种消灭压力的高效工作方法。GTD 的具体做法可以分成收集、整理、组织、回顾与行动五个步骤。企业员工将心中所想的事情都写下来并且安排好下一步的计划,心无挂念,全力以赴地做好目前的工作,提高效率。

2. 帕累托原则

在有限的时间和资源下实现目标最大化,是企业员工工作的重要原则。帕累托原则是由 19 世纪意大利经济学家帕累托提出的。其核心内容是生活中 80％的结果几乎源于 20％的活动。在企业中,80％的利润是由 20％的客户创造的,因此,员工要把注意力放在 20％的客户即关键的事情上。在时间管理中运用帕累托原则有助于应付一长列有待完成的工作。将一大堆需要完成的工作列出优先次序,把最应优先完成的作为工作中的重中之重,在一段时间集中精力把它们完成。

3. 时间的四象限法

时间的四象限法是美国管理学家科维提出的,这一理论把工作按照重要和紧急两个不同的程度进行了划分,基本上可以分为四个"象限":既紧急又重要、重要但不紧急、紧急但不重要、既不紧急也不重要,具体如图 6-1 所示。

	紧急	不紧急
重要	一 重要 紧急	二 重要 不紧急
不重要	三 紧急 不重要	四 不紧急 不重要

图 6-1　时间的四象限法

一般人认为第一象限重要且紧急的事要马上做,其次是做第二象限重要但不紧急的事。但时间的四象限法的重点是把主要的精力和时间集中地放在第二象限即重要但不紧急的工作上,此类工作往往影响深远,如不及时处理,就会变为第一象限工作。所以,企业在对员工培训是应让员工平时多投入一些时间在第二象限工作,缩小第一象限范围。第三象限是紧急但不重要的事,这类事情看似紧急,需要马上处理,但属于不重要的事,对此类事情要学会拒绝。对于第四象限不重要也不紧急的事,要学会舍弃,尽量不去做。

4. 精简原则

著名的时间管理理论"崔西定律"指出:"任何工作的困难度与其执行步骤的数目平方成正比:例如完成一件工作有 3 个执行步骤,则此工作的困难度是 9,而完成另一工作有 5 个执行步骤,则此工作的困难度是 25,所以必须要简化工作流程。"简化工作是成功的共同特质,工作越简化,越不会出问题。

延伸阅读

3E-PRC 原则

员工有效工作时间管理:从 30％到 80％。

调查数据表明,员工有效工作时间只有 30％~40％,超过 60％的工作时间都是无效的!如何解决这个难题?《大师亚当斯》说:"难题总是以简单的方法解决。"工作日志,就是解决这个问题的一种简单办法。实践证明,只要遵循 3E-PRC 原则,就能通过工作日志这个简单工具,将有效工作时间提升到 80％以上。

Everyone

管理者的绩效来自于员工的执行力,如何打造一支能征善战的队伍是每个管理者都面临的艰巨任务。辅导、激励、培养、考核员工是每个管理者的职责,工作日志则帮助管理者对员工的每一次进步和成绩进行实时地考核和激励,对员工在工作中出现的具体问题,有针对性地进行辅导和教育。

Everyday

国外一项调研显示,员工平均每天花在与工作无关的时间是 90 分钟,而这种浪费其根源就在于管理者的管理不到位。工作日志则可以帮助管理者轻松监控员工每天的工作状况,这种无形的压力使员工每天都不敢有所懈怠,同时,管理者也可以根据员工每天的工作饱满度来调配任务。对于员工来说,写日志的过程也是自我警惕的过程,是不是在认真工作,是不是有成果,每天都进行一次自我反思。

Everything

管理者常常责怪下属不按照自己的意思执行,其实问题不完全在下属身上,日本管理学家在实践中证实:上级向他的直接下属所传递的信息平均只有 20% 到 25% 被正确理解,由于背景、地位、视野、思路等的不同,信息传递过程的失真是必然现象,这就要求管理者在保证充分沟通的基础上,还要监控员工的执行过程。通过工作日志,管理者能够轻松掌握每件事情的执行状况,这样就能及时发现问题并给予指正,而不是到最后才发现执行结果与自己初衷相差万里。

工作日志其实建立了一种自动反馈机制,它让员工主动地、定时地将自己的工作状况主动反馈出来,这样管理者就能够轻松掌控全局,而不是等问题出现,或者要依靠不断追问才能了解现状。

Plan

对于员工来说,每天工作开始前,抽出时间规划下一天的工作,可以帮助自己明确工作方向,防止无所事事的瞎忙。《如何掌控自己的时间和生活》作者拉金在研究大量的成功者后发现,他们都有一项共同的习惯,就是每天都坚持列出自己的事务清单。

对于管理者来说,与其抱怨员工把自己话当做耳旁风,不如把布置的任务落实到员工计划中,以便于检查,因为员工从不做管理者倡导的事情,只做管理者检查的事情。

Result

计划的执行状况必须进行总结,才能够发现问题,不断成长,其实,总结的过程就是反思的过程,成绩是什么,问题在哪里,下次如何改进,每次反思都是一次成长。曾子曰:"吾日三省吾身",工作何尝不是如此。

Check

计划要想得到有效执行,管理者必须坚持检查,只有一次次审查、追问过程,员工才能真正重视,问题才可能被暴露出来。一次次汗流浃背,面红耳赤,甚至如坐针毡的追问过程,就是员工快速成长,企业决策转化为强有力的执行的过程。一次次刨根问底、反复核对的过程,就是发现各种隐藏问题的过程。

员工在管理者的指导下制订工作计划,结束后总结工作成果、比对计划的执行情况,最后,管理者进行检查。通过这样一个循环,企业执行力得到快速提高。

第三节 员工健康管理

 引导案例

宝钢股份的健康管理

宝钢股份将关爱职工安全和健康作为最重要的任务之一,以"建造清洁、健康的工作场所,提高员工职业生活质量"为目标,强调职业危害源头预防和过程控制,全过程开展职业健康管理。

具体来说,宝钢的健康管理包括以下四个部分。

(1) 通过对职业健康监护、健康检查,识别健康隐患,记录员工的卫生管理和康复管理。职业健康检查有:上岗前、在岗期间、离岗时和急性职业病危害的健康检查;对接触各种职业病危害的员工进行职业健康监护;对承包商(相关方)的职业健康活动进行监督;对疑似职业病病人实施诊断、医疗观察;对职业病病人实施医疗、康复及保障。

(2) 制定职业卫生管理制度,实施工程项目职业卫生"同时设计、同时施工、同时投入使用"审核,制定《急性职业危害事件应急处置预案》、《放射事故应急处置预案》,实行"用工合同职业病危害因素告知"制度,开展预防职业病危害知识培训。

(3) 开展预防职业病危害因素调查、辨识、申报工作,建立"职业卫生档案",开展岗位职业病危害因素定期测定、评价。

(4) 开展职业性健康监护,建立职工职业健康档案,建立职业病患者管理档案。

思考: 宝钢股份是如何通过健康管理将员工的生产力管起来的?

分析: 要管理组织成员的健康,就需要全面了解组织成员的健康状况,需要维护和保障组织成员的健康。一般有三步骤五部分。三个步骤是:第一步,收集服务对象的个人健康信息;第二步,针对个人健康信息进行健康及疾病风险性评估;第三步,通过前两步得出的评估结果对个体进行健康干预。五个部分是指:首先是健康管理体检;其次是健康评估;再次是个人健康管理咨询;接下来是个人健康管理后续服务;最后是专项的健康及疾病管理服务。

在当今世界经济、科技、人才激烈竞争的背景下,人才的健康素质逐渐成为企业间主要的竞争因素。对员工的健康进行有效管理,不仅需要被动反应式的EAP和压力管理,还需要进行前瞻性和系统性的精益管理。

一、员工健康管理的概念

企业员工健康管理是一项企业管理行为,它是通过企业自身或借助第三方的力量,应用现代医疗和信息技术从生理、心理角度对企业员工的健康状况进行跟踪、评估,系统维护企业员工的身心健康,降低医疗成本支出,提高企业整体生产效率的行为。

企业员工健康管理产生于20世纪90年代的美国,健康管理经历20多年的发展,已经成为医疗服务体系中重要的组成部分,并证明能有效提高员工健康水平,明显降低医疗保险的开支。据了解,美国中等以上规模的企业,都接受了健康管理服务公司的专业化服务。健

康管理作为一项人事政策为员工提供健康管理服务。原因很简单,员工疾病和亚健康状态是导致企业员工医疗保健开支增加的主要原因,同时这些疾病和亚健康状态也是导致员工生产工作效率下降的主要原因。西方国家有一个普遍承认的成本核算:即在健康管理投资1元钱,将来在医疗费用上可减少8~9元钱。

目前在中国的现状是,虽然国家已经实施社保,并提供医疗保障,但是现有医疗保障只能满足员工最基本的医疗需求,只有当员工生病之后才能使用,当员工处于"亚健康"状态以及"高危"状况下,社会保障不能提供任何解决方案。据调查结果显示:中国企业48%的员工处于"亚健康"状态。亚健康已经不是一个新鲜的词汇。我国卫生部曾对10个城市的上班族进行调查,亚健康状态的员工已达60%,尤以经济发达地区为甚,其中北京员工高达75.3%,上海是73.49%,广东是73.41%。而亚健康带来的直接后果就是工作效率低下、创造劳动价值减少。长期处于亚健康的员工对其身心健康都有巨大的伤害,富士康的连续跳楼事件和企业家的"过劳死"等现象已屡见不鲜,这不仅仅是企业的损失,更是社会的损失。因此,如何搞好企业员工的健康管理就显得特别重要。

二、员工健康管理的意义

当今时代,企业的竞争就是人才的竞争,而人才的竞争力不仅体现在员工的工作能力、工作质量、生产效率和创造效益等方面,企业人才的竞争当前更主要体现在员工身心健康上,员工没有健康身心就不能发挥其综合竞争力。

1. 员工健康管理是以人为本思想在人力资源管理中的体现

企业员工健康管理已成为当前人力资源管理的一种新的模式,也是企业管理的重要内容。员工健康管理是一种现代化的人力资源管理模式。它是人力资源管理模式从对"物"的管理转向对"人"的管理的反映。人力资源管理经历了从以"商品人"理论为核心的雇佣管理模式到以"知识人"理论为核心的人力资本运营模式的变迁。在这种演进的过程中,人的重要性日益凸显,人的个性化需求不断得到满足,人力资本逐渐成为企业最为重要的资本。而员工健康管理实际上体现了企业对员工的人文关怀,体现了对人的尊重和对人力资本的重视,这种管理模式迎合了现代企业管理的需求,具有相当的现实意义。

2. 员工健康管理是企业可持续发展的需要

(1) 有利于提高组织绩效和企业生产力

波特-劳勒激励模型指出,工作绩效除受个人努力程度决定外,还受到个人能力与素质、外在的工作条件与环境、个人对组织期望意图的感悟与理解、对奖励公平性的感知等因素的影响。知识经济时代,人力资本的重要性逐步彰显,企业对组织绩效的改善,很大程度上要着眼于员工本身。按照波特-劳勒激励模型,在其他因素不变的情况下,如果员工的工作意愿强烈、工作能力能得到有效发挥,其工作绩效会更容易提高。而企业进行员工健康管理,一方面降低了员工健康风险对其能力发挥带来的限制,改善了企业人力资本的质量;另一方面,使员工感到企业的关怀,解除了员工的后顾之忧,优化了员工的工作动机与意愿,进而提升其努力程度,提高工作绩效。

实际上,对于员工健康管理所付出的投入可以转化为企业盈利,其投入产出的比率通常在1:1.4到1:4之间。例如杜邦公司在引进员工健康管理之后,其员工缺勤率下降了14%,费用/效益比达到1:1.42。

(2) 有助于增强企业凝聚力,促进企业可持续发展

凝聚力是企业作为一个团队生存的基础,也是企业发展壮大的必要条件。这种力量使组织成员心甘情愿留在组织中,为组织贡献自己的聪明才智。员工健康管理体现了以人为本的管理理念,可以增强员工的组织认同感和归属感,提高企业的凝聚力。

实践证明,实施员工健康管理的企业,员工的离职率也相应有所降低。IBM 台湾分公司导入员工健康管理后效果显示,员工离职率从 2005 年的 10％以上降至 2007 年的 8％。

员工健康管理降低了人才流失的风险,有助于形成可持续性的人力资本,为企业的可持续发展奠定了良好的基础。

三、员工健康管理的主要模式及重点

随着社会的发展,企业逐渐成为经济体的主要细胞单元。如何保障企业员工健康,调动员工工作积极性,是保障企业健康发展和社会经济稳定的关键。当前企业员工健康管理模式主要归结为三种。

1. 员工健康管理外包模式

员工健康管理外包模式是企业将员工健康管理项目外包给专业的健康管理机构,由外部具有医疗或健康管理等专业背景的机构提供员工健康管理。这种模式在企业员工人数不多的情况下比较适用。外包模式的优点在于有利于保护健康隐私,专业水平较高,服务周到细致,能够采用最新的信息与技术,员工信任度高;缺点是费用较高,及时性较差。

2. 员工健康管理内设模式

员工健康管理内设模式指企业自行设置员工健康管理的专职部门,聘请专职健康管理师或进行过健康管理培训的医务背景员工来策划实施员工健康管理。企业职工医院或者人力资源部门是实施内设模式中的可能选择,大多企业职工医院本就承担职工健康体检和一些健康教育的任务,部分人力资源部正在实施员工帮助计划,在此基础上进行相应的改进和功能拓展,通过成立专门机构,聘用专职员工,向员工提供直接或间接(发布相关信息或建立网络平台)的健康管理服务。员工健康管理内设模式的优点是有较强的针对性,经济性好,能够及时为员工提供健康管理服务。缺点是专业水平不足,员工信任度较低。

3. 员工健康管理共建模式

员工健康管理共建模式也可称为外包、内设并举模式,是指企业在原来不甚完善的内设式员工健康管理的基础之上,与外部其他专业健康管理机构合作,共同为本企业员工提供健康管理服务。该模式能够一定程度上减轻企业内部健康管理员工的压力,提高员工健康管理水平,减少企业经济支出,充分发挥企业内部和外部专业健康管理机构的优势。

员工健康管理作为一种现代化的人力资源管理模式,有助于提高企业生产力,促进企业可持续发展。企业必须充分认识其重要性并结合自身实际选择合适的健康管理模式。

四、员工健康管理措施

员工健康管理要坚持全面文化、制度、管理多管齐下,多方位全面实施。

1. 建立尊重员工的文化氛围

员工健康管理根源于"以人为本"的企业文化。因此,要实施员工健康管理,必须先从企

业文化着手。首先,企业要树立人性化的管理理念,营造尊重员工、重视员工的文化氛围,塑造"以人为本"的企业形象。其次,在具体的管理实践中,实行柔性管理和爱心管理,倾听员工需求,帮助员工进步,让员工参与决策等,使员工切实体验到受尊重的感觉,并找到归属感。

2. 创造舒适的工作环境

舒适的工作环境有利于身心健康,也有利于调动员工的工作积极性,发挥员工的创造力。例如,从空间、装饰、光线、整洁度等方面对工作环境加以优化,为员工提供舒适的办公环境;对于一些枯燥的重复性劳动,通过工间操、播放背景音乐等形式,达到舒缓压力、调节情绪的目的。在这方面,Google 的做法或许值得借鉴。Google 总部地处环境优美的加州山景城,办公楼的设计风格别致,员工使用滑板车往来于不同的工作场所;为了满足员工休闲的需要,Google 特意建造了别致的休息区;为了满足员工的个性化需要,Google 支付预算让员工自己布置办公室,等等。

3. 完善企业的激励、沟通机制

通过完善企业的激励、沟通机制来解决员工的后顾之忧,扫清员工健康发展的障碍。关注员工个人发展,提供广阔的发展空间,完善职业晋升通道,给员工以动力和希望;提供有竞争力的薪酬和奖励制度,激励员工朝着积极、健康的方向迈进。同时,建立畅通的沟通渠道,让员工之间、上下级之间可以平等对话、互通信息、交流思想。积极举办各种形式的文化体育活动,舒缓工作的压力,增强员工之间的情感交流,提高团队凝聚力。

4. 设置员工健康管理相关岗位

加强人力资源方面的投入,设置员工健康管理的相关岗位,负责对员工健康进行管理和监督。如华为公司于 2008 年首次设立首席员工健康与安全官,以进一步完善员工保障与职业健康计划。除此之外,华为还专门成立了健康指导中心,规范员工餐饮、饮水、办公等健康标准和疾病预防工作,提供健康与心理咨询。一些世界 500 强企业如 GE、Dow Chemicals 等也设立了亚太或中国地区健康顾问的职位,用来对公司员工的身体健康和心理健康进行管理和监督。

5. 实施 EAP 计划

EAP(Employee Assistance Program)即"员工帮助计划",是由组织为员工提供的一套系统服务,通过专业员工对企业员工提供诊断、辅导、咨询和培训等服务,解决员工的各种心理和行为问题,改善员工在组织中的工作绩效。EAP 主要包括初级预防、二级预防和三级预防三方面内容,作用分别是消除诱发问题的来源、教育和培训、员工心理咨询与辅导。据了解,目前世界 500 强中相当数量的企业建立了 EAP。惠普、摩托罗拉、思科、诺基亚、爱立信、可口可乐、杜邦、宝洁等一大批外资企业尤其是 IT 企业,纷纷启动了他们在中国的 EAP 项目。不少本土企业,例如联想集团、重庆移动等,也认识到员工健康管理的重要性,纷纷引入 EAP 项目。

五、员工健康管理应用

1. 生活方式管理

主要关注健康个体的生活方式、行为可能带来什么健康风险,这些行为和风险将影响他们对医疗保健的需求。生活方式管理要帮助个体作出最佳的健康行为选择来减少健康风险因素。生活方式管理使用对健康或预防有益的行为塑造方法,促进个体建立健康的生活方式和习惯以减少健康风险因素。生活方式管理方案的结果在很大程度上依赖于参与者采取什么样的行动。

因此,要调动个体对自己健康的责任心。生活方式管理通过采取行动降低健康风险和促进健康行为来预防疾病和伤害。生活方式管理的策略可以是各种健康管理的基本组成成分。生活方式管理的效果取决于如何使用行为干预技术来激励个体和群体的健康行为。四类促进健康行为改变的主要干预技术措施是教育、激励、训练和市场营销。

2. 需求管理

以人群为基础、通过帮助健康消费者维护健康以及寻求适当的医疗保健来控制健康消费的支出和改善对医疗保健服务的利用。需求管理试图减少人们对原以为必需的、昂贵的和临床上不一定有必要的医疗保健服务的使用。需求管理使用电话、互联网等远程患者管理方式来指导个体正确地利用各种医疗保健服务满足自己的健康需求。

3. 疾病管理

着眼于某种特定疾病,如糖尿病,为患者提供相关的医疗保健服务。目标是建立一个实施医疗保健干预和人群间沟通,与强调患者自我保健重要性相协调的系统。该系统可以支持良好的医患关系和保健计划。疾病管理强调利用循证医学指导和增强个人能力,预防疾病恶化。疾病管理以改善患者健康为基本标准来评价所采取行动的临床效果,社会效果和经济效果。

4. 灾难性病伤管理

为患癌症等灾难性病伤的患者及家庭提供各种医疗服务,要求高度专业化的疾病管理,解决相对少见和高价的问题。通过帮助协调医疗活动和管理多维化的治疗方案,灾难性病伤管理可以减少花费和改善结果。综合利用患者和家属的健康教育,患者自我保健的选择和多学科小组的管理,使医疗需求复杂的患者在临床、财政和心理上都能获得最优化结果。

5. 残疾管理

试图减少工作地点发生残疾事故的频率和费用代价,并从雇主的角度出发,根据伤残程度分别处理以尽量减少因残疾造成的劳动和生活能力下降。

残疾管理的具体目标是:①防止残疾恶化;②注重残疾人的功能性能力恢复而不仅是患者疼痛的缓解;③设定残疾人实际康复和返工的期望值;④详细说明残疾人今后行动的限制事项和可行事项;⑤评估医学和社会心理学因素对残疾人的影响;⑥帮助残疾人和雇主进行有效的沟通;⑦有需要时考虑残疾人的复职情况。

6. 综合的人群健康管理

通过协调不同的健康管理策略来对个体提供更为全面的健康和福利管理。这些策略都是以人的健康需要为中心而发展起来的,是有的放矢的。

第四节 员工安全管理

引导案例

"跨越防护栏,险入鬼门关"

2008年7月18日,某计量站站长王某带领职工去某井,配合环保队进行井场清理工作。在拉土完毕后,大家都坐在抽油机的北侧休息。环保队刘某无意间看到在抽油机底座

的水泥基础上,放置着一根长约0.3米抽油杆头,就走过去想将其取出。当时该井抽油机正在运转,刘某却没有注意这一切,在未停止抽油机的情况下,突然跨越防护栏,将头部伸入抽油机曲柄旋转半径内,去拿该抽油杆头,离他最近的王某见到此情况,急忙将其拽出,这时旋转的曲柄距刘某头部刚才所在的位置仅有几厘米。

思考:刘某的安全意识为什么薄弱?

分析:近年来因疏忽大意误入抽油机危险区域,导致发生了多起抽油机人身伤害事故,油田各企业均加强了抽油机的管理,在危险部位设置了防护栏和警示标志。

在本起事件中,刘某在未停机的情况下,无视防护栏的存在,擅自跨越进入危险区域,反映出其安全意识极其淡薄,并严重违反了胜利油田《采油(气)专业安全生产禁令》中"严禁不停机进行抽油机维修、保养作业"的规定,险些发生抽油机平衡块伤人事故;而现场负责人未及时将抽油机存在的危害及时告知现场作业员工,也是导致本次事件的重要原因。

一、安全管理的定义和意义

安全管理是指为保证生产在良好的环境和工作秩序下进行,以杜绝人身、设备事故的发生,使劳动者的人身安全和生产过程中设备安全得到保障而进行的一系列管理工作。

安全管理是企业生产管理的重要组成部分,是一门综合性的系统科学。安全管理是企业兴衰成败的关键因素,保障员工的生命安全、设备的运行安全、产品的使用安全,既是企业发展的需要,也是社会稳定的需要。

(1) 实行安全管理,是健全我国安全生产管理体制,切实保护从业员工和广大职工安全和健康的需要。

(2) 实行安全管理,是在建设发展社会主义市场经济形势下,建立安全生产法治管理秩序的需要。

(3) 实行安全管理制度,是促进生产经营单位和企业改善经营管理,推动科学技术进步的需要。

二、员工安全管理的重要性

在各种事故原因构成中,人的不安全行为和物的不安全状态是造成事故的直接原因。在生产过程中,常常出现物的不安全状态,如传动部分没有罩壳,电气插头塑料壳已损坏,临时线有裸露接头等。也常发生人的不安全行为,如操作车床戴手套,冲床加工中手入模区内操作等。物的不安全状态和人的不安全行为在一定的时空里发生交叉就是事故的触发点。例如,人违反交通规则横过马路(不安全行为),汽车制动系统失灵或路面太滑(物的不安全状态),当人横过马路的不安全行为和车或路的不安全状态在一定的时间和空间点相遇(交叉)时,就会发生车祸事故。

伤害事故是一系列有序事件的结果,是人的行动轨迹和物(机械、设备、装置、工具、物料等)的运动轨迹在时空中发生非正常接触而引起的。因此,从事故发生的过程来看,要想不发生事故,根本的措施只能是消除潜在的危险因素(物的不安全状态)和使人不发生误判断、误操作(人的不安全行为)。事故发生的必要条件是物的不安全状态和人的不安全行为的存在。必要且充分条件是,物的不安全状态和人不安全行为在一定的时空里发生交叉,并产生了超过人体承受能力的非正常能量转移。所以,预防事故发生的根本是消除物的不安全状态,控制人的不安全行为。

根据事故统计,人为因素导致的事故占80%以上,因此,要确保生产安全必须控制人的不安全行为,而要控制人的不安全行为必须提高员工的安全素质。

在事故发生之前一定存在危险行为或危险因素,原则上讲,只要人们认识并制止了危险行为的发生或控制了危险因素向事故转化的条件,事故是可以避免的。但是,要完全消除物质系统的潜在危险是不可能的,而导致人的不安全行为的因素又非常之多。并且不安全状态与不安全行为往往又是相互关联的,很多不安全状态(机器设备的不安全状态)可以导致人的不安全行为,而人的不安全行为又会引起或扩大不安全状态。

此外,任何事故发生都是一个动态过程,即人与物的状态都是随时间而变化的,事故的形成和发展是时间的函数。所以,加强安全管理是非常必要的。安全管理好,可能使不安全状态与不安全行为减少,反之,则会使不安全状态和不安全行为增加;安全管理不好,有时甚至会成为发生事故的根本原因。

企业为了防止工伤事故,制定各项制度、进行安全教育、开展安全检查、编制安全措施计划等,其基本目的就是纠正人的不安全行为和消除物的不安全状态。然而,就设备来说,使其符合安全要求还是可以办到的,但对操作者来说就很难做到事事、处处保持行为正确,因为影响人安全性的因素很多,有生理、心理、社会等。所以由违章和不慎造成的事故是大量存在的。

在大多数情况下,构成事故的"桥梁"是由人的不安全行为和管理不善搭成的,所以安全管理要以人为本。人、物、环境和管理四个因素是相互牵连的,就像正方形的四条边一样,其中的一条边变化,另外三条边也就跟着变化。决定另外三条边的就是人的因素。因为管理规程是人制定、修改、补充的,也是由人执行、监督的;设备是人按规章购置、安装、操作、维修的;企业作业场所的环境也是由人安排的,这就不难看出,一个企业出不出工伤事故,人的因素是起决定作用的。所以,加强对员工的安全管理,对于企业预防事故发生,确保安全生产,具有重要的意义。

知识衔接

事故的 4M 构成要素

构成事故的原因虽然多种多样,但归纳起来有四类:人的错误推测与错误行为(统称为不安全行为)、物的不安全状态、危险的环境和较差的管理。由于管理较差,人的不安全行为和物、环境的不安全状态发生接触时就会发生工伤事故。工伤事故都与人有关,如果人的不安全行为得不到纠正,即使其他三方面工作做得再好,发生工伤事故的可能性还是存在的。例如,机床安全性能很好,但工人戴手套操作旋转物件,手被卷入而出工伤;女工不戴女工帽头发被绞而出工伤事故等。

三、员工安全管理的任务与内容

(一)员工安全管理的任务

员工安全管理的任务就是控制人的不安全行为,预防事故的发生。

人的不安全行为有两种情况:一是由于安全意识差而做的有意的行为或错误的行为;

二是由于人的大脑对信息处理不当而所做的无意行为。前者如使机器超速运行、未经许可或未发出警告就开动机器、使用有缺陷的机器、私自拆除安全装置或造成安全装置失效、未夹紧工件或刀具而启动机床、装卸或放置工夹量具不当、没有使用个人防护用品、人处于不适当的工作位置或接近危险部位、在机器运转中进行维修和调整或清扫等作业。后者如误操作、误动作；调整的错误，造成安全装置失效；开动、关停机器时未给信号；开关未锁紧，造成意外转动、通电或泄漏；忘记关闭设备；按钮、阀门、扳手、把柄等的操作错误等。引起行为失误的原因有物缺陷、人方面缺陷、作业不合理和管理缺陷等。

要预防事故就要减少不安全环境和减少人的不安全行为，提高员工的安全性。

提高员工安全性的途径主要是通过选拔和配置、提高员工素质、规范人的行为等。选拔和配置主要通过职务分析、职业适应性测试、职业选拔测试等方法保证人的特性与所从事职业或工种更加匹配，减少事故倾向者，从而减少因人的不安全行为导致的事故。提高员工安全素质的主要方法是宣传、教育、培训，包括对新工人进行三级安全教育和技术培训等。规范人的行为主要是利用各种控制力来实现，如激励措施、纪律措施、组织管理措施、文化力作用等。

（二）员工安全管理的内容

对员工的安全管理主要包括以下方面的内容。

1. 把员工选用与配置好

把好选人关包含两个方面：一是新选员工应保证符合岗位安全特性的要求，尤其对于比较危险的作业、特种作业岗位，必须严格按有关安全规程要求选拔作业员工；二是在职员工的动态考核，对于那些由于生理、心理等变化不再胜任本岗位操作的员工应及时给予调整。此项工作的主要技术方法有：安全素质分析法、职务分析法、职业适应性测试法等。

2. 提高员工的安全素质

安全素质的实质是指员工的安全文化素质，其内涵主要包括：安全意识、法制观念、安全技能知识、文化知识结构、心理应变、承受适应能力和道德行为规范约束能力。这是预防工伤事故的根本，主要技术方法有：宣传、教育、培训、训练、安全活动等。

员工安全素质具体组成如下：

(1) 安全生理素质。人员的身体健康状况、感觉功能、工作坚持等。

(2) 安全心理素质。个人行为、情感、紧急情况下的反应能力，事故状态下的个人承受能力等。

(3) 安全知识与技能素质。一般的安全技术知识和专业安全技术知识。

(4) 品德素质。各类人员对待事业的态度、思想意识和工作作风。如：社会安全观念、社会责任感等。

(5) 各种能力。因素质有其层次性的特点，不同层次的人应该有重点地具备各种不同的能力。如：领导者就应该具备安全指挥、决策等能力；工程师、技术员应该侧重安全技能；安监干部、班组长等应该具备管理能力等。

3. 有关员工安全管理制度的建立

如安全活动制度、安全教育培训制度、安全奖惩制度、劳动组织制度等。

4. 对员工作业过程的监督管理

员工工伤事故大多数发生在作业过程中，因此应加强对员工作业过程的监督管理。主要内容包括：

(1) 员工不安全行为的监督

由于人的不安全行为是导致事故的直接原因，因此要预防事故就必须控制人的不安全行为。因人的行为受生理、心理、社会等因素影响，所以对人的不安全行为的控制是整个员工安全管理中的难点。主要技术方法有：心理调适法、激励措施、纪律措施、组织管理措施、文化力作用控制法、行为抽样法等。

(2) 现场作业方法合理性的监督

现场作业方法不合理就容易导致事故，尤其对于危险作业，必须严格按安全操作规程要求的程序作业，如动火管理、设备维修管理等。主要技术方法：现场观察法、类比法、功能程序分析法、"六何"分析法等。

(3) 员工操作动作的合理性监督

合理的操作动作应做到安全、经济、高效。主要技术方法有：现场观察法、动素分析法、人机分析法、模拟分析法等。

5. 员工安全信息系统的建立与管理

主要是员工安全台账的建设与管理，如员工的安全心理特征类型、生理状况、身体检查记录、作业工种、违章记录、安全考核情况等方面的信息。主要技术方法有：手工安全台账建档法、计算机信息管理系统法等。

四、员工安全管理制度

1. **安全教育培训制度**

安全教育培训制度应包括：生产经营单位各级领导人员安全管理知识培训、新员工三级教育培训、转岗培训；新材料新工艺新设备使用培训；特种作业人员培训；岗位安全操作规程培训；应急培训等内容。还应明确各项培训的对象、内容、时间及考核标准等。

2. **劳动防护用品发放使用和管理制度**

劳动防护用品发放使用和管理制度应包括：生产经营单位劳动防护用品的种类、适用范围、领取程序、使用前检查标准；用品寿命周期等内容。

3. **安全工器具的使用管理制度**

安全工器具的使用管理制度应包括：生产经营单位安全工器具的种类、使用前检查标准、定期检验、用品寿命周期等内容。

4. **特种作业及特殊作业管理制度**

特种作业及特殊作业管理制度应包括：生产经营单位特种作业的岗位、人员，作业的一般安全措施要求等。特殊作业是指危险性较大的作业，应包括作业的组织程序，保障安全的组织措施、技术措施的制定及执行等内容。

5. **岗位安全规范**

岗位安全规范应包括：生产经营单位除特种作业岗位外，其他作业岗位保障人身安全、健康，预防火灾、爆炸等事故的一般安全要求。

6. **职业健康检查制度**

职业健康检查制度应包括：生产经营单位职业禁忌的岗位名称、职业禁忌症，定期健康检查的内容、标准等，女工保护，以及按照《职业病防治法》要求的相关内容等。

7. 现场作业安全管理制度

现场作业安全管理制度应包括：现场作业的组织管理制度，如工作联系单、工作票、操作票制度，以及作业的风险分析与控制制度、反违章管理制度等内容。

延伸阅读

1. 设备设施安全管理制度主要包括：

（1）三同时制度。应包括：生产经营单位新建、改建、扩建工程"三同时"的组织、执行程序；上报、备案的执行程序等。

（2）定期巡视检查制度。应包括：生产经营单位所有设备、设施的种类、名称、数量，以及日常检查的责任人员，检查的周期、标准、线路，发现问题的处置等内容。

（3）定期维护检修制度。应包括：生产经营单位所有设备、设施的维护周期、维护范围、维护标准等内容。

（4）定期检测、检验制度。应包括：生产经营单位须进行定期检测的设备种类、名称、数量；有权进行检测的部门或人员；检测的标准及检测结果管理；安全使用证或者安全标志的取得和管理等内容。

（5）安全操作规程。应包括：生产经营单位涉及的电气、起重设备、锅炉压力容器、内部机动车辆、建筑施工维护、机加工等对人身安全健康、生产工艺流程及周围环境有较大影响的设备、装置的安全操作规程。

2. 环境安全管理制度主要包括：

（1）安全标志管理制度。应包括：生产经营单位现场安全标志的种类、名称、数量；安全标志的定期检查、维护等内容。

（2）作业环境管理制度。应包括：生产经营单位生产经营场所的通道、照明、通风等管理标准；以及人员紧急疏散方向、标志的管理等内容。

（3）工业卫生管理制度。应包括：生产经营单位尘、毒、噪声、辐射等涉及职业健康因素的种类、场所；定期检查、检验及控制等管理内容。

当然，生产经营单位的所有制形式、组织形式、生产过程存在的危险有害因素各不相同，这里所指的安全规章制度是原则性和指导性的，其中每个制度又可以分解成若干个制度制定。但是，只要每个制度能够做到目的明确、流程清晰、责任明确、标准明确，就能够用于规范管理或作业行为，就是一个好的安全规章制度。每个生产经营单位，都应认真策划，建立起严密、完整、有效的安全规章制度体系，并按照体系的运行管理生产、经营过程的安全工作，生产经营单位的安全生产工作就有了基本保障。

● 五、特殊从业人员的安全管理

（一）女职工特殊保护与管理

保护女职工和未成年工在生产中的安全与健康，是我们党和国家的一项重要政策。对女员工和未成年工实行劳动保护，一方面是为了保护他们持久的生产能力，最大限度地调动他们的劳动积极性;另一方面也是为了保护下一代的健康成长,从根本上改变中华民族体质。

1. 女职工和未成年工特殊保护的基本内容

《劳动法》第五十八条规定:国家对女职工和未成年工实行特殊劳动保护。

女职工的特殊保护是世界各国劳动法和劳动保护工作的一个重要组成部分。我国法律规定中所指的女职工,包括所有从事体力劳动和脑力劳动的已婚、未婚的女性职工。为保证女职工在劳动过程中的安全和健康,就应当为女职工提供特殊的劳动保护。《妇女权益保障法》、《女职工劳动保护特别规定》对女职工劳动权益的特殊保护都作了具体规定。

法律规定中所指的未成年工,是年满16周岁未满18周岁的劳动者。未成年工的特殊劳动保护,是指根据未成年工的身体发育尚未定型的特点,对未成年工在劳动过程中特殊权益的保护。

2. 女职工禁忌从事的劳动范围

《劳动法》第五十九条明确规定:"禁止安排女职工从事矿山井下、国家规定的第四级体力劳动强度的劳动和其他禁忌从事的劳动。"

《体力劳动强度分级》标准中规定:第四级体力劳动强度的劳动,是8小时工作日平均耗能值为2700千卡/人,劳动时间率为77%,即净劳动时间为370分钟。相当于"很重"强度的劳动。所以,《劳动法》规定,禁止女职工从事国家规定的第四级体力劳动强度的劳动。

《劳动法》还规定,禁止安排女职工从事其他禁忌性劳动。按照原劳动部发布的《女职工禁忌劳动范围的规定》,这些禁忌从事的劳动除矿山井下作业和《体力劳动强度分级》标准中第四级体力劳动强度的作业外,主要有:森林采伐作业、归楞及流放作业;建筑业脚手架的组装和拆除作业;电力、电信行业的高处架线作业;连续负重(指每小时负重次数在6次以上)、每次负重超过20公斤,间断负重每次负重超过25公斤的作业。

3. 女职工经期、孕期、产期、哺乳期的特殊保护

女职工的经期、孕期、产期、哺乳期是完成人类自身再生产重担所必不可少的时期,因此,在女职工生理机能发生变化的期间,更需要对女职工加以特殊的保护。

(1)经期保护

《劳动法》第六十条规定:"不得安排女职工在经期从事高处、低温、冷水作业和国家规定的第三级体力劳动强度的劳动。"女职工在月经期间禁忌从事《高处作业分级》国家标准中二级(含二级)以上的作业。即高处作业高度在5米以上的作业。不得安排月经期的女职工从事食品冷冻库内及冷水等低温作业。不得安排月经期的女职工从事《体力劳动强度分级》国家标准中的第三级体力劳动强度的劳动。

(2)孕期保护

《劳动法》第六十一条规定:"不得安排女职工在怀孕期间从事国家规定的第三级体力劳动强度的劳动和孕期禁忌从事的劳动,对怀孕7个月以上的女职工,不得安排其延长工作时间和夜班劳动。"《女职工劳动保护特别规定》指出,女职工在孕期不能适应原劳动的,用人单位应当根据医疗机构的证明,予以减轻劳动量或者安排其他能够适应的劳动。对怀孕7个月以上的女职工,用人单位不得延长劳动时间或者安排夜班劳动,并应当在劳动时间内安排一定的休息时间。怀孕女职工在劳动时间内进行产前检查,所需时间计入劳动时间。

对于怀孕7个月以上(含7个月)的女职工,用人单位不得安排其从事夜班劳动。夜班劳动是指在当日22点至次日6点时间,从事劳动或者工作。也不得安排其在正常劳动时间以外延长劳动时间。对不能胜任原劳动的怀孕女职工,应当根据医务部门的证明予以减轻劳动量或者安排其他劳动,并在劳动时间内应当安排一定的休息时间。怀孕的女职工在劳动时间内需要进行产前检查的,应算作劳动时间,不能按病假、事假、旷工处理。对在生产第一线的女职工,要相应减少生产定额,以保证产前检查时间。

(3) 产期保护

产期保护是指女职工在生育期间的保护。女职工在产期内,享受一定时期的生育假和生育待遇。国家规定产假,是为了保证产妇恢复身体健康,《劳动法》第六十二条规定:"女职工生育享受不少于90天的产假。"《女职工劳动保护特别规定》第七条指出,女职工生育享受98天产假,其中产前可以休假15天;难产的,增加产假15天;生育多胞胎的,每多生育1个婴儿,增加产假15天。女职工怀孕未满4个月流产的,享受15天产假;怀孕满4个月流产的,享受42天产假。

女职工怀孕流产的,其所在单位应当根据医务部门的证明,给予一定时间的产假。女职工流产具体休假办法,目前是按照《关于女职工生育待遇若干问题的通知》执行,即:"女职工怀孕不满4个月流产时,应当根据医务部门的意见,给予15天至30天的产假;怀孕满4个月以上流产者,给予42天产假。产假期间,工资照发。"

(4) 哺乳期保护

哺乳期是指女职工用于哺乳其婴儿的时间。《劳动法》第六十三条规定,用人单位不得安排女职工在哺乳未满一周岁的婴儿期间,从事国家规定的第三级体力劳动强度的劳动和哺乳期禁忌从事的其他劳动,不得安排其延长工作时间和夜班劳动。有不满一周岁婴儿的女职工,其所在单位应当给予女职工每班两次,每次不少于30分钟的哺乳时间(含人工喂养)。多胞胎生育的,每多哺乳一个婴儿,每次哺乳时间增加30分钟。女职工每班劳动时间内的两次哺乳时间,可以合并使用,哺乳时间和在本单位内哺乳往返途中的时间,算作劳动时间。女职工哺乳婴儿满周岁后,一般不再延长哺乳期。如果婴儿身体特别虚弱,经医务部门证明,可将哺乳期酌情延长。如果哺乳期满正值夏季,也可延长一、两个月。其他有条件的企业事业单位,也可以根据具体情况适当延长女职工的哺乳期。

《女职工劳动保护特别规定》第九条规定:对哺乳未满1周岁婴儿的女职工,用人单位不得延长劳动时间或者安排夜班劳动。用人单位应当在每天的劳动时间内为哺乳期女职工安排1小时哺乳时间;女职工生育多胞胎的,每多哺乳1个婴儿每天增加1小时哺乳时间。

(二) 未成年工特殊保护与管理

1. 最低就业年龄

《劳动法》第十五条规定:"禁止用人单位招用未满16周岁的未成年人。文艺、体育和特种工艺单位招用未满16周岁的未成年人,必须依据国家有关规定,履行审批手续,并保障其受义务教育的权利。"也就是说,我国规定的最低就业年龄为16岁。未成年工是指16周岁至18周岁的劳动者。

2. 未成年工的工作时间

为保障未成年工的正常发育和身体健康,一般情况下,对未成年工实行缩短工作时间,并不得安排未成年工从事夜班工作及加班加点工作。对文艺、体育和特种工艺单位招用未满16周岁的未成年人,国家将专门制定相关规定。

3. 禁止未成年工从事的劳动

未成年人从事的劳动范围受到严格的限定。任何组织或者个人按照国家有关规定招用已满16周岁未满18周岁的未成年人的,应当执行国家在工种、劳动时间、劳动强度和保护措施等方面的规定,不得安排其从事过重、有毒、有害等危害未成年人身心健康的劳动或者危险作业。具体规定是,《劳动法》第六十四条规定:"不得安排未成年工从事矿山井下、有毒有害、国家规定的第四级体力劳动强度的劳动和其他禁忌从事的劳动。"《娱乐场所管理条例》规定:娱乐场所不得招用未成年人。《船员条例》规定:申请船员注册,应当年满18周岁。

4. 未成年工的身体检查制度

为了保护未成年工的身体健康,按法定年龄招收未成年工时,应当进行全面的健康检查,取得身体合格证明以后,才能够正式被录用。未成年工被录用后,要依据《劳动法》第六十五条的规定:"用人单位应当对未成年人定期进行健康检查。"

(三)违反女职工、未成年工特殊保护规定的法律责任

用人单位违反了法律、行政法规及其他国家规定对女职工和未成年工的保护规定,侵害了其合法权益的,就要承担法律责任。法律责任有行政责任和民事责任两种。法律责任的基本内容有两类。

1.《劳动法》的有关规定

(1)用人单位非法招用未满16周岁的未成年人的,由劳动行政部门责令改正,处以罚款;情节严重的,由工商行政管理部门吊销营业执照。

(2)用人单位违反本法对女职工和未成年工的保护规定,侵害其合法权益的,由劳动行政部门责令改正,处以罚款;对女职工或者未成年工造成损害的,应当承担赔偿责任。

2.《违反〈中华人民共和国劳动法〉行政处罚办法》的有关规定

用人单位有下列侵害女职工或未成年工的,应责令改正,并按每侵害一名女职工或未成年工,予以3000元以内标准的处罚。

(1)安排女职工从事矿山井下、国家规定的第四级体力劳动强度的劳动和其他禁忌从事的劳动。

(2)安排女职工经期从事高处、低温、冷水作业和国家规定的第三级以上劳动强度的劳动。

(3)安排女职工在哺乳未满一周岁的婴儿期间从事国家规定的第三级以上体力劳动强度的劳动和哺乳期禁忌从事的其他劳动及安排其延长工作时间和夜班劳动的。

(4)安排女职工在孕期从事国家规定的第三级以上体力劳动强度的劳动和孕期禁忌从事的劳动;安排怀孕7个月以上的女职工延长工作时间和从事夜班劳动的。

(5)给予女职工的产假少于90天的。

(6)安排未成年工从事矿山井下、有毒有害、国家规定的第四级体力劳动强度的劳动和其他禁忌从事的劳动。

(7)未按规定对未成年工定期进行健康检查的。

(四)特殊工种作业人员的安全管理

1. 特种作业的定义

特种作业是指容易发生人员伤亡事故,对操作者本人、他人及周围设施的安全可能造成

重大危害的作业。特种作业人员是指直接从事特种作业的从业人员。

据国内外有关资料统计,由于特种作业人员违规违章操作造成的生产安全事故,占生产经营单位事故总量的比例约80%。因此,加强特种作业人员安全技术培训考核,对保障安全生产十分重要。

2. 特种作业的法律规范

我国的相关法律、法规,如《矿山安全法》、《劳动法》、《安全生产法》以及《矿山安全法实施条例》等,都对特种作业人员的培训考核提出了明确要求。《安全生产法》第二十三条明确规定:"生产经营单位的特种作业人员必须按照国家有关规定经专门的安全作业培训,取得特种作业操作资格证书,方可上岗作业。特种作业人员的范围由国务院负责安全生产监督管理的部门会同国务院有关部门确定。"

法律衔接

安全生产监督管理总局于2010年5月24日发布了《特种作业人员安全技术培训考核管理规定》(以下简称《规定》),并附特种作业目录,该《规定》已于2010年7月1日实施。

3. 特种作业的范围

1999年,原国家经贸委发布了《特种作业人员安全技术培训考核管理办法》(国家经贸委主任令第13号,以下简称13号令),对特种作业人员的定义、范围、人员条件和培训、考核、管理作了明确规定。《规定》在13号令的基础上,对有关特种作业类别、工种进行了重大补充和调整,主要明确工矿商贸生产经营单位特种作业类别、工种,规范安全监管监察部门职责范围内的特种作业人员培训、考核及发证工作。

调整后的特种作业范围共11个作业类别、51个工种。这些特种作业具备以下特点:一是独立性,必须有独立的岗位,由专人操作的作业,操作人员必须具备一定的安全生产知识和技能;二是危险性,必须是危险性较大的作业,如果操作不当,容易对操作者本人、他人或物造成伤害,甚至发生重大伤亡事故;三是特殊性,从事特种作业的人员不能很多,总体上讲,每个类别的特种作业人员一般不超过该行业或领域全体从业人员的30%。

《规定》保留了电工作业、焊接与热切割作业、高处作业、制冷与空调作业4种作业;重新调整和划分了矿山作业,将矿山特种作业划分为煤矿和金属非金属矿山安全作业2种作业类别,分别列了10个和8个工种;将危险物品作业规范为危险化学品安全作业,增列了光气及光气化工艺作业等16个工种;增加了石油天然气安全、冶金(有色)生产安全和烟花爆竹安全等3个作业类别,分别增列了1个、1个和5个工种。

另外,《规定》删除了5种作业,即依照《特种设备安全监察条例》(国务院令第549号)删除了起重机械(含电梯)、锅炉(含水质化验)、压力容器和企业内机动车驾驶等4种作业。同时,由于《矿山救护队资质认定管理规定》(国家安全生产监督管理总局令第2号)对矿山救护队员培训作出了明确规定,经广泛征求意见,矿山救护队员不再按照特种作业人员管理。

4. 特种作业人员的安全管理

(1) 对特种作业人员定期进行培训、复试。

《特种作业人员安全技术培训考核管理规定》第九条规定:特种作业人员应当接受与其所从事的特种作业相应的安全技术理论培训和实际操作培训。已经取得职业高中、技工学校及中专以上学历的毕业生从事与其所学专业相应的特种作业,持学历证明经考核发证机关同意,可以免予相关专业的培训。

对所有的特种作业人员进行安全技术培训非常重要,使其真正领悟到自己所从事的工作的危险性和重要性,进一步提高其安全操作水平。

(2) 分门别类对特种作业人员建档。

由于改革,人员的工作岗位变化较大。凡取得特种操作证的人员,或调离、调换特种作业岗位的人员,都要到安全管理培训部门登记备案,以便准确地把握本单位的特种作业人员的基本情况。

《规定》第七条规定:"国家安全生产监督管理总局指导、监督全国特种作业人员的安全技术培训、考核、发证、复审工作;省、自治区、直辖市人民政府安全生产监督管理部门负责本行政区域特种作业人员的安全技术培训、考核、发证、复审工作。"

(3) 随时下基层抽查特种作业人员持证上岗及执行操作规程的情况。特种作业人员必须持证上岗,严禁无证操作。对违章作业并造成事故者,要按规定给予严肃处理,直至追究其刑事责任。

对特种作业人员加强安全管理,不但有助于增强特种作业人员的安全意识和提高其安全技术水平,又可以形成强大的社会监督力量。从而有效地保护特种作业人员在生产过程中的安全与健康。因此,切实加强特种作业人员的安全管理是减少工伤事故的重要措施和有效手段。

(五) 有害作业禁忌症人员的安全管理

1. 职业禁忌症

劳动者从事特定职业或者接触特定职业性有害因素时,比一般职业人群更易于遭受职业危害和罹患职业病或者可能导致原有自身疾病病情加重,或者在从事作业过程中诱发可能导致对劳动者生命健康构成危险的疾病的个人特殊生理或者病理状态。

在该状态下接触某些职业性危害因素时可导致下列情况:①使原有疾病病情加重。②诱发潜在疾病。③影响子代健康。④对某种职业危害因素易感,较易发生该种职业病者。如血液疾病是接触苯作业的禁忌症,肺结核是接触硅尘作业的禁忌症,视力减退对于机车乘务员;恐高症、高血压对于电力工、架子工;高血压、心脏病对于巡道工、吊车人员等均属职业禁忌症。

2. 职业性损害

不良劳动条件存在着各种职业性有害因素,它们对健康的不良影响,统称为职业性损害。

不良劳动条件中存在的能产生职业性损害的诸多因素,统称为职业性有害因素。职业性有害因素所致的各种职业性损害,包括工伤和职业性疾患。职业性疾患包括职业病、法定职业病和工作有关疾病三大类。

(1) 职业病

当职业性有害因素作用于人体的强度与时间超过一定限度时,人体不能代偿其所造成的功能性或器质性病理改变,从而出现相应的临床征象,影响劳动能力,这类疾病通称为职业病。

(2) 法定职业病

医学上所称的职业病是泛指职业性有害因素所引起的特定疾病,而在立法意义上,职业病却具有一定的范围,即指政府所规定的法定职业病。根据我国政府的规定,诊断为法定职业病的必须向主管部门报告。且凡属法定职业病的患者,在治疗和休息期间及在确定为伤残或治疗无效而死亡时,均应按劳动保险条例有关规定给予劳保待遇。有的国家对患职业病的工人,给予经济上的补偿,故也称为需赔偿的疾病。

1987年卫生部颁布了修改后的职业病名单共有9大类、99项、104种,同时还制订了《职业病诊断管理办法》、《职业病报告办法》、《尘肺病防治条例》等。

(3) 工作有关疾病

工作有关疾病与职业病有所区别。从广义讲,职业病是指与工作有关的,并直接与职业性有害因素有因果联系的疾病。而工作有关疾病则具有三层意义:①职业因素是该病发生和发展中的许多因素之一,但不是唯一的直接的病因;②职业因素影响了健康,从而促使潜在的疾病显露或加重已有疾病的病程;③通过改善工作条件,可使所患疾病得到控制或缓解。

 小知识

职业性有害因素及其来源

职业性有害因素按其来源可分为下列三类。

一、生产工艺过程中产生的有害因素

1. 化学因素。
(1) 有毒物质:如铅、汞、苯、氯、一氧化碳、有机磷农药等。
(2) 生产性粉尘:如矽尘、石棉尘、煤尘、有机粉尘等。

2. 物理因素。
(1) 异常气象条件:如高温、高湿、低温。
(2) 异常气压:如高气压、低气压。
(3) 噪声、振动。
(4) 非电离辐射:如可见光、紫外线、红外线、射频辐射、激光等。
(5) 电离辐射:如X射线、γ射线等。

3. 生物因素。如附着于皮毛上的炭疽杆菌、医务工作者可能接触到的生物传染性病源、微生物等。

二、劳动过程中的有害因素

1. 劳动组织和制度不合理,劳动作息制度不合理等。
2. 精神(心理)紧张。
3. 劳动强度过大或生产定额不当,如安排的作业与劳动者生理状况不相适应等。
4. 个别器官或系统过度紧张,如视力紧张等。
5. 长时间处于某种不良体位或使用不合理的工具等。

三、生产环境中的有害因素

1. 自然环境中的因素,如炎热季节的太阳辐射。
2. 厂房建筑或布置不合理,如有毒工段与无毒工段安排在一个车间。

3. 由不合理生产过程所致环境污染。

在实际生产场所中,往往同时存在多种有害因素并对劳动者的健康产生联合作用。

3. 有害作业禁忌症人员安全预防措施

企业必须在员工上岗前对所有员工进行职业健康体检,防止员工带有职业禁忌症上岗,导致职业病或其他疾病的发生。企业应积极做好安全预防工作,做好职业病防治宣传。

（1）管理措施

建立和健全厂矿劳动卫生管理机构,认真执行国家颁发的有关劳动安全卫生法令,坚持岗位责任制、交接班制、安全卫生制度,保持安全卫生防护设备完好有效,做到安全生产、文明生产。

（2）技术措施

技术措施主要包括治理各种职业性有害因素的设施与主体工程要同时设计、同时施工和同时投产,即防护设施与主体工程要实行"三同时";改革生产工艺,以无毒、低毒物质代替有毒或剧毒物质;实现机械化、自动化、管道化、密闭化,防止有毒物质跑、冒、滴、漏,加强机械化通风,改善采光、照明设施,积极治理废水、废气和废渣(三废)等,这是控制和消除职业性有害因素、预防职业病的最根本的措施。我们通常把这些措施称为职业病的第一级预防措施。

（3）保健措施

定期监测作业场所的职业性有害因素的强度或浓度,这是辨别、评价和控制职业性有害因素,鉴定防护设施效果以及进行职业病诊断的重要依据。

体格检查。一是要开展就业前或换岗前体检,目的在于发现有无职业禁忌症;二是对接触职业性有害因素的职工按《卫生防疫工作规范(劳动卫生分册)》的规定,定期进行体格检查,建立和利用职工健康档案,这样做有利于早期诊断、早期治疗、早期康复。

以上两项保健措施的实施,通常称为职业病的第二级预防措施。

已确诊的职业病人要及时脱离工作岗位,病情较轻者可以在家休息或集中疗养;病情较严重者可以送往专科医院门诊治疗或住院治疗。对急性中毒的病人,在积极组织现场抢救的同时,要做好将其送往职业病医院或其他医院作进一步抢救、治疗,努力降低急性中毒的死亡率。做好职业病人的诊断、治疗等管理工作。这些工作通常被称为职业病的第三级预防措施。

（4）健康教育

利用多种形式向广大职工宣传有关职业性有害因素对机体的危害及其防治知识,提高广大职工的自我保健意识,把职业病的防治工作变为职工的自觉行动。

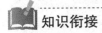
知识衔接

常见有害作业的职业禁忌症

一、接触苯、甲苯、二甲苯的作业

1. 上岗前体检时,血象结果低于正常参考值(包括白细胞、红细胞、血红蛋白及血小板计数)。

2. 各种血液病。

3. 肝脏疾病。

4. 神经系统疾病（包括明显的神经衰弱综合征）。

5. 月经过多或功能性子宫出血。

二、接触汽油的作业（如印刷业等）

1. 各种中枢神经和周围神经系统疾病或有明显的神经官能症。

2. 过敏性皮肤疾病或手掌角化。

3. 妇女妊娠期及哺乳期应暂时脱离。

三、接触粉尘的作业（包括有机粉尘和无机粉尘）

1. 活动性肺结核。

2. 慢性呼吸系统疾病。

3. 明显影响肺功能的疾病。

四、接触有机磷的作业（如农药厂）

1. 神经系统器质性疾病。

2. 明显肝、肾疾病。

3. 明显的呼吸系统疾病。

4. 全身性皮肤病。

5. 全血胆碱酯酶活性明显低于正常者。

五、铅作业（如蓄电池厂）

1. 各种精神疾病及明显的神经症。

2. 神经系统器质性疾病。

3. 严重的肝、肾及内分泌疾病。

六、噪声作业（如纺织行业）

1. 各种病因引起的永久性感音神经性听力损失大于25dB。

2. 各种能引起内耳听觉神经系统功能障碍的疾病。

七、铬及其化合物（如电镀行业）

1. 严重慢性鼻炎、副鼻窦炎、萎缩性鼻炎及显著的鼻中隔偏曲。

2. 严重的湿疹和皮炎。

八、汞及其化合物（如医疗器械制造行业）

1. 神经系统疾病。

2. 肝、肾疾病。

延伸阅读

几种常见职业病的防治

一、矽肺防治

矽肺是长期吸入大量含游离二氧化硅粉尘所引起的肺组织纤维化为主要病理特征的全身性疾病。它是尘肺中最为严重的一种职业病，它的影响面广，是我国最常见的一种职业病。可能发生矽肺的生产作业主要有采矿、基建筑路、开凿隧道、水利工程、地下建筑工程、采石、石粉加工、玻璃陶瓷、耐火材料业、建材业和机械制造的铸造等。凡能接触石英或含石英的一切粉尘作业的人员都要预防发生矽肺。

矽肺的主要病理改变是肺组织的纤维性变导致矽结节的形成。矽肺的主要临床表现是慢性发病过程，早期一般无明显症状，其常见的自觉症状是气短、胸闷、胸疼、咳嗽，症状呈进行性加剧。矽肺早期无明显体征，如病程进展或当有合并症发生时，可出现呼吸系统和循环系统功能不全的多种体征。X线胸片检查是矽肺诊断的重要依据。

矽肺的胶原纤维性变是一种不可逆的病理组织学改变，目前常用的治疗药物如克矽平、柠檬酸铝、磷酸哌喹、汉防已甲素等仅起减轻症状、延缓病程的作用，所以对矽肺病人的治疗首先要调离粉尘作业，然后采取药物治疗与心理治疗、特殊治疗与对症治疗、积极防治并发症等相结合的办法，目的是减轻病人的痛苦，延缓病情进展，延长病人寿命。

矽肺的个人预防措施主要是要加强在作业时的个人防护，坚持带过滤式防尘口罩；提倡戒烟；凡有活动性肺结核、严重呼吸系统和心血管疾病者都不能从事粉尘作业；定期参加体检；凡被确诊为矽肺的病人要及时脱离粉尘作业并接受治疗。

二、几种常见工业毒物急性中毒的急救

工业毒物中毒是工业毒物和机体相互作用的结果。在决定工业毒物中毒的毒物、机体和环境三要素中，毒物无疑是最重要的因素，其毒性大小取决于它的化学结构、浓度和持续作用的时间等。一般情况下，当毒物因素固定时，是否发生中毒，则取决于机体因素，除毒物以外的环境因素仅起次要作用。

三、噪声性耳聋的防治

噪声性耳聋是在长期的噪声环境中，听觉发生疲劳的基础上缓慢发病。起初，患者无耳聋感觉，交谈及社会活动正常。纯音听力检查时可发现噪声性耳聋听力损伤。病程进一步发展，患者主观感觉语言听力出现障碍，表现出生活交谈中的耳聋现象。

噪声性耳聋目前还没有有效的治疗方法，早期采用高压氧或给予扩张血管、加强营养和代谢的药物，佩戴助听器能起到部分作用。噪声性耳聋主要应加强预防，对作业环境进行吸声、消声、隔声等技术保护措施。个人防护，主要是佩戴有效的耳塞或耳罩。定期地进行听力检查，合理安排休息，注意劳逸结合也是预防噪声性耳聋的措施。

第五节 员工参与管理

引导案例

美国通用电气公司总裁杰克·韦尔奇曾经在公司全面开展了一项名为群策群力的活动，就是发动全体员工动脑筋，想办法，提建议，以此来改进工作效率的活动。其中的一种方式是市政会议模式。即公司执行部门从不同层次不同岗位抽出几十或上百人，到宾馆参加为期三天的会议。第一天开始时，部门负责人向参加会议的职工简单介绍会议的目的、方法和程序，然后离开会议，让与会职工分五六个小组讨论工作中存在的问题及解决方案。这种讨论进行两天，第三天各小组报告其讨论结果与建议，部门负责人当众回答问题，并且必须

选择三种答复之一：其一是当场拍板同意，其二是否决，其三是需要进一步了解情况但要在双方认可的日期内答复。部门负责人在答复问题时，其上司也要出席会议，但不发表评论，只是了解职工的意见和观察下属决策问题的能力。会场上，有意识地将职工的座位都背对着他的上司，这使他在答复问题时无法与上司交换意见。

思考：参与式管理体现了什么样的决策机制？

分析：这种群策群力讨论会不仅带来显著的经济效益，而且能让职工广泛参与管理，从而大大提高职工的工作热情。事实证明，在凝聚力较强的团队里，沟通的机会也较多，因为它能够带来更多的信息，群体成员能提出更多解决问题的方法和思路。参与式管理是提高效率的重要途径，是一种重要的决策机制。

20世纪80年代《Z理论》的作者威廉·大内提出了"Z型组织"的概念，他认为员工关心企业是提高生产率的关键，因此，应更多地让员工参与到实际管理中去。

一、员工参与管理的概念

员工参与管理是指员工就企业重要事务介入决策中，主动与领导沟通讨论，表达个人意见和建议，从而影响领导管理决策的行为过程。

员工参与管理的水平和企业长期财务绩效均有正相关关系，有效的员工参与能提高企业生产质量，提升员工满意度。另外，员工参与管理也会降低缺勤率和员工流动率，且使问题解决和决策过程更有效率，提高企业生产率。

现代人力资源管理研究还指出：现代员工都有参与管理的愿望，通过参与管理能促进员工企业归属感、认同感的形成。可见，员工参与管理无论对企业还是对员工个体而言都有着十分重要的意义。

二、员工参与管理的优点

所谓参与是在不同程度上让员工参与组织的决策过程及各种管理，即让他们与企业管理者处于平等的位置上，来共同研究和讨论问题，从而影响组织的绩效和改善员工的工作心态。参与管理有以下六项优点。

（1）下属付出的个人努力与有关越多，产出率越高，产品质量也越高（包括残次与浪费的减少）。

（2）人员流动率降低，违纪现象、旷工、消极怠工现象减少。

（3）互相埋怨减少，领导与下属、领导与工会的关系趋于缓和。

（4）接受变革的准备更充分。他们参与了决策过程，就会取得发言机会。一旦了解期望结果是什么以及为什么，他们也许还会渴望变革。当不安全感被替代时，盲目的抵制行动会变成明智的适应行为。

（5）管理下属更轻松。对与自己直接相关的事务决策过程进行参与，将使参与者们对分派给自己的工作的责任感更强，更愿意承认上级权威。所有管理者都拥有一定数量的、由上级委派的正式权力，但正式权力并不等同于有效权威。

个人权力的真正源泉来自实际的服从行为，个人所能控制的权力大小由其下属决定。正式权力实质上只是名义权力而已，只有在其被接受时才能实现。

（6）改善管理质量和提供决策的水平，多听不同的意见；让管理者了解自己必须进行决策的各种可选方案及其可能后果。

总而言之，参与管理是可持续见效的管理方法，它不但可以让下属员工切实分享上级的决策权、基本途径和方式，还可以增加员工发言机会和营造文化气氛，提高产出效率和质量；关键是从形式上切入，找到内容与实质上可以参与管理的理由和话题，成效才能够立竿见影。

三、员工参与管理的作用

员工参与制度，一方面能减少管理中决策上的失误；另一方面也是对员工的激励，增加对组织的关心，并使员工易于接受组织变革，减少阻力。研究表明，员工参与不但有利组织变革、推行新措施，而且还能激发全体员工的上进心，提高工作的满足感。

1. 有利于激发员工的工作积极性、主动性和创造性

通过员工参与企业管理，不仅可以提高企业的决策水平，而且还可以使更多的员工参与企业决策过程，使他们了解信息、增长知识、提高参与管理的能力，从而激发员工的创造性，调动员工的工作积极性、主动性，提高工作效率，使员工在参与管理中获得精神上的满足。

2. 有利于缓和劳资关系，增强企业的凝聚力

西方国家企业员工参与管理产生的一个重要原因是想要通过让员工参与企业管理来缓和紧张的劳资关系。实践表明，参与管理的理论在这方面也确实起到了一定的作用。它通过支持关系理论、领导参与模式等各种理论，借助于企业委员会制、员工建议制、董事会员工代表制、自我管理制和集体谈判制等各种参与管理的形式，实现了劳资双方的相互沟通，缓和了员工与资本家、被领导者与领导者之间的矛盾，从而增强了企业的凝聚力，调动了员工的积极性，提高了企业的生产效率。

3. 有利于提高劳动生产率

员工参与管理不仅对制定决策有利，而且对执行决策也很有帮助。我们知道，企业领导者的权威往往在很大程度上取决于员工的接受态度。仅仅担任纯粹执行职能的企业员工在企业经营活动中对企业领导者制定的决策并不总是积极响应的，有时甚至采取抵制的态度。相反，员工通常愿意接受自己参与制定的企业决策。在企业的某项决策中，即使最终没有采纳某位员工的意见，该员工也有可能会以积极的态度去执行这种决策。

四、员工参与管理的形式

员工参与管理有多种形式，最主要的几种形式是分享决策权、代表参与、质量圈和员工股份所有制方案。

1. 分享决策权

分享决策权是指下级在很大程度上分享其直接监管者的决策权。管理者与下级分享决策权的原因是，当工作变得越来越复杂时，他们常常无法了解员工所做的一切，所以选择了最了解工作的人来参与决策，其结果可能是更完善的决策。各个部门的员工在工作过程中的相互依赖的增强，也促使员工需要与其他部门的人共同商议。这就需要通过团队、委员会和集体会议来解决共同影响他们的问题。共同参与决策还可以增加对决策的承诺，如果员

工参与了决策的过程,那么在决策的实施过程中他们就更不容易反对这项决策。

2. 代表参与

代表参与是指工人不是直接参与决策,而是一部分工人的代表进行参与。西方大多数国家都通过立法的形式要求公司实行代表参与。代表参与的目的是在组织内重新分配权力,把劳工放在同资方、股东的利益更为平等的地位上。代表参与常用的两种形式是工作委员会和董事会代表。工作委员会把员工和管理层联系起来,任命或选举出一些员工,当管理部门做出重大决策时必须与之商讨。董事会代表是指进入董事会并代表员工利益的员工代表。

3. 质量圈

质量圈是由一组员工和监管者组成的共同承担责任的一个工作群体。他们定期会面,通常一周一次,讨论技术问题,探讨问题的原因,提出解决建议以及实施解决措施。他们承担着解决质量问题的责任,对工作进行反馈并对反馈进行评价,但管理层一般保留建议方案实施与否的最终决定权。员工并不一定具有分析和解决质量问题的能力,因此,质量圈还包含了为参与的员工进行质量测定与分析的策略和技巧、群体沟通的技巧等方面的培训。

4. 员工股份所有制方案

员工股份所有制方案是指员工拥有所在公司的一定数额的股份,使员工一方面将自己的利益与公司的利益联系在一起,一方面员工在心理上体验做主人翁的感受。员工股份所有制方案能够提高员工工作的满意度,提高工作激励水平。另一方面员工除了具有公司的股份,还需要定期被告知公司的经营状况并拥有对公司的经营施加影响的机会。当具备了这些条件后,员工会对工作更加满意。

员工参与管理的方式,在一定程度上提高了员工的工作满意度,提高了生产力。因此,参与管理在西方国家得到了广泛的应用,并且其具体形式也不断推陈出新。近年来,我国的企业也注重使用参与管理的方式,例如许多企业开始采用员工持股的形式。

但是,参与管理并非适用于任何一种情况。在要求迅速做出决策的情况下,领导者还是应该有适当的权力集中;而且,参与管理要求员工具有实际的解决管理问题的技能,这对于员工来说并不是都能做到的。

大视野

西方国家企业员工参与管理的形式

现在西方国家企业利用让员工参与管理这种形式充分调动员工的积极性、创造性。而且这种现象已成为西方国家的主要潮流。

目前,西方国家企业员工参与管理的形式主要有以下几种。

1. 企业委员会制

企业委员会制是企业员工参与管理的一种主要而又最为普遍的形式。从组织结构来看,大致分为两种:一种是由企业经营者代表和员工代表组成,类似劳资联合会议;另一种是由企业全体员工选出的员工代表组成。

2. 员工建议制

员工建议制也是许多企业所采取的吸收员工参与管理的一种形式。它由美国伊斯曼·柯达公司在1898年首创。这一制度的核心在于动员企业员工在提高管理水平,优化产品设计,改进工艺流程,降低产品成本,提高产品质量,开拓产品市场,为企业树立良好形象等方面献计献策。据计算,在实行员工建议制的企业里,企业在奖励员工方面的支出与其收益之比为1:50。因此,很多企业都相继采用这一管理方式。

3. 董事会员工代表制

董事会员工代表制作为西方国家企业员工参与企业管理的一种方式,已被西方的很多企业采用。

西方国家企业董事会的员工代表制,参加企业董事会的员工代表人数不等,少者1人,多者约占董事会人数的1/3。由于员工代表人数较少,在投票表决时往往处于劣势,所以实际上员工在企业重要决策中仍难以发挥决定性作用。

4. 自我管理制

自我管理制是在第二次世界大战后,出现在西方国家的一种较有代表性的员工参与管理的形式。是注重发挥人的因素,努力调动员工的积极性、主动性、创造性的一种新型管理方式。

5. 集体谈判制

集体谈判制是西方国家企业员工参与管理的一种较为盛行的传统方式。

美国自从1935年颁布《瓦格纳法》以后,工会便有了代表工会会员和雇主就工资工时和其他雇佣条件进行谈判和签订合同的权力。经过几十年的发展演变,美国的集体谈判制日益灵活多样,谈判的内容更加广泛,近年来已涉及因技术改进所引起的工厂迁移、健康安全乃至生产率方面的问题。一般说来,美国集体谈判制主要包括以下几方面内容。

(1) 企业财务。包括工资占企业开支的比例、退休金开支管理、福利基金的提留和管理等。

(2) 人事管理。这是一项重要议题,包括企业员工规模、雇工原则、晋升办法、调换工作、调换班次、临时解雇和复职的先后顺序、解职费用、工作考核和劳动纪律等。

(3) 生产政策。包括扩大和限制生产的政策等。

(4) 技术改造、生产定额、调整工作内容等。

由于美国的劳资集体谈判通常2~3年才举行一次,中间间隔较长,因而不利于工会对日常出现的问题做出及时反应。

目前,在西方国家企业集体谈判中存在两种趋势:从集体谈判的范围和层次上看,许多西方国家已从全国或产业一级的集体谈判趋向于企业(公司)一级的集体谈判;从集体谈判的内容上看,过去许多西方国家企业集体谈判的内容只限于工资和劳动条件,现在集体谈判的内容扩大了,如人事、企业及企业搬迁等。

6. 协同管理制

协同管理制是20世纪80年代初出现在美国的一种管理形式。它允许企业的下层管理人员参与整个企业管理。

五、员工参与管理的因素分析

(一) 员工参与管理的关键因素

参与管理的方式试图通过增加组织成员对决策过程的投入进而影响组织的绩效和员工的工作满意度。在员工参与管理的过程中有四个关键性的因素。

1. 权力,即提供给人们足够的用以做决策的权力

提供给人们足够的用以做决策的权力是多种多样的,例如,工作方法、任务分派、客户服务、员工选拔等。授予员工的权力大小可以有很大的变化,从简单地让他们为管理者要做出的决策输入一定的信息,到员工们集体联合起来做决策,到员工自己做决策。

2. 信息

信息对做出有效的决策是至关重要的。组织应该保证必要的信息能顺利地流向参与管理的员工处。这些信息包括运作过程和结果中的数据、业务计划、竞争状况、工作方法、组织发展的观念等。

3. 知识和技能

员工参与管理,他们必须具有做出好的决策所要求的知识和技能。组织应提供训练和发展计划培养和提高员工的知识和技能。

4. 报酬

报酬能有力地吸引员工参与管理。有意义的参与管理的机会一方面提供给员工内在的报酬,如自我价值与自我实现的情感;另一方面提供给员工外在的报酬,如工资、晋升等。

在参与管理的过程中,这四个方面的因素必须同时发生作用。如果仅仅授予员工做决策的权力和自主权,但他们却得不到必要的信息和知识技能,那么也无法做出好的决策。如果给予了员工权力,同时也保证他们获取足够的信息,对他们的知识和技能也进行训练和提高,但并不将绩效结果的改善与报酬联系在一起,员工就会失去参与管理的动机与热情。

(二)影响员工参与管理的因素

科学把握影响员工参与管理的因素,对于提高员工参与管理的程度和效果有着重要的作用。总体来说,关于员工参与管理的影响因素研究主要涉及以下方面。

1. 主观因素

(1)领导者层面。主要是指企业中领导者自身的主观因素,包括领导者对员工参与管理的支持态度、领导者的管理、协调能力、领导者的性格和行为、领导者的授权意愿和管理理念、领导者对员工的尊重和信任态度、领导者与员工的人际关系等方面。

(2)员工个人层面。主要指员工自身的主观因素,包括员工参与的主动性、员工对现在的工作内容感兴趣程度、员工自身的知识水平、性格、能力、参与意识、成就取向等方面。员工自身缺乏参与决策的知识与能力往往是导致员工参与管理失败的重要原因。而员工自身的素质不高,并且也没有具备什么参与意识,这也是导致员工参与管理不能成功的重要原因。员工的态度和行为绝对是解释员工参与对公司运营和财政收入分配的功能和积极或消极影响的关键因素。

2. 客观因素

客观因素有很多,大多数学者主要是从以下三个方面进行分析。

(1)组织制度层面。主要指企业内部的反馈机制、参与渠道、奖励制度、组织氛围、员工的利益安全、劳动制度等方面。制度对于规范、引导员工的行为具有十分重要的作用,因此多数学者都认为一个企业内部有一套科学完整的支持员工参与企业管理的制度可以增强员工参与管理的积极性和主动性。相反,一个企业对参与方法的使用重形式而轻过程,仅仅用新的管理方法来装点门面是员工参与管理失败的原因之一。而 SteDhen C. Smim(1995)强

调员工在企业的财产所有权、利润和利益分配时的财政参与,制度必须明确合理。

(2) 企业的产权和治理结构。主要是指现代公司制企业在领导、管理、激励、约束方面的制度和原则,它涉及公司所有利益相关者之间在责、权、利上的划分和相互制衡,而不是单向的、自上而下的统治和被统治关系。国外学者更多的是从这个层面来研究影响员工参与管理的因素。Srecko Goic(1999)通过对 CRo ATn 的几十家企业进行的调查研究,发现在大多数发达的市场经济国家,员工参与都体现在三个方面:参与决策、参与所有权、参与财政收入。

(3) 企业的行业环境。企业的行业环境涉及现有竞争企业、可能进入的新企业(潜在竞争对手)、供应商、用户和替代品,同时参照企业自身内部相关信息。包括:企业行业环境变化快慢、企业的发展前景等方面。企业所处的行业不同,员工参与的程度和方式也有很大的差异。处于服务性行业的企业比处于生产性行业的企业有更高程度的员工参与,因为这些企业认识到让员工满意能使他们为顾客提供更好的服务,企业能受益;另外员工直接接触顾客,这样他们更清楚自己的需求,因此这些员工对怎样更好地服务顾客有更有价值的信息。

通过对员工参与管理影响因素的文献回顾可以看出,国内外对员工参与管理影响因素的研究成果非常丰富,考虑到了组织内外、主观客观各个方面,对此研究得比较全面透彻。

在研究方法上,国外更注重实际的考察,在进行了理论分析的基础上,通常还要进行实地考察、实证研究,以此验证理论分析的确切性和可靠性,因此,国外多采用定量与定性相结合的方法;而国内由于种种原因,进行实证研究的不多,通常都是在理论层面上进行分析,因此,虽然也有采用实证研究的,但还是多采用定性的方法进行分析研究,并且主要集中在个人因素、组织因素以及与管理者相关的因素上,而对文化因素的探究较少。

六、提高员工参与管理有效性的途径

提升员工参与管理,对员工和企业双方都有益处。对员工自身而言,可发挥其聪明才智,实现自我价值。对企业而言,员工参与管理则可降低成本、提高效率、增强企业效益。

在管理实践中,不同的员工参与管理形式体现了不同的权利,参与管理的效果也有所差异,这就涉及员工参与管理一个关键性的问题,即员工参与管理的有效性。员工参与管理的有效性将对实现企业目标和员工自身价值起关键性的作用,提高员工参与管理的有效性,可从以下几个方面考虑。

1. **调整组织结构**

分权化、富有弹性的组织结构比集权化、等级制的组织结构可以有效减少高层管理者与低层员工之间的摩擦,自然也更能提高员工的工作效率和员工参与意识。也能适当减少管理层级和管理宽度,提高工作效率和管理效益。因此,将管理者的权利分散,授予中级管理人员和普通员工是一个提升员工参与管理的有效途径。

2. **选择适宜的参与方式**

在影响员工参与管理的八个因素中,员工的能力素质和参与意识、企业所需决策问题的性质类型是两大影响因素。因此,企业在选择员工参与管理方式时,应综合考虑企业员工的知识文化水平、参与管理的意愿与经验等因素,进而决定选择参与管理形式。

3. 注重对员工的引导

要保证员工参与管理的有效性,必须在日常工作中注重向员工充分、及时、有效地传达企业内外部有关信息,注重对员工进行适当引导,使其增强参与管理的明确感。

4. 重视对员工的培训

员工参与管理需要具备一定的参与能力和相应的知识水平。企业应注重对员工进行与其岗位相关的技能培训和能力锻炼,提高其参与管理的意识和能力,增强其参与管理经验的积累,推动员工更有效地参与企业管理。

5. 重视管理层与员工的沟通交流

有效的沟通交流可以从心灵上挖掘员工的内驱力,缩短员工与管理者之间的距离。因此,管理层与员工沟通和融合得越好,员工参与管理的效果就越好。

企业的成功离不开员工的积极参与,有效实施员工参与管理是企业制胜的法宝。激发员工的主人翁意识是员工参与管理实施的前提条件,采取合适的参与管理形式则是员工参与管理得以成功的关键,也是提高员工参与管理有效性的强力保证。

七、我国企业员工参与管理的制度

(一)职工代表大会制度

职工代表大会是中国企业员工参与管理的主要途径。不论是在国有股份制企业还是私有股份制企业中,职工代表大会成为其他参与方式的基础,有力地推动了企业职工参与管理的进程,很好地保障了企业员工长久、有效地参与企业管理的权利。

(二)厂务公开制度

厂务公开主要是对企业的相关生产、销售和经营信息的公开,从而可以使员工更多地了解企业的状况,为企业的经营出谋划策。厂务公开制度从根本上减少了管理层与职工间的信息不对称,从而提高了员工参与管理的积极性。

(三)职工董事、监事制度

职工董事、监事制度可以使职工代表直接参与到企业的管理与决策中来,就目前状况来看,这一制度在国有股份制企业中得到了有力的推广和实施,而私营股份制企业中却没有得到真正的贯彻,所以在中国仍要继续推广。

(四)合理化建议制度

在企业中推行合理化建议活动非常重要,因为企业的生存发展过程中随时随地都会出现新问题。必须群策群力,集思广益,而员工合理化建议制度就是激发员工的全员参与,并使这些措施更有效。比如一些公司总经理亲自召开工作会议,研究具体解决方案,并确定了一些由职工参与管理的制度,使企业员工参与管理真正得到了实效。

(五)集体合同制度

《劳动合同法》的颁布使得劳动者的合法权益得到了更好的保障。集体合同制度可以从根本上保证职工的就业、福利、工资待遇等切身利益相关的权益。使企业与职工双方都达到满意的程度,将成为中国员工参与管理的重要渠道。

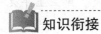 知识衔接

《企业民主管理规定》知识

党的十八大报告明确提出,要"全心全意依靠工人阶级,健全以职工代表大会为基本形式的企事业单位民主管理制度,保障职工参与管理和监督的民主权利"。十八大将企事业单位民主管理制度作为完善基层民主建设的具体制度之一,放在坚持走中国特色社会主义政治发展道路和推进政治体制改革的战略部署中,为企事业单位民主管理工作的发展注入了强大动力,为工会组织维护广大职工的民主政治权利、推动社会主义民主政治建设提出了新的更高的要求。

2012年2月13日,由中纪委、中组部、国资委、监察部、全国总工会、全国工商联联合制定并颁布了《企业民主管理规定》(以下简称《管理规定》)。《管理规定》的出台对于规范我国企业民主管理工作,建立稳定和谐的劳动关系,保障职工依法行使民主管理权利具有重要意义。《管理规定》分为五章,主要是对职工代表大会制度、厂务公开制度、职工董、监事制度等作出了规定,具体有五十个法律条文。

《管理规定》开宗明义指出:"为完善以职工代表大会为基本形式的企业民主管理制度,推进厂务公开,支持职工参与企业管理,维护职工合法权益,构建和谐劳动关系,促进企业持续健康发展,加强基层民主政治建设,依据宪法和相关法律制定本规定",对企业民主管理的指导思想、任务、责任主体等作出了规定。《管理规定》规范的重点是职工代表大会制度,同时对厂务公开、职工董事职工监事制度也作了规定。明确在社会主义市场经济条件下,所有的企业不分所有制都要实行民主管理,消除了非公有制企业实行民主管理的困扰,为非公有制企业建立职工代表大会、厂务公开制度,为公司制企业实行职工董事职工监事制度,保障职工行使民主管理权力,提供了强有力的政策支持和制度保障,这是《管理规定》的突破。

《管理规定》对职工代表大会的定性定位问题做了界定,明确职工代表大会是"职工行使民主管理权力的机构",职工代表大会有助于企业科学管理,而不是取代企业管理。《管理规定》同时明确职工代表大会是"企业民主管理的基本形式",其他民主管理形式不能替代职工代表大会,更不能作为企业民主管理的基本制度,这是《管理规定》的亮点。

《管理规定》在对企业职工代表大会职权、组织和工作制度等作出统一规范的同时,根据国有企业、公司制企业、中小企业、集团企业不同的实际情况分别作出规定,增强了企业实行民主管理的针对性和操作性。根据企业用工形式多样化的实际,《管理规定》明确与企业存在事实劳动关系的职工,也有选举和被选举为职工代表大会代表的权利,解决了一些企业农民工、劳务派遣工等不能成为职工代表的问题。

《管理规定》强调职工代表大会每年至少召开一次会议,全体会议必须有三分之二以上的职工代表出席;职工代表大会选举和表决相关事项,必须按照少数服从多数的原则,经全体职工代表的过半数通过,对重要事项的表决,应当采用无记名投票的方式分项表决;企业应当提请职工代表大会审议、通过、决定的事项,未按照法定程序审议、通过或者决定的无效,凸显了职工代表大会的严肃性和权威性。

案例分析：

韩国一家公司以前劳资矛盾较突出，管理者伤透了脑筋，后来推行一日厂长制，取得了良好的效果。公司每周三就会挑选一名职工做一日厂长，每周轮换一次。周三上午九点，一日厂长上任，第一项工作是听取各车间、部门主管的简单汇报，以了解工厂的全盘运营情况，随后与正式厂长一道巡视各车间各部门的工作情况。最后一项工作是在办公室里，处理来自各部门车间主管或员工的公文和报告。一日厂长有公文批阅权。在那天，呈报厂长的所有公文必须经一日厂长签名批阅，厂长如果要更改其意见必须征求他的意见，才能最后裁定，不能擅自更改。他还有权对工厂的管理提出批评意见，批评意见要详细记入工作日记，以便在车间部门之间传阅。各车间部门的主管必须听取其批评意见，认真整改，还要写出整改报告在干部会议上宣读，得到全体干部认可方能结束。

思考： 员工参与管理发挥了怎样的效果？

分析： 一日厂长制通过员工对企业管理的深度参与，增进了员工对工厂业务流程的了解，认识到合作和节约成本对一个企业的重要性，更能体会管理者的辛苦和决策的用意，从而成功改善了劳资关系，提高了执行上司计划的自觉性，增强了企业凝聚力，提高了效率和效益。参与式管理是缓解劳资矛盾的有效方法。

第六节 绩效管理

 引导案例

林某是一家高科技企业的年轻的客户经理，有着双学位的学历背景和较好的客户资源，但是个性较强的林某，常常是公司各种规章制度的"钉子户"，果不其然在公司新的绩效考核方法推行的过程中，林某又一次"撞到枪口上"。

林某所在的公司所推行新的考核办法是根据每个员工本月工作的工时和工作完成度对其工作进行考核，考核结果与工资中的岗位工资和绩效工资挂钩，效益工资和员工创造出的相关效益挂钩。因为该公司有良好的信息化基础，工时是根据员工每日在信息化系统上填写的工作安排和其直接上级对员工工作安排工时的核定来累计的，员工的工作完成度也是上级领导对员工本月任务完成情况的客观反映。

上月月末，该公司绩效考核专员朱某根据信息化系统所提供的数据，发现林某上月的工时离标准工时差距很大而且林某的工作完成度也偏低，经过相关工资计算公式的演算，林某这个月的工资中的岗位工资和绩效工资要扣掉几百元钱。拿到工资后的林某，面对工资数额的减少，非常激动，提出了几点质疑，带着一身的怨气，林某走进了一向以严明著称的公司董事长赵某办公室……

思考： 公司的绩效考核存在哪些问题？

分析： 这是一个典型的因为绩效评估结果而造成的纠纷，这个纠纷涉及的三个当事人分别是：林某——绩效评估的对象；朱某——绩效评估者；赵某——绩效评判者。简言之就是运动员、裁判和运动会主席之间的故事。

所以就这个案例来说，矛盾的根源是林某自身对绩效考核缺乏理解和认识，同时林某的直接上级忽视了考核过程中的绩效沟通，缺乏管理的力度和方法。针对这样的情况，董事长赵某和林某进行了交流，向其阐述绩效考核的意义和相关方法，并对其工作上的一些行为和观念上的误区进行了指正，这使得林某心服口服，更加深切地明白企业需要德才兼备的人才。对于朱某，赵董事长向其建议了相关改进的工作方法，并对他的工作提供了更多的支持，这使得朱某增加了管理的信心。与此同时，赵董事长降低了朱某和自己的工作完成度，在工资总额上都相应减少了。虽然从结果上看，案例中的三个当事人都扣了工资，但是林某的怨气没有了，朱某的困惑消除了，这个纠纷解决了。

一、绩效管理的概念和特点

（一）绩效管理的概念

绩效首先体现为一种结果，即做了什么；其次是过程，即是用什么样的方式达成工作目标；第三是达成绩效目标应要求具备的素质。因此，绩效是指各部门员工围绕岗位的应负责任所达到的阶段性结果以及在达到过程中的行为表现。

绩效管理是指以企业发展战略为导向，通过对目标的分解，使管理者与员工在工作目标、任务要求以及努力方向上达成共识，并根据一定的评估标准和方法进行检查和评价，激励员工持续改进工作绩效，最终实现企业发展目标的一种管理方法。

绩效管理首先要解决几个问题。

（1）就目标及如何达到目标需要达成共识。

（2）绩效管理不是简单的任务管理，它特别强调沟通、辅导和员工能力的提高。

（3）绩效管理不仅强调结果导向，而且重视达到目标的过程。绩效管理是管理者和员工就绩效问题所进行的双向沟通、互动的一种过程，双方在坦诚、正向、积极沟通的基础上，主管帮助员工订立绩效发展目标，对员工在实现绩效过程中实施辅导，帮助员工达成绩效目标，员工负责改进与提高。绩效管理通常包括建立战略框架、确定关键绩效指标、制订绩效计划和标准、实施绩效沟通与辅导、进行绩效评估、绩效反馈与激励等。

（二）绩效管理的特点

1. **系统性**

绩效管理是一个完整的系统，不是一个简单的步骤。无论是在理论阐述还是管理实践当中，都会遇到这样一个误区：绩效管理＝绩效考核，做绩效管理就是做绩效考核表。所以许多企业在操作绩效管理时，往往断章取义地认为绩效管理就是绩效考核，企业做了绩效考核表，量化了考核指标，年终实施了考核，就是做了绩效管理了。

这种误区使得许多企业在操作绩效管理时省略了极为重要的目标制定、沟通管理等过程，忽略了绩效管理中需要掌握和使用的技巧与技能，在实施绩效管理中遇到了很多困难和障碍，企业的绩效管理的水平也在低层次徘徊。

2. **目标性**

目标管理的一个最大好处就是员工明白自己努力的方向，经理明确如何更好地通过员工的目标对其进行有效管理，提供支持帮助。同样，绩效管理也强调目标管理，"目标＋沟通"的绩效管理模式被广泛提倡和使用。

只有绩效管理的目标明确了，经理和员工才会有努力奋斗的方向，才会共同致力于绩效目标责任制的实现,共同提高绩效能力,更好地服务于企业的战略规划和远景目标。

3. 强调沟通

沟通在绩效管理中起着决定性的作用。制定绩效要沟通,帮助员工实现目标要沟通,年终评估要沟通,分析原因寻求进步要沟通,总之,绩效管理的过程就是员工和经理持续不断沟通的过程。离开了沟通,企业的绩效管理将流于形式。

许多管理活动失败的原因都是沟通出现了问题,绩效管理就是致力于管理沟通的改善,全面提高管理者的沟通意识,提高管理者的沟通技巧,进而改善企业的管理水平和管理者的管理素质。

二、绩效管理的意义和目的

(一)绩效管理的意义

1. 绩效管理是提高绩效的有效途径

自20世纪80年代以来,经济全球化的步伐越来越快,市场竞争日趋激烈,在这种竞争中,一个企业要想取得竞争优势,必须不断提高其整体效能和绩效。Levinson 于1976年曾指出:"多数正在运用的绩效评价系统都有许多不足之处,这一点已得到广泛的认可。绩效评价的明显缺点在于:对绩效的判断通常是主观的、凭印象的和武断的;不同管理者的评定不能比较;反馈延迟会使员工因好的绩效没有得到及时的认可而产生挫折感,或者为根据自己很久以前的不足做出的判断而恼火。"

实践证明,提高绩效的有效途径是进行绩效管理。因为,绩效管理是一种提高组织员工的绩效和开发团队、个体的潜能,使组织不断获得成功的管理思想和具有战略意义的、整合的管理方法。通过绩效管理,可以帮助企业实现其绩效的持续发展;促进形成一个以绩效为导向的企业文化;激励员工,使他们的工作更加投入;促使员工开发自身的潜能,提高他们的工作满意感;增强团队凝聚力,改善团队绩效;通过不断的工作沟通和交流,发展员工与管理者之间的建设性的、开放的关系;给员工提供表达自己的工作愿望和期望的机会。

2. 绩效管理可以促进质量管理

近年来,质量已经成为组织绩效的一个重要方面,质量管理已经成为人们关注的热点。Kathleen Guin 指出:"实际上,绩效管理过程可以加强全面质量管理。因为,绩效管理可以给管理者提供'管理'的技能和工具,使管理者能够将全面质量管理看作组织文化的一个重要组成部分。"可以说,一个设计科学的绩效管理过程本身就是一个追求"质量"的过程——达到或超过内部、外部客户的期望,使员工将精力放在质量目标上等。

3. 绩效管理能满足由于组织结构的调整而带来的管理的变化

多数结构调整都是对社会经济状况的一种反应,其表现形式各种各样,如:减少管理层次(Delayering)、减小规模(Downsizing)、适应性(Flexibility)、团队工作(Team Working)、高绩效工作系统(High Performance Work Systems)、战略性业务组织(Strategic Business Units)、授权(Empowering),等等。

组织结构调整后,管理思想和风格也要相应地改变,如:给员工更多的自主权,以便更快更好地满足客户的需求;给员工更多的参与管理的机会,促进他们对工作的投入,提高他们的工作满意感;给员工更多的支持和指导,不断提高他们的胜任特征,等等,而所有这一切都必须通过建立绩效管理系统才能得以实现。

(二) 绩效管理的目的

绩效考核的目的以及实际意义是为了企业和员工的共同进步,不单纯是为了薪酬管理体系的规划设计;绩效管理的根本目的是提高组织和员工的绩效能力,除了作为薪酬奖金分配依据之外,还有更丰富的用途。

1. 通过绩效管理实现企业目标

绩效管理是连接员工个体行为和组织目标之间最直接的桥梁。比如,某企业在黄山市黟县要达到一亿的销售额,企业总共有五个销售人员,那么,分解之后就是人均两千万的销售指标。要完成这个销售指标,销售人员起码得售出一百套商品房(平均约20万元/套)。如果一般情况下,一个客户只购买一套商品房,那么,每个销售人员就得联系至少一百个客户才可能达到目标。假定一年三百个工作日,那么,他们平均每三天就得搞定一个客户,这就意味着他们的行为必须时刻围着客户转,打电话、发短信、与客户沟通等等,否则,无法完成个人的销售指标,而企业目标也就难以实现。因此在这种情况下,考核个人销售指标的完成与否,就能够将个体的行为导向客户,从而建立起个体行为与企业目标之间的联系。

2. 通过绩效管理改善企业整体运营管理

对于企业整体而言,可以作为企业整体运营管理改善的基础。通过整体绩效管理,可以发现企业运营状况,及时了解发展战略实施过程中存在的问题,并通过修正策略,跟踪行动计划和绩效结果,从而保证发展战略的实现。

3. 通过绩效管理提高员工培训、职业发展规划

对于个人而言,可以作为员工培训发展、职业规划的基础。持续的建立绩效档案,可以了解员工长期的绩效表现,因而可以针对性的开发培训计划,提高员工绩效能力,并且作为员工职业发展过程中,选拔、轮岗、晋升的参考依据。当然,在绩效管理中,一定要保证对员工绩效过程的跟踪,而不仅仅关注结果,只有全面了解员工绩效过程的表现情况,才能准确评估员工的职业发展趋势。

因此,考核的目的不仅仅为了薪酬体系的规划设计,不仅仅是得到一个奖惩的依据,因为奖惩只是强化考核功能的手段;考核的目的也不仅仅是调整员工的待遇,调整待遇是对员工价值的不断开发的再确认;考核是为了不断提高员工的职业能力和改进工作绩效,提高员工在工作执行中的主动性和有效性,进而作为员工培训、职业发展规划的有效依据,为公司不断创造价值。

4. 通过绩效管理实现"共赢"

绩效考核必须建立在"共赢"的基础之上,也就是说由企业与员工各取所需共同赢得这场"游戏"。其一,企业赢得管理与效益。其二,员工则赢得自我的认识、改进与发展。

5. 为下一期的绩效指标完成做准备

绩效管理制度的关键在于持续改进(Continuous Improvement),包括对于绩效管理体系的持续改进。因为,一个绩效考核体系的真正成功同时需要在实施过程中不断加以改进,成功公司绩效管理的成功经验认为,绩效考核体系在实施中经历一两年后才能真正完善起来,尤其是管理者的绩效管理能力和技术才能培养起来,相应的考核文化和氛围才能成熟。

总之,科学合理的绩效管理系统对实现企业的目标和提高员工的业绩有着深远影响和意义。

三、绩效管理的价值

（一）对企业而言

绩效管理是企业发展的领航员，是企业战略执行、落实各项经营目标的核心工具。它有利于企业落实各项战略目标和重点工作任务，达到改善组织绩效，全面提升公司战略执行力的目的。对管理者而言，绩效管理各流程、表单及工具在日常工作中的应用，将显著提高管理者的综合管理水平；提高管理者的管理技能和管理效率；有效分解和落实责任，做到"千斤重担人人挑，人人身上有指标"，形成团队合力，实现管理价值，提高管理者个人的绩效。

（二）对员工而言

全面养成经营工作的职业化习惯，形成工作有规划，事事有总结的良好工作习惯，明确工作方向，抓住工作主要重点，实现自我管理，创造工作价值，累积职业资本，塑造个人品牌，提升个人核心竞争力，以全面实现职业发展。

（三）绩效管理与企业战略的关系

企业战略是企业根据外部环境和内部资源与能力，为求得生存和可持续发展，而做出的全局性的、长远性的总体谋划。

绩效管理是战略管理的一个非常重要的有机组成部分，它是对战略管理的过程进行监控以及对实施成效进行测评的系统工具与方法，战略是实现使命与目标的一系列行动，那它的实施必须落实到具体的行动主体，即所有员工。

因此基于战略的绩效管理，使得企业战略已不再仅仅是企业决策层少数几个人的任务，而是从公司最高层管理者到每一位员工所有人的事。

为了更清楚地了解和认识绩效管理在战略管理中的价值所在，我们可以从以下相关要素的相互关系来进一步说明：系统流程、核心业务流程、作业程序说明要实现战略必须做哪些事，这些事情怎么做；组织结构、部门职责、岗位职责说明这些事情由谁来做，他们是怎样组织起来的；企业年度目标、部门年度目标、部门季度目标、岗位目标说明做这些事情的阶段性的与分解的目标是什么；绩效管理则告诉我们如何保证把事情做对做好。

四、绩效管理的难点

企业的正常运行需要考核，可是在企业实施绩效考核时又是困难重重，企业在实施绩效管理中常见的难题有以下四个方面。

1. 高层支持缺乏力度

绩效管理是企业的管理变革，需要高层提供支持，并推动其往深入开展。而实际情况，企业老总对绩效管理的热情和关心是分阶段的，一般是在两头，一是刚建立绩效管理系统的时候，老总会表现出比较大的热情，参与度也比较大，但是一旦建立起来了，老总就退到后面去了，所做出的指示也是针对人力资源部的，而不是针对绩效管理本身的；另外一个阶段就是考核的时候，这时候，老总想要看结果了，因此催促的力度比较大，但往往也仅限于给人力资源部施加压力，而不是给执行者——直线经理人施加压力。于是，人力资源部处于进退两难的境地，备受指责和误解。

2. 中层干部执行变形

中层干部是绩效管理实施的中间力量，向上对企业的绩效管理政策和战略目标负责，向下对员工的绩效改善负责，而往往中层干部认识不到这一点，他们偏执地认为所谓绩效考核，其实应该是人力资源部的工作，自己做的工作是为人力资源部打工。于是他们只做最简单的工作，就是填表打分。我们知道，只是简单的填表打分根本不解决任何问题，因为表格本身不会帮助员工改善绩效。

3. 绩效管理的过程被忽略

实际上，对于绩效目标来说，过程管理的管理和监控是相当重要的，因为缺失了过程的控制，只是在绩效周期末的时候，大家才关注绩效，才打分，原本很好的改进机会已经错过了，原本可以避免的问题已经出现了，这时候采取补救，就是秋后算账了。

因此，绩效管理要求管理者在过程当中做好与员工的沟通，帮助员工分析可能存在的障碍，提供相应的资源，帮助员工达到目标。但是，我国企业在这方面做的工作实在是太少了，很少有人关注过程的管理，可以说，绩效管理的过程是缺失的，这是导致绩效管理失败的重要原因。

4. 绩效反馈面谈走形式

绩效考核不是打一个分就结束了，而是应该通过正式的面谈的形式把考核的结果通知员工，并与员工一起分析绩效不足的原因，共同寻找改善的措施，并制订改善计划。很多企业在这个方面的工作还有提升，通常面谈都走形式了，要么只是简单告知一个结果，让员工签字，要么转变成了交流情感的闲聊，很难做到帮助员工分析绩效不足，更不会帮助员工制订改善计划。

由此可见，绩效管理和绩效考核要想有效的推行是需要下大功夫，只有克服了以上问题，才可能有效地开展绩效管理工作。

■ 五、绩效管理的阶段与方法

绩效管理主要有制订绩效计划、编制绩效评估指标、对负责绩效评估的人员进行培训、绩效评估的实施、绩效评估结果的反馈沟通和绩效评估结果的应用这六个循环阶段。做好绩效管理既要从宏观上把握这六个阶段，也要从微观上把握这六个阶段的实施细节。

（一）制订绩效计划阶段

绩效计划是指管理者与员工共同讨论，就实现目标的时间、责任、方法和过程进行沟通，以确定员工以什么样的流程，完成什么样的工作和达到什么样绩效目标的一个管理过程。

绩效计划主要包括两大部分，一部分是指绩效管理实施的具体计划，一部分就是指绩效目标的确定。一般来讲，制订具体的绩效实施计划主要是对绩效管理的整个流程运作从任务上、时间上、方法上、宏观层面和微观层面上进行总体规划，如在哪一具体时间段开展什么工作以及谁来做，做的具体效果要达到什么水平和层次等细节性问题。制订具体的绩效实施计划需要注意的是绩效实施计划力求切实可行和细化，切忌高谈阔论，华而不实。因为只有真正细化的、切实可行的实施计划才能有效指导实施过程的每一环节，而采用隐晦或过于宏观的字眼描述的计划不仅会影响执行力，甚至会误导整个绩效管理的实施。

至于制订绩效目标,企业需要把握两个关键问题:第一,制订的绩效目标要来源和支撑企业战略目标的实现,毕竟实现企业战略目标是整个人力资源管理的落脚点和归宿点;第二,尽量采用参与性的方法制定广大员工认同的绩效目标。因为只有企业与员工双方认可的绩效目标才能对员工产生实质性的激励和导向作用,同时融入于员工智慧的绩效目标也有利于顾全目标的现实性和可操作性。具体来讲,制订一个可行的绩效目标要做好三方面的工作:其一,弄清企业未来一段时间内的战略目标,并根据企业现有的实际情况从战略目标中提炼出绩效目标;其二,弄清部门和岗位的职责,并依据其分解企业层次的绩效目标,形成各部门和各岗位自身的绩效目标;其三,制订绩效目标时要知晓企业和部门内外部环境,使制定的绩效目标能够与企业内外现有的环境状况和外来预测的环境走势相协调。

(二)编制绩效评估指标阶段

如果已经制订了一份完善的绩效目标,那么编制绩效评估指标则显得相对比较轻松。因为大多数绩效指标都是来源和服务于绩效目标的实现,一旦绩效目标被确定,那企业就可以依据实现目标所需的支持因素设定绩效评估指标。一般来讲,编制绩效评估指标可采用SMART的原则进行设定,S代表具体的(Specific),指绩效考核要切中特定的指标;M代表可度量的(Measurable),指绩效指标要尽可能能够进行量化统计和分析;A代表可实现(Attainable);R代表现实性的(Realistic),指绩效指标是实在、可衡量和观察的;T代表时限(Time-bound),指完成绩效指标有特定的时限。

依据SMART原则构建企业绩效指标后,我们仍需注意以下几个问题:首先,坚持能够量化的指标一定要量化,不能量化的指标切勿勉强量化。指标量化固然能够使评估结果更加客观、准确。但若是将有些不能量化的指标也勉强量化,不仅难以获取准确的信息,反而会使整体绩效评估效果降低。其次,评估标准要坚持适度的原则。若是评估标准过严,评估结果则会使一些人丧失工作热情,若评估标准太松,又不利于对员工起到鞭策和激励的作用。只有将评估标准设计的松严得当,才能真正发挥绩效评估的作用。第三,评估指标要针对不同的工作岗位的性质而设定。评估指标的设定要切忌"一刀切"。毕竟每个工作岗位的性质和特点是不一样的,例如要求业务人员与保安人员一样注重考勤,这就显然不合适,将评估指标与工作特点相结合,这既有利于提高整体绩效评估的科学性,也有利于让组织成员乐意接受绩效评估。其四,评估指标的制定必须经过民主协商,一致认同。这里主要是为了保证评估指标的公正性和合理性。

(三)对负责绩效评估的人员进行培训

对负责绩效评估的人员进行培训主要是对负责绩效评估人员的技能和职业道德进行培训。绩效评估是一项非常重要的工作,而又是一项容易受人为因素干扰的工作,基于保障绩效评估反馈的信息真实可靠,我们有必要对这类人员实施相关培训,使他们能够以高尚的职业道德和较高的工作技能,实事求是地推进绩效评估工作。

当然,在对负责绩效评估人员展开培训的第一步还在于绩效评估人员的界定,所谓绩效评估人员就是指参与企业绩效评估工作的相关组织成员,具体来讲,有六大类绩效评估人员:直接上级、同事同级、直接下属、被考评者本人、服务对象、外聘的考评专家或顾问。只有明确界定了绩效评估人员才能有针对性地开展评估培训工作。至于培训的内容则主要是从职业道德和工作需求技能入手进行培训,职业道德的培训是指通过利害关系的学习和认知来塑造评估者负责的工作态度和工作精神,使其本着对企业和员工负责的职业操守完成与之相关的考核细节工作;而对工作技能进行培训主要是让考评者懂得如何选用评价工具,如何把握评价标准以及如何解读企业的有关政策。

(四)绩效评估的实施阶段

实施阶段是整个绩效管理的关键阶段。因为所实施的效果如何将直接关系到所得出的绩效评估结果的公正性,进而关系到依据评估结果所制定的人力资源管理的政策的正确性和可操作性。就评估的实施来讲,其主要包括两方面的内容:其一,绩效考核方法的选择,在拟定了绩效指标之后如何选择合适恰当的方法获取真实可靠的绩效信息仍是需要重点把握的问题;其二是实施过程的监控问题,重在防御实施细节偏离绩效计划。

一般来讲,绩效考核方法的选择主要是依据待评估职位的工作内容的特性来确定,如有的职位适合于关键事件法进行考评,而有的职位又比较适合于目标管理法进行考评,面对这种情况,企业需要的就是有针对性地选择考核方法。对实施过程的监控则主要是做好两件事:其一,本着认真、负责的态度收集、分析和汇总数据信息,因为所收集的数据既有助于为绩效评估结果的制订提供客观、公正的事实依据,也有利于为后期的绩效改善提供正确的诊断策略。其二,持续不断的开展绩效沟通,通过持续不断的绩效沟通,一方面可以及时根据现实环境的变化变更绩效目标,从而保证目标的动态性和可操作性;另一方面有利于协调绩效管理在实施过程中由于人为因素干扰所产生的不利问题,积极稳妥地推进绩效管理的实施。

(五)绩效评估结果的反馈沟通阶段

此阶段在很多企业被忽视或轻视,原因就在于没有对绩效管理进行正确定位。绩效管理的目的不是绩效评估,而是实现企业战略目标。在绩效汇总结果向员工反馈之前,应及时与员工进行正式有效的沟通,共同商讨存在的问题和制订相应的对策。同时开展反馈沟通实质是一个增强组织人文关怀和凝聚力与实现企业目标互惠的过程。通过绩效反馈面谈既表达了组织对员工的关心,增强员工的组织归属感和工作满意感,也有利于帮助员工查找绩效不佳的原因所在,与员工一起制订下一绩效周期的计划,来提高员工绩效,推动员工个人职业生涯的发展,这也有利于促进组织目标实现。

绩效反馈沟通可以按以下步骤实施:①沟通对象的分类。实施反馈沟通的第一步就应依据考评表和考评结果所反映出的信息将被考核者实施分类。依据考评表和考评结果将沟通的对象从横向层次和纵向层次展开分类。②绩效沟通的总目标和分目标的定位。就绩效沟通来讲,绩效沟通的总目标是通过与员工开展沟通来提高员工的工作绩效,从而带动企业战略目标的达成。而确立绩效管理的分目标实际上也就是针对每次具体沟通所拟定的一个沟通期望。如通过这次沟通我要向员工传递什么信息,沟通之后要达成怎样的沟通效果等一些较为具体详细的目标。但要注意的是分目标的确立一定要有针对性,要从评估表和工作分析表中提炼出依据性信息。③全面解读绩效考评结果。解读绩效考评结果应完成四个问题:第一,沟通对象应该做什么;第二,沟通对象已经做了什么;第三,沟通对象为什么会得到这样的考评结果;第四,沟通对象应该朝什么方向改进。④选择合适的场所和时机。恰当的沟通时机一般应选择在双方都认可的并有空闲的时间段进行。至于合适的沟通环境,其应具备两个特征:第一,具有正规性和权威性。一般可以选择在会议室或专门的办公室进行,让沟通对象意识到企业对本次沟通的重视。第二,不具备干扰性因素的存在。愉悦的沟通环境应该使沟通能够不受干扰,如人员的进出,电话铃声等。⑤制定沟通提纲。具体来讲,沟通提纲应分为两类:一类是沟通计划,其主要是对沟通全过程的一个事先安排,如什么时候开展沟通,在哪里进行沟通,沟通应由哪些人员参加等;另一类就是面谈提纲,其主要是细化到对一个具体沟通对象的沟通安排,如问什么样的问题,如何记录,首先问哪些问题等。制定沟通提纲要注意有针对性和有选择性,一方面要使绩效沟通达到好的效果;另一方面又要注意沟通的效率。

(六)绩效评估结果的应用阶段

绩效评估结果主要集中于两方面的应用,一方面是绩效奖惩,如员工工资的调整,相关人员职位晋升或惩戒,发放绩效奖金等措施;另一方面就是绩效提升,企业需要通过绩效评估结果所反映出的问题制订服务于下一周期的绩效改善计划。就两方面的关系来讲,二者是相辅相成,互为促进和发展的两方面。如果将评估结果的应用只停留在员工工资的调整,职务的晋升,相关人员的惩戒,而不注重评估结果所揭示的问题所在,积极采用相应的对策来解决这些问题,防止扩大化,不仅对组织发展不利,也不利于员工个体职业生涯的有序发展。但是若不采取相应的绩效激励措施,那所制定的绩效改善计划也难以得到有效的执行。因此,企业就应将这两个方面综合起来共同运用于企业的绩效发展。

而具体讲,绩效激励主要是采用正激励与负激励相结合的策略,坚持做到应奖励的人员给予重点奖励,应惩罚的人员大力的惩罚的公平原则,避免步入奖惩无效的境地。而绩效计划则主要是通过评估结果寻求绩效不佳的源头,并采取与之相应的对策来服务于后期的绩效提升,如若是经营流程层面存在不合理之处,则应着手于经营流程的重新规划,若是员工技能和知识水平与完成绩效目标的能力需求存在差距,则应在审视绩效目标合理性的同时,对员工开展有针对性的知识技能培训。

绩效管理作为一项较为复杂的系统工程,在实施过程中面临的诸多环节都需要我们仔细斟酌、谨慎操作,否则所实施的绩效管理不仅难以对组织目标的实现起积极的推进作用,反而会对组织目标的实现起消极阻碍的作用。因此,企业在实施绩效管理时,既要注意整个流程的整体规划,又要注重管理理念的改善,管理方式的优化,运用适宜本企业文化的管理工具实施绩效管理,从而使绩效管理的实施有助于企业战略目标的实现。

总之,绩效管理方法的选择,不但要考虑绩效管理体系本身的特点和绩效考核方法的适用性,还要考虑各企业自身管理的特点、企业文化和领导管理风格等因素。

延伸阅读

绩效考核的基本方法

一、图尺度考核法

图尺度考核法也称为图解式考评法,是最简单和运用最普遍的工作绩效评价技术之一。它列举出一些组织所期望的绩效构成要素(质量、数量或个人特征等),还列举出跨越范围很宽的工作绩效登记(从"不令人满意"到"非常优异")。

在进行工作绩效评价时,首先针对每一位下属员工从每一项评价要素中找出最能符合其绩效状况的分数,然后将每一位员工所得到的所有分值进行汇总,即得到其最终的工作绩效评价结果。当然,许多组织并不仅仅停留在一般性的工作绩效因素上,他们还将这些作为评价标准的工作职责进行进一步的分解,形成更详细和有针对性的工作绩效评价表。

这一测评方法有很多种变形,比如通过对指标项的细化,可以用来测评具体某一职位人员的表现。指标的维度来源于被测对象所在职位的职位说明书,从中选取与该职位最为密切相关的关键职能领域,再进行总结分析出关键绩效指标,然后为各指标项标明重要程度,即权重。

图尺度考核法的优点是:使用起来较为方便,能为每一位雇员提供一种定量化的绩效评价结果。其主要缺点是:不能有效指导行为,它只能给出考评的结果而无法提供解决问题的方法,不能提供一个良好的机制以提供具体的、非威胁性的反馈,这种方法的准确性不高。由于评定量表上的分数未给出明确的评分标准,所以很可能得不到准确的评定,常常凭主观来考评。

二、直接排序法

直接排序法是一种较为常用的排序考核法。即在群体中挑选出最好的或者最差的绩效表现者,将所有参加评估的人选列出来,就某一个评估要素展开评估,评估要素可以是整体绩效,也可以是某项特定的工作或体现绩效的某个方面。首先找出该因素上表现最好的员工,将其排在第一的位置,再找出在该因素上表现差的员工,将他排在最后一个位置,然后找出次最好、次最差,依此类推。

直接排序法的优点是:容易识别好绩效和差绩效的员工;如果按照要素细分进行评估,可以清晰地看到某个员工在某方面的不足,有利于绩效面谈和改进。缺点是:如果需要评估的人数较多,超过20人以上时,此种排序工作比较繁琐;严格的名次界定会给员工造成不好的印象,最好和最差比较容易确定,但中间名次是比较模糊和难以确定的。

三、对偶比较法

针对某一绩效评估要素,把每一个员工都与其他员工相比较来判断谁"更好",记录每一个员工和任何其他员工比较时被认为"更好"的次数,根据次数的高低给员工排序。和直接排序法类似,这是一种更为细致的通过排序来考核绩效水平的方法,它的特点是每一个考核要素都要进行人员间的两两比较和排序,使得在每一个考核要素下,每一个人都和其他所有人进行了比较,所有被考核者在每一个要素下都获得了充分的排序。也是一种相对的定性评价方法。

对偶比较法的优点是:因为是通过两两比较而得出的次序,得到的评估更可靠和有效。缺点是:和直接排序法相似,仅适合人数较少的情况,且操作比较麻烦。

四、强制分配法

强制分配法是在考核进行之前就设定好绩效水平的分布比例,然后将员工的考核结果安排到分布结构里去。按照每人绩效的相对优劣程序,列入其中的一定等级。考评方法的基本步骤。

第一步，确定A、B、C、D各个评定等级的奖金分配的点数，各个等级之间点数的差别应该具有充分的激励效果。

第二步，由每个部门的每个员工根据业绩考核的标准，对自己以外的所有其他员工进行百分制的评分。

第三步，对称地去掉若干个最高分和最低分，求出每个员工的平均分。

第四步，将部门中所有员工的平均分加总，再除以部门的员工人数，计算出部门所有员工的业绩考评平均分。

第五步，用每位员工的平均分除以部门的平均分，就可以得到一个标准化的考评得分。

那些标准分为（或接近）1的员工应得到中等的考评，而那些标准分明显大于1的员工应得到良甚至优的考评，而那些考评标准分明显低于1的员工应得到及格甚至不及格的考评。在某些企业中，为了强化管理人员的权威，可以将员工团体考评结果与管理人员的考评结果的加权平均值作为员工最终的考评结果。但是需要注意的是，管理人员的权重不应该过大。各个考评等级之间的数值界限可以由管理人员根据过去员工业绩考核结果的离散程度来确定。这种计算标准分的方法可以合理地确定被考核的员工的业绩考评结果的分布形式。

第六步，根据每位员工的考评等级所对应的奖金分配点数，计算部门的奖金总点数，然后结合可以分配的奖金总额，计算每个奖金点数对应的金额，并得出每位员工应该得到的奖金数额。其中，各个部门的奖金分配总额是根据各个部门的主要管理人员进行相互考评的结果来确定的。

为了鼓励每位员工力图客观准确地考评自己的同事，对同事的考评排列次序与最终结果的排列次序最接近的若干名员工应该得到提升考评等级等形式的奖励。另外，员工的考评结果不应在考评当期公开，同时，奖金发放也应秘密给付，以保证员工的情绪。但是各个部门的考评结果应该是公开的，以促进部门之间的良性竞争。强制分配法适用于被考核人员较多的情况，操作起来比较简便。由于遵从正态分布规律，可以在一定程度上减少由于考核人的主观性所产生的误差。此外，该方法也有利于管理控制，尤其是在引入员工淘汰机制的企业中，具有强制激励和鞭策功能。

强制分配法的优点是：等级划分清晰，不同的等级赋予不同的含义，区别显著，并且，只需要确定各层级比例，简单计算即可得出结果；"强制分配法"常常与员工的奖惩联系在一起，对绩效"优秀"的重奖，绩效"较差"的重罚，强烈的正负激励同时运用，给人以强烈刺激；强制区分，由于必须在员工中按比例区分出等级，会有效避免评估中过严或过松等一边倒的现象。

强制分配法的缺点是：如果员工的业绩水平事实上不遵从所设定分布样式，那么按照考评者的设想对员工进行硬性区别容易引起员工不满；只能把员工分为有限的几种类别，难以具体比较员工差别，也不能在诊断工作问题时提供准确可靠的信息。

五、关键事件法

关键事件法是一种通过员工的关键行为和行为结果来对其绩效水平进行绩效考核

的方法,一般由主管人员将其下属员工在工作中表现出来的非常优秀的行为事件或者非常糟糕的行为事件记录下来,然后在考核时点上(每季度,或者每半年)与该员工进行一次面谈,根据记录共同讨论来对其绩效水平做出考核。其主要原则是认定员工与职务有关的行为,并选择其中最重要、最关键的部分来评定其结果。

关键事件法的主要优点是:研究的焦点集中在职务行为上,因为行为是可观察的、可测量的;通过这种职务分析可以确定行为的任何可能的利益和作用;它为你向下属员工解释绩效结果提供了一些确切的事实证明;它还会确保你在对下属员工的绩效进行考察时,所依据的员工在整个年度的表现而不是最近一段时间的表现;保存一种动态的关键事件记录还可以使你获得一份关于下属员工是通过何种途径消除不良绩效的具体事例。

关键事件法的主要缺点是:费时,需要花大量的时间去搜集那些关键事件,并加以概括和分类;关键事件的定义是显著的对工作绩效有效或无效的事件,但是,这就遗漏了平均绩效水平,对工作来说,最重要的一点就是要描述"平均"的职务绩效,利用关键事件法,对中等绩效的员工就难以涉及,因而全面的职务分析工作就不能完成;对于什么是关键事件,并非在所有的经理人员那里都具有相同的定义;它可能使员工过分关注他们的上司到底写了些什么。

六、行为锚定等级考核法

行为锚定等级考核法是基于对被考核者的工作行为进行观察、考核,从而评定绩效水平的方法。行为锚定等级评价法是一种将同一职务工作可能发生的各种典型行为进行评分度量,建立一个锚定评分表,以此为依据,对员工工作中的实际行为进行测评级分的考评办法。

行为锚定等级评价法实质上是把关键事件法与评级量表法结合起来,兼具两者之长。行为锚定等级评价法是关键事件法的进一步拓展和应用。它将关键事件和等级评价有效地结合在一起,通过一张行为等级评价表可以发现,在同一个绩效维度中存在一系列的行为,每种行为分别表示这一维度中的一种特定绩效水平,将绩效水平按等级量化,可以使考评的结果更有效,更公平。行为锚定等级评价法通常要求按照以下5个步骤来进行。

(1)进行岗位分析,获取关键事件,以便对一些代表优良绩效和劣等绩效的关键事件进行描述。

(2)建立进行评价等级。一般分为5~9级,将关键事件归并为若干绩效指标,并给出确切定义。

(3)对关键事件重新加以分配。由另一组管理人员对关键事件作出重新分配,把它们归入最合适的绩效要素指标中,确定关键事件的最终位置,并确定出绩效考评指标体系。

(4)对关键事件进行评定。审核绩效考评指标登记划分的正确性,由第二组人员将绩效指标中包含的重要事件由优到差,从高到低进行排列。

(5)建立最终的工作绩效评价体系。

行为锚定等级评价法的优点表现为:可以向员工提供公司对于他们绩效的期望水

平和反馈意见,具有良好的连贯性和较高的信度,绩效考评标准比较明确。缺点是：设计锚定标准比较复杂,而且考核某些复杂的工作时,特别是对于那些工作行为与效果的联系不太清楚的工作,管理者容易着眼于对结果的评定而非依据锚定事件进行考核。

七、目标管理法

目标管理法是现代更多采用的方法,管理者通常很强调利润、销售额和成本这些能带来成果的结果指标。在目标管理法下,每个员工都确定有若干具体的指标,这些指标是其工作成功开展的关键目标,它们的完成情况可以作为评价员工的依据。

八、书面叙述法

书面叙述法是一种由评价者按照规范的格式写下员工的工作业绩、实际表现、优缺点、发展潜力等,包括以往工作取得了哪些明显的成果,工作上存在的不足和缺陷,然后提出改进建议的定性评价方法。

书面叙述法的优点是：简单、快捷,适合人数不多,对管理要求不高的组织。缺点是：其评价的有效与否不仅取决于员工的实际绩效水平,也与评估者的主管看法以及写作技能有直接关系。

九、360度考核法

"360度考核法"又称为"全方位考核法",最早被英特尔公司提出并加以实施运用。传统的绩效评价,主要由被评价者的上级对其进行评价,而360度反馈评价则由与被评价者有密切关系的人,包括被评价者的上级、同事、下属和客户等,分别匿名对被评价者进行评价。员工如果想知道别人对自己是怎么评价的,自己的感觉跟别人的评价是否一致,就可以主动提出来作一个360度考核。当然,这种考核并不是每个员工都必须要做的,一般是工作较长的员工和骨干员工。360度考核法共分跟被考核员工有联系的上级、同级、下级、服务的客户这四组,每组至少选择6个人。然后公司用外部的顾问公司来作分析、出报告交给被考核人。

360度考核法的优点在于：打破了由上级考核下属的传统考核制度,可以避免传统考核中考核者极容易发生的"光环效应"、"居中趋势"、"偏紧或偏松"、"个人偏见"和"考核盲点"等现象；一个员工想要影响多个人是困难的,管理层获得的信息更准确；可以反映出不同考核者对于同一被考核者不同的看法；防止被考核者急功近利的行为(如仅仅致力于与薪金密切相关的业绩指标)；较为全面的反馈信息有助于被考核者多方面能力的提升。360度考核法实际上是员工参与管理的方式,在一定程度上增加他们的自主性和对工作的控制,员工的积极性会更高,对组织会更忠诚,提高了员工的工作满意度。

360度考核法的缺点在于：考核成本高,当一个人要对多个同伴进行考核时,时间耗费多,由多人来共同考核所导致的成本上升可能会超过考核所带来的价值；成为某些员工发泄私愤的途径,某些员工不正视上司及同事的批评与建议,将工作上的问题上升为个人情绪,利用考核机会"公报私仇"；考核培训工作难度大,组织要对所有的员工进行考核制度的培训,因为所有的员工既是考核者又是被考核者。

十、负绩效考核法

负绩效考核法由文化诊断学导师曹政钧创立。这种方法将目标管理和企业文化结合起来，认为绩效考核不是最终目的，而是一种管理手段，绩效考核不仅仅针对结果，同时也兼顾过程。负绩效考核在综合运用传统方法的同时，主要把目标管理和正负绩效考核机制结合起来，当员工完成了目标任务的时候，可以采用一般化的绩效考核机制，即使绩效考核过程中出现形式主义和不准确现象也可以适当放松。因为当员工完成了自己的目标任务时，说明已经有了充分的绩效，再严格的考核就没有意义。只有当员工没有完成目标任务，或者整个企业的战略目标没有实现，这时，员工和企业就需要进行自我诊断和绩效分析，并重点进行负绩效考核。通过负绩效考核，提高经营管理系统的整体水平。负绩效考核的基本规则是：未完成的目标量与已完成的目标量之间的比率必须等于负绩效与正绩效之间的比率。其操作基本流程是：

（1）员工首先根据的自身条件制订工作计划，并书面交给部门主管。

（2）部门主管根据本部门目标分解的要求，对员工的工作计划提出修改建议。

（3）月底（也可以根据具体情况设计工作阶段）对计划完成情况进行评估。即通常意义上的绩效考核。

（4）对没有完成计划的员工，部门主管或人力资源部视具体情况进行负绩效考核（员工填写负绩效考核表。文化诊断学将根据企业和岗位特点提供负绩效考核表和绩效沟通机制），促使员工自我反思、自我提高。

（5）引导员工做目标合理性、方法可行性、组织有效性的文化反思（文化诊断学将提供一套分析方法）。通过潜移默化作用，形成员工自我反思、自我激励、自我超越、自我约束的文化心理机制，并逐渐形成公司的企业文化氛围。在长效机制和不断深入的过程中，把目标分解和正负绩效考核细化到每个人、每一天、每一件事情上，使绩效自我管理和企业文化具体体现在员工的行为方式和思维方式上。

六、绩效管理方案的设计

通常，设计一份操作性强的绩效管理方案应从以下四个方面入手。

（一）全面盘点绩效管理所涉及的要素

首先，在设计方案之前，HR经理应坐下来，对涉及绩效管理的诸要素进行全面的盘点，争取把所有的关键要素都考虑到方案当中。这里，如下要素应作为关键要素进行考虑。

1. 人的要素

人是第一位的，人的要素，就是企业员工在绩效管理的责任分工的问题，这是必须首先搞清楚的问题，如果这个问题在方案里得不到有效的解决，后续的工作势必会更加困难，很多企业的绩效管理之所以流于形式，导致失败，多半是因为这个问题没有解决好。

在绩效管理中，企业员工的责任分工是怎样的呢？通常，一个企业员工有4个层面的分工，他们是：企业老总、HR经理、直线经理、员工。在绩效管理中，他们的责任分工有如下几点。

（1）企业老总。主要责任是为绩效管理体系的建设和发展提供支持，推动绩效管理不断得到开展和深入。

(2) HR 经理。主要责任是设计绩效管理建设方案,组织各直线经理有效执行方案,使方案得到落实,作为绩效管理专家,为直线经理提供实施咨询,帮助他们不断得到提高,成为自己主管领域的绩效管理专家。

(3) 直线经理。直线经理应该是企业绩效管理的中间力量,是桥梁,上对企业的战略负责,下对员工的发展负责,其重要性非同一般。

(4) 员工。员工是自己绩效的主人,拥有并产生绩效,他们在直线经理的辅导帮助下不断获得成长和进步。

需要注意的关键点:第一,如何获得企业老总的认可,这是问题的关键。毕竟,绩效管理企业是整个企业的管理变革,而且不是一般的变革,对有些员工来说,甚至是灾难性的,不可避免地要受到一些阻力,遇到一些困难。这时候,仅凭 HR 经理一个人的力量是不够的,就要求企业老总必须站到前面,支持并推动绩效管理工作,唯有获得企业老总的支持,绩效管理方案才可能和直线经理见面,否则,一切都免谈。所以,HR 经理必须在如何和企业老总沟通并获得老总的认可方面着实下一番功夫。

第二,直线经理是绩效管理的中间力量,他们才是你的方案最终的推销对象,获得他们的首肯,是 HR 经理需要花大量时间做的工作。企业老总的支持是很重要,但执行要靠这些直线经理,如果他们在执行当中不尽力,不到位,前面的工作也是白做。所以,HR 经理还必须认真做好一个行销计划,把绩效管理方案推销给直线经理,让他们买的明白,用得舒心。

2. 产品要素

实际上,绩效管理方案就是 HR 经理制造的一个产品,产品的性能是否优秀,是否实用,用的效果是否好,都将成为直线经理接受方案的检验标准。所以,在人的要素解决了之后,HR 经理应着手考虑产品要素。

产品要素主要解决为什么、是什么、做什么用、怎么用这几个问题。

(1) 为什么

方案要有说服力,HR 经理就必须对企业的绩效管理现状进行深入的调查研究,向管理层提供有说服力的报告,指出当前现状的不足,然后才是有针对性地提出解决方案。

(2) 是什么

毕竟,绩效管理与我们以前所做的绩效考核有很大的不同,无论在理念、方法和工具上都有着很大的区别,如果 HR 不能很好地描述清楚绩效管理是什么,那么方案也有可能被拒收,甚至被彻底否定掉。所以,HR 经理必须思路清晰地把绩效管理是什么的问题解释给企业老总和直线经理,不但要清晰,而且要简洁,太复杂的东西,恐怕也会被时间借口抹杀掉。

(3) 做什么用

解决绩效管理是什么的问题之后,就要解决绩效管理做什么用的问题。与绩效考核的用途相比,绩效管理的用途更加丰富,更加让人着迷,也正因为如此,绩效更加不被管理层接受,他们认为华而不实,不如绩效考核来得直接来得实在,所以,这也是 HR 经理必须费一番脑筋考虑的问题。

(4) 怎么用

怎么用的问题,是流程的问题。对绩效管理来说,流程设计是否妥当,将很大程度上影响它的实施。

3. 结果要素

绩效管理的每一个流程都会产生一些结果,对这些结果怎么使用,方案应给出明确的解释。

(二) 与企业老总保持积极沟通

HR 经理在盘点完这些要素之后,应就每一要素的内容与总经理保持沟通,沟通应分多次进行,而且应在方案成型之前进行,否则等你方案全部出来,总经理一看又是个大部头,恐怕要倒胃口。所以,HR 经理不要怕跑断腿,不断与总经理沟通细节,逐项达成共识之后,才着手开始写作完整的方案,这样总经理接受起来会比较容易一些。

(三) 着手写方案

在和总经理就细节的问题达成共识,就可以着手写方案了。

(四) 向直线经理推销方案

在方案定稿以后,HR 经理应组织相关的培训研讨,把方案的详细内容逐项讲解给直线经理,把方案"卖"给他们,以获得他们的支持,使方案得以有效的推行。

七、绩效管理实施

(一) 绩效管理实施应遵循的理念

只有在绩效管理的实施过程中融入正确的理念,建立对绩效管理的正确认识,才能有助于避免绩效管理步入绩效管理的困境或带来不良效果。一般来讲,绩效管理的实施应遵循以下几个理念。

1. 绩效管理是整个人力资源管理的关键,其实施的效果将直接影响到企业人力资源管理其他工作的开展

绩效管理工作基本上可以称之为承前启后的一项工作。它既是对员工前阶段的工作成绩的一次评价,又直接为后阶段员工的培训、薪酬福利的发放、员工个人职业生涯的发展和企业文化的建设等提供客观参考依据。绩效管理如何实施,实施的效果如何也就关系到整个人力资源管理系统的有效运转。企业管理人员要想充分发挥人力资源管理系统的应有的强大功能,首先就要将绩效管理定位于人力资源管理的关键,采取谨慎和重视、负责的态度操作绩效管理的每一环节。

2. 绩效管理的目标不是绩效考核,而是整个组织整体战略目标的达成

绩效管理相对于组织整体战略目标而言,它只是一种重要的手段性的工具,而非一种管理目标。任何管理活动的开展都是为了实现组织的战略目标,绩效管理也不例外。因此,绩效管理不能仅停留在对组织成员的考核和评估之上,而应发展到服务绩效改善,将绩效管理当作实现组织战略目标的重要工具,运用这个工具促使组织成员改进工作绩效,从而提高整个企业的运转绩效,促成企业战略目标的实现。

3. 绩效管理既要注重结果,也要注重过程

所谓绩效管理既要注重结果,也要注重过程,是指绩效管理人员一方面要重视绩

考核结果的运用;另一方面也要注意对实施过程监控。因为绩效管理追求的不是员工前阶段的工作的业绩如何,而追求的是通过实施绩效管理来促进员工绩效管理的改进。而影响员工绩效改进的因素是很多的,既包括客观因素,也包括主观因素。绩效管理就应该通过绩效管理实施过程中的各个环节,及时准确了解组织中存在的问题和对绩效管理制度进行监控,并不断与员工沟通和协调,力争使绩效评估反馈的结果真实、准确、可靠。

4. 绩效管理的导入要注重与企业文化相匹配

组织文化就是指组织内绝大多数组织成员的行为作风和认可的价值规范以及行为规范。组织文化深入到组织环境中的每一个角落。在引进先进管理理念和绩效考核方式、评估指标的确定等来制定绩效管理制度时,必须要考虑到本企业的组织文化,仔细斟酌和鉴别拟定的绩效管理制度是否与本组织的文化相协调。若是二者不相兼容,那企业最好重新从本企业的实际出发制定绩效管理制度。一味强制推行反而会导致事倍功半的效果出现。

5. 绩效管理的实施要坚持公开透明和全员参与的原则

正如前面所说,绩效管理只是一种管理工具,不具有什么神秘性。但是当前有些企业在实施绩效管理时采取非透明化的操作,人为因素干扰太大。同时将绩效评估的结果与被评估对象的薪酬和职务的升降密切相关,一方面导致一些人对绩效管理充满恐惧感,因为这关系到他的个人职业生涯的发展;另一方面又导致一些人对绩效管理的实施以漠然的态度来对待。他们认为绩效管理的实施只是相关管理人员的事,我们充其量不过是一个被动的考核者。其实,从本质上来讲,绩效管理必须坚持公开原则和广泛参与原则,绩效管理的实施只有坚持了公开透明,让全体组织成员参与到绩效管理中来,才能揭开绩效管理的神秘面纱,才是真正意义上的绩效管理。

(二) 绩效管理的实施注意的问题

绩效管理作为方法和工具,能为管理者提供管理和考核员工的便利,使绩效考核的结果更具公平性,而作为思想和哲学,则能帮助企业更加科学地决策,帮助管理者更加高效率和职业化地做好管理工作,帮助员工更好地规划自己的工作和职业生涯。

1. 正确认识推行绩效管理的积极意义

在欧洲有一个为做沙丁鱼罐头的商家准备沙丁鱼的捕捞公司,为了保证沙丁鱼的鲜味,在养鱼的水槽内放入一条小鲇鱼,本来懒洋洋的沙丁鱼为了避免受到鲇鱼的攻击而动了起来,整个水槽被激活,这样就保证了沙丁鱼的鲜味。这就是著名的"鲇鱼效应"。其实,一个垄断的国有供电企业,要想保持企业活力,也要找到一条"鲇鱼",来激活企业这个"水槽",也就是要找到一种"激活"的办法。目前,供电企业进行的"绩效管理"的办法,应该也是一条放到"水槽"的"鲇鱼",让它激活供电企业这个一直平稳发展的状态。

2. 绩效管理应结合本单位实际

实际绩效管理是一种理念,也是一套方法,是动态的管理,其主要目的是提高企业绩效,因为各个企业情况千差万别,原封不动地照抄照搬,难免水土不服。搞好绩效管理的途径很多,但选择方法时应结合实际,找出最适合企业的做法。最好的不一定是最适合的,各公司有自身的特点,包括企业文化、员工素质,在详细调查诊断的基础上才能确定推行绩效管理的策略与程序,并持续改进评价指标和管理方式。

3. 加强绩效管理的氛围营造和培训宣传

绩效管理事关员工的切实利益，只有全体员工的积极参与，绩效管理工作才有坚实的基础。因此要加强对企业推行绩效管理的宣传与培训力度，转变员工观念，让绩效管理在干部职工中入脑入心，特别是提升各级管理者和核心员工对绩效管理的理解和认同，达到减弱推行阻力，促进管理者与员工积极参与的目的。而人力资源部门作为绩效管理的具体操作部门，更应加强对绩效管理的学习和理解，配备得力人员，主动做好宣传和解释工作。同时企业还应努力营造绩效文化氛围，通过抓典型，树典范，让员工实实在在看到绩效管理的施行效果，让绩效管理深入到每一位员工心中。

4. 规范机构设置和岗位职责

绩效管理必须建立在人岗匹配的基础上，因此开展劳动定员测算，实施按定员组织生产和分配是必不可少的重要工作，通过优化组织机构设置，梳理机构和岗位，完善《岗位说明书》，在此基础上，才能准确提炼关键考核指标，提高绩效考核的操作性，让绩效考核更加科学合理。

5. 加强标准体系建设，增强公信力

绩效管理的基本着眼点，在于将绩效考核作为评估手段，以业绩好坏作为衡量标准，促使员工与企业的目标要求在思想上同心、行动上同步、目标上同向。通过绩效杠杆，为员工的考核提供一个客观、公平、公正的平台，体现干与不干的差别、干多干少的差别、干好干坏的差别，因此需要不断优化绩效管理的标准体系，提高操作标准的科学性和权威性。在考核过程当中，尽量避免主观性、人为性、任意性的现象，尤其是在绩效管理沟通、面谈、申诉等绩效反馈互动环节中，要体现公平、公正的原则，保障绩效考核结果的客观性和公正性，才能提高绩效管理的公信力。

6. 加强基层管理者的操作技能辅导

绩效管理的最终目的是促进员工提升工作水平，实现员工和企业的共同发展。因此要加强基层管理者面谈和辅导技能，让他们理解绩效管理实施的步骤与方法，熟悉绩效管理操作的流程与技巧。企业推行绩效管理体系建设是适应建立现代企业管理制度的必由之路，是大势所趋，虽然在推行之初会遇到传统管理方式及各种习惯思维的阻碍，但绩效管理是动态管理，绩效管理的改进和完善是一个在实践中不断总结经验、不断超越的长期过程。

八、绩效管理体系

通常，一个完善的绩效管理体系，有如下五个流程。

1. 设计关键绩效指标

指标是绩效管理的基础，没有指标就谈不上管理，更无从考核，所以，绩效管理方案必须对关键绩效指标的设计做出说明，引导直线经理走到指标管理的正确轨道上，使他们逐渐抛弃先前的任务管理、惯性管理等不良的管理习惯。

2. 业绩辅导，建立业绩档案

在关键绩效指标设计完成以后，直线经理应就关键绩效指标的内容，与员工保持适时的沟通，辅导帮助他们不断提高能力，提升业绩，同时，为使绩效管理更加合理科学，直线经理应为员工建立业绩档案，业绩档案的用处和好处在后来的绩效考核中就可以很真切地感受到。

3. 绩效考核

绩效考核被很多管理者奉为圣经，很多管理者总是在员工表现不佳的时候大谈考核，大有不把你考煳誓不罢休的架势。也有很多业界人士认为绩效考核是绩效管理中最为关键的一环，实际上并不如此，绩效考核只能是绩效考核本身的最关键的一环，永远也成不了绩效管理的最关键的一环。HR经理在设计绩效管理方案的时候应该注意这一点。

4. 绩效反馈

绩效反馈面谈是绩效管理中至关重要的一个环节，其重要程度甚至超过了绩效考评的本身。毕竟，绩效考评的结果是拿来用的，而不是拿来存档的，而没有反馈就根本谈不上使用，没有反馈的绩效考评也起不到任何作用。

没有绩效反馈员工就无法知道自己工作是否得到了经理的认可，就会乱加猜测，影响工作心情；没有绩效反馈，经理也无法知道绩效考评是否真正起到了作用，对继续进行考评没有信心；没有绩效反馈，经理就不能有的放矢地指出员工的不足，更无法给员工提出建设性的改进意见，最终将导致员工的进步受到限制，管理水平也将无法得到有效的提高。

绩效反馈面谈的五步法。

第一步，收集面谈资料。面谈资料包括：关键绩效指标管理卡、职位说明书、业绩档案管理卡以及其他的相关资料（如工作计划、工作总结等）。

第二步，拟订面谈计划。在进行面谈之前，直线经理应制订面谈计划，对面谈内容、地点、时间和人员都应做出相应的安排，以便于有效地控制面谈过程，使面谈取得成效。

第三步，将面谈计划通知相关员工。在面谈计划拟订完毕之后，直线经理应提前通知相关员工，以便于他们能提前做好准备。

第四步，实施面谈。面谈采取一对一的方式，一次约见一个员工，进行面对面沟通，双方对管理部门的业绩表现做综合全面的沟通，表扬正面表现，以扩大其影响，对负面的表现，本着只描述不判断的原则，提出建设性的改进意见，以帮助员工把未来的工作做得更好。

第五步，形成面谈记录。在面谈结束时，应形成书面的面谈记录，双方签字认可。

5. 绩效管理体系的诊断和提高

没有绝对完美的绩效管理体系，任何的绩效管理体系都存在需要改进和提高的地方，为使绩效管理体系不断得到改进和提高，我们必须在一个阶段之后对过去一段时间所使用的绩效管理体系进行诊断，使之不断得以完善。

另外，在解决怎么用的这个环节里，还有一个问题也很关键，就是工具的使用。使用什么的工具，HR经理应予以解决，根据绩效管理的流程，设计相应的管理工具，大概有如下四个表：《关键绩效指标管理卡》、《业绩档案管理卡》、《绩效反馈卡》、《绩效改进卡》，每个企业有每个企业的实际，HR在做这些表格的时候应紧密结合企业的实际，尤其是关键绩效指标管理，不仅要结合企业的实际，更要结合员工的工作，从网上当下的考核表万万不可直接使用。

九、绩效考核中存在的问题及措施

1. 考核目标单一

有些企业的绩效考核往往是对员工纪律、薪酬的一种约束，是日常的管理规范，"考核＝打分＝发奖金"，甚至于把绩效考核等同于一种奖金分配；或者希望借助绩效考核对员工行为表现进行奖惩。例如,在绩效考评方案中非常明确地规定某项指标未达成扣多少钱等惩罚性措施,罚多奖少,使得员工的注意力都集中在如何避免被罚,而不是如何努力提高工作绩效上;致使绩效考核最终流于形式,无法为企业的经营战略提供基本的信息反馈。

2. 绩效考核与绩效管理

绩效考核更注重的应是绩效管理,即事前计划、事中落实、事后考核、绩效改进。在人力资源的实践工作中,经常是"缺什么,考什么","要什么,考什么",绩效管理往往具有更为重要的作用。评价标准、权重设计要随着企业的发展战略、关键目标随时调整、制定。有的企业绩效考核目标一旦制定,常常是"以不变应万变",重考核轻管理。如果考核指标体系不能与企业战略发展目标形成统一关联的、方向一致的绩效目标与指标链,那么这样的绩效考核很难为企业的经营管理、战略发展起到真正的作用。

3. 绩效考核与企事业文化

在制定绩效考核的同时要积极倡导以绩效为导向的企业文化氛围,带动员工树立与企业一致的目标,有共享的价值观念和管理机制,营造一个积极创造的工作环境。企业文化对员工的引导作用奠定了企业绩效考核的基础。如果一个企业没有积极的明确的有导向的企业文化渗透,将很难制定出能被员工所接受的绩效考核制度,那么绩效考核所期望为实现企业战略目标所产生的竞争力、凝聚力、上升力将很难实现。

4. 公平、公正

公平、公正似乎是一个老生常谈的话题,但它在人力资源绩效考核中确实起到了举足轻重的作用。公平、公正的绩效考核能激发员工的潜能,但是究竟绩效考核如何运作才能做到真正的公平、公正呢?第一,量化管理与非量化管理。量化管理必须建立职责分明的岗位责任制,有明确的业绩指标评价标准和行为指标评价标准,具体、量化、易把握,具有可行性、真实性和可操作性,提高其客观、准确性。第二,"定性"与"定量"相结合。业务接触多的部门互评互检,工作接触少的不搞互评,设计不同的评分权重,从一定程度上消除评分中的主观情况。第三,应遵循原则:一是客观原则。以事实为依据,客观地反映员工的实际情况,避免因个人或其他主观因素影响绩效考核的公平、公正。二是自主原则。根据各部门工作特点制定相应的考核规程和评价标准,形成各部门的考核实施细则,部门内所有岗位均有对应的考核指标。三是公开原则。各级考核指标(含项目、达到状态、权重和评价标准)的制定与过程调整,对员工公开。四是反馈原则。过程监控结果和考核结果要及时反馈给被考核者本人,肯定成绩,指出不足,引导被考核者找出今后努力改进的方向。五是改进原则。考核目的在促进员工对企业部门经营目标及企业战略目标的有效贯彻与实现,因此在考核中要注重对员工的自我纠正和改进情况的动态评价。同时,组建权威性的考核小组。选择熟悉各部门工作情况,具有良好职业素养和良好沟通能力和协调能力的人员担任考评员,是提高考核公正、公平性的最直接方式。

延伸阅读

渔夫、蛇和青蛙的故事

一天,渔夫看见一条蛇咬着一只青蛙,渔夫为青蛙难过,便决定要救这只青蛙。他靠近了蛇,将青蛙从蛇口中拽了出来,青蛙得救了。但渔夫又为蛇难过:蛇失去了食物。

于是渔夫取出一瓶威士忌,向蛇口中倒了几滴。蛇愉快地游走了,青蛙也显得很快乐。几分钟后,那条蛇又咬着两只青蛙回到了渔夫的面前……

【启示】这则寓言告诉我们,人们很乐意去做那些给他们带来最大利益的事情,并且能够做得很好。但关键是要有正确的引导。

【知识点】WIFM—What's in it for me? 对我有什么好处?任何管理系统,包括绩效管理系统、培训系统、员工关系管理系统等,只要是与人有关的系统,当谈及对谁的好处最大时,你要想尽办法把它说成对员工的好处最大。

为什么呢?你要永远记住,你面对的员工都是成年人。成年人有自己的特点,就是看到这件事情对自身有好处,他才认同,对他没好处的事情,你说得天花乱坠他根本不听,因为他认为那是你的事儿,跟他没关系。

我们要让员工知道:考核的好处是对个人的利益最大化,是以员工为本的,是帮助员工进步的。只有这样,员工才会非常认可这种考核的概念。

本章知识点回顾

本章主要介绍了员工沟通管理、时间和纪律管理、员工健康管理、员工安全管理、员工参与管理、绩效管理的基本知识。

复习思考题

一、重点概念

沟通 时间管理 健康管理 安全管理 参与管理 绩效管理

二、简答题

1. 沟通的方法。
2. 时间管理的重要性。
3. 健康管理的措施。
4. 安全管理的任务。
5. 参与管理的作用。
6. 绩效管理的价值。
7. 绩效管理的方法。

三、论述题

1. 员工沟通管理的障碍和技巧。
2. 员工健康管理的措施。
3. 怎样提高员工参与管理的有效性。
4. 绩效管理体系。

四、案例分析题

B公司董事会正在讨论是否关闭其下属的一家元器件加工厂,理由是这家工厂不能给

B 公司创造利润。如果这个决议执行的话,将会导致 200 名工人失业,这对于总人数只有 700 人的 B 公司而言,将会引起工人们的恐慌,而造成更大的损失,显然这样的局面不是管理者所希望面临的。

最后,管理层决定让工人决定自己的命运,并给大家一周的时间,用书面报告反映上意见来。一周以后,管理层收到了来自全体员工的很多份报告,其中有生产第一线的工人、车间的管理者、采购部门等。

管理者将几份认为重要的报告呈给了董事会,这些触目惊心的报告在董事会产生很大震动,管理者被要求在最短的时间内解决这些使得元器件厂长期亏损的根本问题。管理者依据问题,健全了元器件厂的管理制度,2 个月后,元器件厂的产品一次检验合格率由原来的 90% 增加到 97%,仅此一项便减少损失 30 余万元,清理不合格员工给工厂每月减少薪资发放达 5 万元。而采购环节每月更是降低采购成本近 10 万元。5 个月后,整顿后的元器件厂实现赢利。

思考：关闭是企业渡过难关的唯一出路吗?

五、实践练习

实践练习 1:为某公司人力资源部门拟写一份《员工沟通管理规定》。

员工沟通管理规定(参考)

为调动企业员工的工作积极性,增强主人翁责任感,塑造公平和谐的企业文化氛围,特制定本规定。

本规定的适用范围为企业全体员工。

一、建议或意见

企业鼓励员工从各个角度通过各种形式为企业的发展提供建议和意见。

提议人将拟提供的建议或意见以书面形式提交行政部,或由行政部根据提议人的口头阐述或电话整理成书面建议或意见。

行政部收到建议或意见后,应于次日下班前整理登记好并递交有关主管。

部门主管应于 3 个工作日内审阅完毕并签署处理办法,总经理应于_____个工作日内审阅完毕并签署意见。

行政部接到企业主管批示后应于当日内转交有关部门办理并跟踪办理情况。

行政部应在建议或意见呈交_____个工作日内将处理结果反馈给提议人。

行政部如果收到不愿署名的建议或意见后,应立即作有关调查并参照署名建议程序及时处理。处理结果以适当方式公布。

对有效建议由行政部提请有关主管在处理函中批示奖励意见后给提议人予以奖励。

对于搬弄是非、恶意诬告、陷害他人者,一经查实,企业将给予行政处分,造成严重后果的,将依法追究其法律责任。

行政部负责对员工所提意见或建议及处理结果登记并存档,未经许可,任何人不得查阅。

二、人事申诉

企业鼓励员工对认为管理员工处理个案的方式方法不公正或个人利益无故受损或其他员工认为不公平,不合理事件进行申诉。

人力资源部负责员工申诉的受理、调查并拟定处理意见,被申诉对象的主管领导应积极

配合,协助人力资源部向行政部提出申诉。这些申诉包括:
1. 员工对考核结果有异议或考核结果显失公平的。
2. 管理员工强迫员工从事有害员工身心健康或违法、违规活动的。
3. 管理员工工作方法简单、生硬、导致大多数员工不满。
4. 员工认为应该申诉的。

人力资源部接到员工申诉后,应在三个工作日内答复员工,决定是否受理申诉并说明理由。

受理申诉案件,应首先由人力资源部组成调查小组,对申诉事件进行客观、全面调查,然后与部门或系统进行协调沟通;协调不成的,由人力资源部将调查报告交行政部处理。

受理申诉案件后,人力资源部应在两个星期内将处理结果明确答复申诉人,并由申诉人签字确认处理结果。

其他。

本规定解释权、修改权归行政部。

本规定自颁布之日起实施。

实践练习2:写一份公司绩效管理存在的问题及建议的分析报告。

无锡联信离合器有限公司因先天结构缺陷,管理一直是粗放型的。随着规模的不断扩大,向管理要效益、向质量要市场、无障碍沟通、按程序办事、凭数据说话已成为公司基本的工作理念要求。希望继续保持和扩展在离合器行业的地位,尽快提升销售业绩,增加经济效益。根本有效方法是如何充分发挥在岗人力资源的作用,在有效创造性的工作中合理提升不同部门、不同层次员工待遇——绩效考核是关键。强势管理、规范运作、考核标准公开公平,使个人贡献与公司报酬同步。公司有5个部门、2个车间。公司管理人员现行的固定年薪和年终红包实施中产生了不少困惑。

分析报告(参考)

一、分析过程

根据对公司情况的调查了解,从以下6个方面进行了分析。

1. 公司战略:产品的通用性和生产规模决定了公司相对缺乏竞争性,缺乏危机感。公司的整体战略是必须提升公司的经济效益与产品覆盖的宽度,解决生存与发展。

2. 组织机构:公司目前采用的直线职能制,优点是同专业人员一起工作有利于提高效率,但各部门协调困难,对外部环境变化反应较慢;针对公司直线职能制容易出现的问题,调查显示,部门实际的合作情况远低于认知水平。同时,信息采集模糊、流转混乱迟缓,处理拖拉。

3. 考核目标:公司现有考核目的不明确:是激励为主,还是发放奖金,人为因素较重,导致了考核重点的不突出。考核不能解决公司的所有问题,但考核应与激励相结合,考核目标要使员工产生压力,激发动力。

4. 考核指标设计:公司现有考核指标没有与公司的经济效益直接挂钩,组织的目标与部门的目标联系不紧密。根据调查和分析,员工普遍关心公司的产品开发和管理水平提高,但对成本、利润认识却存在不足,从调查中可以看出,在现有的部门绩效考核设计中主要考虑的是交货,产品产量,突出了质量与数量的考核,而忽视对产品开发、部门协作、成本、资金、应收账等直接影响公司的整体经济效益的考核。

公司现有考核指标界定很宽泛,范围过宽,没有分解细化,也没有关键业绩指标(KPI)。考核的横向(部门间)没有与纵向(不同时期)比较——无历史资料数据库,不能够反映业绩的变化情况;也没有部门间的比较,各部门的考核指标可比性未能体现出来,考核结果基本相同,不能反映不同部门间的业绩水平,似乎各部门对目标的贡献是一样。实际上工作量是不均衡的,对公司经济效益目标的贡献是不同的,但考核上没有能够体现各部门间这种差别的权重(如综合部与其他部门相比,承担责任不同,风险几率不同,考核权重应该有差别),结果必然导致各部门的指标和实际贡献是脱节。

5. 考核结果与实际贡献脱节;考核激励方式是单一的奖金激励或临时决策,结果是相互攀比奖金(红包),没有体现考核的激励作用;当然,还有员工不计较得失,凭朴素的感情努力工作。

6. 人力资源开发:公司的人员结构老化,学习习惯知识更新跟不上公司发展,思维定式陈旧,不寻求主动变化,迫切需要补充活跃的思维和新鲜的血液,加快知识更新节奏。现有人员的素质培养及后备力量的有机补充也没有反映在绩效考核的内容中。根据对现有部门的人员素质调查,可以看出90%的员工要求进一步培训提高。

二、改进建议

根据对公司情况的调查了解,认为应考虑以下内容进行公司的关键绩效指标设计。

1. 围绕公司战略目标。将公司的总体战略作为绩效指标设计的出发点与依据,考核目标与企业经营目标相结合,在年初制定全年的公司经营指标与各部门挂钩,职工的工作和本部门考核目标相结合。

2. 明确成本中心(是没有经营和销售权,无法控制收益。责任是对其职权范围内的成本或费用负责,考核指标是目标成本节约额)、收入责任中心(是对产品销售收入负责,责任是实现销售目标回收资金和控制坏账,考核指标是销售目标完成率、资金回收平均天数和坏账发生率)、真实利润中心(既对成本负责又对收入和利润负责,考核指标是目标利润完成率)三条主线,加强各部门的联系与协作,根据公司目前采用的直线职能制组织结构,需要强化对各部门协调能力的考核,将协调、沟通能力贯穿于部门绩效考核中。考核指标往往不是某一部门的指标,各部门要在协作中共同完成目标要求,对关键考核指标要落实到各个部门,但各部门的考核侧重不同,例如:成品库存、催款是营销部门的业务,但同时要与财务部挂钩;采购、生产部门要与成本挂钩;技术部门的要求比较高,管理考核的重点是市场产品开发及技术文件的正确。为实现部门间的考核,建议确立内部服务价格,确立部门从成本中心到利润中心的地位,从利润指标出发进行考核,用系数调节,对指标完成有所侧重的部门采用高的系数,实行差异化结果评定,考核结果可划分为五级——优秀、良好、一般、较差、不合格。

3. 引入竞争机制,提高激励作用。考核应与激励相结合,在制定考核目标时既要产生压力,又要激发动力。做好人员的分流,给予各部门一定授权,实行内部聘任制,提高生产效率。应根据层级的不同设置相应的考核重点。

4. 考核内容与公司的经济效益直接挂钩。实现考核的横向(部门间)与纵向(不同时期)比较。

在指标设计时充分考虑对成本的考核,通过成本控制,减少资金占用,加快资金周转,最终实现公司效益的提升。同时也考虑到公司的企业特点,吸收现有考核制度的优点,如对交货、产量、质量的考核。考评的内容还要能够反应品质、工作能力、工作业绩和工作态度。考评的结果要与奖励、薪酬及升职挂得上钩,奖金的计算按部门的效益和人数加以核定。

5. 考核指标的设计细化、量化。①根据各部门的不同情况,设计相应的考核指标,根据职能与层级的不同设置不同的考核重点;②对指标加以细化、量化,便于操作,将定性化的指标进行相对量化,实现考核的公平与合理;③由于各部门的工作重点不同,在关键业务中的责任不同,评定工作任务时应划分不同的权重关系;④应设计评分标准,根据标准来评定;考核结果的评定实行差异化,可划分为五级——优秀、良好、一般、较差、不合格;⑤评定的人员要考虑各个方面的组成,包括上级、同事、下级(360度全方位考核)。各业务部门负责人、人力资源管理部门、业务部门主管、总经理对考核进行监控与管理;⑥考虑到直接关系到公司发展的重大问题上,可以设立否定性指标与特别奖励性指标,特别是追究无过错责任。

6. 考评制度化。考评应做到制度化,年、半年、季度和月都有不同的考核侧重,在设计绩效考评的考评期时应根据具体情况而定;在具体的操作实施中,给予各部门一定授权,实行公司部门两级考核体系。

第七章　劳动争议管理

学习目标

通过本章的学习，了解劳动争议的概念和特点；熟悉劳动争议的产生原因、范围和处理程序；掌握劳动争议的处理方式和具体途径；熟练应用协商、调解、仲裁和诉讼环节的基本知识和工作方法；培养处理劳动争议的职业能力；理解劳动争议预防的重要性及措施。

引导案例

2010年年初，王先生入职百应旅行社任司机，负责驾驶旅游客车接送旅行团，在职期间单位向其收取1万元押金。

2011年，百应旅行社以王先生在接待温州旅行团的过程中迟到，造成该团未完成既定行程；驾驶途中无故紧急刹车，导致乘客受伤，造成该旅行社重大经济损失并丧失商业信誉为由，开除王先生，且未向王先生返还押金。

王先生认为，单位违法解除劳动关系，遂向海淀区劳动争议仲裁委员会提起仲裁申请并获得支持。百应旅行社不服，诉至法院要求不予退还该押金、不支付解除劳动关系的经济赔偿金。

法院经审理后认为，用人单位禁止以任何名义向劳动者收取财物或要求提供担保，旅行社收取王先生押金的行为显属违法，应当返还；旅行社不能证明王先生曾存在失职行为，故单方解除劳动关系应向王先生支付解除劳动关系经济补偿金。最后，法院判决驳回旅行社诉讼请求。

思考：法院判决何以驳回旅行社诉讼请求？

分析：此案涉及两个问题。一是旅行社可否以王先生给旅行社造成重大经济损失并丧失商业信誉为由，开除王先生。

《劳动合同法》第三十九条规定，劳动者"严重失职，营私舞弊，给用人单位造成重大损害的"，可以解除劳动合同。公司以此解除劳动合同，首先应证明王先生驾驶途中紧急刹车属于严重失职行为，并由此造成公司重大损害。但是，何为"重大损害"？这让仲裁员或法官"自由裁量"，估计结果也各不相同。因此，用人单位"重大损害"的量化标准非常重要。

二是旅行社可否不退还王先生的押金。

根据《劳动合同法》第九条，用人单位不得在招工时扣押劳动者身份证件、要求劳动者提供担保或收取劳动者财物。劳动合同履行过程中，对于劳动者占有单位价值较高的财物，单位为防止财物灭失或被轻易毁坏,与劳动者约定设置相应的合理担保,法律没有禁止,可以认定有效。但该约定为流押、流质担保,或名义上为财物"担保",实际上却是要求劳动者购买该财物的,该约定无效。所以,旅行社没有理由不退还王先生的押金。

第一节 劳动争议概述

一、劳动争议的概念与特点

劳动争议又称劳动纠纷,劳动纠纷是现实中较为常见的纠纷。国家机关、企业事业单位、社会团体等用人单位与职工建立劳动关系后,一般都能相互合作,认真履行劳动合同。但由于各种原因,双方之间产生纠纷也是难以避免的事情。劳动纠纷的发生,不仅使正常的劳动关系得不到维护,还会使劳动者的合法权益受到损害,不利于社会的稳定。因此,应当正确把握劳动纠纷的特点,积极预防劳动纠纷的发生。

（一）劳动争议的概念

劳动争议又称劳动纠纷,是指劳动关系双方当事人之间因劳动权利和劳动义务的认定与实现所发生的纠纷。

劳动争议的当事人是指劳动关系当事人双方——职工和用人单位（包括自然人、法人和具有经营权的用人单位）,即劳动法律关系中权利的享有者和义务的承担者。

（二）劳动争议的特点

劳动争议实质上是劳动关系当事人之间利益矛盾、利益冲突的表现。劳动争议与其他社会关系纠纷相比,具有下述特征。

1. **劳动争议的当事人是特定的**

劳动争议的当事人就是劳动关系的当事人,即一方为企业,另一方为劳动者或其团体,并且只有存在劳动关系的企业和劳动者或其团体才有可能成为劳动争议的当事人,而其他纠纷的当事人则不具有这个特点。

2. **劳动争议的内容是特定的**

劳动争议的标的是劳动权利和劳动义务。劳动权利和劳动义务是依据劳动法律、法规、劳动合同、集体合同等确定的。因此,劳动争议在一定意义上说是因实施劳动法而产生的争议,如就业、工资、工时、劳动条件、保险福利、培训、奖惩等各个方面,内容相当广泛。凡是以劳动权利和义务之外的权利和义务为标的的争议都不属于劳动争议。

3. **劳动争议有特定的表现形式**

一般的社会关系纠纷表现为争议主体劳动关系管理之间的利益冲突,其影响范围通常局限在争议主体之间,而重大的集体劳动争议、团体劳动争议除可表现为一般劳动关系纠纷的形式,有时还会以消极怠工、罢工、示威、请愿等形式出现,涉及面广,影响范围大,甚至超越事发地区,有的甚至造成国际性影响。

二、劳动争议的分类

劳动争议的种类可以在理论上依据劳动争议的本质、规模对其进行分类,以便指导处理劳动争议的实践,对不同劳动争议采取不同原则和方法进行处理。按照不同的标准,可将劳动争议做如下的分类。

1. 按照劳动争议的主体划分

(1) 个人争议。个人劳动争议是劳动者个人与用人单位发生的劳动争议。

(2) 集体争议。集体劳动争议主要指劳动者一方在 10 人以上的劳动争议以及因履行集体合同而发生的争议。

(3) 团体争议。工会与用人单位因签订或履行集体合同发生的争议。

集体争议与团体争议不同,团体争议是关于集体合同的争议,争议的主体是用人单位或用人单位团体与工会;而集体争议的主体仍然是用人单位与劳动者。划分个人争议与集体争议,主要意义在于设定两者在争议处理中的不同程序。个人争议的处理适用一般程序。集体争议则有特殊的要求:集体劳动争议由于涉及劳动者人数多,社会影响大,直接关系到企业的生产秩序和社会稳定,因此,对这类争议应按照特别审理程序进行。特别审理程序适用于劳动者人数在 30 人以上的集体劳动争议案件。

2. 按照劳动争议的客体划分

(1) 权利争议,又称既定权利争议。劳动关系当事人基于劳动法律、法规的规定,或集体合同、劳动合同约定的权利和义务所发生的争议。在当事人权利和义务既定的情况下,只要当事人双方都按照法律或合同的规定或约定行使权利、履行义务,一般不会发生争议;若当事人不按照规定行为,侵犯另一方既定权利,或者当事人对如何行使权利和义务理解上存在分歧,争议就会发生。

(2) 利益争议。当事人因主张有待确定的权利和义务所发生的争议。在劳动关系当事人的权利和义务尚未确定的情况下,双方对权利和义务有不同的主张,即当事人的利益未来如何分配而发生的争议。显然,只有在存在劳动关系的情况下,才会发生此类争议。它通常表现为签订、变更集体合同所发生的争议。

权利争议是为实现既定权利而发生的争议,它属于法律问题,故又称为法律争议。如支付拖欠工资争议、支付经济补偿金争议、补缴社会保险费争议等。用人单位或其团体与工会就集体合同的订立与变更发生的争议是利益争议。利益争议是为创设将来的合同,设定将来劳动条件而发生的争议,它涉及的不是法律问题,故又称经济争议。

利益争议与集体争议是不同的,利益争议的主体是工会,争议的内容是将来的劳动条件,表现形式是集体合同的订立和变更;而集体争议是多数劳动者共同提起的争议,争议的内容是现有权利的确认与执行,依据来自于法律、法规、劳动合同或者已经订立的集体合同的规定。权利争议因涉及的是法律问题,一般通过仲裁或诉讼程序解决;利益争议的解决没有可引用的实体依据,无法通过诉讼作出裁判,一般通过调解、调停、仲裁等和平方式解决处理。

根据争议的内容,劳动争议还可细分为工资争议、保险福利争议、劳动保护争议、培训争议、劳动合同解除、终止争议等。此外,还可以对国外国内劳动争议进行分类。

我们通常所称的劳动争议,实际上是指劳动者个人与用人单位之间发生的争议。

案例分析：

张明在受雇于天津市大港区某信息系统工程公司期间，因工作需要，向公司借用了一台价值 22963.5 元的手提电脑使用，并填写了公司内部的"公用设备借用登记表"。2001 年年底，他携带这台手提电脑到南方出差，在宾馆住宿时，电脑被人盗走。张明当即向当地警方报案（该案现仍在侦破中）。出差回来后，张明将有关电脑被盗的证明交给了公司。该公司就电脑赔偿问题未能和张明达成一致，就起诉到天津市大港区人民法院，要求张明赔偿经济损失 22963.5 元。

思考： 因公出差期间，所携带的单位财物被盗，个人是否承担赔偿责任呢？

分析： 本案中被告携带公司手提电脑出差，是原告所派执行职务的行为。被告在此过程中将电脑丢失，如有过错，原告可按公司内部规章制度对被告的行为予以处理。并且公司已扣发了张明当年的年终奖 3000 元和 40 天的工资，已经实施了惩罚。张明虽然填写了"公用设备借用登记表"，但张明和公司之间并非民法意义上的借用合同关系，而是公司内部行为。因此，法院依法驳回了原告的诉讼请求。

三、劳动争议的原因

近年来一批劳动法律、法规（尤其是《劳动合同法》、《中华人民共和国劳动争议调解仲裁法》（以下简称《劳动争议调解仲裁法》））的出台，致使劳动争议迅猛增加，据一些资料显示：2008 年北京市海淀法院受理的劳动争议案件比上年增长了 1202 件，增长比例为 69.1%。劳动争议可能出现在企业的用工管理中的一系列环节中的任何一个细节。

（一）企业内部管理

企业内部管理不规范是发生劳动争议的首要原因，也是出现频率最高的一种原因。

1. 企业的规章制度

《劳动合同法》第四条规定："用人单位在制定、修改或者决定有关劳动报酬、工作时间、休息休假、劳动安全卫生、保险福利、职工培训、劳动纪律以及劳动定额管理等直接涉及劳动者切身利益的规章制度或重大事项时，应当经职工代表大会或者全体职工讨论，提出方案和意见，与工会或者职工代表平等协商确定，并且规定用人单位应当将这些规章制度公示或者告知劳动者。"但是在现实的企业管理中，企业一方出于某些原因的考虑而未能在制度的制定或修改时参考员工的意见、未进行公示或未能进行有效地公示，那么，企业以此作为企业管理规范的有效性就值得商榷，员工不服从于这些条款的限制，便会滋生劳动纠纷事件的发生。并且，此种情况下发生的劳动纠纷在进行劳动仲裁或诉讼时企业都处于不利一方。

2. 企业业务流程的规范化

员工的任何业务都要严格按照既定的流程操作，在企业的日常管理中，入职手续的办理、企业内文件的传阅、员工加班问题、工资领取、请假手续和离职手续的办理等，经常出现代替签字或无签字、出现流程跳跃等现象，一方面不利于信息的传达及企业的日常管理；另一方面也给劳动纠纷的发生埋下了隐患。

3. 历史遗留的不规范用工行为

成立日期较早的、尤其是私营企业和拥有大量农民工的企业，目前大部分都或多或少的存在着用工不规范行为：劳动合同未及时签订、社会保险没有按规定进行缴纳、员工离职手续未及时办理等。这些都给目前的企业人力资源管理工作带来了很大的麻烦，隐患无处不在，几年前已经离开企业的员工还有可能某日出现在办公室，说自己是企业的一分子。由此引发的劳动纠纷一般都具有数量大、难界定、难预防、群代性等特点，在目前劳动纠纷总量中占有相当的比例。

（二）国家的劳动政策

国家有关的劳动法律、法规和政策规范等在宏观上指引着我国企业用工的劳动关系管理，建立和健全国家劳动政策是规范劳动关系的先决条件和根本保证。

1. 国家相应的劳动管理机制

相应的劳动仲裁或诉讼的判决方式、仲裁员或法官的思维模式等也在一定程度上影响着企业劳动关系的管理方式。例如在处理关于单位未及时给农村户口员工参加社会保险事项时，裁决将应由单位缴纳的部分（进入统筹）全部赔偿给相应员工，那么，在此情况下，员工参保的积极性就会受到严重的打击，更加不利于企业和国家社保工作的推进。再例如，因在首次办理参加社保手续时，通常需要提供户口本复印件、身份证复印件等，而部分员工考虑到社保转移和个人缴费等而不愿参加社保（不提供户口本复印件等），此情况下企业因不能提供相关材料也就未能办理对应员工的参保手续，而在此员工离职时就此进行劳动仲裁，企业方通常处于十分不利地位。

2. 劳动法律、法规的完善

法律、法规等不但要解决"不能做什么"的问题，还要跟进"做什么以后怎么处罚"的问题，使在相应问题出现时能够"有法可依"，取代人人皆知违法，但没有相应的法律依据进行处罚的情况。

（三）求职者、工会方面

作为劳动关系主体的一方——劳动者和劳动关系的第三方——工会在劳动关系管理中，起着至关重要的作用，关系着劳动争议的滋生、蔓延或湮灭。

1. 员工的法律观念淡薄

员工在进入企业以后，签订劳动合同、签收文件……很多情况下都不认真阅读其具体内容而直接签字，缺乏在日常的细节中保护自身的合法权益的意识；在日常的工作中不太注意自身权益受到侵害时证据的收集；甚至即使发现自己合法权益受到侵害时也不能运用相应的法律条文来维护等。这些现象的存在，致使劳动纠纷在仲裁或诉讼时，员工一方存在举证困难的问题。

2. 在劳动关系双方中员工处于弱势地位

从员工的招聘到考核、解除等整个人力资源的管理过程中，单位都处于主导方，并且目前中国人力资源市场发育不完全（人力资源市场的管理体制和政策不健全）、供严重过于求、人力资源的流动具有盲目性等。在此种种条件的限制下，求职者为拥有一份工作，在明知自己的一些权益被侵犯的情况下也只能接受单位方的条件，在日常的人力资源管理中，本应平等协商的也终不能实现。一旦正常的劳动关系不能维持，那么种种劳动纠纷的隐患就会暴露，虽然单位方在纠纷处理中（仲裁、诉讼）也将处于不利地位，但是员工也将存在举证困难的问题。

3. 工会

工会是员工保障自己合法权益的重要平台，保障员工的合法权益不受侵害也是工会的重要职责。但是在现实的企业经营管理中工会面临着新的问题：工会组建难；工会实体流于形式，严重依赖于企业，难以发挥实际作用。

四、劳动争议的范围及处理原则

（一）劳动争议的范围

明确劳动争议的范围，对于依法受理和处理劳动争议案件，合法、及时、公正地保护当事人的合法权益，非常重要。《劳动争议调解仲裁法》总结多年来劳动争议处理的实践，第二条明确下列劳动争议适用本法：①因确认劳动关系发生的争议；②因订立、履行、变更、解除和终止劳动合同发生的争议；③因除名、辞退和辞职、离职发生的争议；④因工作时间、休息休假、社会保险、福利、培训以及劳动保护发生的争议；⑤因劳动报酬、工伤医疗费、经济补偿或者赔偿金等发生的争议；⑥法律、法规规定的其他劳动争议。

根据《最高人民法院关于审理劳动争议案件适用法律若干问题的解释》第一条的规定，劳动者与用人单位之间发生的下列纠纷，属于《劳动法》第二条规定的劳动争议，当事人不服劳动争议仲裁委员会作出的裁决，依法向人民法院起诉的，人民法院应当受理：（一）劳动者与用人单位在履行劳动合同过程中发生的纠纷；（二）劳动者与用人单位之间没有订立书面劳动合同，但已形成劳动关系后发生的纠纷；（三）劳动者退休后，与尚未参加社会保险统筹的原用人单位因追索养老金、医疗费、工伤保险待遇和其他社会保险费而发生的纠纷。

法条衔接

根据《河北省企业劳动争议处理实施办法》的规定，劳动争议仲裁受理范围包括以下内容。

（一）因企业开除、除名、辞退职工和职工辞职、自动离职发生的争议。

（二）因执行国家和本省有关工资的规定发生的争议。

（三）因执行国家和本省有关工伤保险、医疗保险、生育保险、失业保险、养老保险和病假待遇、死亡丧葬抚恤等社会保险待遇的规定发生的争议。

（四）因执行国家和本省有关集体福利费，职工上下班交通补助费、探亲路费、取暖补贴、生活困难补助费等福利待遇的规定发生的争议。

（五）因执行国家和本省有关职工在职期间参加各类专业学校和各种职业技术培训的规定及有关的培训合同、培训费用等发生的争议。

（六）因执行国家和本省有关工作时间和休息时间、休假制度、劳动安全与卫生、女职工劳动保护，未成年人劳动保护等劳动保护的规定发生的争议。

（七）因执行国家和本省有关职工调动转移工作的规定发生的争议。

（八）因履行、变更、解除、终止劳动合同和履行集体合同发生的争议。

（九）法律、法规、规章规定的其他劳动争议。

（二）劳动争议的处理原则

《劳动法》规定："解决劳动争议，应当根据合法、公正、及时处理的原则，依法维护劳动争议当事人的合法权益。"并规定："调解原则适用于仲裁和诉讼程序。"这一规定确立了处理劳动争议的基本原则，即调解原则；及时处理原则；以事实为依据，以法律为准绳的原则；当事人在适用法律上一律平等的原则。这是处理劳动争议必须遵守的基本原则。

《劳动争议调解仲裁法》第三条规定："解决劳动争议，应当根据事实，遵循合法、公正、及时、着重调解的原则，依法保护当事人的合法权益。"

1. 以事实为依据，以法律为准绳

解决劳动争议应以事实为根据，这也是我国程序法的基本原则。《民事诉讼法》第七条规定："人民法院审理民事案件，必须以事实为根据，以法律为准绳。"《刑事诉讼法》第六条中规定："公、检、法机关进行刑事诉讼，必须以事实为根据，以法律为准绳。""以事实为根据"这项原则的目的是，使司法机关处理案件真正做到正确、合法，以保证准确地惩罚犯罪，保护人民；保障无罪的人不受刑事追究；确认民事权利和义务关系，制裁民事违法行为，保护国家、集体和个人的权益。案件是否处理得正确，标准是是否做到了事实清楚、证据确凿、定性正确、处理得当、程序合法。其中，首要的是事实，只有查清事实，才能正确运用法律。

坚持以事实为根据，就是坚持实事求是，一切从具体的案件情况出发，使认定的事实完全符合案件的客观真相。这就必须重证据、重调查研究。以事实为根据，以法律为准绳，二者是不可分割的整体，事实是正确运用法律的前提，依法判决是调查事实的继续和目的。只有把两者正确结合起来，才能保证合理地处理案件。

劳动关系的特殊性决定了劳动争议的处理尤其要注重事实。劳动合同在我国立法中确定应为书面的，这与很多国家的规定有所不同。我国对书面劳动合同的强调与劳动关系存在内在冲突。书面劳动合同应在劳动关系建立前或同时，最迟不得超过建立劳动关系一个月内订立，其指向整个劳动关系存续期间。然而，一个书面合同覆盖整个劳动关系存续期间是不现实的。尽管法律同时规定，变更劳动合同内容的应作出书面变更，但实际上劳动关系的具体内容可能始终处在变化中。劳动关系兼具人身性和财产性，其复杂的内容不可能完全为劳动合同涵盖，故劳动合同是一个不完备合同。因此，劳动争议案件审理中对事实的查明是处理劳动争议的基石。

2. 合法、公正、及时

在确认劳动争议基本事实的基础上，审理劳动争议的基本原则是"合法、公正、及时"。

所谓"合法"，是指劳动争议处理机构在调解、仲裁过程中坚持以事实为根据，以法律为准绳，依法处理劳动争议案件。如前所说，这是我国程序法的基本原则，一脉相承。而从劳动法的特点出发，作为社会法，其中存在很多公法性规定，典型的如《劳动基准法》，无论劳动合同、集体合同和规章制度都必须遵守基准法的规定。根据最高人民法院的司法解释，依法制定并经职工代表大会或者职工大会讨论通过的企业规章制度，可以作为处理劳动争议案件的依据。

所谓"公正"，是指在处理劳动争议的过程中，调解和仲裁机构能够公平正义、不偏不倚，保证争议当事人处于平等的法律地位，具有平等的权利和义务。"公正"原则也是我国诉讼法的基本原则。《民事诉讼法》第八条规定："民事诉讼当事人有平等的诉讼权利。"人民法院审理民事案件，应当保障和便利当事人行使诉讼权利，对当事人在适用法律上一律平等。

劳动争议处理机构应当公正执法、依法保障双方当事人的合法权益,对当事人在适用法律上一律平等,不得偏袒或者歧视任何一方。

所谓"及时",是指遵循劳动争议处理法律、法规规定的期限,尽可能快速、高效率地处理和解决劳动争议,防止久拖不决。这是劳动争议处理程序中一个突出的原则。劳动争议案件具有特殊性,它关系到劳动者的就业、劳动报酬、劳动条件、社会保险等切身利益问题,如不及时予以处理,势必会影响劳动者及其家庭的生活,也不利于用人单位生产秩序的稳定,甚至会影响社会稳定。

3. 着重调解

"着重调解"是劳动争议处理原则中一个重要原则。强调调解可以说是我国程序法的一个特点。《民事诉讼法》中规定:"人民法院审理民事案件,应当根据自愿和合法的原则进行调解。"把调解作为解决劳动争议的重要手段,从世界各国的经验看,都得到了验证。

目前世界各国及地区的劳动争议处理模式主要有三种。这三种模式均将调解设置为主要手段。如,日本和我国台湾地区采用的调解和仲裁相结合的模式。台湾地区的《劳资争议处理法》规定,劳资争议解决的方式,一是由调解委员会进行调解;二是由仲裁委员会进行仲裁,规定实行调解前置,规定:"劳资争议事件,未经调解程序者,不得交付仲裁。但争议当事人双方申请交付仲裁时,不在此限。"日本的《劳动关系调整法》也有类似的规定。又如,美国实行的是将"调解与诉讼相结合"的模式。美国在《劳工管理法》中规定,对劳资争议可以通过调停和调解解决,同时又规定:"对于劳资争议可以向能够管辖有关各方的任何美国地区法庭提出,不问争议牵涉数目的大小,也不问争议有关各方的公民地位。"

调解之所以为各国普遍采用,是由劳动争议的特点决定的。强化调解是实现劳动争议处理简化程序、缩短时间、降低成本的必然选择,劳动争议调解在预防纠纷、化解矛盾,妥善处理劳动争议等方面都发挥了积极的作用。

4. 当事人在适用法律上一律平等原则

依法维护劳动争议双方当事人的合法权益体现了当事人适用法律上一律平等的原则。这一原则要求,调解委员会、仲裁委员会、人民法院在处理劳动争议案件时,对劳动争议的任何一方当事人都应同等对待,其法律地位完全平等,法律赋予当事人的权利和义务双方当事人平等地享有和承担,不应因身份、地位的不同而采取不同的标准对待。用人单位与劳动者在申请调解、仲裁和诉讼时,在参加调解、仲裁、诉讼活动时都享有同等的权利,时效一样、陈述事实、进行辩论和举证、申请回避、是否达成调解协议,不服仲裁裁决是否向法院起诉等方面权利是同等的,承担的义务也是同等的。

五、劳动争议的处理方式和解决途径

(一) 劳动争议的处理方式

各国处理劳动争议的具体方式,多种多样,但大致可分为合议方式和裁判方式两大类。

1. 合议方式

劳动争议处理的合议方式,即当事人双方通过自己协商或者在特定机构干预下协商,互相妥协或单方妥协,从而达成解决劳动争议的协议,因而又称为妥协方式或协议方式。

其具体形式主要表现为:①和解。即当事人双方自行协商,达成解决劳动争议的协议。

②调解。即在第三人主持下,通过说服、劝导,使劳动争议在当事人双方互谅互让的基础上得到解决。③调停。即当事人双方在第三人的居中调和下,按照第三人提出的调停方案,达成解决劳动争议的建议。

2. 裁判方式

劳动争议处理的裁判方式,即由特定机构对劳动争议依法进行审理并作出具有法律效力的处理决定,使其得以解决。其具体形式主要表现为:①裁决。即由仲裁机构或有关行政机构依法对劳动争议作出裁决。②判决。即由审判机构依法对劳动争议作出判决。

(二)劳动争议的解决途径

根据《劳动争议调解仲裁法》第四条、第五条、第九条的规定,发生劳动争议后,可以通过协商、调解、仲裁和诉讼四种途径解决劳动争议,除此之外,还可以向有关部门投诉,要求有关部门依法处理。

根据劳动法的规定,我国目前的劳动争议处理机构为劳动争议调解委员会、劳动争议仲裁委员会和人民法院,这是解决劳动争议的三个渠道。

1. 通过劳动争议调解委员会进行调解

劳动法规定,在用人单位内部可以设立劳动争议调解委员会。它由职工代表、用人单位代表、工会代表三方组成。

劳动争议调解委员会所进行的调解活动是群众自我管理、自我教育的活动,具有群众性和非诉性的特点。劳动争议调解委员会调解劳动争议的步骤如下:

(1)申请。指劳动争议当事人以口头或书面方式向本单位劳动争议调解委员会提出调解的请求。

(2)受理。指劳动争议调解委员会接到当事人的调解申请后,经过审查,决定接受申请的过程。受理包括三个环节:第一,审查发生争议的事项是否属于劳动争议,只有属于劳动争议的纠纷事项才能受理;第二,通知并询问另一方当事人是否愿意接受调解,只有双方当事人都同意调解,调解委员会才能受理;第三,决定受理后,应及时通知当事人做好准备,并告之调解时间、地点等事宜。

(3)调查。经过深入调查研究,了解情况,掌握证据材料,弄清争议的原委以及调解争议的法律政策依据等。

(4)调解。调解委员会召开准备会议,统一认识,提出调解意见;找双方当事人谈话;召开调解会议。

(5)制作调解协议书。经过调解,双方达成协议,即由调解委员会制作调解协议书。

2. 通过劳动争议仲裁委员会进行裁决

劳动争议仲裁委员会是依法成立的、独立行使劳动争议仲裁权的劳动争议处理机构。

劳动争议仲裁委员会由劳动行政主管部门、同级工会、用人单位三方代表组成,劳动争议仲裁委员会主任由劳动行政主管部门的负责人担任。劳动行政主管部门的劳动争议处理机构为仲裁委员会的办事机构,负责办理仲裁委员会的日常事务。劳动争议仲裁委员会是一个带有司法性质的行政执行机关,其生效的仲裁决定书和调解书具有法律强制力。

劳动争议仲裁应遵循以下三个原则。

(1)先行调解原则。调解简便易行,能灵活迅速地缓解矛盾,因此,应先行调解,调解不成再实施仲裁,但要贯彻当事人双方自愿原则。

(2)及时、迅速原则。劳动争议仲裁委员会必须严格依照法律规定的期限结案,即《劳动争议调解仲裁法》第四十三条规定,仲裁庭裁决劳动争议案件,应当自劳动争议仲裁委员会受理仲裁申请之日起45日内结束。根据以往规定,仲裁裁决一般应在收到仲裁申请的60日内作出,经批准可延期30日。为提高效率,新法缩短了仲裁审理时限,减少了劳动者维权的时间成本。

(3)一次裁决原则。劳动争议仲裁委员会对每一起劳动争议案件实行一次裁决即行终结的法律制度。当事人不服裁决,可在收到仲裁书之日起15日内,向有管辖权的人民法院起诉。期满不起诉的,仲裁决定书即发生法律效力。

劳动争议仲裁一般分为5个步骤。

(1)受理案件阶段。即当事人申请和委员会受理阶段。当事人应在争议发生之日起60日内向仲裁委员会递交书面申请,委员会应当自收到申请书之日起7日内做出受理或不予受理的决定。

(2)调查取证阶段。此阶段工作分三个步骤:第一,拟定调查提纲;第二,有针对性地进行调查取证工作;第三,审查证据,去伪求真。

(3)调解阶段。调解必须遵循自愿、合法的原则。"调解书"具有法律效力。

(4)裁决阶段。调解无效即实行裁决。

(5)执行阶段。

3. 通过法院处理劳动争议

法院并不处理所有的劳动争议,只处理如下范围内的劳动争议案件。

(1)争议事项范围:因履行和解除劳动合同发生的争议;因执行国家有关工资、保险、福利、培训、劳动保护的规定发生的争议;法律规定由法院处理的其他劳动争议。

(2)企业范围:国有企业;县(区)属以上城镇集体所有制企业;乡镇企业;私营企业;"三资"企业。

(3)职工范围:与上述企业形成劳动关系的劳动者;经劳动行政机关批准录用并已签订劳动合同的临时工、季节工、农民工;依据有关法律、法规的规定,可以参照本法处理的其他职工。

法院受理劳动争议案件的条件是:

(1)劳动关系当事人间的劳动争议,必须先经过劳动争议仲裁委员会仲裁。

(2)必须是在接到仲裁决定书之日起15日内向人民法院提起诉的,超过15日,法院不予受理。

(3)有利于改善企业内部劳动关系。

需要注意的是,在这些解决劳动争议的途径中,提起诉讼必须以先进行仲裁为前提条件,但是对用人单位来说,根据《劳动争议调解仲裁法》第四十七条进行的仲裁裁决为终局裁决,用人单位不服的不得起诉,只能根据该法的第四十八条规定向人民法院申请撤销裁决。

法条衔接

《劳动争议调解仲裁法》第四条规定,发生劳动争议,劳动者可以与用人单位协商,也可以请工会或者第三方共同与用人单位协商,达成和解协议。

第五条规定，发生劳动争议，当事人不愿协商、协商不成或者达成和解协议后不履行的，可以向调解组织申请调解；不愿调解、调解不成或者达成调解协议后不履行的，可以向劳动争议仲裁委员会申请仲裁；对仲裁裁决不服的，除本法另有规定的外，可以向人民法院提起诉讼。

第九条规定，用人单位违反国家规定，拖欠或者未足额支付劳动报酬，或者拖欠工伤医疗费、经济补偿或者赔偿金的，劳动者可以向劳动保障行政部门投诉，劳动保障行政部门应当依法处理。

延伸阅读

西方国家对劳动争议的处理，有的由普通法院审理，有的由特别的劳工法院处理。由特别的劳工法院处理劳动争议，始于13世纪的欧洲的行会法庭，法国1806年于里昂创设了劳动审理所，此后意大利、德国等国才相继设立了劳工法庭。很多国家处理劳动争议采取自愿调解、强制调解、自愿仲裁和强制仲裁4项措施。

中国于20世纪50年代初期曾建立劳动争议处理制度，1950年劳动部发布过《关于劳动争议解决程序的规定》，采用协商、调解、仲裁和人民法院审理等程序处理劳动争议。1956—1986年改用来信来访制度处理劳动争议。这带来诸多问题：浪费人力、物力和使纠纷久拖不决。80年代实行改革开放政策后，劳动争议不断增加。1987年7月，国务院发布《国营企业劳动争议处理暂行规定》，恢复了在国有企业中的劳动争议处理制度。建立社会主义市场经济后，劳动关系发生了变化，劳动争议大量增加，1993年7月，国务院颁布了《企业劳动争议处理条例》，劳动争议处理制度扩大到了各种性质的企业之中。1994年7月5日，全国人大常委会审议通过了《劳动法》，在第十章"劳动争议"内肯定《企业劳动争议处理条例》的各项内容，并特别规定因签订集体合同发生争议、当事人协商解决不成的，当地人民政府劳动行政部门可以组织有关各方协调处理；因履行集体合同发生的争议，当事人协商解决不成的，再通过仲裁、法院审判程序处理。

《劳动争议调解仲裁法》于2007年12月29日经全国人大常委会第三十一次会议审议通过，胡锦涛主席签署第八十号主席令予以公布，于2008年5月1日开始施行。《劳动争议调解仲裁法》是社会主义市场经济条件下调整劳动关系的一部重要法律。这部法律的颁布施行，对于公正及时地解决劳动争议、保护劳动争议当事人的合法权益、促进劳动关系和谐稳定、构建社会主义和谐社会，都具有十分重要的意义。

第二节 自主协商和调解

引导案例

某劳动者因为工资还有福利等问题和公司发生了很多不愉快，但是又不想把事情闹大，就打算和公司在私底下协商解决。

思考：对于和单位的劳动争议，可以通过双方协商来解决吗？除此之外还有其他解决途径吗？

分析：所谓协商，是指劳动争议发生后，当事人就争议事项进行商量，协调双方的关系，消除矛盾，解决争议。劳动争议为人民内部矛盾，应当协商解决，但协商不是解决劳动争议的必经程序，只是国家对当事人自行协商解决劳动争议这种方式予以法律的认可。不愿协商或者协商不成的，当事人有权申请调解或者仲裁。

在我国，处理劳动争议主要有四种解决途径：一是双方协商，一般情况下，如果双方能友好协商达成一致的话，建议协商解决。二是在双方不能协商一致的情况下可由第三方参与进行调解。三是如协商解决不了或调解无效的情况下，可向当地劳动和社会保障局申请劳动仲裁。四是对仲裁结果不满的还可以在仲裁部门作出仲裁之日起15日内向法院起诉。

建议劳动者如果涉案标的较小，尽量协商解决，以减少诉讼环节，节约成本、节约资源，快速维权。

当前，我国的劳动关系普遍存在一定的紧张和困难，劳动争议发生的比例很高。众所周知，市场经济是法治经济，随着时代的进步，市场经济主体越来越依靠法律来维护自身合法权益。然而，在市场经济发展的今天，中国人不喜欢诉讼的传统并没有从根本上改变。当发生劳动争议的时候，劳动者往往首先选择协商和调解的方式来处理劳动争议，这既减轻了法院的负担，又加速劳动争议的处理，收到一举两得的效果。

一、劳动争议协商处理的概念及特点

（一）劳动争议协商处理的概念

劳动争议协商处理是指劳动争议发生之后，由争议双方当事人直接接触，进行磋商对话，达成谅解，从而自行解决劳动纠纷的一种方式。

协商既可以在劳动争议发生之后、采取其他方式之前采用，也可以在采取其他方式之后采用。在调解、仲裁或诉讼过程中，当事人都可以进行协商，并在协商达成协议后，撤回调解申请、仲裁申请或诉讼请求，终止其他程序。

（二）劳动争议协商处理的特点

劳动争议协商处理是法律规定的劳动争议处理的基本方式。我国现行法律规定，劳动争议发生之后，双方当事人愿意协商解决的都可以协商解决。我国现行法律为劳动争议处理提供了四种解决途径：协商、调解、仲裁和诉讼。《劳动争议调解仲裁法》第五条规定："发生劳动争议，当事人不愿协商、协商不成或者达成和解协议后不履行的，可以向调解组织申请调解；不愿调解、调解不成或者达成调解协议后不履行的，可以向劳动争议仲裁委员会申请仲裁；对仲裁裁决不服的，除本法另有规定的外，可以向人民法院提起诉讼。"

劳动争议协商处理的特点是没有第三方参加，或虽有第三方参加，但第三方不起主要作用。《劳动争议调解仲裁法》第四条规定了协商的基本方式："发生劳动争议，劳动者可以与用人单位协商，也可以请工会或者第三方共同与用人单位协商，达成和解协议。"可见，我国法律确认了劳动争议协商处理有两种形式：狭义的劳动争议协商仅有劳动者和用人单位的参与，而广义的劳动争议协商则包含了第三方的参与，只不过第三方在其中不起主要作用。

劳动者请工会或者第三方共同与用人单位进行协商的方式是《劳动争议调解仲裁法》的新规定，主要是因为劳动者与用人单位相比，通常处于弱势地位，如果单纯由劳动者与用人单位进行协商和解,双方由于存在地位上的不平衡性,通常很难达成和解协议。而法律规定则可以通过工会和第三方的加入,促成用人单位与劳动者坐下来协商,进而达成和解协议,充分发挥协商在处理劳动争议方面的作用。该"第三方"既可以是本单位的人员,也可以是本单位以外的双方都信任的人员。

从法定的解决劳动争议的方式看,劳动争议协商处理具有一定特性和优势:劳动争议当事人对案件的实质内容必然较局外人更加清楚,当事人在协商过程中很大程度上不需要过多的调查取证,故而可以避免很多新增类型的案件、高难度案件、取证难的案件交付调解、仲裁和司法机关处理,极大地减轻了协商后续程序的负担。

二、劳动争议协商程序的类型

广义的劳动争议协商是指劳动争议发生后,劳动争议的双方进行商谈,达成协议解决纠纷的一种活动,这种活动存在于争议处理的各个阶段。

狭义的协商仅指劳动争议发生后劳资双方直接接触进行磋商并达成谅解或者和解协议,是解决纠纷的一种具有法律意义的制度,为劳动争议的纠纷解决方式之一,其特点是没有第三人参加,或虽有第三方参加,但第三人不起主要作用。在调解、仲裁或诉讼审理过程中,当事人也可以进行协商并形成合意,撤回调解申请、仲裁申请或诉讼请求,终止其他相应的程序。目前,协商程序的类别主要有以下三种类型:

(一)个别劳动争议协商程序

在维持劳动关系的情况下,个别劳动争议双方存在管理和被管理的关系,"个别协商"与人力资源管理上的"沟通"具有相同的性质。

在劳动关系终结的情况下,劳动者已经摆脱了与用人单位的从属性,获得与用人单位平等的协商地位。

(二)集体合同劳动争议协商程序

对因签订集体合同发生的争议按《劳动法》、《劳动合同法》和《集体合同规定》处理,当事人协商不成的,由当地人民政府劳动行政部门组织有关各方协调处理;对因履行集体合同发生的争议,由当事人协商,协商不成的,可向劳动争议仲裁委员会申请仲裁,对仲裁裁决不服的,可以自收到仲裁裁决书之日起15日内向人民法院起诉。

对于职工一方在30人以上的集体劳动争议案件,按《劳动争议仲裁委员会办案规则》"案件特别审理"程序处理,当事人的协商并非是可以选择的,而是必须进行的。

(三)群体性劳动争议协商程序

群体性劳动争议涉及人数多,影响面广,处理难度大,案件数量呈上升态势,是劳动争议的重点。我国立法中规定了群体性劳动争议,但是,并未对群体性劳动争议协商程序做出专门的规定。

三、劳动争议协商的基本属性

我国以"和解协商"、"和为贵"解决问题的历史传统源远流长。

现行劳动立法确立了"协商第一"处理劳动争议的法律制度,通过立法解决劳资双方的矛盾纠纷。1993年施行的《企业劳动争议处理条例》第六条规定:"劳动争议发生后,当事人应当协商解决。"1995年1月实施的《劳动法》第七十七条规定:"用人单位与劳动者发生争议,当事人可以依法申请调解、仲裁、提起诉讼,也可以协商解决。"《劳动法》第八十四条专门对集体合同签订过程中出现的劳动争议作了特别规定,协商程序成为解决该类纠纷和申请仲裁的必经程序。2008年5月实施的《劳动争议调解仲裁法》第四条规定:"发生劳动争议,劳动者可以与用人单位协商,也可以请工会或者第三方共同与用人单位协商,达成和解协议。"

(一)"协商"与"沟通"

劳动争议"协商"与劳动关系中的"沟通"不同。协商的主体是地位平等的劳动争议双方,存在于争议发生之后,功能是解决当事人之间的利益和价值标准的冲突,体现的是一种纠纷解决机制。

劳动关系中的"沟通"贯穿于劳动关系的全过程,是劳资双方传递、交换信息的过程,也是雇主的日常管理行为之一,往往被定位于人力资源管理的一项基本内容。

(二)"协商"与"调解"

劳动争议中的"协商"与"调解"不同。劳动争议中的协商与调解的明显区别就是二者参与的主体不同,最大的区别就在于中立第三方的协助。调解程序本身就是一种人际间信赖关系的延伸,因此,要取得当事人的信任,第三人就必须是中立的、公正的、居间的,不代表任何一方当事人,也不偏向任何一方当事人。而协商则是争议双方之间的协商,虽然也可以有第三方参与,但是第三方并不起主要作用。《劳动争议调解仲裁法》引入了工会或者第三方来协助劳动者与用人单位协商的制度。

(三)"协商"与"不告不理"

劳动争议中的"协商"出自当事人双方自愿,与劳动争议民事诉讼中的"不告不理"有很大差异。劳动争议诉讼程序中的"不告不理"具有特殊性:第一,诉争请求可经由仲裁程序向诉讼程序"移植"形成,仲裁程序对诉讼程序而言具有程序价值意义,"不告不理"从仲裁和诉讼两个程序的结合中得到完整的体现;第二,在诉讼中当事人可提出与仲裁诉争内容"具有不可分性"的诉讼请求。但法院不完全受制于已经经过的仲裁程序中的诉争内容的限制,可以适当超过该劳动争议在仲裁程序中所诉争内容的范围;第三,劳动争议诉讼的起诉与诉讼请求的提出两者可以相分离;第四,劳动争议诉讼程序不存在反诉问题,排除否定了反诉制度的存在。

■ 四、劳动争议协商程序的基本原则

(一)平等原则

保障劳动者在劳动争议中的平等地位是协商制度最重要的基础原则。协商是双方在同一起点、同一平台上的平等对话。

由于雇主在劳资关系中占据主导地位,劳动者往往处于弱势位置,因此,保证双方的平等地位是劳动者进行对话、协商谈判的基础,而如何平衡这两方的力量则是一个社会经济问题,而不是单一的法律制度所能解决的。

但是,在法律的适用上,不论实体法还是程序法,要一视同仁,以保障权利实现和程序公正。

(二)诚实守信,自主协商原则

诚信是协商的基础。诚信要求劳资双方讲求信用,恪守诺言,诚实不欺,以善意的方式行使权利履行义务,追求自己的利益。

劳动争议并非都是不可调和的矛盾,矛盾的解决需要双方诚信支配下的心态和共同努力,把各方真诚的想法和不解、需要和苦衷相互交流,以求达成共识,通过协商来实现利益的再平衡,以最小的成本实现劳动争议的解决。

(三)合法、公正、及时、效率原则

合法可以促使当事人正确对待自己的权利和义务,利用法律依法维护自己的权利,正确履行义务;公正使得劳动者一方得到最大的保护,有利于实现用工环境的有序性,保证生产的稳定;劳动争议的发生,不仅影响生产、工作的正常进行,而且直接影响劳动者及其家人的生活,甚至影响社会的稳定。

因此,及时、高效解决劳动争议,可以减少双方的成本,实现劳动者和用人单位的利益再平衡,是劳动争议解决机制所追求的价值目标之一。

当然,无论是狭义还是广义的协商处理,协商这一程序都必须建立在双方自愿的基础上,即使在广义的协商程序中,第三方也不得强迫任何一方当事人进行协商,不得强迫任何一方当事人接受他不愿接受的条件。如果当事人不愿协商、协商不成或者达成和解协议后不履行的,另一方当事人仍然可以向劳动争议调解组织申请调解,或者向劳动争议仲裁机构申请仲裁。

五、劳动争议调解

调解是一种柔性方式化解矛盾的机制,源于儒家文化,在我国具有悠久的历史。以调解的方式解决纠纷具有及时、灵活的特点,成本较低,可以促使当事人尽快取得谅解,减少双方对立情绪,防止矛盾激化。

劳动争议属于人民内部矛盾,劳动者与用人单位不存在对立的不可调和的矛盾,经过说服教育和协商对话就有可能及时解决纠纷,化解矛盾,而且由于调解气氛平缓,方式温和,易于被双方接受,因此各国都重视采用调解方法,使之成为解决劳动争议的重要手段。

劳动争议调解制度作为我国预防和解决劳动争议的"第一道防线",被西方誉为独具特色的"东方经验",对于预防矛盾激化、减少诉讼发生、维护和发展和谐稳定的劳动关系具有极其重要意义。

(一)劳动争议调解的概念

调解是由第三方居中调和,通过疏导、说服、促使当事人互谅互让,从而解决纠纷的方

法。劳动争议调解是指劳动争议双方当事人自愿将劳动争议提交给有关调解机构处理,调解机构在查明事实、分清是非的基础上,通过宣传法律、法规、政策和说服教育等方法,使争议双方相互谅解,达成协议,及时解决纠纷的一种活动。

劳动争议调解有狭义和广义两种理解,狭义的劳动争议调解就是《劳动争议调解仲裁法》中规定的独立于仲裁和诉讼的劳动争议调解程序,"是指劳动争议调解组织对当事人双方自愿申请调解的劳动争议,在查明事实、分清是非的前提下,依据法规、政策的规定和集体合同、劳动合同的约定,通过说服、劝导和教育,促使当事人双方在平等协商,互谅互让的基础上自愿达成解决劳动争议的协议的机制。"

广义的劳动争议调解还包括劳动争议仲裁中的调解和劳动争议诉讼中的调解。从《企业劳动争议处理条例》实施以来,劳动争议调解制度对我国劳动关系的和谐起到了积极的作用,同时,随着我国《劳动争议调解仲裁法》的诞生,调解制度又得到进一步的改进,更有利于劳动纠纷的解决和劳动关系的和谐。

(二) 劳动争议调解的法律特征

(1) 劳动争议调解遵守自愿、合法、平等协商原则。
(2) 劳动争议调解机构是特定的。
(3) 劳动争议调解的内容是劳动关系主体之间因劳动合同、集体合同或劳动法律、法规中规定的权利和义务关系。
(4) 劳动争议调解不是劳动纠纷处理的必经程序。

(三) 劳动争议调解的方式

我国的劳动争议调解有两种形式,一是企业劳动争议调解委员会的调解;二是劳动争议仲裁委员会的先行调解。《劳动争议调解仲裁法》第五条规定:"发生劳动争议,当事人不愿协商、协商不成或者达成和解协议后不履行的,可以向调解组织申请调解;不愿调解、调解不成或者达成调解协议后不履行的,可以向劳动争议仲裁委员会申请仲裁。"该法四十二条规定:"仲裁庭在作出裁决前,应当先行调解。"

上述两种调解的共同点是:它们都为诉讼外调解;都由特定的劳动争议处理机构作为第三方主持调解;都应在查明事实、分清责任、明辨是非的基础上,通过说服、劝告、建议等方法促成当事人双方进行协商;都应坚持自愿、合法原则等。所不同的是,劳动争议调解委员会调解由企业内部的劳动争议调解委员会或者小组主持进行,调解组织由本单位的职工代表、企业或单位代表以及单位的工会代表三方人员组成;而劳动争议仲裁管辖,受理本辖区内的劳动争议案件,它由政府劳动行政主管部门的代表、工会代表及政府指定的综合经济管理部门的代表组成,其办事机构为各级劳动主管部门的劳动争议处理机构。

此外,当事人对劳动争议仲裁委员会裁决的劳动争议案件不服,可以向人民法院起诉,法院在受理案件后,可以先行进行调解,这种调解属于诉讼内调解,即在司法机关的主持下,促成劳动争议双方当事人自愿和解并达成协议的一种方式。

(四) 劳动争议调解组织职能及作用

《劳动争议调解仲裁法》立足于原有的企业劳动争议调解组织的基础上,根据实践的需要,将调解组织规范为三大类型:即企业劳动争议调解委员会,基层人民调解组织,在乡镇、街道设立的具有劳动争议调解职能的组织。一旦发生劳动争议,当事人可以直接向法律规定的三类调解组织申请调解。企业有劳动争议调解委员会的,劳动者可以向本企业调解委员会申请调解,也可以径直向依法设立的基层人民调解组织或在乡镇、街道设立的具有劳动争议调解职能的组织申请调解。

1. 企业劳动争议调解委员会

企业劳动争议调解委员会是企业内部解决劳动争议的机制。《劳动争议调解仲裁法》第十条规定:"企业劳动争议调解委员会由职工代表和企业代表组成。职工代表由工会成员担任或者由全体职工推举产生;企业代表由企业负责人指定。企业劳动争议调解委员会主任由工会成员或者双方推举的人员担任。"由企业劳动争议调解委员会调解劳动争议,有利于将劳动争议解决在企业内部,使劳动关系得以维持,是一种非常好的解决争议的方式。

2. 基层人民调解组织

基层人民调解组织是我国解决民间纠纷的组织。人民调解委员会是村民委员会和居民委员会下设的调解民间纠纷的群众性组织,在基层人民政府和基层人民法院指导下进行工作。人民调解委员会的任务为调解民间纠纷,并通过调解工作宣传法律、法规、规章和政策,教育公民遵纪守法,尊重社会公德。除了村民委员会、居民委员会设立的人民调解组织外,根据2002年9月司法部颁布的《人民调解工作若干规定》,乡镇、街道可以设立人民调解委员会,企业事业单位根据需要也可以设立人民调解委员会,根据需要还可以设立区域性、行业性的人民调解委员会。目前,全国98%的乡镇、街道已设立了人民调解组织,在调解民间纠纷方面发挥了重要作用。

为了发挥人民调解组织的作用,解决劳动争议调解力量不足的问题,《劳动争议调解仲裁法》已将劳动争议调解纳入人民调解组织的职能范围,取得了很好的效果。

3. 在乡镇、街道设立的具有劳动争议调解职能的组织

目前,在乡镇、街道设立的具有劳动争议调解职能的组织主要有两种类型:一种是依托于乡镇劳动服务站的调解组织;另一种是依托于地方工会的劳动调解组织。另外,一些地方在一些非公有制企业和外商投资企业比较集中的乡镇、街道、开发区或社区,由地方工会、政府和企业代表组织等组成区域性、行业性劳动调解组织,调解本区域重大疑难劳动争议、集体劳动争议以及未建立劳动争议调解委员会的企业发生的劳动争议。区域性、行业性劳动争议调解组织对解决劳动争议也发挥了积极作用。

(五)劳动争议调解程序

劳动者与用人单位之间发生劳动纠纷,可自争议发生之日起1年内,向企业劳动争议调解委员会或企业所在镇(街道)、社区基层劳动争议调解组织申请调解。当事人申请调解,可提交书面申请书,载明双方当事人的基本情况、调解事项、理由和时间;也可口头申请,口头申请的劳动争议调解组织应做好书面记录。经调解达成协议的,应当制作调解协议书。对于不予受理的或自劳动争议调解组织收到调解申请之日起15日内未达成调解协议的,当事人可以依法申请仲裁。劳动争议调解组织调解工作程序一般是:

1. 申请与受理

劳动争议发生后,当事人不愿协商或者协商不成并自愿选择调解的,应及时申请。劳动

争议调解组织接到调解申请后,应对调解申请书进行审查,看其是否符合受理条件和范围。经审查决定受理的,应征询对方当事人的意见,对方当事人愿意调解的,应将调解的地点、要求等以口头或书面形式通知双方当事人;对方当事人不愿调解的,应做好记录,及时以书面形式通知申请人。对不予受理的,劳动争议调解组织应向申请人说明理由并作出不受理的决定。对劳动争议调解组织无法决定是否受理的或自劳动争议调解组织收到调解申请之日起15日内未达成调解协议的,当事人可以依法申请仲裁。

2. 调查核实

劳动争议调解组织对决定受理的案件,应及时指派调解员对争议事项进行全面调查核实,调查应作笔录,并由调查人签名或盖章。调查工作一般包括:①查清案件的基本事实:双方发生争议的原因、经过、焦点及有关的人和情况。②掌握与争议问题有关的劳动法律、法规的规定和劳动合同的约定,分清双方当事人应承担的责任,拟定调解方案和调解意见。

3. 组织调解

较复杂的案件,由调解委员会主任或调解组织的主要负责人主持召开有争议双方当事人参加的调解会议(发生争议的员工一方在三人以上,并有共同申诉理由的,可以推举代表参加调解活动),有关单位和个人可以参加调解会议协助调解;简单的争议,可由劳动争议调解组织指定一至二名调解委员进行调解。在调解过程中,调解人员应向当事人宣讲国家的劳动法规和政策,说明调解的好处和意义,进行疏导工作,明确各方应负的责任或承担的义务。

通常情况下,调解会议的程序是:①书记员向会议主持人报告到会人员情况;②会议主持人宣布会议开始并宣读申请调解的争议事项,会议纪律,当事人应持的态度;③听取双方当事人对争议的陈述和意见,询问有关案件、核准事实;④公布核实的情况和调解意见,征求双方当事人的意见;⑤依据事实和法律及劳动合同的约定促使双方当事人协商达成协议。不管是否达成协议都要记录在案,当事人核对后签字。

4. 制作调解协议书或调解意见书

调解达成协议的,制作调解协议书,双方当事人应自觉履行。协议书应写明争议双方当事人的姓名(单位、法定代表人)、职务、争议事项、调解结果及其他应说明的事项,由调解委员会主任或劳动争议调解组织主要负责人(简单争议由调解员)以及双方当事人签名或盖章,并加盖调解委员会或劳动争议调解组织印章。调解协议书一式三份(争议双方当事人、调解组织各一份)。调解不成的,应做好记录,并在调解意见书上说明情况。调解意见书要写明当事人的姓名(单位、法定代表)、年龄、性别、职务、争议的事实,调解不成的原因,调解组织的意见;调解意见书由调解委员会主任或劳动争议调解组织主要负责人签名、盖章,并加盖调解组织印章。调解意见书一式三份(争议双方当事人、调解组织各一份),及时送达当事人,告知当事人在规定的期限内向当地劳动争议仲裁委员会申请仲裁。

(六)劳动争议调解协议的法律效力

劳动争议调解组织组织劳资双方调解不是解决劳动争议的必经程序,其调解的目的是要用一种灵活、简便的机制,尽快解决劳动争议。

调解是当事人自愿选择解决劳动争议的一种形式,调解协议是双方自愿达成的,当事人应当按照约定履行自己的义务,不得擅自变更或者解除调解协议。也就是说调解协议具有劳动合同性质,是劳动争议仲裁委员会或者人民法院裁决劳动争议案件的重要证据,如果没有其他证据证明调解协议无效或者是可撤销的,可以作为仲裁委员会裁决和人民法院判决的依据。

调解协议书究竟具有何等法律效力的文书呢?《劳动争议调解仲裁法》只对调解协议书的形式作了规定,而没有对调解协议的法律效力作出明确规定。2002年最高人民法院发布的《关于审理涉及人民调解协议的民事案件的若干规定》对民事调解的相关规定。该《规定》第一条规定,经人民调解委员会调解达成的、有民事权利和义务内容,并由双方当事人签字或者盖章的调解协议,具有民事合同性质。2009年最高人民法院又颁布了《关于建立健全诉讼与非诉讼相衔接的矛盾纠纷解决机制的若干意见》(以下简称《意见》),进一步明确经行政机关、商事调解组织、行业调解组织或者其他具有调解职能的组织对民商事争议调解后达成的调解协议都具有民事合同性质,当事人应当遵守和履行。同时还明确规定经调解组织达成的劳动争议调解协议,当事人可以不经仲裁程序,直接根据《意见》关于司法确认的规定,向人民法院申请确认劳动争议调解协议的效力。人民法院依法审查后,决定是否确认调解协议的效力。确认调解协议效力的决定送达双方当事人后发生法律效力,一方当事人拒绝履行的,另一方当事人可以依法申请法院强制执行。如果法院没有确认劳动争议调解协议效力,当事人对调解协议的内容或履行有争议的,仍有权申请劳动争议仲裁,由劳动争议仲裁委员会裁定调解协议的效力。

六、劳动争议协商与调解存在的问题及完善

当发生劳动争议的时候,劳动者往往首先选择协商和调解的方式来处理劳动争议,这既减轻了法院的负担,又加速劳动争议的处理,收到一举两得的效果。但是,我国的劳动争议的协商和调解制度却存在一定的问题:一方面是大部分劳动职工希望通过协商和调解的方式来解决劳动争议;另一方面是劳动争议协商和调解制度设定存在问题,使得这些制度难以发挥作用。因此,完善劳动争议协商和调解制度是解决目前数量庞大的劳动争议案件的必由之路。

(一)存在的问题

1. 劳动者维权意识差,劳动争议处理知识缺乏

在发生劳动争议后,劳动者对于一般的权益受到侵害往往报以忍受,比较大的利益损失才立刻通过法律规定的程序来解决,更有部分劳动者开始对于劳动争议处理制度丧失信任。广大职工对于《劳动争议调解仲裁法》知晓程度较低,许多人不知道我国的劳动争议处理机制。很难想象,一个对于劳动争议处理机制不了解或者基本不了解的人在权利受到侵害时会毅然决然拿起法律的武器去维护自己的权利。劳动者对于劳动争议处理法律的了解程度很不理想,这在很大程度上影响了设立劳动争议处理制度的目的,更重要的是它影响到了设立劳动者实体权利的实现,与设立这一制度的目的背道而驰。

2. 协商制度不健全导致程序弱化

大部分劳动争议没有通过协商而是通过仲裁法来解决,表明协商制度是存在缺陷的,协商制度是最佳的劳动争议处理方式,现在却有很多人不愿意与用人单位协商解决。这就存在一个矛盾,一方面是职工希望通过协商解决问题的强烈愿望;另一方面则是该制度不能满

足职工需求的无奈。

3. 企业劳动争议调解组织的作用发挥有限

大部分劳动者在与用人单位发生劳动纠纷后期望通过企业劳动争议调解委员会解决争议,在单位内部解决纠纷,既方便又不伤和气,对调解组织的期望很高。但现实中设立劳动争议调解委员会的企业较少,不到企业总数的三分之一,并不能满足职工维权的要求。且由于企业劳动争议调解委员会未能妥善地处理争议,职工发生争议之后,就不再愿意选择企业劳动争议调解委员会解决纠纷。

(二) 完善建议

1. 加强劳动争议处理法律的宣传和教育力度

现有的法律尽管很不完善,只要广大的劳动者知道这个法律,至少他就有可能拿起法律的武器去维护自己的权利,否则就只能选择以忍让来息事宁人,从而在更大程度上损害更多的劳动者的权利。因此,劳动争议相关法律的宣传和教育是完善劳动争议处理机制工作的基础。尤其对于低学历人员、失业人员、农村进城务工人员本来就是社会弱势群体,并在社会中占大多数,他们对于劳动争议处理制度的了解在很大程度上会影响到劳动争议处理制度运行的正常与否,因此,加强对于这一部分人宣传和教育,对于促进劳动争议处理制度的完善有非常重要的意义。

2. 健全劳动争议的协商制度

在劳动争议处理的四项程序中,协商制度是最不完善的一个制度,这不仅是因为从法律层面看,该制度与其他三项制度相比较是条款最少、内容最少的制度,还表现在没有具体到有关协调主体、协商的内容、协商的步骤和程序、协商协议效率的规定,导致在司法实践中无论是用人单位还是工会以及职工,大多数情况下都没有将其纳入争议处理程序的考虑之中,从而使个别劳动合同的协商难以进行。

3. 建立劳动行政部门主导的劳动争议调解机构

劳动者虽然对企业劳动争议调解委员会、设立在基层的人民调解组织、在乡镇、街道设立的具有劳动争议调解职能的组织都抱有很高的期望,但是在具体的劳动争议发生后,却又不愿意选择这三个机构作为处理劳动争议的调解机构,表明这个制度实行的并不理想,远没有起到将大部分的争议消灭在协商和调解阶段的目的。因此,应当把调解机构放在劳动行政主管部门,代表政府行使劳动关系的职能,同时吸收工会和用人单位的代表参加。这样可以发挥政府的作用,而且还比较符合中国讲究协商和调解的传统文化。

4. 修改企业劳动争议调解委员会的规定

严格意义上讲,企业劳动争议调解委员会名不副实,因为整个处理过程并没有第三方参与,自始至终都是两方,而第三方的存在才是调解制度的基本特征。因为工会是职工的法定代表,企业委派的人是用人单位的代表,但无论是工会的代表,还是企业的代表,他们本身与需要处理的劳动争议都有着直接的利害关系,根据正当程序的原则要求,争议的处理与争议事项不应当有利害关系,因此,在实际上,企业劳动争议调解委员会应当称之为"企业劳动争议协商委员会"。因此《劳动争议调解仲裁法》关于企业劳动争议调解委员会的规定应当作出修改。

5. 进一步完善《劳动争议调解仲裁法》

虽然《劳动争议调解仲裁法》实施不久,但是该法的缺陷显而易见,最重要的两个问题是,其一,没有将劳动监察、协商、调解、仲裁和诉讼纳入一部法律当中,加以全盘考虑;其二,没有突出协商和调解在整个争议处理中的中心地位和作用,相反,却在仲裁部分大做文章。因此,应当进一步完善《劳动争议调解仲裁法》。

案例分析:

祝某是出租汽车公司的司机,一天他在道路上行驶时与其他车辆发生了交通事故。交通事故处理中对方的驾驶员负全责,但是祝某的车辆也损坏严重。出租汽车公司知道了这件事之后,便与祝某解除了劳动合同,不但入职时交纳的保证金不予退还,连祝某因修车而垫付的费用也不予报销。祝某又急又气,想要找单位讨个说法。出租汽车公司内设了劳动争议调解委员会,但祝某并不信任企业的劳动争议调解委员会。

思考: 祝某可不可以不经过调解就直接去仲裁呢?

分析:《劳动争议调解仲裁法》第五条规定:"发生劳动争议,当事人不愿协商、协商不成或者达成和解协议后不履行的,可以向调解组织申请调解;不愿调解、调解不成或者达成调解协议后不履行的,可以向劳动争议仲裁委员会申请仲裁;对仲裁裁决不服的,除本法另有规定的外,可以向人民法院提起诉讼。"

长期以来,我国处理劳动争议采取的是"一调一裁两审"制,即发生劳动争议后,当事人除先进行协商外,可以先向劳动争议调解委员会申请劳动争议调解;不愿调解或者调解不成的,可以向劳动争议仲裁委员会申请劳动争议仲裁;对仲裁结果不服的,可以向人民法院提起民事诉讼,向法院提起诉讼按照民事诉讼法的规定,实行两审终审制。

很多人看到或者听到"一调一裁两审",以为调解和仲裁一样,都是处理劳动争议的必经程序环节。实际上,申请劳动争议调解是选择性的程序,劳动争议的双方当事人都可以不经过劳动争议调解委员会处理而直接申请劳动争议仲裁。

第三节 劳动争议仲裁

引导案例

刘小蓉是某美容连锁机构的美容师,2011年8月,因该美容连锁机构长期随意克扣刘小蓉的工资,刘小蓉将其诉至劳动仲裁委,要求返还克扣工资并支付自2005年至今的加班费。庭审时,该美容连锁机构不承认刘小蓉存在加班事实,劳动仲裁委要求刘小蓉提供相关加班证据,但刘小蓉无法提供,最终因证据不足,刘小蓉只能无奈放弃加班费的诉请。

思考: 加班费无法提供相关证据能够得到支持吗?

分析: 近几年来,因加班费产生的争议呈逐年上升态势,很多劳动者往往只知道追索加班费,却不知道加班费还需要举证。能够证实加班费的相关证据主要有考勤表、出勤表、排班表以及记载有每月出勤天数的工资条等。另外还需注意的是追索加班费的时效为一年。

一、劳动争议仲裁的概念和特点

(一)劳动争议仲裁的概念

仲裁亦称"公断",是指争议双方在某一问题上无法取得一致时,由无利害关系的第三者居中调解,作出裁决。所谓劳动争议仲裁,是指以第三者身份出现的劳动争议仲裁委员会,对劳动争议当事人双方争议的事项,根据劳动法律、法规的规定,依照一定的法律程序作出裁决,从而解决劳动争议的一项劳动法律制度。

简单地说,劳动争议仲裁就是劳动争议仲裁委员会以局外人的身份对劳动争议进行调解或者进行公证裁决的活动。劳动争议仲裁的结果可以是双方达成共识,以调解结案;也可以在调解不成功的情况下由劳动争议仲裁庭作出公证的裁决。

当调解不能达成双方合意时,仲裁庭应当作出裁决。不管是调解或是裁决,一旦发生了效力,一方当事人不履行的,另一方当事人可以依法申请法院强制执行。

(二) 劳动争议仲裁的特点

世界各国对于劳动争议的处理虽因各国国情的不同而有所区别,但以仲裁方式来解决劳动争议则为世界各国所普遍采取。劳动争议仲裁是注重调解的活动,在整个过程中无不渲染着调解的色彩,用人单位与劳动者并不是天生的"敌人",基于劳动合同二者的关系是非常微妙的,以调解来解决二者的纠纷,不但能化解原来的矛盾,而且也不会在以后的相处中感到尴尬。

我国劳动争议仲裁有其自身的特点,主要是:

1. 单方自愿

劳动仲裁与商事仲裁不同,无须双方自愿即可申请。假如劳动者想进行劳动争议仲裁,无须事先通知用人单位,无须事先征求用人单位的意见。即使对方不同意通过劳动争议仲裁解决问题,自己的"一厢情愿"也会得到法律的当然支持。

这种情况在法律上叫单方自愿原则。劳动争议发生后,任何一方当事人都有权向劳动争议仲裁委员会提出仲裁申请,如果当事人提出的劳动争议仲裁申请符合受理条件,劳动争议仲裁委员会就应当受理该劳动争议,而不需要顾忌对方当事人是否同意。

如果被诉人在接到劳动争议仲裁委员会的通知后没有正当理由拒不到庭的,劳动争议仲裁庭依然会作出裁决,并且该裁决对被诉人同样具有法律效力。

2. 劳动争议仲裁前置

对于劳动争议的解决,我国目前实行的是"劳动争议仲裁前置"的原则,也就是说在法定的时效期间内,劳动争议当事人在向人民法院提起诉讼之前必须先申请劳动争议仲裁。

劳动争议仲裁前置是相对于劳动争议诉讼而言。如果在进行劳动争议仲裁之后,劳动争议得到了解决,那么,当事人就没有必要向人民法院提起诉讼。所以,如果没有劳动争议诉讼的"后"也就无所谓劳动争议仲裁的"前"了。

法律规定在进行劳动争议诉讼之前必须先进行劳动争议仲裁,主要是使劳动争议得到多重的救济,保护当事人的合法权益。

3. 有限的一裁终局

须知《劳动争议调解仲裁法》确定的一裁终局制度,仅针对用人单位而言,对劳动者不存在约束力。让我们先来算一笔账:在通常的劳动争议处理体制"协商、调解、一裁、两审"中:①劳动争议仲裁庭处理案件的审理期限为 60 天;②人民法院一审的审理期限一般为六个月;③二审的审理期限一般为三个月。

假设一件劳动争议案件要经过仲裁、一审、二审的话,要花费几乎一年的时间。在实践中,用人单位就是通过恶意诉讼来拖延劳动争议案件的审理时间,加大劳动者维权成本,达到让劳动者知难而退的目的。而《劳动争议调解仲裁法》中将部分劳动争议仲裁案件实行"一裁终局"制度,让用人单位恶意诉讼的好梦难圆。

一裁终局是指部分劳动争议案件,经过劳动争议仲裁委员会裁决后,该裁决即为终局裁决,裁决书自作出之日起发生法律效力,用人单位不可以就不服裁决为由向法院提起诉讼。

可以实行一裁终局的劳动争议案件包括以下两类。

(1) 劳动者在追索劳动报酬、工伤医疗费、经济补偿或者赔偿金,不超过当地月最低工资标准十二个月金额的争议。

(2) 因执行国家的劳动标准在工作时间、休息休假、社会保险等方面而发生的争议。

裁决书自作出之日起即发生法律效力,用人单位不能以不服裁决为由向人民法院提起诉讼,也就是说,"一裁终局"的新规定,是只针对用人单位而言的,如果劳动者不服裁决的,可以自收到仲裁裁决书之日起十五日内向人民法院提起诉讼。

用人单位虽然不能就以上发生的劳动争议向人民法院提起诉讼,但是如果用人单位有证据证明仲裁庭的裁决存在程序上的错误的,仍然可以在收到仲裁裁决书之日起30日内向劳动争议仲裁委员会所在地的中级人民法院申请撤销裁决。

除了存在"程序上的错误",用人单位可以申请撤销裁决外,符合下列情形之一的,用人单位也有撤销权。

(1) 适用法律、法规确有错误的。

(2) 劳动争议仲裁委员会无管辖权的。

(3) 裁决所根据的证据是伪造的。

(4) 对方当事人隐瞒了足以影响公正裁决的证据的。

(5) 仲裁员在仲裁该案时有索贿受贿、徇私舞弊、枉法裁决行为的。

如果仲裁裁决被人民法院裁定撤销,用人单位和劳动者都可以就该劳动争议事项向人民法院提起诉讼,期限为自收到裁定书之日起15日内。

4. 程序法定

劳动仲裁的程序法定,无规矩不成方圆。整个劳动争议仲裁程序大致可以分为案件受理、仲裁准备、仲裁审理三个阶段。

(1) 案件受理阶段。劳动争议案件受理的首要步骤是向劳动争议仲裁委员会递交《劳动仲裁申请书》。

劳动争议仲裁委员会对于符合受理条件的案件,应及时填写《立案审批表》,并在7日内作出是否立案的决定。至此,案件受理告一段落。

(2) 劳动仲裁准备阶段。当《劳动争议仲裁申请书》获得了肯定,劳动仲裁委员会决定立案时,劳动仲裁就进入到仲裁劳动争议案件的准备阶段。若需进行工伤或职业病等鉴定的,必须到法定部门进行才有效。此外,准备阶段主要是劳动争议仲裁庭成员审阅申诉及答辩材料,调查、收集证据,查明争议事实,拟定处理法案等。

(3) 劳动争议仲裁审理阶段。仲裁委员会在公布仲裁庭成员名单后,双方当事人对可能影响公证仲裁的仲裁员可以提出回避申请。

调解是劳动争议仲裁审理过程中的一场"重头戏",整个审理过程仲裁庭共组织两次调解,分别是在开庭前的先行调解以及开庭后根据当事人的意见进行的再行调解。

除了调解,劳动争议仲裁审理中另一个特色就是开庭的程序并不是"死"的,劳动争议仲裁庭可以根据案情选择其中的程序进行审理。这种灵活的形式既能达到效率高、结案快的初衷又能实事求是地解决争议。

对于调解无效的劳动争议,劳动争议仲裁庭应当复庭宣布进入仲裁审理阶段。案情复杂需要延长期限的,经过劳动争议仲裁委员会批准后可以适当延长,但最长延期不得超过30日。任何一方对裁决提出异议的,可在作出裁决后15日内向人民法院提起诉讼,由此进入诉讼程序;若双方当事人服从裁决的并且在法定的期间内不提起诉讼,劳动争议仲裁裁决生效,开始执行该裁决。

小知识

各种鉴定及鉴定部门

工伤鉴定:统筹地区劳动保障行政部门。

职业病鉴定:设区的市级以上地方人民政府卫生行政部门组织的职业病诊断鉴定委员会。

劳动能力鉴定:设区的市级劳动能力鉴定委员会。

(三)劳动仲裁和劳动监察的区别

劳动仲裁是指由劳动争议仲裁委员会对当事人申请仲裁的劳动争议居中公断与裁决。劳动监察是指劳动行政主管部门对违反劳动法规的单位或劳动者,可以依据现行劳动法律、法规、规章的决定,分别给予警告、通报批评、罚款、吊销许可证、责令停产整顿的处罚;对触犯其他行政法规的,建议有关行政机关给予行政处罚;对触犯刑律的,建议执法机关追究刑事责任。

1. 执法主体不同

劳动监察的执法主体是劳动行政部门,其执法机关的执法活动是代表劳动行政机关实行行政执法;而劳动仲裁的执法主体是依照国家劳动立法建立的特定机构——劳动争议仲裁委员会。仲裁委员会由劳动行政部门代表、工会代表及用人单位三方面的代表组成。

2. 法律行为不同

劳动监察属于行政执法,作出劳动监察作用的是劳动行政部门的具体行政行为;而劳动仲裁则是一种准司法性质的活动,作出的裁决属于一种国家授权的仲裁机构对发生劳动关系双方当事人具有约束力的行为。

3. 工作职责不同

劳动监察由劳动行政部门依法对用人单位和劳动者执行劳动法律、法规的情况进行监督检查,是依照法定的行政职权主动进行,不需要相关人提出请求;而劳动仲裁机构则是受理劳动关系当事人申诉的劳动争议案件,需先提出仲裁申请,劳动争议仲裁委员会才能受理案件,否则,仲裁部门不主动介入。

4. 法律地位不同

在劳动监察过程中,劳动行政部门同接受监督检查的单位和个人之间是行政管理关系;而在劳动仲裁的所有程序中,仲裁机构是一种"中间人",不作为当事人而处于"第三者"的地位。

5. 法律后果不同

在劳动监察过程中,劳动监督机关一经作出处理决定,立即发生法律效力,有关单位和个人应立即执行。有关当事人不服处理决定的,可以提起行政复议或行政诉讼,在申请复议或行政诉讼期间,不影响决定的执行。而劳动争议仲裁机构作出的裁决,并不立即发生法律效力,而是处于效力待定状态。当事人对劳动争议仲裁的仲裁裁决不服的,可以在法定期限内向人民法院起诉,只有法定期限届满,双方当事人不起诉的,仲裁裁决书才发生效力,有关当事人向法院起诉,也不是以仲裁机构为被告提起行政诉讼,而是以劳动争议的另一方为被告提起普通的民事诉讼。

6. 执法手段不同

劳动监察既包括事后矫正,也包括事前预防;而劳动仲裁则属于事后矫正。

劳动监察和劳动仲裁的目的都是为了保护国家劳动法律、法规的贯彻执行,确保劳动关系双方当事人的合法权益,维护社会稳定。两者不仅不排斥,而且可以通过相互配合起互相补充的作用。

二、劳动争议仲裁的原则

劳动争议仲裁委员会仲裁劳动争议,除需遵守处理劳动争议的基本原则外,还需遵守如下特有原则。

1. 调解原则

调解原则是指劳动争议仲裁委员会在裁决前,可以先行调解,经过调解不能达成协议,应及时仲裁。之所以规定这一原则,是因为争议的产生往往是双方当事人对执行劳动法律、法规的认识、理解不一致,对争议事实存在分歧和误解等,通过宣传法制、说服教育,疏导协商,争议事项大都是可以解决好的。同时,调解还具有简便、灵活、易行、迅速的特点以及缓和、改善双方矛盾的作用。贯彻调解原则,应注意防止强行调解和久调不决的做法。强行调解违反了自愿原则,久调不决则违背了及时、迅速的原则。

2. 及时、迅速原则

及时、迅速原则要求劳动争议仲裁委员会在处理劳动争议案件时,必须严格依照法律规定的期限结案尽快地解决争议。贯彻这一原则,是由劳动争议的特点所决定。劳动争议与企业的生产和职工的生活密切相关,久拖不决势必影响到社会的安定和生产、生活秩序的稳定。因此,劳动争议调解仲裁法明确了"仲裁裁决一般应在受理仲裁申请的45日内作出"的要求。

3. 回避原则

回避原则是指仲裁委员会成员或仲裁员在仲裁劳动争议案件时,认为具有法定回避情况不宜参加本案审理,或当事人认为仲裁员具有回避情节的,可能裁决不公,都可以申请更换他人,以保证仲裁公正顺利进行。是否采取回避措施由仲裁委员会决定。

4. 少数服从多数原则

仲裁委员会由三方代表单数组成,仲裁庭则由三名仲裁员组成,均为多数人组成,难免意见有分歧,而仲裁委员会成员、仲裁员均有平等的表决权,为保证裁决不因少数成员意见的不一而难以作出,故以少数服从多数,简单多数即可做出裁决。《劳动争议调解仲裁法》第四十五条规定:"裁决应当按照多数仲裁员的意见作出,少数仲裁员的不同意见应当记入笔录。仲裁庭不能形成多数意见时,裁决应当按照首席仲裁员的意见作出。"

5. 一次裁决原则

一次裁决原则是指劳动争议仲裁委员会对每一起劳动争议案件实行一次裁决即行终结的法律制度。这是针对过去曾实行两次裁决所存在的弊端而确立的一项重要原则。贯彻这一原则,当事人不服劳动争议仲裁委员会的裁决,不得再向上一级劳动争议仲裁委员会申请第二次仲裁,只能在收到仲裁决定书之日起15日内,向有管辖权的人民法院起诉。期满不起诉的,仲裁决定书即发生法律效力,当事人必须按仲裁决定履行。贯彻这一原则,有利于及时、迅速解决争议事项,保护当事人的合法权益。

三、劳动争议仲裁管辖

劳动争议仲裁管辖是指确定劳动争议仲裁机构受理劳动争议案件的权限和范围,即各级或同级劳动争议仲裁机构受理劳动争议案件在职权范围上的具体分工。

劳动争议仲裁机构对劳动争议案件进行受理和处理的权限,就是劳动争议仲裁管辖权。在我国,劳动争议仲裁管辖有地域管辖、移送管辖、级别管辖和指定管辖等。其中,地域管辖是最为基本的管辖。

地域管辖也叫地区管辖,是指劳动争议仲裁按空间或地域确定受理劳动争议案件的分工。它分为一般地域管辖和特别地域管辖。一般地域管辖就是按照当事人所在地划分案件管辖。《企业劳动争议处理条例》第十七条规定,县、市、市辖区仲裁委员会负责本行政区域内发生的劳动争议。

特别地域管辖是以劳动法律关系产生、变更和消灭的所在地作为标准而进行的划分。根据《企业劳动争议处理条例》第十八条和《劳动争议仲裁委员会办案规则》第八条的规定,发生劳动争议的单位与职工不在同一个劳动争议仲裁委员会管辖地区的,由职工当事人工资关系所在地的仲裁委员会受理。特别地域管辖主要适用于铁路、民航、交通等跨地区的企业和联合企业内发生的劳动争议。

如果仲裁委员会发现受理的案件不属于本会管辖时,应当移送有管辖权的仲裁委员会。仲裁委员会之间因管辖权发生争议,由双方协商解决;协商不成时,由共同的上级劳动行政主管部门指定管辖。前者称为移送管辖,后者则为指定管辖。

《劳动争议调解仲裁法》则作出了与上述不同的规定:首先,劳动争议仲裁委员会的设置不再按照行政区划层层设立,劳动争议仲裁委员会负责管辖本区域内发生的劳动争议;其次,用人单位所在地或者劳动合同履行地的劳动争议仲裁委员会都可以受理劳动争议案件,如果双方当事人分别向劳动合同履行地和用人单位所在地的劳动争议仲裁委员会申请仲裁的,由劳动合同履行地的劳动争议仲裁委员会管辖。

实践中,经常发生这样的情形:即用人单位在工商行政管理机关注册登记的住所地与其经营所在地有所不同,用人单位所在地与劳动者的劳动合同履行地有所不同,用人单位所在地与劳动者的工资关系所在地有所不同等,如果这些"地域不同"一旦跨越了不同的行政区域,更是涉及了仲裁委员会的管辖问题。该法显然充分考虑了现实中的实际情况,赋予了劳动仲裁当事人更多选择权,既可以选择用人单位所在地也可以选择劳动合同履行地申请仲裁,不仅有利于劳动争议当事人权益的维护,也便于查清案件事实,有利于仲裁的审理。

四、劳动争议仲裁的程序

按照《劳动争议调解仲裁法》规定，提起劳动仲裁的一方应在当事人知道或者应当知道其权利被侵害之日起计算一年内向劳动争议仲裁委员会提出书面申请。除非当事人是因不可抗力或有其他正当理由，否则超过法律规定的申请仲裁时效的，仲裁委员会不予受理。

劳动法仲裁的程序如下。

（一）申请

当事人向仲裁委员会申请仲裁，应当提交申诉书，并按被诉人数提交副本。申诉书应当裁明下列事项。

(1) 职工当事人的姓名、职业、住址和工作单位，企业的名称、地址和法定代表人的姓名、职务。

(2) 仲裁请求和所根据的事实和理由。

(3) 证据、证人的姓名和住址。

（二）受理

仲裁委员会应当自收到申诉之日起7日内作出受理或者不予受理的决定。决定受理的，应当自作出决定之日起7日内将申诉书的副本送达被诉人，并组成仲裁庭；决定不予受理的，应当说明理由。

被诉人自收到申诉书副本之日起15日内提交答辩书和有关证据，仲裁委员会有权要求当事人提供或者补充证据。

（三）开庭

仲裁庭于开庭5日前，将开庭时间、地点和书面通知送达当事人。申请人收到书面通知，无正当理由拒不到庭或者未经仲裁庭同意中途退庭的，对申诉人按撤诉处理，对被诉人可以缺席裁决。

（四）调解

仲裁庭处理劳动争议应行调解，在查明事实的基础上促使当事人双方自愿达成协议。调解达成协议的，制作调解书，调解书自送达之日起具有法律效力。调解未达成协议，仲裁庭应当及时裁决。

（五）裁决

仲裁庭作出裁决后，制作裁决书，送达双方当事人。当事人对仲裁决服的，自收到裁决书之日起15日，可以向人民法院起诉，期满不起诉的，裁决书发生法律效力。

（六）执行

当事人对发生法律效力的调解书和裁决书，应当依照规定的期限履行。一方当事人逾期不履行的，另一方当事人可以申请人民法院强制执行。

知识衔接

申请劳动仲裁流程如图7-1所示。

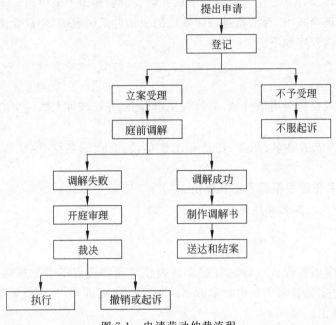

图7-1　申请劳动仲裁流程

五、劳动争议仲裁的受案范围及法律效力

（一）劳动争议仲裁的受案范围

根据《劳动争议调解仲裁法》第二条，中华人民共和国境内的用人单位与劳动者发生的下列劳动争议。

（1）因确认劳动关系发生的争议。
（2）因订立、履行、变更、解除和终止劳动合同发生的争议。
（3）因除名、辞退和辞职、离职发生的争议。
（4）因工作时间、休息休假、社会保险、福利、培训以及劳动保护发生的争议。
（5）因劳动报酬、工伤医疗费、经济补偿或者赔偿金等发生的争议。
（6）法律、法规规定的其他劳动争议。

国家机关与其公务员之间、事业组织和社会团体与其正式在编员工之间发生争议属人事争议，不属于劳动争议，因而不属劳动仲裁诉讼的受案范围。

国家机关、事业组织、社会团体与其工勤人员及其他建立劳动关系的人员之间的争议符合所列上述情况的属劳动争议。实行企业化经营管理的事业组织与其员工之间的争议符合所列上述情况的，也属劳动争议。

（二）劳动争议仲裁的法律效力

《劳动争议调解仲裁法》对劳动争议仲裁裁决作了两类区分，规定一部分案件适用一裁终局，其他案件适用非终局裁决。即劳动争议仲裁裁决的类型不同，法律效力也不一样。

1. 劳动争议仲裁裁决的类型

根据《劳动争议调解仲裁法》及相关法律规定，在劳动争议案件中，根据裁决书的效力划分，可将仲裁庭做出的裁决分为以下两种类型。

（1）非终局的仲裁裁决

非终局的仲裁裁决是指仲裁庭对所涉劳动争议事项作出裁决后，当事人在法定期限内（一般是15日）未提起诉讼的，则裁决书生效，否则不生效。《劳动争议调解仲裁法》中没有具体规定对哪些事项作出的裁决为非终局的裁决，仅规定两大类七个小类属终局裁决的情形，依反面推论，除去上述属仲裁裁决的情形外，仲裁庭所作出的裁决应当为非终局的裁决。

（2）终局的仲裁裁决

终局的仲裁裁决是指仲裁庭对所涉劳动争议事项作出的裁决，自作出之日起即生效力。非经法定程序不被撤销，系具备执行力的裁决，可作为当事人申请执行的依据。根据《劳动争议调解仲裁法》第四十七条规定，属于终局裁决的情形有两大类七小类，前已述及，此不赘述。

2. 仲裁裁决的效力

（1）非终局裁决的效力

非终局的裁决并非一经作出即生效，且将来能否生效也是不确定的，是否生效完全取决于当事人是否行使诉权及其诉求是否妥当。根据相关法律及司法实践，该类型裁决的效力状态可以作如下区分。

第一，裁决不具备效力的状态。此又可以分为多种情形：①自裁决书作出至当事人收到裁决书之日起15日内，裁决书在该期间内处于不生效的状态；②当事人于收到裁决书之日起15日内起诉至法院的，该裁决书仍然处于不具法律效力的状态；③因仲裁裁决确定的主体资格错误或仲裁裁决事项不属于劳动争议，被人民法院驳回起诉的，原仲裁裁决不发生法律效力；④受理法院就同一劳动争议事项进行审理，并就争议问题作出实体判决或裁定，及在法院主持下达成调解协议的，裁决书不发生法律效力。

第二，具备法律效力的状态。这种状态可分为：①当事人双方于收到裁决书之日起15日内均不起诉的，裁决书自期满之日起生效；②当事人因超过起诉期间而被人民法院裁定驳回起诉的，原仲裁裁决自起诉期间届满之次日起恢复法律效力；③当事人向人民法院起诉后又申请撤诉，经人民法院审查准予撤诉的，仲裁裁决自人民法院裁定送达当事人之日起发生法律效力。

（2）终局裁决的效力

根据《劳动争议调解仲裁法》第四十七条规定，终局裁决一经作出即具备法律效力。当事人不服该裁决的，劳动者可以起诉至法院；而用人单位则必须在具备法定条件下，并应向仲裁庭所在地中级人民法院申请撤销。因此，终局裁决除非由人民法院依法撤销，否则即具备法律效力。

小知识

劳动争议仲裁不收费

《劳动争议调解仲裁法》第五十三条 劳动争议仲裁不收费。劳动争议仲裁委员会的经费由财政予以保障。

六、劳动争议仲裁的组织机构

（一）劳动争议仲裁委员会

劳动争议仲裁委员会是指依法设立，由法律授权依法独立对劳动争议案件进行仲裁的专门机构。劳动争议仲裁委员会也是代表国家行使仲裁权的国家仲裁机构。

1. 特点

（1）三方原则

劳动争议仲裁委员会组织结构最为突出的特点是实行"三方原则"。《劳动争议调解仲裁法》规定，劳动争议仲裁委员会由劳动行政部门的代表、工会代表和企业方面代表组成。劳动争议仲裁委员会组成人员应当是单数。

1994年颁布的《劳动法》第八十一条明确规定了劳动争议仲裁委员会由劳动行政部门代表、同级工会代表、用人单位方面的代表组成。《劳动争议调解仲裁法》在劳动法的基础上，进一步规定了劳动争议仲裁委员会由劳动行政部门代表、工会代表和企业方面代表组成。之所以这样规定，是由处理劳动关系三方原则决定的。

所谓劳动关系三方原则是指政府（通常以劳动行政部门为代表）、雇主组织和工会组织通过一定的协作机制共同处理涉及劳动关系的重要问题的原则。随着我国社会主义市场经济的发展，劳动关系发生了深刻的变化，国家、企业、劳动者三方利益格局日益明晰。我国也通过立法逐步建立起劳动关系三方协调机制，共同研究解决劳动关系方面的重大问题。而作为处理劳动争议的专门机构的劳动争议仲裁委员会，为了体现公平、公正，在人员组成方面也对政府、企业、劳动者三方利益进行平衡。

因此从《劳动法》到《劳动争议调解仲裁法》，都规定了劳动争议仲裁委员会由三方组成。劳动争议仲裁委员会由三方组成优点是可以在争议处理时博采众长，方便多方协调，这对处理重大疑难案件尤为重要。比如，劳动行政部门参与可以协调各方面利益；工会的参与有利于保护弱势一方劳动者的合法权益；企业方面代表参与，有利于雇主一方的利益。

（2）组成人员是单数

鉴于劳动争议仲裁委员会由三方代表组成，三方代表权利和义务相同，而法律又规定，仲裁委员会做决定时应当按照少数服从多数的原则进行，故劳动争议仲裁委员会的组成人数必须是单数。

2. 设立原则

《劳动争议调解仲裁法》规定，劳动争议仲裁委员会按照统筹规划、合理布局和适应实际需要的原则设立。省、自治区人民政府可以决定在市、县设立；直辖市人民政府可以决定在区、县设立。直辖市、设区的市也可以设立一个或者若干个劳动争议仲裁委员会。劳动争议仲裁委员会不按行政区划层层设立。

3. 基本职责

按照《劳动争议调解仲裁法》规定,劳动争议仲裁委员会依法履行下列职责。

(1) 聘任、解聘专职或者兼职仲裁员。
(2) 受理劳动争议案件。
(3) 讨论重大或者疑难的劳动争议案件。
(4) 对仲裁活动进行监督。

(二)劳动争议仲裁委员会的办事机构

劳动争议仲裁委员会的办事机构又称劳动争议仲裁委员会办公室,是指由劳动争议仲裁委员会设立,负责办理劳动争议仲裁委员会的日常工作的机构。

《劳动争议调解仲裁法》也规定,劳动争议仲裁委员会下设办事机构,负责办理劳动争议仲裁委员会的日常工作。劳动争议仲裁委员会虽然为常设机构,但其人员以兼职为主,不是常年集中固定办公,故需要设立一个专门的办事机构,为劳动争议仲裁委员会这一权力机构服务,负责日常接待、受理案件、准备仲裁的工作。实践中,劳动争议仲裁委员会的办事机构一般设在各级劳动行政主管部门。

由于劳动争议仲裁委员会的办事机构设在劳动行政部门内,因而具有双重身份,既是劳动争议仲裁委员会的办事机构,又是劳动行政部门的职能部门。除了负责处理劳动争议仲裁委员会的日常事务,如受理劳动争议案件外,也担任着劳动法律、法规的研究,法律、法规、规章、政策的咨询、调研,执法监督和法制宣传等工作。这样设置,可以充分利用劳动行政部门的工作人员熟悉劳动法律、法规、规章及政策的优势,提高办案效率,有利于劳动行政部门对劳资纠纷的宏观把握,进而根据劳动关系的运行态势进行决策。

劳动争议仲裁委员会下设办事机构,负责办理劳动争议仲裁委员会的日常工作。具体来说主要有以下几项职责。

(1) 承办处理劳动争议案件的日常工作。
(2) 根据仲裁委员会的授权,负责聘任仲裁员,组织仲裁庭。
(3) 管理仲裁委员会的文书、档案、印鉴。
(4) 向仲裁委员会汇报、请示工作。
(5) 办理仲裁委员会授权或交办的其他事项。

(三)劳动仲裁院

劳动仲裁院是劳动争议仲裁实体化改革的产物,一般为同级劳动争议仲裁委员会的日常办事机构,具体承办劳动争议案件的审理工作。

从职责上看,它在很大程度上履行了原由劳动争议仲裁委员会办事机构应履行的职责。其主要职责应包括:承办同级劳动争议仲裁委员会授权和交办的劳动争议仲裁工作;负责本级劳动争议仲裁委员会管辖的劳动争议案件的审理与处理工作;按照上级仲裁委员会的指令承办有重大影响的劳动争议案件;负责劳动仲裁案件的文书与档案及印鉴管理等日常工作。

(四) 劳动争议仲裁员

劳动争议仲裁员是指劳动争议仲裁委员会聘任的处理劳动争议的工作人员,分为专职仲裁员和兼职仲裁员。专职仲裁员是指从劳动行政部门专职从事劳动争议处理工作的人员中聘任的仲裁员。兼职仲裁员是指从劳动行政部门非专职从事劳动争议处理工作的人员、政府其他有关部门的人员、工会工作者、专家学者和律师中聘任的仲裁员。

按照《劳动争议调解仲裁法》规定,仲裁员应当公道正派并符合下列条件之一:

(1) 曾任审判员的。
(2) 从事法律研究、教学工作并具有中级以上职称的。
(3) 具有法律知识、从事人力资源管理或者工会等专业工作满5年的。
(4) 律师执业满3年的。

与过去相关规定相比,《劳动争议调解仲裁法》对仲裁员的资格进行了较大的调整。比如,将曾任审判员的人员纳入仲裁员聘任人选,将劳动行政部门中的聘任人选应从事劳动争议处理工作3年以上提高到5年以上,对专家学者的职称和律师执业年限提出了要求。这些调整,有利于进一步提高仲裁员队伍的专业化素质,也有利于从源头上提高劳动争议仲裁的质量和效率。

同时,《劳动争议调解仲裁法》加大了对仲裁员的监督力度。规定仲裁员私自会见当事人、代理人,或者接受当事人、代理人的请客送礼的,或者有索贿受贿、徇私舞弊、枉法裁决行为的,应当依法承担法律责任,劳动争议仲裁委员会应当将其解聘。

延伸阅读

《劳动争议调解仲裁法》六大亮点

2007年12月29日第十届全国人民代表大会常务委员会通过了《劳动争议调解仲裁法》,2008年5月1日正式施行。这部法律体现了以人为本,及时、方便、快捷、公正化解劳动争议的立法精神,对完善我国劳动争议解决机制产生积极的影响。

亮点一:延长了申请劳动争议仲裁时效期间。按以前规定应当自劳动争议发生之日起60天内向劳动争议仲裁委员会提出书面申请。《劳动争议调解仲裁法》将申请仲裁的时效期间延长为一年,并且该时效可以中断、中止。

亮点二:缩短了劳动争议仲裁审理期限。以前的仲裁期限一般为74天。经过批准,可以延长,最长可以延长到104天。按照《劳动争议调解仲裁法》规定,一般的期限是50天,其中5天是受理的批准期限,45天是仲裁期限。如果需要延长,最长可以延长到60天。

亮点三:仲裁管辖体现了合同履行地优先的原则。《劳动争议调解仲裁法》规定劳动争议由劳动合同履行地或者用人单位所在地的劳动争议仲裁委员会管辖。

亮点四:部分案件实行有条件的"一裁终局"。为防止一些用人单位恶意诉讼以拖延时间、加大劳动者维权成本,《劳动争议调解仲裁法》在仲裁环节规定了部分案件实行有条件的"一裁终局",即对该部分案件作出的裁决,如劳动者在法定期限内不向法院提起诉讼、用人单位向法院提起撤销仲裁裁决的申请被驳回的情况下,仲裁裁决为终局裁决,裁决书自作出之日起发生法律效力。

亮点五:减轻了当事人经济负担。《劳动争议调解仲裁法》规定,劳动争议仲裁不收费。劳动争议仲裁委员会的经费由财政予以保障。

亮点六:减轻劳动者的举证责任,加重用人单位的举证责任。《劳动争议调解仲裁法》规定,劳动者无法提供由用人单位掌握管理的与仲裁请求有关的证据,仲裁庭可以要求用人单位在指定期限内提供。用人单位在指定期限内不提供的,应当承担不利后果。

案例分析:

张某是某建筑工程公司员工,平时自由散漫,迟到、早退是家常便饭。公司人事部门负责人多次对其提出了书面警告,但仍然我行我素。2007年5月,张某在一次工作中故意违反操作规则,损坏了价值人民币十几万元的机器设备,给用人单位造成了重大经济损失。为此,公司与其解除了劳动合同关系。张某不服,向用人单位劳动争议调解委员会提出了调解申请。在此期间,张某对调解并不是很积极,一直拖到2008年6月也没有结束调解。由于本人工作表现的问题,张某也未找到工作。为此,张某向有关劳动争议仲裁委员会申请了劳动仲裁。用人单位认为,张某的仲裁申请已经过了申请时效。

思考:张某提起的申请超过仲裁时效了吗?

分析:本案争议的焦点:一是张某是否有权向劳动争议仲裁委员会申请劳动仲裁;二是张某申请劳动仲裁是否超过了仲裁时效。

首先,张某有权向劳动争议仲裁委员会申请仲裁。劳动争议调解是劳动争议处理过程中的自愿性程序,而不是劳动仲裁的必要前置程序。当发生劳动争议时,如果愿意,争议双方都可以选择以调解方式解决纠纷。但是,如果调解不成,或者达成调解协议不履行的,可以向劳动争议仲裁委员会申请仲裁。本案中,用人单位劳动争议调解委员会一年多没有结束调解工作,视为调解不成。因此,张某有权向劳动争议仲裁委员会提出仲裁申请。

其次,张某的申请劳动仲裁超过了仲裁时效。根据《劳动争议调解仲裁法》的规定,劳动争议申请仲裁的时效期间为一年。仲裁时效期间从当事人知道或者应当知道其权利被侵害之日起计算。本案中,张某收到用人单位解除劳动合同证明之后一年多才提出仲裁申请,按照《劳动争议调解仲裁法》对仲裁时效一年的一般性规定,显然其申请仲裁时效是超过了。

但是,张某认为,调解未结束,仲裁时效不应当重新计算的主张是否成立?事实上,张某向调解委员会申请调解的行为,为《劳动争议调解仲裁法》规定的"向有关部门请求权利救济"的行为,应当适用时效中断制度。仲裁时效因当事人一方向对方当事人主张权利,或者向有关部门请求权利救济,或者对方当事人同意履行义务而中断。从中断时起,仲裁时效期间重新计算。中断时起应理解为中断事由消除时起。权利人申请调解的,经调解达不成协议的,应自调解不成之日起重新计算;如果达成调解协议,自义务人应当履行义务的期限届满之日起计算。本案中,仲裁时效自调解收到申请之日起15天后,已经开始计算了。因此,张某的申请劳动仲裁时效已经超过了。

第四节 劳动争议诉讼

引导案例

黄某应聘到一家企业工作,但上班仅3小时就发生事故受伤。黄某要求确认自己与企业之间存在劳动关系,以获得更好的赔偿,但企业对此予以否认。黄某面临着一个实际的困难:他不但拿不出劳动合同、工资清单、社保记录,甚至连企业发放的证件材料、考勤记录都没有。

思考:黄某权利能得到维护吗?

分析:企业负责人曾与黄某达成用工意向,让他到企业试工,而且黄某是在正常的工作时间里、在这家企业劳动时受伤的,其所操作的劳动工具也由这家企业提供,因此,双方之间存在事实上的劳动关系,黄某因此胜诉。

一、劳动争议诉讼的概念

劳动争议诉讼是指劳动争议当事人不服劳动争议仲裁委员会的裁决,在规定的期限内向人民法院起诉,人民法院依照民事诉讼程序,依法对劳动争议案件进行审理的活动。此外,劳动争议的诉讼,还包括当事人一方不履行仲裁委员会已发生法律效力的裁决书或调解书,另一方当事人民法院强制执行的活动。

劳动争议诉讼是处理劳动争议的最终程序,它通过司法程序保证了劳动争议的最终彻底解决。由人民法院参与处理劳动争议,从根本上将劳动争议处理工作纳入了法制轨道,有利于保障当事人的诉讼权,有助于监督仲裁委员会的裁决,有利于生效的调解协议、仲裁裁决和法院判决的执行。

最高人民法院于2001年4月30日公布了《关于审理劳动争议案件适用法律若干问题的解释》(以下简称《解释》),对劳动争议案件的受理、举证责任、仲裁效力等方面做出明确规定。《解释》主要体现了《劳动法》保护劳动关系中的弱势群体——劳动者的立法精神,同时也要有效地保障用人单位的正当权益。

二、劳动争议诉讼的特点

1. 劳动纠纷是劳动关系当事人之间的争议

劳动关系当事人,一方为劳动者,另一方为用人单位。劳动者主要是指与在中国境内的企业、个体经济组织建立劳动合同关系的职工和与国家机关、事业组织、社会团体建立劳动合同关系的职工。

用人单位是指在中国境内的企业、个体经济组织以及国家机关、事业组织、社会团体等与劳动者订立了劳动合同的单位。不具有劳动法律关系主体身份者之间所发生的争议,不属于劳动纠纷。

如果争议不是发生在劳动关系双方当事人之间,即使争议内容涉及劳动问题,也不构成劳动争议。如,劳动者之间在劳动过程中发生的争议,用人单位之间因劳动力流动发生的争

议，劳动者或用人单位与劳动行政管理部门发生的争议，劳动者或用人单位与劳动行政部门在劳动行政管理中发生的争议，劳动者或用人单位与劳动服务主体在劳动服务过程中发生的争议等，都不属劳动纠纷。

2. 劳动纠纷的内容涉及劳动权利和劳动义务，是为实现劳动关系而产生的争议

劳动关系是劳动权利和义务关系，如果劳动者与用人单位之间不是为了实现劳动权利和劳动义务而发生的争议，就不属于劳动纠纷的范畴。劳动权利和劳动义务的内容非常广泛，包括就业、工资、工时、劳动保护、劳动保险、劳动福利、职业培训、民主管理、奖励惩罚等。

3. 劳动纠纷既可以表现为非对抗性矛盾，也可以表现为对抗性矛盾，而且两者在一定条件下可以相互转化

在一般情况下，劳动纠纷表现为非对抗性矛盾，给社会和经济带来不利影响。

三、劳动争议诉讼的原则

人民法院审理案件适用《民事诉讼法》所规定的诉讼程序，遵循司法审判中的一般诉讼原则，如以事实为根据，以法律为准绳的原则；独立行使审判权的原则；回避原则；着重调解的原则等。

处理劳动争议案件要以法律、法规和政策为依据，此外，根据劳动争议案件的特殊性，还应体现与有关单位密切配合的原则。

劳动行政机关是国家管理劳动工作的专门部门，了解和熟悉劳动法律、法规和政策；另外，工会等有关部门都从事企业生产、安全、工资福利等各项管理和监督检查工作，情况也比较熟悉；特别是劳动争议仲裁机关，是代表国家处理劳动争议的专门机构，直接受理和负责处理各种劳动争议案件，对争议的原因、过程等情况比较了解，且有一定的办案经验。人民法院审理劳动争议案件时，应多向这些部门调查，密切与之配合。

四、劳动争议诉讼的管辖

根据最高人民法院的司法解释的规定，劳动争议案件由用人单位所在地或者劳动合同履行地的基层人民法院管辖。所以，在诉讼阶段，劳动争议案件的管辖只有两个选择：一是用人单位所在地；二是劳动合同履行地。据此，原告完全可以根据自己的需要自由选择用人单位所在地或者劳动合同履行地的基层人民法院提起诉讼。

值得注意的是，劳动争议案件在诉讼阶段的管辖地与劳动仲裁时的管辖地没有任何必然的联系。也就是说，诉讼阶段不是以劳动仲裁机构的所在地法院为管辖法院。比如：北京某公司在上海设立办事处，并以北京公司的名义招用劳动者在上海工作，由北京公司签订劳动合同、发放工资。如果职工在上海提起劳动仲裁，裁决后用人单位不服，可以在北京公司所在地的基层人民法院提起诉讼，此时，劳动者得跑到北京公司所在地的法院应诉。

发生了法院管辖权异议的劳动争议时，有以下解决的途径。

劳动争议的处理采用仲裁前置的处理程序，对仲裁结果不满意的，一方可以依法到法院起诉。依据《劳动争议调解仲裁法》第二十一条规定："劳动争议仲裁委员会负责管辖本区域内发生的劳动争议。劳动争议由劳动合同履行地或者用人单位所在地的劳动争议仲裁委员会管辖。双方当事人分别向劳动合同履行地和用人单位所在地的劳动争议仲裁委员会申请仲裁的,由劳动合同履行地的劳动争议仲裁委员会管辖。"此条规定了劳动争议仲裁的劳动合同履行地优先管辖原则。

但是,对于仲裁的结果,劳动争议双方的当事人,任何一方都可以向法院提起诉讼。这种诉讼会有三种情形:一是员工起诉;二是企业起诉;三是双方都起诉。若员工起诉,那么员工一般是在劳动合同履行地起诉,这样就不会出现仲裁管辖地与法院管辖地不一致的情形;若企业起诉,那么就有可能出现起诉地与仲裁地不一致的情形;若双方都起诉,那么从便于劳动者的角度出发,应当由劳动合同履行地的法院管辖。

现实生活中会出现一些特殊的案件就是劳动合同履行地与用人单位所在地不一致,仲裁是由劳动者在合同履行地提出的,起诉是由企业在用人单位所在地提出的。所以,需要解决的问题是,没有在用人单位所在地进行仲裁,可否直接在用人单位所在地提出诉讼。依据《解释》第八条规定:"劳动争议案件由用人单位所在地或者劳动合同履行地的基层人民法院管辖。劳动合同履行地不明确的,由用人单位所在地的基层人民法院管辖。"即劳动合同履行地和用人单位所在地的法院对劳动争议都有管辖权。

因此,在法律上,劳动争议仲裁的管辖地可以与劳动争议诉讼的管辖地不一致,还需要满足两个条件。条件之一是劳动争议仲裁委员会的裁决书没有明确指定起诉法院。一般来说,仲裁裁决书在这方面的裁决有两种可能:一种是"不服裁决的,任何一方都有权向有管辖权的人民法院提起起诉";另一种是"不服裁决的,向××法院提起起诉"。如果裁决书已经指定了明确的管辖法院,那么劳动者和用人单位都只能到指定的法院起诉;如果裁决书没有明确指定管辖权的法院,那么任何一方都可以向劳动合同履行地或用人单位所在地的法院起诉。条件之二是劳动者没有对仲裁裁决提起起诉,若劳动者在合同履行地起诉,用人单位在单位所在地起诉的话,那么就应当由合同履行地的法院管辖这起劳动争议诉讼。

五、劳动争议诉讼的程序

劳动争议诉讼程序是处理劳动争议的最终程序。《劳动法》规定,当事人对仲裁裁决不服的,自收到裁决书之日起 15 日内,可以向人民法院起诉。《劳动争议调解仲裁法》第四十八条规定,劳动者对本法第四十七条规定的仲裁裁决不服的,可以自收到仲裁裁决书之日起 15 日内向人民法院提起诉讼。

我国劳动争议诉讼与民事诉讼制度总体上是一体的,审理劳动争议案件所适用的程序基本适用《民事诉讼法》,审理劳动争议案件的审判组织通常是人民法院民事审判庭。其主要程序有一审程序、二审程序、审判监督程序等。

(一) 一审程序

一审程序分如下 4 个阶段进行。

(1) 起诉和受理。人民法院收到起诉状或者口头起诉后,进行审查认为符合起诉条件的,应当在 7 日内立案,并通知当事人;认为不符合起诉条件的,应当在 7 日内裁定不予受理;原告对裁定不服的,可以提起上诉。

(2) 审理前的准备。正式审理之前人民法院还要做一些准备工作,比如向被告发送起诉状副本,组成合议庭,开展调查或委托调查,通知当事人参加诉讼等。

(3) 开庭审理。法庭调查时,按当事人陈述、证人作证、出示证言书证等证据、宣读鉴定结论和勘验笔录的顺序进行。进入法庭辩论后,先由原告及其诉讼代理人发言,然后由被告及其诉讼代理人答辩,再由各方相互辩论。辩论之后由审判长按照原告、被告、第三人的先后顺序征询各方最后意见。

(4) 依法做出判决。判决前能够调解的,还可以进行调解,调解不成的,应当及时判决。

(二) 二审程序

当事人不服一审判决的,可依法提起二审程序,但须在一审判决书送达之日起15日内向上一级人民法院提起上诉。上诉状应当写明当事人的姓名、法人名称及法定代表人的姓名,原审人民法院名称、案件编号和案由,上诉的请求和理由。上诉状应通过原审人民法院提交,并按对方当事人或代表人的人数提交副本。二审人民法院做出的判决为终审判决。

(三) 审判监督程序

审判监督程序是当人民法院对已经发生法律效力的判决和裁定发现确有错误而需要再审时所进行的程序。当事人也可以申请再审,但须在判决发生法律效力后两年内提出。

六、劳动争议仲裁与劳动争议诉讼的关系

劳动仲裁诉讼是指劳动争议仲裁和劳动争议诉讼两项专门解决劳动争议的法律制度。劳动争议仲裁是指劳动争议仲裁机构根据劳动争议当事人的请求,对劳动争议的事实和责任依法做出的判断和裁决,并对当事人具有法律约束力的一种劳动争议处理方式。劳动争议诉讼是指人民法院对当事人不服劳动争议仲裁机构的裁决或决定而起诉的劳动争议案件,依照法定程序进行审理和判决,并对当事人具有强制执行力的一种劳动争议处理方式。

(一) 劳动争议仲裁和劳动争议诉讼的联系

《劳动法》第七十九条和《劳动争议调解仲裁法》第五条均规定,劳动争议必须以劳动仲裁为前置程序,也就是说:当事人只有先提起劳动仲裁,对劳动仲裁裁决不服时才可以提起民事诉讼。

劳动争议仲裁是劳动争议诉讼的法定前置程序,即"先裁后审"制,劳动争议当事人须首先将争议提交劳动仲裁机构进行仲裁。仲裁裁决后,如对仲裁裁决不服的,应在收到裁决书后15日内向人民法院起诉,未经仲裁而直接向人民法院起诉的,人民法院不予受理。收到仲裁裁决后,当事人未在15日内起诉的,裁决发生法律效力,当事人应当履行该裁决,否则对方可申请人民法院强制执行;在15日内起诉的,仲裁裁决不发生法律效力,人民法院应当对该劳动争议进行全面审理,不受已完成的仲裁的影响。

(二) 劳动争议仲裁和劳动争议诉讼的区别

1. 性质不同

劳动争议仲裁具有行政和司法双重特征。行政特征是指,仲裁机构是劳动争议仲裁委员会,而劳动争议仲裁委员会是由劳动行政部门的代表、同级工会代表和用人单位方面的代表组成,即机构组成具有"三方性",同时在方针、政策、规章等方面接受劳动行政部门的领

导;司法特征是指劳动争议仲裁具有一定的裁制权,仲裁机构所做出的裁决书在当事人未于法定期间内起诉的情况下即产生法律强制力。劳动争议诉讼则是完全独立的司法性质,具有最终的司法裁判权。

2．依据不同

劳动争议仲裁的法律依据主要是《劳动法》、《劳动合同法》和《劳动争议调解仲裁法》;劳动争议诉讼的法律依据主要是《民事诉讼法》。

3．原则不同

劳动争议仲裁的原则是：先行调解原则;少数服从多数原则;及时原则。劳动争议诉讼的原则是：以事实为依据,以法律为准绳。

4．程序不同

劳动争议仲裁只有一审,仲裁裁决做出并送达后,仲裁程序即终结,如当事人对裁决不服,不能向上一级仲裁机构再行申请,而只能向人民法院起诉进入诉讼程序;劳动争议诉讼则有二审,诉讼一审结束后,如对一审的判决不服,当事人可向上一级法院上诉,二审法院应对一审法院所认定的事实和适用的法律进行全面审核。

5．审限不同

《劳动争议调解仲裁法》第四十三条规定：仲裁庭裁决劳动争议案件,应当自劳动争议仲裁委员会受理仲裁申请之日起45日内结束。案情复杂需要延期的,经劳动争议仲裁委员会主任批准,可以延期并书面通知当事人,但是延长期限不得超过15日。劳动争议诉讼一审的审限为：普通程序自立案之日起6个月,报院长批准可延长6个月;简易程序3个月,诉讼二审的审限为自立案之日起3个月,可报批延长。

6．效力不同

劳动争议仲裁裁决做出后,如果当事人未在收到裁决之日起15日内起诉,则裁决发生法律效力,而如果当事人在此期间内向法院提起了诉讼,则仲裁裁决不发生法律效力,争议案件由法院另行全面独立审理。

7．收费不同

《劳动争议调解仲裁法》第五十三条规定：劳动争议仲裁不收费。劳动争议仲裁委员会的经费由财政予以保障。《诉讼费用交纳办法》第十三条(四)项规定：劳动争议案件每件交纳10元。第十六条规定：适用简易程序审理的案件减半交纳案件受理费。

8．当事人称谓不同

劳动争议仲裁中的当事人分别称为：申请人、被申请人、第三人;劳动争议诉讼中的当事人则在一审时被称为原告、被告、第三人;在二审时被称为上诉人、被上诉人、第三人。

七、劳动争议诉讼与民事争议诉讼的区别

劳动争议诉讼虽然在处理程序上适用于民事诉讼法律规定,且由人民法院的民事审判庭审理,但劳动争议诉讼与民事诉讼仍有区别。

1．诉讼主体不同

劳动争议的主体只能是用人单位和与之建立劳动关系的劳动者,即劳动争议只能发生在用人单位和劳动者之间;而民事诉讼的主体却可以是任何公民、法人和其他组织。

2．诉讼目的不同

劳动争议的诉讼目的是要解决劳动关系双方当事人之间因劳动权利和义务而发生的纠纷；而民事诉讼的目的是解决公民、法人或其他组织之间的民事纠纷。前者诉讼的范围窄，后者诉讼的范围宽。

3．诉讼当事人地位不同

劳动争议是基于劳动关系而发生的争议，在劳动关系中，当事人一方是用人单位，另一方是劳动者，两者之间存在着管理与被管理、使用与被使用的关系；而民事纠纷产生于平等主体的公民、法人或其他组织之间，当事人完全处于平等地位。

4．适用的实体法律不同

劳动争议诉讼适用于劳动法律、法规及相关政策；而民事诉讼则适用于《民法通则》及有关的民事法律。

5．劳动争议案件的举证责任与民事案件的举证责任不同

民事案件普遍适用"谁主张，谁举证"的原则；劳动争议案件一般情况下也适用这一原则，但在职工不服企业开除、除名、辞退及其他行政处罚争议案件中，则应由用人单位负举证责任。

案例分析：

王某不服公司与他解除劳动合同的决定，双方协商不成，遂向当地劳动争议仲裁委员会申请仲裁。在申请仲裁过程中，王某发现当地劳动争议仲裁委员会的人与单位领导很熟，在仲裁过程中肯定会偏袒公司，于是决定放弃仲裁请求，向人民法院提起诉讼，要求公司撤销解除劳动合同的决定。

思考：法院会受理王某的起诉吗？

分析：按照我国《劳动法》及《劳动争议调解仲裁法》的规定，在用人单位与劳动者发劳动争议时，可以通过协商、调解、仲裁、诉讼等途径来解决，其中协商、调解不是劳动争议处理的必经程序，但劳动争议仲裁委员会的仲裁是处理劳动争议的必经程序，也是处理劳动争议最重要的程序。只有经过仲裁，当事人才可以向人民法院起诉。

因此本案中，王某必须先向劳动争议仲裁委员会申请仲裁，仲裁裁决不服，才可以向人民院提起诉讼。如果王某认为仲裁委员会相关工作人员与本单位领导有较好的私人关系可能影响公正处理，他可以依法提出回避申请，但不能未经仲裁而直接起诉。

第五节 劳动争议的预防

劳动争议是世界各国普遍存在的社会现象，只要劳动领域中存在利益差别，这种因不同利益要求而引发的矛盾就会存在下去。近年来，随着我国市场经济结构的快速调整、社会变迁、国有企业和劳动用工制度改革的进一步深化，各种利益主体之间的利益差凸显，矛盾也有所增多，劳动争议案件的数量呈不断上升趋势。

劳动争议是劳动关系不协调的反映，实质是劳动关系当事人之间利益矛盾、利益冲突的表现，只有妥善、合法、公正、及时处理劳动争议，才能维护劳动关系双方当事人的合法权益。劳动争议作为劳动过程中的一种客观现象，将长期存在下去。因此，积极预防和正确处理劳动争议将是我国的一项长期任务。

一、劳动争议预防的定义

劳动争议的预防是指各有关组织和个人事先依法采取各种有效措施,以防范和制止争议的发生,做到"防患于未然"。

劳动争议预防是对企业和员工之间可能会产生劳动争议的问题、环节、争执、分歧等采取必要的措施,进行预先防范。即它是事前的积极预防,而不是被动的处理,是符合法律要防患于未然这一基本原理、符合我国劳动政策基本要求和劳动工作实际需要的。换言之,就是把劳动争议的事后消极处理转为事先采取积极措施,把劳动争议消除在萌芽状态,从而防止劳动争议的发生。

二、劳动争议预防的意义

劳动争议预防是一种积极的预防,贯穿企业与员工劳动关系的始终,与劳动争议处理相比更有利,是解决劳动争议问题的一条根本途径。

做好劳动争议的预防,具有积极的意义和重要性。

1. 有利于保护劳动者的合法权益

从目前我国劳动争议发生的原因来看,大多数是由于用人单位不执行劳动法律、法规而侵犯劳动者的合法权益,而劳动争议的处理只能在劳动者权益受到侵害后才能发挥作用。与劳动争议的事后处理相比,劳动争议的预防可以采取积极主动的措施,教育和监督用人单位的用工。

2. 有利于企业的发展

劳动争议不仅涉及劳动者的切身利益,而且对企业也有直接影响。劳动争议发生后的相持过程和处理过程往往较长,劳动者的生产积极性和企业的正常活动受到很大影响,不利于企业的生产和发展,如果做好预防,就有利于提高劳动者的积极性和保证企业的正常活动。

3. 有利于稳定劳动关系和社会秩序

劳动关系双方所处的立场不同,存在利益差异,容易产生隔阂和矛盾,不仅影响劳动关系的协调发展,一旦矛盾激化,也会对社会秩序造成威胁,做好预防能缓和矛盾防止事态的进一步扩大。

4. 有利于减轻当事人特别是劳动者的负担

通过预防措施避免劳动争议的发生,能使当事人,特别是劳动者避免官司之累,减轻其经济和精神负担,把更多精力投入生产建设中。

劳动争议已成为目前劳动用工中普遍存在的一种现象,对其进行有效地分析和调整,防患于未然,以此减少其发生概率,降低用工成本,从而提高企业运营效率,增加在行业中的竞争力,并促进和谐用工的健康、有序发展,已成为其企业 HR 从业者迫在眉睫的任务。

三、劳动争议的预防措施

劳动争议的出现,对一个企业无论是名誉、外在形象、在职员工的忠诚度等都将是一个严重的打击,形成一定的负面影响还要伴随着经济利益的损失和客户源的减少。那么,减小劳动争议发生的概率也就理所当然地成为企业HR工作者的一项重要职责。

预防劳动争议具体可以从以下几个方面着手。

（一）加强企业规章制度制定、修改等和其他具体业务流程的规范化

规范的业务流程不仅能提高工作效率，完善组织行为，还能在新员工入职后帮助其迅速融入工作之中。

在认真研读国家相关劳动法律、法规的前提下，优化企业规章制度制定、修改和其他具体业务的流程，督促流程在日常管理中的执行效果，在出现问题时及时修改和完善，进而保障业务流程的周密性和严谨性，防止因业务流程疏忽而埋下劳动纠纷的隐患。

（二）采取有效措施，全速解决历史遗留用工问题

历史遗留用工问题也是目前企业HR工作人员最头痛的问题，在没有大量资金支持的情况下可以说没有什么很好的处理方式，并且历史遗留的这些用工问题在爆发劳动纠纷时都具有数量大、难界定、难预防、群代性等特点。

针对这种员工问题，企业方可以采取：

(1) 补缴部分社会保险（部分不能补缴），并及时签订劳动合同。

(2) 在法律之外同员工达成协议，进行协调解决。

(3) 借助劳务派遣公司进行解决。

防止无固定期限合同等更大损失情况的出现，在保证员工利益的前提下，把企业在处理这些问题上的成本控制在最低，实现尽可能的"双赢"局面。

（三）积极推动国家法律、法规和劳动政策的完善，并加强劳动法律、法规的宣传

只有完善的法律网，达到"有法可依"，才有可能实现"必依"的结果。各地区、各行业积极在《劳动法》、《劳动合同法》大的框架范围之内制定实施细则，并避免各地方性法规之间的不统一、不协调，使仲裁员、法官在劳动仲裁或诉讼中能够有充分、具体的法律依据，有利于操作。加强法律条款的可操作性建设，提高司法解释工作的速度和细分具体的条款内容等。

积极发挥工会的作用，组织员工进行劳动法律、法规的条文讲解、分组学习、案例讨论等，提高员工对劳动政策的认知程度以及对劳动法律、法规的运用能力等，达到员工能运用法律维护自身合法利益的目的。

（四）加大劳动监督、检查的力度，从源头上消除劳动争议发生的可能

各级劳动行政管理部门是国家对劳动关系管理的法定机关，对劳动合同制度的实施力度和效果有监督管理的职责。各级劳动行政管理部门应随机对管辖区域内的企业进行突击检查，确认其劳动合同签订及执行、工资支付、加班费支付、社会保险缴纳、劳动保护、职业病防范等情况。对违法、违纪行为给予严厉的行政处罚，并且可以借助国家劳动部门的宣传媒体进行公布、定期整改，对优秀者予以表彰，结合财政等其他部门给予劳动政策执行良好者给予一定的税收或社保缴纳等优惠政策，做到奖罚分明，督促企业方严格按照国家劳动政策行事，从根本上消除劳动争议可能发生的源头。

劳动争议的预防，调动了劳资双方、工会、劳动行政部门等各方面的积极性，尤其加强了

劳动者的自我维权和防范意识，从而掐断了引发劳动争议的源头，消除了致使劳动关系不能正常进行的隐患，使劳资双方的利益趋向平衡，进而促使包括劳动关系在内的社会关系走向和谐。这些无不显示出劳动争议预防的价值及其所体现的社会效用。

本章知识点回顾

本章主要介绍了劳动争议的基本知识，对劳动争议的几种处理方式协商、调解、仲裁和诉讼的内容做了详细介绍。使学生通过案例应用掌握劳动争议处理的工作方法，培养处理劳动争议的职业能力。

复习思考题

一、重点概念

劳动争议　协商　调解　劳动争议仲裁　劳动争议诉讼　劳动争议预防

二、简答题

1. 劳动争议的特征。
2. 劳动争议的范围。
3. 劳动争议的处理方式。
4. 劳动争议协商的特点。
5. 劳动争议调解的特点。
6. 劳动争议仲裁的特点。
7. 劳动争议仲裁的程序。
8. 劳动争议诉讼的特点。
9. 劳动争议诉讼的程序。

三、论述题

1. 劳动争议协商与调解存在的问题及对策。
2. 劳动争议仲裁的效力。
3. 劳动争议仲裁与诉讼的关系。

四、案例分析题

某连锁公司招聘销售总监，常驻地点为东莞，工作地点不固定。入职时填写入职登记表，但未签订劳动合同。入职登记表详列工作职位、工作待遇等，并由该员工在尾页签名确认。员工入职一年三个月后，与公司因奖金问题产生争议，遂向公司提出未签劳动合同的双倍工资，并要求签订无固定期限劳动合同。

思考：用人单位是否应当支付双倍工资？

五、实践练习

实践练习1：劳动争议仲裁申请书。

仲裁申请书

申请人：姓名、性别、出生年月、民族、文化程度、工作单位、职业、住址（申请人如为单位,应写明单位名称、法定代表人姓名及职务、单位地址)。

被申请人:姓名、性别、出生年月、民族、文化程度、工作单位、职业、住址(被申请人如为单位,应写明单位名称、法定代表人姓名及职务、单位地址)。

请求事项:(写明申请仲裁所要达到的目的。)

事实和理由:(写明申请仲裁或提出主张的事实依据和法律依据,包括证据情况和证人姓名及联系地址。特别要注意写明申请仲裁所依据的仲裁协议。)

此致
××××仲裁委员会
申请人:(签名或盖章)
××××年××月××日

附:一、申请书副本×份(按被申请人人数确定份数)。
　　二、证据××份。
　　三、其他材料××份。

实践练习2:劳动争议调解协议书

劳动争议调解协议书

甲方(员工):

乙方:(公司)

兹就乙方解除与甲方劳动关系纠纷事宜,经甲乙双方友好协商一致,达成如下协议,以期共同遵守。

一、对于×××××之违纪事宜,甲方已经充分理解到自己的做法确实给乙方造成了不良影响,甲方对此向乙方表示歉意,对乙方因此解除劳动关系之决定不再持有异议。

二、考虑到甲方在乙方工作期间的实际情况,及目前的实际处境,乙方经研究决定向甲方支付一次性补助金,金额为人民币两万元整;乙方支付甲方之补助费用,已经充分考虑了甲方的实际情况,并本着以人为本的原则,充分体现乙方对甲方的人文关怀,而做出的一次性补助。

三、本协议书签订后,甲方须在三日内向区劳动争议仲裁委员会对双方间的劳动争议案件提出撤回申请,并向乙方提供该仲裁委员会制作的撤回申请裁定文书,乙方在收到甲方提供的该裁定文书后当日支付一次性补助费用。

四、乙方将以工资形式支付甲方一次性补助费用,将该补助费用直接存入所代甲方开立的银行存折,甲方或者其代理人签收领取该存折后即视为乙方已经履行完毕支付义务。

五、甲方承诺自本协议履行完毕后,甲乙双方之间不再存在任何其他未了纠纷,甲方承诺不得再以任何理由向乙方主张任何其他民事权利。

六、甲乙双方约定,双方均应积极履行完毕本协议第三条约定的事项,乙方应按约定向甲方或者经其特别授权的代理人交付上述约定款项,甲方(或者特别授权代理人)收到后应签署收款凭据。如果乙方不按照约定履行付款义务,应该承担相应的违约责任。

七、本协议自双方代理人签字之日起生效。

八、本协议一式四份,双方各执一份,由乙方向有关部门备案两份。

甲方:　　　　　　　　　　　　　　乙方:
　年　月　日　　　　　　　　　　　　年　月　日

实践练习3：某劳动者因为单位拖欠其工资，向单位发出一份函催促单位依法履行。

催告函（参考）

××××××山东分公司：

　　我与贵公司劳动纠纷一事，拖延数日尚未解决，现本着友好协商解决的态度，特致函如下：

　　我于2011年6月13日至2012年6月30日在贵公司从事店面销售工作，在此期间公司迟迟未与我签订劳动合同，也未为我缴纳社会保险费。公司的消极不作为使我万分不解，感觉到作为一个小小的劳动者法律赋予的一些基本权利得不到有力保障，遂于2012年6月30日经领导批准后离职。离职后公司尚拖欠我工资800元至今。期间我与公司领导积极联系协商未果。

　　以下法律规定望贵公司注意：

　　《劳动法》第九十一条规定，用人单位有下列侵害劳动者合法权益情形之一的，由劳动行政部门责令支付劳动者的工资报酬、经济补偿，并可以责令支付赔偿金：（一）克扣或者无故拖欠劳动者工资的；《劳动合同法》第四十六条第一款规定：有下列情形之一的，用人单位应当向劳动者支付经济补偿金：（一）劳动者依照本法第三十八条规定解除劳动合同的；第三十八条规定：用人单位有下列情形之一的，劳动者可以解除劳动合同：（三）未依法为劳动者缴纳社会保险费的；第四十七条规定：经济补偿按劳动者在本单位工作的年限，每满一年支付一个月工资的标准向劳动者支付。

　　《劳动合同法》第八十二条规定用人单位自用工之日起超过一个月不满一年未与劳动者订立书面劳动合同的，应当向劳动者每月支付两倍工资。

　　《劳动法》第一百条规定，用人单位无故不缴纳社会保险费的，由劳动行政部门责令其限期缴纳，逾期不缴的，可以加收滞纳金。

　　《社会保险费征缴暂行条例》第二十三条规定，缴费单位未按照规定办理社会保险登记、变更登记或者注销登记，或者未按照规定申报应缴纳的社会保险费数额的，由劳动保障行政部门责令限期改正；情节严重的，对直接负责的主管人员和其他直接责任人员可以处1000元以上5000元以下的罚款；情节特别严重的，对直接负责的主管人员和其他直接责任人员可以处5000元以上10000元以下的罚款。

　　鉴于此，望贵公司收到此函后积极与我沟通，友好协商拖欠的800元工资事项，如友好达成协商，我将放弃双倍工资、经济补偿金、补缴社会保险费等基本合法权利。届时，贵公司将免去以上款项以及交通费、聘请法律服务人员的费用、避免诉累等。

致函人：×××
2012年　月　日

第八章 劳动关系与人力资源管理

学习目标

通过本章的学习,掌握人力资源管理与劳动关系管理的联系,人力资源管理与劳动关系管理的大目标是一致的,劳动关系管理是人力资源管理的重要组成部分。在人力资源管理中应当融入服务的理念,融入保障劳动者合法权益充分调动其积极性的理念。

CH中国公司市场部经理被一家很有实力、发展迅速的IT公司聘请为市场部经理的职位,不仅工资将翻番,此外还有其他非常诱人的条件。但略加思索后,该经理却坚决地回绝了。因为他爱这个团体,希望可以长期和CH公司一起成长,希望公司能够平稳发展。

在CH公司,员工的收入在IT行业中属于中等偏上。在薪金不占优势的条件下,公司主要靠感情投资来留住员工。CH公司就像一个大家庭,公司内部发电子邮件,开头都是CHER,就是大家都是CH人。在年度大会上,公司提出"一起创造,一起分享",给员工们一种家的感觉,大家共同努力,然后共同享受这种成果。

CH公司的家庭气氛与公司对内部沟通的重视是分不开的。领导鼓励全公司的人采用各种形式进行沟通。公司还设了OPEN DAY,领导专门利用半天的时间去跟员工交流。为员工提供相关的家政服务,定期举办聚会,提供相互交流的机会。在CH公司还有这样一个传统,就是谁要买了房子,大家都会去他们家,帮他们"暖房",气氛很是温馨。此外还有娱乐资金预算来保证,主要分为两部分,公司内部组建员工委员会来控制每个预算的实施,用来推行和开展整个公司的娱乐预算。另一个是经理控制的,主要实施于项目小组之中。而所有的这些都是纯粹的娱乐费用。员工为此不经意间受到关心而感动不已。

思考:市场部经理为什么不跳槽?

分析:在CH公司工作的日子里,不论是老员工还是新员工,都很开心愉快,因为老员工见证了一个公司的诞生和成长,就像自己抚育的一个孩子,滋生出一种不离不弃的感情,而新员工正与公司一同前进,迎接着公司一个又一个奇迹。

人力资源管理的核心是充分调动员工的积极性,挖掘蕴藏于员工中的潜力,CH公司给员工家一般的归属感,使企业充满生机与活力。

第一节 人力资源管理在协调劳动关系中的作用

一、人力资源管理的定义

人力资源管理就是指运用现代化的科学方法,对于一定物力相结合的人力进行合理的培训、组织和调配,使人力、物力经常保持最佳比例,同时对人的思想、心理和行为进行恰当的诱导、控制和协调,充分发挥人的主观能动性,使人尽其才,事得其人,人事相宜,以实现组织目标。

根据定义,可以从两个方面来理解人力资源管理。

1. **对人力资源外在要素——量的管理**

对人力资源进行量的管理,就是根据人力和物力及其变化,对人力进行恰当的培训、组织和协调,使二者经常保持最佳比例和有机的结合,使人和物都充分发挥出最佳效应。

2. **对人力资源内在要素——质的管理**

对人力资源进行质的管理主要是指采用现代化的科学方法,对人的思想、心理和行为进行有效的管理(包括对个体和群体的思想、心理和行为的协调、控制和管理),充分发挥人的主观能动性,以达到组织目标。

二、人力资源管理的特点

(1)人力资源管理的核心是科学利用人力资源。根据生产与工作的需要,合理配置人员,充分调动员工的积极性是人力资源管理的核心目标。

(2)人力资源管理属于行政管理。用人单位人员配置、优化组合、人力资源的开发与有效利用,这些都是行政管理的范畴,属于管理权的行使。

(3)人力资源管理服从服务于发展的需要。单位人力资源管理要服从服务于单位的工作与发展需要,要与国家的有关方针政策相协调。

三、人力资源管理的作用

人力资源管理在管理领域的扩大和在管理环节的提前等表现,使人力资源管理在企业管理中发挥着越来越重要的作用。人力资源管理在实际运作中需要不断创新,其核心是在企业管理中如何最大限度地调动员工的积极性。根据企业自身情况,建立行之有效的鼓励员工创新的竞争机制才是人力资源管理的根本所在。

企业人才资源的目标是吸引人、培养人、用好人,挖掘潜力,激发活力。企业应紧紧围绕经济发展目标,以人才资源开发为根本任务,从根本上解决人才的开发和利用。

1. **加快建立适应各类人才成长的管理体制**

要按市场经济体制的要求,深化企业人事制度改革,加快建立起适应各类人才成长特点的新型人才管理体制。要围绕高素质领导人才、经营管理人才、专业技术人才和技术工人四支队伍建设,建立各具特色的分类管理制度,重视抓好创新型人才、复合型人才的培养和选拔使用,树立重能力、重实绩、重贡献,鼓励创业、鼓励创新、鼓励竞争的用人新理念。

2. 加大对人才教育培训的投入

企业要利用培训和教育功能使企业成为"学习型组织",着力提高各类人才的创新能力和创造能力。在企业培训工作中应采取高科技和高投入措施,使企业人才资本不断增值。加大对人才培训教育的投资,既能满足企业经济发展需要,又能满足人才对职业生涯开发及个人能力提高的渴求,这种投资会获得比物质更高的回报,而且这种回报具有长效性和超成本性。

3. 提高对人才的激励力度

激励是现代企业人才资源开发的核心。人才资源的潜能能否发挥和能在多大程度上发挥,在一定程度上依赖于对人才的激励力度。企业在人才引进、使用中要积极研究个人需求和制度对个人需求满足感的影响以及能产生各种激励作用的机制,制定人才队伍收入待遇及其岗位责任和业绩、贡献挂钩的原则,实行按岗位、按任务、按业绩付酬的分配制度,鼓励技术、管理等生产要素参与收益分配,最大限度地调动人才积极性,最终实现企业经济发展与人才资源开发的双丰收。

四、现代人力资源管理与传统人事管理的区别

现代人力资源管理,深受经济竞争环境、技术发展环境和国家法律及政府政策的影响。它作为近20年来出现的一个崭新的和重要的管理学领域,远远超出了传统人事管理的范畴。具体说来,存在以下一些区别。

(1) 传统人事管理的特点是以"事"为中心。只见"事",不见"人",只见某一方面,而不见人与事的整体、系统性,强调"事"的单一方面的静态的控制和管理,其管理的形式和目的是"控制人";而现代人力资源管理以"人"为核心,强调一种动态的、心理、意识的调节和开发,管理的根本出发点是"着眼于人",其管理归结于人与事的系统优化,致使企业取得最佳的社会和经济效益。

(2) 传统人事管理把人设为一种成本,将人当作一种"工具",注重的是投入、使用和控制。而现代人力资源管理把人作为一种"资源",注重产出和开发。是"工具",你可以随意控制它、使用它,是"资源",特别是把人作为一种资源,你就得小心保护它、引导它、开发它。难怪有学者提出:重视人的资源性的管理,并且认为21世纪的管理哲学是"只有真正解放了被管理者,才能最终解放管理者自己"。

(3) 传统人事管理是某一职能部门单独使用的工具,似乎与其他职能部门的关系不大,但现代人力资源管理却与此截然不同。实施人力资源管理职能的各组织中的人事部门逐渐成为决策部门的重要伙伴,从而提高了人事部门在决策中的地位。人力资源管理涉及企业的每一个管理者,现代的管理人员应该明确:他们既是部门的业务经理,也是这个部门的人力资源经理。人力资源管理部门的主要职责在于制订人力资源规划、开发政策,侧重于人的潜能开发和培训,同时培训其他职能经理或管理者,提高他们对人的管理水平和素质。所以说,企业的每一个管理者,不单完成企业的生产、销售目标,还要培养一支为实现企业组织目标能够打硬仗的员工队伍。

五、人力资源管理在和谐劳动关系中的重要作用

1. 人力资源管理使员工适应岗位要求

按照工作岗位的需求,妥善安排工作能够有效的提高生产率。员工如果不能有效地按

照其能力得到妥善的工作安排,在员工心里可能会产生自己受到了排挤、不受重视以及边缘化等情绪,严重影响其工作效率。另一方面,如果总体工作安排不妥,即使有些员工工作得到妥善安排,由于其不能完全发挥自己的能力,产生相应的问题。人力资源管理能够使人岗安排适当,比如对各种岗位进行一些智能测试和个性测试等管理测试,受雇员工不仅能够得到安全满意的工作,还能够定期调动到不同的工作岗位,积极主动让员工和管理者一起来安排工作。

2. 激励性的薪酬制度激发员工的主动性

薪酬激励制度是人力资源管理激励的核心和基础,人力资源管理部门设计合理的薪酬制度,激发员工的主动性和积极性,提高员工工作效率。人力资源管理创新的薪酬激励制度不仅能够提供富有竞争力的工资和福利相配套的措施吸引和开发人才,促进劳动关系的和谐,而且强调薪酬的激励功能,不断激发员工自主创新能力,最大限度地开发其能力。

3. 管理者主动调节劳动关系

随着市场经济的发展,不仅政府能够对劳动关系产生影响,管理也能够调整企业的劳动关系,其中人力资源管理的调整力量越来越受到重视,并不断得到实际应用。人力资源管理中,管理者将人作为一种重要生产要素,而不是生产工具,这是在管理中的一种创新。管理者的这种态度在某种意义上激励了生产工人,导致生产效率的不断提高。

4. 完善的绩效评估系统使员工感到公平

人力资源管理的绩效评估体系,将定性考核与定量考核有效的结合起来,建立许多激励机制,使员工感到公平,促进和谐劳动关系的维护。人力资源管理的绩效管理制度使一些具有特殊能力的员工成为晋升的基础,使处于下一层员工能够有展现自己的空间,并且无形的激励了周围员工,从而在企业中产生一种正向激励的良好氛围,大大提高了员工的工作效率,劳动关系也得到了调节。

5. 人力资源管理促使雇员的职业发展

为了吸引并且保持住对企业发展有用的人才,晋升成为企业激励员工的重要手段。只有有效全面的利用领导的能力以及某一方面有特长的员工,企业才有可能进行持续的发展。人力资源的管理还要根据不同的岗位建立不同的员工晋升通道,拓宽员工的职业发展道路。成为管理者是员工晋升的一条有效通道,但是只能有一小部分员工能够通过这一途径得到发展,通过技术系列以及业务系列等拓宽职业的发展空间,然后通过人力资源管理,为员工规划员工的职业成长,极大的稳定并激发了员工的积极性和创造性。

第二节 人力资源管理在劳动关系调整中的方法

一、人力资源管理的理念

劳动关系管理是人力资源管理的基础和主线,随着劳动关系集体化转型,中国的人力资源管理已经面临着严峻的挑战。调整人力资源管理的理念、目标、工作内容和工作方式,以适应劳动关系的集体化转型,是人力资源管理亟须解决的问题,人力资源管理的理念应当由管理向协作与服务转变。

政府的职能正在由管理向服务转变,企业的人力资源管理也应当由管理向服务转变。

企业人力资源管理由管理向服务转变，是随着人们对劳动关系认识的不断深入，而得出的结论。过去传统的观念认为劳动力对于资本具有一定的依附关系，劳动者对于企业具有一定的依附关系，所以企业对劳动者进行居高临下的管理是理所当然的。现在人们逐步认识到，劳动力与资本的结合不存在孰轻孰重的问题，劳动者与企业的关系是在平等基础之上建立起来的一种协作关系，所以劳动关系应当具有平等性的基本特征。正是劳动关系的平等性决定了企业人力资源管理应当由管理向协作与服务转变。

企业人力资源管理中，规划人力资源需求不是经常性的工作，而把现有的劳动者的积极性充分调动出来，使劳动者在履行劳动合同中能够勤奋劳动、诚实劳动、创新劳动，使企业充满生机与活力，才是其经常性的工作。着眼于此，人力资源管理中涉及劳动关系的问题，应当是企业诚实地履行自己承担的对劳动者的义务，为劳动者履行劳动义务创造最适宜的条件，兑现劳动者的各项权利。这体现在人力资源管理上，就是转变理念，为劳动者提供服务，提供其履行劳动义务的条件和环境。

理念决定方法，企业人力资源管理理念的重大变革，会使企业放下身段，与劳动者平等地协商劳动关系问题，将劳动关系朝着和谐稳定的方向进行协调与发展。

二、人力资源管理方法与劳动关系调整方法的区别

人力资源管理属于行政管理范畴，所以管理方法具有自上而下的特点，更多地体现出管理者的意志。劳动关系协调，具有当事人地位平等的基本属性，所以协调方法以协商为主。

在人力资源管理与劳动关系管理相交集的部分，应当突出协商特点，因为通过协商取得一致，是劳动关系协调的基本要求。例如工资、休息休假、福利、培训等有关内容，既是人力资源管理的内容，也是劳动关系涉及的重要内容，在调整方法上按照劳动法律的有关要求，应由当事人通过协商确定，而不宜直接按人力资源管理的行政方式处理。

三、人力资源管理在构建和谐劳动关系中的方法

1. 提高人力资源管理者的素质

为了提高企业人力资源管理的整体水平，必须要一定程度上提高人力资源管理者的素质，也就是要提高他们的实施能力。制度以及工作方案的制订只是人力资源管理工作的一部分，更重要的是制定这些制度如何实施，如何与企业的实际情况相结合，因此人力资源管理部门的管理者需要具备较强的实施能力。人力资源管理者能力的提高，促进制度的有效落实，为企业和员工提供更加有效优质的服务，实现劳动关系的和谐发展。

2. 人力资源管理的法治化

首先，企业要规范劳动合同的管理。劳动合同是建立和谐劳动关系的基础，也是处理劳动争议案件的主要依据。将人力资源管理法制化，就是企业按照相关法律、法规，与就职员工签订合法有效的劳动合同。劳动合同是劳动者与用人单位确立劳动关系的有效依据，企业按照《劳动合同法》的规定，劳动者签订相应的劳动合同，这样不仅有效保障了员工的合法权益，减少和避免了劳动争议，还能够帮助企业吸引各种有能力人才，增强企业自身竞争力。

其次，企业要依法办事。劳动合同中明确规定了劳动合同的期限，明确了双方权利和义务，规范合同双方的行为，保障双方的正当权益。因此，企业在实际实施过程中要严格按照

劳动合同的规定管理员工,合理合法地安排员工工作,避免违法侵权案件的发生,减少企业由于违法侵权而产生的成本。

最后,加强员工的法律培训。企业增设培训机制,定期对员工进行法律培训,尤其是对《劳动合同法》的学习,强化员工的法律意识,能够有效利用法律维护自己的合法权益。

3. 充分发挥工会组织的作用,切实维护和谐劳动关系

企业工会是企业内部的基层组织,是广大员工的依靠,工会组织的基本职能就是要维护广大职工的合法权益不受侵害。工会组织不仅是员工利益的代表,还能够实现员工与企业之间的良好沟通。企业的管理者通过与工会组织的及时沟通,能够有效掌握职工的各种需求及思想动态,从而能够针对性地解决员工遇到的实际问题。企业通过工会组织,了解员工的需求和困难,传达企业的战略等。因此,员工也能更加有效地理解企业的困难,实现企业与员工之间的有效沟通。企业的人力资源管理部门积极推动建立健全的工会组织制度,充分发挥工会组织的沟通作用,构建企业和谐劳动关系。

4. 贯彻落实以人为本

"以人为本"就是要以人为中心,不断激发员工的自觉行为,是一种独特的文化管理思想。要不断提高企业人力资源管理水平,有效保障员工的合法权益,提高员工的满意度,建立和谐的劳动关系,使以人为本的理念落到实处。

(1)完善工作绩效管理制度。绩效管理目的就是要提高员工的绩效,通过制定合理的工作目标,员工朝着目标不断努力工作,使员工与企业不断得到发展,建立和谐的劳动关系。建立有效的绩效管理制度,要将定性考核和定量考核有效地结合起来,使员工感到公平,有效地维护和谐劳动关系。建立有效的晋升制度以及灵活的激励机制,有助于改善员工的工作态度,不断提高员工和企业绩效。

(2)建立健全培训制度。员工迫于竞争的压力以及企业对知识型员工的迫切需求,使员工自己需要通过各种不同的途径来提升自己,因此需要企业建立培训机制不断提升员工各方面素质。在此过程中,企业和员工共同发展成长,形成和谐的劳动关系。

(3)建立人力资源规划制度。企业为员工做好适合自己的职业生涯规划,使员工清楚自己在未来几年中的职业生涯,对现在的职位具有安全感,极大地稳定了核心员工并激发其积极性和创造性。

5. 建立企业劳资纠纷预防机制

劳资纠纷不仅会为企业的声誉带来不良影响,还会使在岗员工产生不稳定感。因此企业必须要合理解决劳动争议问题,避免劳资纠纷的产生。建立有效的劳动争议内部应对机制,不仅可以及时防范、化解劳动争议可能导致的一系列问题,保障生产经营活动正常运行,而且在仲裁诉讼的程序中还能够最大限度地维护企业的利益。

延伸阅读

国外人力资源管理的方法

1. "抽屉式"管理

在现代管理中,它也叫作"职务分析"。当今一些经济发达国家的大中型企业,都非常重视"抽屉式"管理和职位分类,并且都在"抽屉式"管理的基础上,不同程度地建立了

职位分类制度。据调查统计:泰国在1981年采用"抽屉式"管理的企业为50%,在1985年为75%,而在1999年为95%以上。最近几年,香港的大中型企业也普遍实行"抽屉式"管理。

"抽屉式"管理是一种通俗形象的管理术语,它形容在每个管理人员办公桌的抽屉里,都有一个明确的职务工作规范,在管理工作中,既不能有职无权,也不能有责无权,更不能有权无责,必须职、责、权、利相互结合。

企业进行"抽屉式"管理有如下五个步骤:第一步,建立一个由企业各个部门组成的职务分析小组;第二步,正确处理企业内部集权与分权关系;第三步,围绕企业的总体目标,层层分解,逐级落实职责权限范围;第四步,编写"职务说明"、"职务规格",制定出对每个职务工作的要求准则;第五步,必须考虑到考核制度与奖惩制度相结合。

2. "危机式"管理

在世界著名大企业中,随着世界经济竞争日趋激烈化,相当一部分进入维持和衰退阶段,柯达、可口可乐、杜邦、福特这样的大企业,也曾出现大量的经营亏损。为改善状况,美国企业较为重视推行"危机式"生产管理,掀起了一股"末日管理"的浪潮。

美国企业界认为,如果一位经营者不能很好地与员工沟通,不能向他的员工们表明危机确实存在,那么他很快就会失去信誉,因而也会失去效率和效益。美国技术公司总裁威廉·伟思看到,全世界已变成一个竞争的战场,全球电讯业正在变革中发挥重要作用。因此,他启用两名大胆改革的高级管理人员为副董事长,免去5名倾向于循序渐进改革的高级人员职务,在职工中广泛宣传某些企业由于忽视产品质量、成本上升、导致失去用户的危机,他要全体员工知道,如果技术公司不把产品质量、生产成本及用户时刻放在突出位置,公司的末日就会来临。

3. "一分钟"管理

西方许多企业纷纷采用"一分钟"管理法则,并取得了显著的成效。具体内容为:一分钟目标、一分钟赞美及一分钟惩罚。

所谓一分钟目标,就是企业中的每个人都将自己的主要目标和职责明确地记在一张纸上。每一个目标及其检验标准,应该在250个字内表达清楚,一个人在一分钟内能读完。这样,便于每个人明确认识自己为何而干,如何去干,并且据此定期检查自己的工作。

一分钟赞美,就是人力资源激励。具体做法是企业的经理经常花费不长的时间,在职员所做的事情中,挑出正确的部分加以赞美。这样可以促使每位职员明确自己所做的事情,更加努力地工作,使自己的行为不断向完美的方向发展。

一分钟惩罚,是指某件事应该做好,但却没有做好,对有关的人员首先进行及时批评,指出其错误,然后提醒他,你是如何器重他,不满的是他此时此地的工作。这样,可使做错事的人乐于接受批评,感到愧疚,并注意避免同样错误的发生。

"一分钟"管理法则妙就妙在它大大缩短了管理过程,有立竿见影之效果。一分钟目标,便于每个员工明确自己的工作职责,努力实现自己的工作目标;一分钟赞美可使每个职员更加努力地工作,使自己的行为趋向完善;一分钟惩罚可使做错事的人乐意接受批评,促使他今后工作更加认真。

4. "破格式"管理

在企业诸多管理中,最终都通过对人事的管理达到变革创新的目的。因此,世界发达企业都根据企业内部竞争形势的变化,积极实行人事管理制度变革,以激发员工的创造性。

在日本和韩国企业里,过去一直采用以工作年限作为晋升职员级别和提高工资标准的"年功制度",这种制度适应了企业快速膨胀时期对用工用人的要求,提供了劳动力就业与发展的机会。进入20世纪80年代以来,这些发达企业进入低增长和相对稳定阶段,"年功制度"已不能满足职员的晋升欲望,使企业组织人事的活力下降。

90年代初期,日本、韩国发达企业着手改革人事制度,大力推行根据工作能力和成果决定升降员工职务的"破格式"的新人事制度,收到了明显成效。

世界大企业人事制度的变革,集中反映出对人的潜力的充分挖掘,以搞活人事制度来搞活企业组织结构,注意培养和形成企业内部的"强人"机制,形成竞争、奋发、进取、开拓的新气象。

5. "和拢式"管理

"和拢式"管理表示管理必须强调个人和整体的配合,创造整体和个体的高度和谐。在管理中,欧美企业主要强调个人奋斗,促使不同的管理相互融洽借鉴。

"和拢式"管理的具体特点是:

(1)既有整体性,又有个体性。企业每个成员对公司产生使命感,"我就是公司"是"和拢式"管理中的一句响亮口号。

(2)自我组织性。放手让下属做决策,自己管理自己。

(3)波动性。现代管理必须实行灵活经营战略,在波动中产生进步和革新。

(4)相辅相成。要促使不同的看法、做法相互补充交流,使一种情况下的缺点变成另一种情况下的优点。

(5)个体分散与整体协调性。一个组织中单位、小组、个人都是整体中的个体,个体都有分散性、独创性,通过协调形成整体的形象。

(6)韵律性。企业与个人之间达成一种融洽和谐充满活力的气氛,激发人们的内驱力和自豪感。

6. "走动式"管理

"走动式"管理是世界上流行的一种创新管理方式,它主要是指企业主管体察民意,了解实情,与部属打成一片,共创业绩。这种管理风格,已显示出其优越性,如:

(1)主管动部属也跟着动。日本经济团体联合会名誉会长士光敏夫采用"身先士卒"的做法,一举成为日本享有盛名的企业家,在他接管日本东芝电器公司前,东芝已不再享有"电器业摇篮"的美称,生产每况愈下。士光敏夫上任后,每天巡视工厂,遍访了东芝设在日本的工厂和企业,与员工一起吃饭,闲话家常。清晨,他总比别人早到半个钟头,站在工厂门口,向工人问好,率先示范。员工受此气氛的感染,促进了相互间的沟通,士气大振。不久,东芝的生产恢复正常,并有很大发展。

(2)投资小,收益大。走动管理并不需要太多的资金和技术,就可能提高企业的生产力。

（3）看得见的管理。就是说最高主管能够到达生产第一线，与工人见面、交谈，希望员工能够对他提意见，能够认识他，甚至与他争辩是非。

（4）现场管理。日本为何有世界上第一流的生产力呢？有人认为是建立在追根究底的现场管理上。主管每天马不停蹄地到现场走动，部属也只好舍命陪君子了！

（5）"得人心者昌"。优秀的企业领导要常到职位比他低几层的员工中去体察民意，了解实情，多听一些"不对"，而不是只听"好的"。不仅要关心员工的工作，叫得出他们的名字，而且关心他们的衣食住行。这样，员工觉得主管重视他们，工作自然十分卖力。一个企业有了员工的支持和努力，自然就会昌盛。

美国麦当劳快餐店创始人雷·克罗克，是美国有影响的大企业家之一，他不喜欢整天坐在办公室里，大部分时间都用在"走动式"管理上，即到所属各公司、各部门走走、看看、听听、问问。公司曾有一段时间面临严重亏损的危机，克罗克发现其中一个重要原因是，公司各职能部门的经理官僚主义突出，习惯躺在舒适的椅背上指手画脚，把许多宝贵的时间耗费在抽烟和闲聊上。于是克罗克想出一个"奇招"，要求将所有经理的椅子靠背都锯掉，经理们只得照办。开始很多人骂克罗克是个疯子，不久大家悟出了他的一番"苦心"，纷纷走出办公室，开展"走动式"管理，及时了解情况，现场解决问题，终于使公司扭亏转盈，有力地促进了公司的生存和发展。

第三节 人力资源管理和劳动关系的关系

人力资源管理和劳动关系是保证企业发展的两类最重要的制度体系，人力资源管理与劳动关系管理联系密切，从广义上讲人力资源管理可以包括对劳动关系的管理。劳动关系管理构成了人力资源管理的重要组成部分。

两个领域的研究在对劳动力性质、雇佣关系不平等性等问题上具有许多共同的看法，而在对雇佣关系冲突性质、追求目标、研究重心和解决劳工问题方法等问题上也存在重大的分歧。但从20世纪末期以来，西方人力资源管理与劳动关系研究的界限呈现日益模糊的趋势，出现了把人力资源管理和劳动关系整合起来的发展方向。

一、人力资源管理和劳动关系的共性

1. 对劳动力性质的共同观点

两者都否定劳动力是一种商品，认为劳动力是有抱负、有感情的人类构成，工作不仅仅是一种经济交易，还可以实现人类重要的心理及社会需要。

2. 对雇佣关系不平等的共同看法

两者都认为，在竞争的劳动力市场中，雇员与雇主是不平等主体，处于不平等的地位。相对于雇主，雇员个人在劳动力市场上大多处于不利的地位。

3. 研究对象的一致性

两者都把雇主与雇员的关系作为研究对象，研究范围集中在雇佣与工作场所的主题上，关注雇佣关系的效率、公平与工作场所的人性问题。

4. 都积极寻求解决劳工问题的"双赢"方法

两者都认识到人对目标的公平性、自我实现的关注以及组织对效率最大化的追求。都将劳动力看成人力资本作为生产的投入,追求组织的效率和员工的需求,在实现组织效率最大化的同时也提升雇员的满意度。

5. 研究视野的片面性

两者都过于片面强调某些方面的作用,比如,在解决劳工问题时,人力资源管理偏向于从管理中寻找措施,在一定程度上缺失客观性和中立性。而劳动关系强调用工人和社区力量去解决劳工问题,久而形成滥用工会和政府力量,忽视管理的作用。

二、人力资源管理与劳动关系的分歧

1. 对雇佣关系冲突性质的观点不同

对雇佣关系冲突的性质,人力资源管理和劳动关系持有截然不同的观点。人力资源管理持一元主义观点,认为雇佣关系中不存在普遍的或不可克服的根本性利益冲突,雇主与雇员的利益从根本上是一致的。尽管可能在一定组织中存在冲突性雇佣关系,但这种冲突的根源不是缘于雇佣关系冲突的普遍性质,而可能是因为管理不善所致,也可能是因为有人故意捣乱造成。与此相反,劳动关系持多元主义观点,认为雇佣关系中存在着内在的利益冲突,冲突是劳资关系所固有的。认为雇员对公平和公正待遇的关心,同雇主对经济效益的追求是相互冲突的。

2. 追求目标的分歧

人力资源管理追求的主要目标是组织的效益和竞争力,提高雇员的利益只是作为一种实现组织效益的工具性手段;而劳动关系也看重组织的效益,但更追求社会公正,即雇员的利益,并把雇员利益看成是组织一个重要的独立的最终目标。

3. 研究重心的差异

人力资源管理研究的重心在微观层面的雇佣关系上,主要是从组织内部着眼来研究雇佣问题,集中于组织内部决定因素,如员工态度、动机和组织管理政策;而劳动关系研究的重心在集体雇佣关系上,主要从组织外部着眼研究雇佣问题,关注的重点集中于雇佣结果的组织外部决定因素上,如工会、政府、法律等。

4. 解决劳工问题方法的分歧

人力资源管理强调雇主解决劳工问题的方法,认为劳工问题可以通过内部管理的改善而得到解决,有效的管理政策可以平衡雇主与雇员的利益关系,达成两者利益的统一。认为没有必要对管理权进行外部限制,工作场所治理的首要机制是人力资源管理,工会和政府管制是没有必要的,或者说是一种干扰。而劳动关系强调雇员和社区解决劳工问题的方法,认为不是所有的劳资冲突都可以通过一元主义的政策来解决的,工作场所治理还要依靠工会与政府监管,工会和政府管制具有平衡劳资冲突的积极作用。

实践表明,人力资源管理模式与劳动关系的状态存在内在的关联,特定的人力资源管理手段十分有助于劳动关系的和谐,某种特征的劳动关系也决定了人力资源管理技术的采用。因此,对人力资源管理与劳动关系调整的关系的研究,尤其强调企业在劳动关系调整中的积极主动地位,对于我国日益复杂的劳动关系调整方向具有特别的思路引导贡献。

人力资源管理与劳动关系的协调与管理有着密切的关系,以企业为例,人力资源管理与协调劳动关系的大目标是一致的——保证完成生产任务,促进企业的发展。二者的着眼点与手段有差异,但是共同的大目标,使二者相互联系,相互协作。人力资源管理到位,劳动关系必然是和谐稳定的状况;劳动关系和谐稳定也是人力资源管理成功的一个重要标志。

建立和谐劳动关系涉及人力资源管理的各方面内容,需要不断进行人力资源管理的创新。和谐劳动关系的建立企业生存和发展的一个重要方面,是人力资源管理的核心。因此在企业的经营中,正视当前劳动管理中存在的各种问题,减少和避免劳动争议的发生,在提高人员素质的基础上,加强人力资源管理创新,进而建立和谐的劳动关系,促进企业的持续稳定发展。

大视野

海尔集团的人力资源管理模式和管理方法

海尔经过短短十几年的发展,从一家濒临倒闭的小企业迅速成长为具有世界声誉的国家特大型家电企业,它的成功并不是偶然的。海尔的管理模式和管理方法已被作为成功的案例,写进哈佛大学、洛桑国际管理学院、欧洲工商管理学院的案例库,成为全球通用的教材,这在中国企业界是前所未有的。这标志着海尔已经从最初的学习借鉴国外先进管理方法发展到以自己的创新管理进入国际管理界的前沿。海尔创新的人力资源管理对中国企业建立现代企业管理制度,增强企业核心竞争力将有所裨益和启迪。

一、OEC管理模式

海尔借鉴国外先进的管理方法,创造了 OEC(Overall Every Control and Clear)模式,即目标系统、日清系统和激励机制共同组成的管理模式,称之为海尔的管理模式。

目标系统是指产品的目标层层分解,量化到人,做到人人都管事,事事有人管。从每个岗位的各个环节到车间的每一项细小工作都落实到责任者,当日事当日毕,同时要找出差距,提出改进目标。每一个班组有一个日清栏,每人每天的工作数量,表现情况一目了然。而这一切又与每个员工的工资收入挂钩,同样登上日清栏。海尔的每个车间都有一块印着两个脚印的地板,叫"6S"大脚印。它代表的内容是:整理、整顿、清扫、清洁、素养、安全。每天班前、班后,班长站在"6S"大脚印上,组织大家讲评。最初是做得差的员工站在"6S"大脚印上反思工作,在以后大家素质普遍提高,就改为优秀员工站在"6S"大脚印上介绍经验体会。

二、"市场链"负债机制

从1999年开始,海尔又创新管理模式:实行"市场链"SST负债机制(即"索酬"、"索赔"和"跳闸"三个词的汉语拼音的第一个字母)。这是海尔面对国际经济全球化的发展趋势,创造实施的一种新的管理模式,其核心是将外部的竞争环境转移到内部来,改变原有的直线式职能组织机构,让每一个海尔人都直接面对市场。

具体的内容是:各部门、各道工序所有员工之间模拟一种市场关系,每个员工不再是仅仅对自己的上级负责,而是对自己的市场负责,上道工序是下道工序的供应商,下道工序是上道工序的市场,相当于客户。我为下道工序提供了半成品或服务,下道工序给我相应的报酬,如果我的工作完成得不好,半成品的质量或服务的质量影响了下道工序,下道工序要向我索赔,如果既不提供半成品或服务又不索赔,第三方就会跳闸,由他负责解决前两者的问题。这样"人人都是一个市场,人人都面对一个市场,每个员工都成为市场创新的主体,同时感受外部市场竞争的压力"。这样就把企业所面对的市场压力传递到每个员工的肩上,激活每个员工的责任心,变压力为动力,真正成为企业发展的动力和源泉。

这一新的管理机制变职能为流程,真正形成了流程再造、机构重组、资源组合。蕴涵着企业负债经营的思想。海尔认为企业给员工使用的资源,如设备、工具、材料、科研经费等,就是员工对企业的负债,你经营这些资源就要使这些资源增值。如果资源增值了,就应该得到相应的报酬;如果没有获得预期的增值,就应该索赔损失。

"市场链"负债机制使企业组织更加扁平化,信息反馈加快,进而使海尔实现了零库存、零距离和零营运资本的"三个零"目标。

三、80/20责任原则

海尔集团灵活地将"马特莱法则"(又称80/20法则)运用于干部管理。即从管理学角度,把80/20作为确定比值,要侧重抓关键的人、关键的环节、关键的项目,即20%,以带动80%。运用该法则于管理,即职务越高,责任越重。对于错误和责任,干部与员工责任分别为80/20,即干部要对其下属的错误负80%的责任,具体工作人员负20%的责任。

"谁掌握多大权力,谁就承担多大责任"。虽然管理人员是少数,但是,赋予了职权,就要承担相应的责任。因此,海尔的管理是到位的,事无巨细均有人管;海尔的运转是高效的,职权利责,赏罚分明。

本章知识点回顾

本章主要介绍了人力资源管理和劳动关系的联系与区别,人力资源管理在协调构建和谐劳动关系中的作用和方法。

复习思考题

一、重点概念

人力资源管理

二、简答题

1. 人力资源管理的特点。
2. 人力资源管理在和谐劳动关系中的重要作用。

三、论述题

1. 人力资源管理在构建和谐劳动关系中的方法。
2. 人力资源管理和劳动关系的关系。

四、案例分析题

某私营企业H公司,主要业务是作某著名品牌的新产品在中国区的总经销。由于管理人才的缺乏,公司成立之初,市场业绩一直不理想。后经公司内部员工推荐,老板未经过人力资源部履行必要的人事手续,引进了一位高层管理人员作为主管销售和市场工作的副总裁。

副总裁来公司两周后,公司委派其带领公司一部门几名员工去参加外地一个展会。员工 A 和该副总裁分别向财务借了部分费用。在参展期间,员工 A 预支的费用不够支出买回程的车票,请求副总裁支援。但副总裁怀疑员工 A 与展会主办单位有黑幕交易,拒绝支援并于展会结束后自己直接乘飞机回总部,并说服老板不安排汇款。参展的另外几名员工滞留当地一日,自行凑钱买了火车票回公司。员工 A 由于尚未结清参展费用,又无钱购火车票,被滞留当地三日,才辗转回到总部。此事情发生后,在一段时期内给公司造成了消极影响。

思考:H 公司的人力资源管理有什么问题?

五、实践练习

日常人事变动的手续办理

日常人事变动主要有员工新进入职、离职、岗位调动和适用转正,这些工作都是人力资源部最基础的人事管理,根据所在岗位的职责要求和工作流程,可以总结为以下主要内容。

1. 入职

(1) 核实入职者的身份,检查其是否带有身份证、学历证书。

(2) 收取入职者的身份证、毕业证书、学位证书及其他相关资格证书的复印件,没有复印件的提供复印件,同时向入职者提供试用版的《新员工入职指引》并简单介绍操作流程。

(3) 提供《录用审批表》给入职者,让其拿到所入部门请部门领导审批。

(4) 经部门经理审批后,收回《录用审批表》,检查填写是否规范、完整。

(5) 指导入职者签订《劳动合同》,需要签订保密协议的岗位同时要签订公司的《保密协议》,办理厂牌、工作证。

(6) 签订完成后,再次检查入职者材料(应聘登记表、录用审批表、合同/保密协议、照片、身份证复印件、学历/资格证书复印件、内部人才推荐表)是否齐备。

(7) 将新入职者材料交予招聘主管和经理审批,有疑问的地方及时与相关部门沟通确认。

(8) 经审批通过的通知来上班。

2. 离职

(1) 提出离职申请的员工,至人力资源部领取《辞职申请书》。

(2) 经部门领导审批、签字同意后,收回《辞职申请书》并提供《离职交接表》与离职员工,简单交代其去各部门办理工作交接。

(3) 待离职员工办理完毕上交《离职交接表》时,检查各项交接工作是否交接完毕,相关的各部门是否已签字确认,确认办理完全后,收回其厂牌、工作证,签字确认。

(4) 将离职人员资料交给经理审批,审批完成后录入本月人事报表离职员工名单中,完成后将离职员工资料归档。

3. 转正

(1) 按合同约定转正时间到期的或申请提前转正的人员,至人力资源部领取《普通员工转正考核表》,并由本人写一份书面的转正申请书一并交至部门领导考核、审批。

(2) 部门领导根据转正申请人在试用期内的工作表现,就《普通员工转正考核表》做出考评,并给予相关意见。

(3) 经部门签字同意转正的人员将转正考核表和转正申请书交至人力资源部审批。

(4)检查上交的转正考核表及转正申请是否规范、完整,转正时间是否符合规定,部门意见是否明确,不符合或不清楚的则及时向领导请示,并与相关部门沟通确认。

(5)将符合转正的申请交予经理审批,经审批同意的录入本月人事报表转正人员名单中,完成后将转正人员的转正资料归档。

4. 调动

(1)有关部门提出人员需求,由员工提出调动申请,经所在部门同意调出及接收部门考核同意接收后,至人力资源部领取《岗位调动申请表》。

(2)由申请人填写岗位调动申请表,交至调出部门和接收部门审批,并由两部门写明调动时间和调动前后的薪资及考察时间。

(3)经相关部门签字同意后,调动申请表交至人力资源部,核实调动是否符合规定、相关部门是否确认清楚。确认后,交至人力资源部经理审批,经审批后录入本月人事报表岗位调动人员名单中,录入完成后将岗位调动者的资料归档。